校企合作优秀教材

精品课程配套教材

21世纪应用型人才培养"十三五"规划教材

社会保障概论

主　编　杨　璟　徐诗举

副主编　陈起风　杜莹莹　黄昌炜

　　　　周　云　徐金菊

参　编　徐芳芳　杨玉水　陈自满

住房公积金
Housing Fund Mana

中国海洋大学出版社
CHINA OCEAN UNIVERSITY PRESS
·青岛·

图书在版编目（ＣＩＰ）数据

社会保障概论/杨璟，徐诗举主编． － 青岛：中国海洋大学出版社，2017.1

ISBN 978-7-5670-1285-1

Ⅰ．①社… Ⅱ．①杨…②徐…Ⅲ．①社会保障—

概论 Ⅳ．①C913.7

中国版本图书馆 CIP 数据核字（2016）第 269388 号

出版发行	中国海洋大学出版社	
社　　　址	青岛市香港东路 23 号	邮政编码　266071
出 版 人	杨立敏	
网　　　址	http//www.ouc-press.com	
电子信箱	1193406329@qq.com	
订购电话	0532-82032573（传真）	电　　　话　0532-82032573
责任编辑	孙宇菲	
印　　　制	北京俊林印刷有限公司	
版　　　次	2017 年 1 月第 1 次版	
印　　　次	2017 年 1 月第 1 次印刷	
成品尺寸	185mm×260mm	
印　　　张	18	
字　　　数	370 千	
印　　　数	1-10000	
定　　　价	38.00 元	

前　言

当前，高等教育的层次和类型日趋多样化，为了适应培养应用型社会保障管理人才的需要，我们组织编写了这本《社会保障概论》（应用型教材），以区别于传统的精英教育模式下的教材。本教材在兼顾理论性与实践性统一的基础上，更加突出应用性，将更多章节用于阐述我国现行的社会保障制度及其运行情况。此外，为了加深学生对一些重要的社会保障理论与现实问题的理解，在每章之后都附有相应的案例分析。

教材分为十二章，各章主要内容如下。

第一章总论，介绍了社会保障的产生与发展、社会保障理论基础、社会保障体系及其功能与效应等，重点阐述了社会保障的概念和内容体系；第二章社会保障基金管理，介绍了社会保障基金含义、构成及其分类，重点讲述了社会保障基金的筹集、投资运营及其监管等；第三章社会保障立法与管理，介绍了社会保障法的历史沿革、概念及其立法原则，重点阐述了中国社会保障立法与实践；第四章老年社会保障制度，介绍了老年社会保障制度含义、原则、特征及其类型，重点阐述了中国城镇企业职工基本社会养老保险制度和城乡居民基本社会养老保险制度的基本内容及其运行情况；第五章就业社会保障，介绍了失业保险的概念、特点、功能及失业保险制度的建立和发展，重点阐述了我国失业保险制度的主要内容及其运行情况；第六章社会医疗保障，介绍了社会医疗保险定义、产生和发展以及社会医疗保险制度的运行情况，重点阐述了我国城镇职工基本医疗保险制度、新型农村合作医疗制度、城镇居民基本医疗保险制度、大病医疗保险以及长期护理保险等基本内容及其运行情况；第七章工伤社会保障，介绍了工伤与工伤保险的概念、历史沿革，重点阐述了我国工伤保险制度的基本内容及其运行情况；第八章生育社会保障制度，介绍了生育社会保障概念、特点及其一般构成，重点阐述了我国现行生育社会保险制度的基本内容及其运行情况；第九章社会福利制度，介绍了社会福利的概念、特点和内容，重点阐述了我国社会福利制度的基本内容及其运行情况；第十章社会救助制度，介绍了我国社会救助制度的发展与改革，重点阐述了我国现行社会救助制度的基本内容及其运行情况；第十一章社会优抚，介绍了社会优抚制度的含义及其主要形式，重点阐述了我国社会优抚制度的基本内容及其运行情况；第十二章其他社会保障制度，介绍了住房社会保障、补充养老保险、慈善事业的含义及其构成，重点阐述了我国现行的住房社会保障制度、补充养老保险制度以及慈善事业及其运行情况。

本教材由杨璟副教授和徐诗举教授担任主编，陈起风、徐金菊讲师担任副主编，具体分工情况如下。杨璟老师负责第一章的编写，周云老师负责第二章和第五章的编写，陈起风老师负责第三章和第四章的编写，黄昌炜老师负责第六章和第七章的编写，杜莹莹、徐金菊老师负责第八章和第十二章的编写，杨玉水老师负责第九章和第十章的编写，陈自满老师、徐芳芳老师负责编写第十一章的编写，全书由徐诗举老师负责总撰并执笔前言。

《社会保障概论》（应用型教材）是安徽省级精品资源共享课程教材，既可以作为全日制本专科生和继续教育培训教材，也可以作为机关和企事业单位干部和职工的工作参考书。本教材在编写过程中参阅了很多文献资料，直接或间接引用了其中一些观点，并且多是真知灼见，限于篇幅，有的没能一一列出，在此向各位专家学者深表歉意、谢意和敬意，当然我们文责自负。本教材的出版，只是对应用型教材编写的初步尝试与探索，由于编写时间仓促，更是因为我们的能力和水平有限，在教材内容和章节编排上肯定还会存在一些不妥之处，某些观点可能还会存在争议，甚至是谬误，在此，恳请广大读者批评指正，我们一定虚心接受，以便以后认真修改与完善。

编 者

2017 年 1 月

目　录

第一章 总 论

第一节 社会保障的产生与发展

一、社会保障的概念

(一) 社会保障的内涵

1. 国际社会对社会保障内涵的解释

"社会保障"一词源于英文"Social security",又译为"社会安全",最早出自美国1935年颁布的《社会保障法案》(Social Security Act)。1944年,第26届国际劳工大会《费城宣言》中正式使用"社会保障"概念,逐渐形成现代意义上的社会保障概念。关于社会保障的概念,世界各国理论界有着不同的理解和解释。

美国的《社会保障法》对社会保障的具体理解是:"根据社会保障法制定的社会保险计划,对于年老、长期残废、死亡或失业而失掉工资收入者提供保障;同时对老年和残废期间的医疗费用提供保障。老年、遗属、残废和健康保险计划对受保险的退休者和残废者和他们的家属以及受保险者的遗属,按月提供现金保险待遇。"

日本学术界对社会保障的概念界定有广义和狭义之分。广义的社会保障被看成政府关于解决各种社会问题的社会政策的统称,而狭义的社会保障则被看成指国民在生活上蒙受诸如失业、伤病、高龄等各种事故,而使这些国民的生活源泉——所得出现中断或减少,给国民生活带来困难时,通过社会保障机制进行国民再分配,保障其最低限度的收入所得,由国家来救济国民生活之缺损的制度。在这里,把社会保障作为包括社会保险、国家救助、社会福利、公共卫生等内容的统称。

联合国于1948年对社会保障界定为:社会通过采取一系列的公共措施向其成员提供保护,以便与由于疾病、生育、工伤、失业、伤残、年老和死亡等原因而丧失收入或收入大幅度减少所引起的经济和社会灾难进行斗争,并提供医疗和对有子女的家庭实行补贴的方法。

1989年,国际劳工局把社会保障的定义概括为:社会通过一系列的公共措施来为其成员提供保护,以便与由于疾病、生育、工伤、失业、伤残、年老和死亡等原因造成停薪或大幅度减少工资而引起的经济和社会贫困进行斗争,并提供医疗和对有子女的家庭实行补贴。

迄今为止,国外学者对社会保障概念的解释有30多种。从社会保障的诸多定义中，我们可以看到，人们把社会保障看成一种确保社会生活安定、促进社会稳定、经济发展的社会机制，或一种社会安全制度，或一种公共福利计划，或一种社会保险制度，或一种预防、解决社会问题的安全网，或一种经济分配方式，或一种法律制度，或一种社会政策。这些观点从不同的视角来界定社会保障，仅仅反映了社会保障性质的某个侧面。

2. 中国对社会保障内涵的解释

中国是在 1986 年六届人大四次会议通过的第七个五年计划中首次使用"社会保障"一词。《中华人民共和国宪法》明确规定："中华人民共和国公民在年老、疾病或者丧失劳动能力的情况下，有从国家和社会获得物质帮助的权利。"

劳动和社会保障部结合我国实际情况所作的解释为：社会保障是指国家通过立法，积极动员社会各方面资源，保证无收入、低收入以及遭受各种意外灾害的公民能够维持生存，保障劳动者在年老、失业、患病、工伤、生育时的基本生活不受影响，同时根据经济和社会发展状况，逐步增进公共福利水平，提高国民生活质量。

郑功成在综合考察现代社会保障制度在各国的发展实践，以及国际性组织、部分国家政府及有关学者对社会保障的概念界定后，提出了其社会保障的定义，"社会保障是国家或社会依法建立的、具有经济福利性的、社会化的国民生活保障系统。在中国，社会保障则是各种社会保险、军人福利、医疗保障、福利服务以及各种政府或企业补助、社会互助等社会措施的总称"。

我们认为，社会保障的定义应为：社会保障是国家和社会通过立法实施的、以国民收入再分配为手段，对社会成员的基本生活权利提供安全保障的社会行为及其机制、制度的总称。

这一定义包括以下几层含义：

（1）社会保障的首要责任主体是国家或政府。社会保障是一项重要的社会公共产品或"准公共产品"，需要政府通过公共财政支出为国民提供和满足社会公共产品的需要，而社会保障制度的设计、实施都必须由国家统一组织和管理。

（2）社会保障的对象是全体社会成员。社会成员只要是合法的居民，只要符合社会保障的条件，而不分城市和乡村，不分工人和农民，也不分干部与群众，都应该无一例外地成为社会保障的对象，都有权利享受政府规定的社会保障。但是，就具体的保障项目来讲，谁被保障，谁不被保障，是有严格限制的。

（3）社会保障的目标是满足公民的基本生活需要，从而实现社会稳定和促进社会公平。社会保障是增进社会整体福利，是社会主义国家实现共同富裕目标的一项重要手段。它通过保障全体社会成员的基本生活，在一定程度上消除社会发展过程中因意外伤害、失业、疾病等因素导致的机会不均等，使社会成员在没有后顾之忧的情况下参与市场的公平竞争；通过在全体社会成员之间的风险共担，实现国民收入的再分配，缩小贫富差距，减少社会分配结果的不公平。

（4）社会保障的手段是对国民收入进行再分配，它是解决社会经济问题的杠杆之一。在市场经济条件下，初次分配按生产要素所有权来分配，注重效率原则，这种分配必然导致社会成员之间分配不公，出现贫富两级分化现象，会引起社会阶层之间的矛盾，对社会稳定构成威胁，于是政府为了弥补初次分配的缺陷，实现社会公平，通过国民收入再分配的手段，征收社会保障税（或社会保障费），为社会成员基本生活权利提供安全保障，实现社会公平与公正。

（5）社会保障的实施依据是国家立法。社会保障的目的是保障社会成员的基本生活需要，为了确保社会成员的基本生存权得以实现，必须有法可依。一方面表现在雇主和雇员要依法履行缴费义务和享有保障待遇的权利；另一方面表现在根据法律规定征收社会保障基金，以确保社会保障制度的正常运行。

（6）社会保障既是一种社会行为，一种社会经济制度，也是一项社会事业，还是一种社会政策，在现代社会，社会保障同时还是政府调控经济运行的重要手段。

（二）社会保障的外延

关于社会保障的外延，国际劳工组织认为，社会保障主要承担九个方面的风险，即疾病、生育、老年、残疾、死亡、失业、工伤、职业病和家庭。对这九个方面的保障可以满足社会成员一生的基本生活需求，从而促进社会稳定和经济发展。国际劳工组织在1952～1982年归并到社会保障制度中的内容包括：社会保险（Social insurance）；社会援助（Social assistance）或社会救助；由国家财政收入资助的补助金（Benefits）；家属补助金（Family benefits）；储备基金（Provident funds）；雇主规定的补助年金以及围绕社会保障而发展的辅助性或补充性计划。其中，社会保险是以国家为主体，通过立法手段，设立保险基金，当劳动者在年老、患病、生育、伤残、死亡等暂时或永久丧失劳动能力，以及因失业中断劳动而失去收入来源时，由社会给予物质帮助和补偿的一种社会保障制度。社会保险是以劳动者、雇主以及国家三方共同筹资、以建立保险基金为基础、以国家立法为依据、以劳动者为保障对象的一种社会保障项目，社会保险是社会保障的核心内容。它主要包括养老社会保险、医疗社会保险、失业社会保险、生育社会保险、工伤社会保险等。其中社会救助是在公民不能维持最低生活水平时，由国家和社会按照法定的标准满足其最低生活需求的物质援助的社会保障制度。社会福利是以国家或社会为主体，向全体社会成员或社会弱者提供旨在保证一定的生活水平和尽可能提高生活质量的资金和服务的社会保障制度。社会优抚是由国家和社会对法定的优抚对象，按照规定提供保证一定生活水平的资金和服务，带有褒扬和优待抚恤性质的特殊的社会保障制度。归纳起来，社会保障一般包括社会保险、社会救助、社会福利等几个方面，社会保险是社会保障的核心内容。随着社会经济的发展，社会保障还将在增进基本人权、特别是福利权方面不断为提高全体社会成员的生活水平和生活质量作出更大的贡献。

在我国，1993年中共十四届三中全会通过的《中共中央关于建立社会主义市场经济体制若干问题的决定》把社会保障制度纳入社会主义市场经济体制中，并明确指出："社会保障体系包括社会保险、社会救济、社会福利、优抚安置和社会互助、个人储蓄积累保障。"

二、西方社会保障制度的建立与发展

社会保障作为一种制度是近现代的产物。从1601年英国颁布的《伊丽莎白济贫法》算起，以英国 1834 年颁布的新《济贫法（修正案）》，即新《济贫法》为标志，西方社会保障制度经历了萌芽、形成、发展、成熟和改革五个阶段。

（一）社会保障制度的萌芽阶段

工业革命的兴起和推广，使人类社会发生了巨大的变化。英国作为工业革命的发源地，在 16 世纪，开始了"圈地运动"，其结果导致大量失去土地的农民涌进城市。农民在摆脱了土地束缚的同时，也失去了生活保障，城市中无产者的失业、伤残、疾病、年老丧失劳动能力等就成了重要的社会问题。在这种情况下，政府传统性的惩罚和抑制措施已经难以解决问题，社会动荡不安。针对这一情况，英国政府出于稳定社会的需要，于 1601 年由当政的伊丽莎白女王，把已有的救济贫民的惯例方法用法律的形式规范和固定下来，形成了《伊丽莎白济贫法》，也称为《伊丽莎白第 43 号法》，并由官方划出一条贫困救济线，同时努力为失业者提供工作，对贫穷人家的孩子进行就业训练，对老年人、患病者进行收容。对于那些官方认为"懒惰而不值得救助的穷人"，则仍然规定应用严酷的手段惩罚他们。该法案确立了这样的主导思想：以立法强制征收济贫税；凡抗拒不缴者以违法处置并可拘禁于监狱；以习艺所为机构，收容并组织贫民生产、劳动；对身强力壮的贫民组织劳动；对青少年进行技术培训；政府指派管理人员进行管理。虽然《伊丽莎白济贫法》并不完善，但它毕竟是政府通过国家法律，对每一个人强制征收济贫税来救济贫民的第一次社会行动。它的立法与颁布实施有深远的社会意义：它使社会保障体系最低层次的措施——社会救助，第一次以立法形式公之于世。它意味着在经济保障上，处于绝境的社会成员有权利向国家和比他更富有的邻居伸出手来，请求帮助。在这个意义上，《伊丽莎白济贫法》已经展示了未来社会保障的朦胧思路。

（二）社会保障制度的形成阶段

西方社会保障制度的形成阶段自 19 世纪上半叶英国颁布的新《济贫法》开始，一直持续到 20 世纪 30 年代。这近百年间，现代社会保障制度的两项基本内容——社会救助和社会保险制度——在西方开始逐渐形成并得到普及。

1. 社会救助的出现

19 世纪前后，英国的工业化和社会近代化至现代化的进程，使社会发生了两个突出的变化：一是人口预期寿命的延长，这导致了老龄人口阶层的形成，并日益成为突出的社会问题，因而需要国家从整个社会发展政策来考虑；二是社会生产方式和劳动组织方式的突出变化，导致社会劳动者，尤其是城市化后的主要靠工薪维持生计的城镇劳动者，在他们因年老体弱、生病、生育、工伤事故或失业时，就失去了收入保障。为了整个社会发展更加有序，英国政府于 1834 年颁布实行新《济贫法》。新法规定，社会救助属于公民的合法权利，政府实行救助是应尽的义务。新《济贫法》还认定救助不是消极行动，而是一项积极的福利措施，因而要求经过专门训练的社会工作人员从事这一事业。同时，还规定成立济贫法管理局，负责济贫工作，并将社会救助第一次以立法的形式确定下来，使其成为一种制度。但新《济贫法》仅仅满足了社会成员的最低生活需要，是社会保障的最低纲领。新《济贫法》中对申请救助的贫民要求的条件较为苛刻，规定领取救济金的人必须接受三个条件：丧失个人尊严，接受救济者被认为是不体面的；丧失个人自由，必须禁闭在"贫民习艺所"，不得外出；丧失政治自由，接受救济者取消其选举权。但该法通过对贫民实行社会救助，稳定了社会秩序，促进了英国经济的快速发展，同时也为欧洲其他工业化国家建立社会保障制度提供了立法基础和制度借鉴。在英国的新《济贫法》颁布之后，瑞士于1847年和1871年制定了《济贫法》、挪威于1845年颁布《济贫法》等。

　　2. 社会保险制度的建立

　　欧洲各国颁布的《济贫法》只是从慈善救济向社会救助的转化，是国家对社会成员承担保障责任的开始，而真正意义上的社会保障制度产生的标志是社会保险制度的建立。

　　德国是世界上第一个实行社会保险制度的国家。19世纪下半叶的德国，阶级关系复杂，社会流派众多。在此复杂形势下，俾斯麦政府相继颁布了一系列法令：1883年，颁布了世界上第一部《疾病社会保险法》；此后，于1884年和1889年先后颁布了《工伤事故保险法》和《老年残障保险法》。这三部保障法强调权利与义务的统一，规定以缴费作为享受保险待遇的条件，其待遇与收入相关联，并确定了使受保人的最低基本生活得到保障的目标。同时也规定保险费用由国家、单位（雇主）和个人三方面负担，这些原则为以后很多国家建立和发展社会保险制度奠定了基础。上述法令的颁布，标志着世界上第一个最完整的社会保险体系的建立，社会保险制度由此产生。德国这三部法律中所体现的重要原则，如权利和义务相统一的原则、以缴纳费用为享受保险条件的原则和保险费用多方分担的原则，为以后各国建立和发展社会保险制度奠定了基础。

　　在同一时期，法国在1898至1910年建立和实施了工伤、失业和老年三项社会保险制度；瑞士在1908年至1913年实行了疾病、工伤和老年三项社会保险制度；挪威也于1854年通过了《穷人法》，1884年建立并实施了防治职业伤害保险，1900年颁布了《社会援助法》，1911年试行了《病人权益法》等，这一系列法规使挪威初步建立了社会保障体系。至此，社会保障制度在西方资本主义国家逐渐形成，并走向成熟。

　　（三）社会保障制度的发展阶段

　　1929～1933年的世界经济危机席卷全球，企业破产、工人失业等社会问题十分严重，西方国家社会矛盾日益尖锐。针对资本主义经济危机以及市场经济的缺陷，英国经济学家凯恩斯强调政府应该对经济进行宏观调控和干预，以提高有效需求，解决失业问题，缓解危机。这一思想得到西方社会的普遍响应，为刺激社会需求，许多西方国家的政府开始改变自由放任的社会政策，对经济和社会生活进行全面的干预和调节。他们积极施行由政府主管的社会保障、社会福利措施。这些措施不再是过去那种单纯的、济贫性的慈善行为，而是对社会全体成员提供安全保护。美国总统罗斯福的"新政"就是其中的一个典型。为了配合"新政"的实施，1935年美国颁布了《社会保障法》，这是美国第一个由联邦政府承担义务的全国性的社会保障法律，也是世界上第一部社会保障法。1935年美国《社会保障法》的颁布，极大地促进了社会保障制度的发展。罗斯福的主要论点如下：社会保障是大机器生产的客观需要。要将"普遍福利"为核心的社会保障制度作为建国方略。初期的社会保障项目应包括失业、养老、家庭保险，实现"家庭平安、生活保障、社会保险"。实行"以工代赈"的现代社会救助，反对消极的救助行为。实行以地方为主的失业保险与强制性多层次的养老保险。社会保险必须以促进自我保障意识的确立为前提。社会保障项目应该逐步展开。这部《社会保障法》设立了五个基本的保障项目，即老年社会保险、失业社会保险、盲人补助、老年补助和未成年人补助，从而形成了较为完整的社会保障体系。罗斯福的"新政"思想以及《社会保障法》，对后来社会保险制度的发展有很大促进作用。到 1940 年，世界上已有 60 多个国家设立了工伤保险、医疗保险、家庭津贴等社会保障项目，社会保障制度迅速发展。

（四）社会保障制度的成熟阶段

从第二世界大战前后开始，西方国家"普遍福利政策"的广泛实施和"福利国家"的纷纷出现，标志着社会福利制度的产生，也预示着现代社会保障制度的发展逐步进入成熟阶段。

1942 年，由贝弗里奇主持起草的向英国政府提交的《社会保险及相关服务》研究报告，对英国乃至西方各国的社会福利制度产生了巨大的影响。贝弗里奇在报告中建议，社会保障制度应包括：社会保险——满足居民的基本需要；社会救济——满足居民在特殊情况下的需要；自愿保险——满足那些收入较多的居民较高的需要。贝弗里奇的报告还提出了下列原则：基本生活资料补贴标准一致的原则；保险费标准一致的原则；补助必须充分的原则；全面和普遍性的原则（即社会保障应覆盖全体居民并包括他们不同的保障需要）；管理责任统一的原则；区别对待的原则。在通过并实施了一系列社会保障法案之后，1948 年英国首先宣布建成公民"从摇篮到坟墓"均有保障的"福利国家"。随后，西欧、北欧、北美、大洋洲和亚洲许多发达国家纷纷宣布实施"普遍福利"政策，社会保障事业得到迅猛发展，在发达国家和地区之间形成了一个以"高福利"为主要内容的社会保障制度。

与此同时，东欧和亚洲的社会主义国家则依照苏联模式，建立了以国家保险为特征的社会保障制度。随后，世界上许多发展中国家也先后建立起社会保障制度。社会保障成为世界公认并被各国共同采用的社会经济政策。

在社会保障制度迅速扩张的国际背景下，国际劳工组织于 1952 年 6 月 28 日在日内瓦国际劳工会议上通过了《社会保障最低标准公约》（第 102 号公约）。该公约将社会保障制度细分为：医疗照顾、疾病和生育补助；失业救济；家属津贴；工伤保险；残疾、老年和遗属补助。《社会保障最低标准公约》是社会保障的国际性文件，并被视为社会保障制度发展史上的里程碑，同时也是社会保障制度日趋国际化的重要标志。

（五）社会保障制度的改革阶段

20 世纪 70 年代以后，受世界石油危机的影响，西方经济重新面临困境，高福利的社会保障制度的经济基础受到动摇。同时，"普遍福利"政策所带来的弊端也日益显现，主要表现为由于社会保障福利标准不断提高，其覆盖面和给付水平超过了国家的经济增长率和经济实力，社会保障资金入不敷出，影响了国民经济的正常运行，也影响了国家的经济竞争力。高福利、高补助的社会保障制度，也助长了国民的依赖心理。一些人不愿从事报酬低、社会地位低、工作难度大的职业，宁愿失业享受救济，或提早退休领取退休金。这种状况一方面导致了大量社会人力资源的浪费，另一方面也降低了经济效益和效率。

对此，世界各国政府在社会保障问题上面临了经济增长与福利水平、财政负担和社会稳定之间的两难选择。为消除高福利所带来的社会弊端，自 20 世纪 70 年代以来，西方发达国家相继走上了社会保障的改革道路，对原有的社会保障制度作了不同程度的改革和调整。改革的总趋势是修改和调整社会保障的项目以及各项费用的支付标准，最大限度地节约使用社会保障费用，提高社会保险税的征收标准，并充分利用各种社会筹资渠道，尽力扩大和增加社会保障资金的来源；淡化社会保障制度中的"普遍性"原则，增强社会保障制度只是社会"安全网"的观念，使之成为一种只是帮助真正贫穷者的救助制度；改变社会保障制度结构，建立多层次的，国家、企业、个人多方参与的综合体系；实行社会保障制度的私营化、资本化运作等。经过多年努力，西方发达国家在社会保障制度改革中，取得了一定的成效，但与建立一个有效的、完善的保障体制和机制的目标，距离还很远。目前，各国仍在根据本国的特点和条件，不断地对社会保障制度加以改革和调整。

三、中国社会保障制度的演变和发展

（一）社会保障制度的初创时期

新中国社会保障制度的建设，开始于 1951 年 2 月 26 日政务院正式颁布的《中华人民共和国劳动保险条例》（以下简称《劳动保险条例》，后经多次补充修改），它是我国第一个社会保障法规，也是至今为止最具基础性的、受保范围最广、内容最齐全的社会保障制度。它确立了我国传统社会保险体系的基本构架与制度安排。《劳动保险条例》的颁布实施，使我国形成了除失业保险之外的老年保险、工伤保险、疾病保险、生育保险、遗属保险等社会保险体系，标志着中国以社会统筹为特征的社会保险制度已初步确立。这一时期的社会保障制度建设主要是确立了企业职工的社会保障体系和政府机关、事业单位的社会保障体系，以下将对这两个体系进行介绍。

1. 企业职工的社会保障体系

《劳动保险条例》具体规定了职工在疾病、伤残、伤亡、生育及年老后获得必要物质帮助的办法，同时规定职工供养的直系亲属也可享受一定的保险待遇。开始只在部分企业实行，后来扩大了实施范围。

在管理体制上，依据《劳动保险条例》的规定，企业基层工会负责社会保障基金的收缴、发放。各省、市工会组织，各产业工会全国委员会或地区委员会对所属企业基层工会负指导督促的责任。各级人民政府劳动行政改革工会机关负责监督社会保险金的收缴、发放，并处理有关社会保险事件的申述。

在筹资模式上，《劳动保险条例》实际上确立了以企业单方付费为基础的现收现付

筹资机制。《劳动保险条例》将社会保险金划分为两大块，即企业基层工会管理的社会保障基金与全国总工会管理的社会保险总基金。另外，《劳动保险条例》还具体规定了养老保险和医疗保险的给受资格和待遇水平。

2. 政府机关、事业单位的社会保障体系

按照分工，当时由国家内务部负责政府机关、事业单位工作人员的社会保险事务。在养老保险方面，1955年12月29日国务院颁发了《国家机关工作人员退休处理暂行办法》，首次对国家干部享受养老金的资格与待遇水平作了规定。在医疗保险方面，1952年6月7日政务院颁发了《关于人民政府、党派、团体及所属事业单位的国家机关工作人员实行公费医疗预防措施的指示》，这一规定在报销范围上高于企业水平，但在供养直系亲属待遇方面则低于企业水平，不享受供养直系亲属的医疗补助。在病假期间的工资待遇方面，1952年9月12日政务院颁发了《关于各级人民政府工作人员在患病期间待遇暂行办法》。上述原办法和修改后的新办法在待遇水平上均高于企业。1952年公费医疗制度启动时，该医疗保险计划覆盖国家干部400万人。至1957年末，传统社会保险制度的基本框架已经建成。这一公共社会保险体系以养老、医疗保险为主要支柱，同时涵盖工伤、生育、死亡抚恤等保险项目，初步实现了中国产业工人长期抗争的权利，在一定程度上有效地防范了各类风险，满足了职工的基本生活需求。统计数字显示，当年全国支付的保险福利费（含养老金、医疗费）总额为27.9亿元，占职工工资总额的17.9%。

（二）社会保障制度的创新时期

中共十四届三中全会《关于建立社会主义市场经济体制若干问题的决定》指出，建立多层次的社会保障体系，对于深化企业和事业单位改革，保持社会稳定，顺利建立社会主义市场经济体制具有重要意义。

在20世纪90年代中期开始了第三个阶段的改革，围绕"一个中心、两个确保、三条保障线"的目标建设新的社会保障机制。1998年后，社会保障制度开始作为一项基本的社会制度加以建设。2000年10月，中共十五届五中全会通过的《中共中央关于制定国民经济和社会发展第十个五年计划的建议》和国务院《关于完善城镇社会保障体系的试点方案》则从我国社会主义初级阶段的基本国情出发，并根据我国国民经济和社会发展的要求，明确提出了我国社会保障制度的总体目标："建立独立于企事业单位之外、资金来源多样化、保障制度规范化、管理体系社会化的社会保障体系。"《建议》明确提出："完善的社会保障制度是社会主义市场经济的重要支柱，关系改革、发展、稳定的全局。"这对于中国的社会保障制度改革无疑具有重要而深远的意义。

进入新世纪新阶段，我国把健全完善社会保障制度摆在突出的位置。中共十六大政治报告提出了全面建设小康社会的奋斗目标，其中包括"社会保障体系比较健全，社会就业比较充分"。报告用大量篇幅对促进就业、深化分配制度改革和健全社会保障体系做出了部署。中共十六届三中全会《关于完善社会主义市场经济体制若干问题的决定》，进一步明确了要"加快建设与经济发展水平相适应的社会保障体系"，这一基调决定了中国的社会保障制度建设将进入一个较快的发展时期，社会保障最终将成为全面建设小康社会中不可替代的重要内容，并在其中发挥出应有的作用。中共十七大提出了"加快推进以改善民生为重点的社会建设"的重要任务，明确提出"社会保障是社会安定的重要保证。要以社会保险、社会救助、社会福利为基础，以基本养老、基本医疗、最低生活保障制度为重点，以慈善事业、商业保险为补充，加快完善社会保障体系"。这些体现出执政党对民生问题的高度重视，不仅反映了党和政府对社会保障制度的重要性有了更深入的认识，也体现了党和政府加快建设社会保障制度，真正地实现社会保障与经济发展同步的决心。

进入21世纪，中国致力于推动社会保障由城镇向农村、由工薪劳动者向全体社会成员扩展。尤其是2007年确定"加快建立覆盖城乡居民的社会保障体系"的方针之后，国家在原有的基础上颁布了一系列新的社会保障法律、法规、制度和政策，扩大了惠及范围，提高了保障水平、改善了管理服务。

1. 社会保险惠及范围大大扩展

现代社会中，社会保险是惠及面最广、资金量最大、技术性最强的社会保障项目。2010年10月，国家颁布《社会保险法》，并于2011年7月1日开始实施。过去的社会保险制度主要惠及工薪劳动者，农民和城镇居民（非雇员）基本上没有社会保险。现在，这种状况已经全然改变了。

2002年，决定建立完善新型农村合作医疗制度，并由政府组织实施并给予较多的财政补贴。该制度于2003年开始在部分地区试点，2004年以后逐步扩展，目前已经惠及全国96%以上的农村居民。

2007年，建立城镇居民基本医疗保险制度，为不属于城镇职工基本医疗保险制度覆盖范围的中小学阶段的学生（包括职业高中、中专、技校学生）、少年儿童和其他非从业城镇居民（含城镇老年居民）建立专门的社会医疗保险制度。这两项制度的实施，加上1998年建立的职工基本医疗保险制度，标志着社会医疗保险实现了制度全覆盖。

2009年，决定建立新型农村社会养老保险制度，并开展试点，为年满16周岁（不含在校学生）、未参加城镇职工基本养老保险的农村居民建立社会养老保险制度。政府给予财政支持，目前全国各地基本实施这项制度。

2011年，建立城镇居民社会养老保险制度，为年满16周岁（不含在校学生）、不符合职工基本养老保险参保条件的城镇非从业居民建立专门的社会养老保险制度。这两项制度，加上20世纪50年代初开始实施的国家机关事业单位退休保障制度和1997年制定的职工基本养老保险制度，标志着社会养老保险制度实现全覆盖。

2. 新型社会救助体系基本形成

20世纪90年代，中国开始实施城市居民最低生活保障制度。同时，部分地区积极探索农村最低生活保障制度，到2002年，全国绝大多数省份实施了农村最低生活保障制度。2007年，国务院决定普遍实施农村最低生活保障制度。于是，最低生活保障实现了制度全覆盖。

最近10多年，中国在将最低生活保障制度扩展到农村的同时，致力于发展医疗救助、住房救助、教育救助、司法救助、临时救助以及流浪乞讨人员救助等，筑起了一个以最低生活保障制度为核心、专项救助相结合的新型社会救助体系。

医疗救助方面。2002年，建立农村医疗救助制度，并于2003年开始实施；2005

年，将这一制度扩展到城市；2009年，将这两项制度合并为城乡医疗救助制度。

住房救助方面。1999年，建立城镇廉租房制度。2003年开始实施针对城镇最低生活保障对象的廉租住房制度。2007年，将覆盖范围扩展到城市低收入家庭，并将住房救助的形式由单纯的实物配租扩大到发放租赁补贴和实物配租相结合。

教育救助方面。2001年，建立了"两免一补"制度，即对于贫困地区家庭经济困难的中小学生"采取减免杂费、书本费、寄宿费等办法，减轻家庭经济困难学生的负担"。2004年，中央财政设立专项资金，对农村义务教育阶段家庭经济困难学生实行免费提供教科书的制度。2006年，明确对西部地区农村义务教育阶段学生全部免除学杂费，对其中家庭经济困难学生免费提供课本和补助寄宿生生活费。2007年，这一政策的适用范围扩展到全国农村地区。2008年，这项政策进一步扩展到城市。

2007年，建立临时救助制度，用"制度化"的办法解决"临时问题"，对因特殊原因造成基本生活出现暂时困难的家庭给予非定期、非定量的生活救助。

2003年，颁布实施城市生活无着的流浪乞讨人员救助制度。原先的《城市流浪乞讨人员收容遣送办法》被废止，代之以关爱性质的救助管理制度，昔日监所式的收容遣送站，被改造成为临时庇护所式的救助管理站。

中共十八大报告在提出统筹推进城乡社会保障体系建设时指出，"社会保障是保障人民生活、调节社会分配的一项基本制度。要坚持全覆盖、保基本、多层次、可持续方针，以增强公平性、适应流动性、保证可持续性为重点，全面建成覆盖城乡居民的社会保障体系"。

当前，社会保障体系包括社会保险、社会救济、社会福利、优抚安置和社会互助、个人储蓄积累保障。其核心是社会保险，社会保险一般包括养老保险、医疗保险、失业保险、工伤保险和生育保险五个险种，各种险种存在不同制度体系，且体系之间不能衔接，转移接续困难重重。如养老保险体系按单位性质、不同群体分别实行不同制度，有机关事业单位养老金制度、企业职工基本养老保险、城市居民养老保险、农村社会养老保险、被征地农民养老保险、双女儿家庭养老保险、农民工养老保险，不同养老保险制度相对独立，待遇区别较大；医疗保险存在职工医疗保险、城镇居民医疗保险、"新农合"；最低生活保障制度区分为城镇居民最低生活保障制度和农村居民最低生活保障，待遇上也存在很大差别。社会保障制度碎片化问题突出表现为：一是城乡社会保障体系二元化分割，城乡社会保障项目和待遇水平差距较大；二是城镇社会保险统筹层次过低，县市级统筹单位之间的社会保障基金分割运营；三是政、企社会保障制度分割，企业和机关事业单位工作人员养老待遇差距悬殊。总之，"制度碎片化"这个问题在过去的社会保障制度形成过程中是很难避免的。它不是什么人、什么部门的主观错误造成的结果。因为我们国家情况复杂，人口众多，经济制度和社会体制都经历了剧烈的、深刻的转型过程。可以说，每一个"碎片"（单个制度）的形成，在当时都是合理的、有必要的。很难设想在纷繁复杂的改革过程中，谁能设计出一个万能的整体方案，并且得到一贯的执行。制度碎片化将是我们下一步改革与制度重建的起点与突破口，对社保制度碎片化的探讨与反思，将有助于我们凝聚共识，努力构建有中国特色的社会保障体系。

（三）社会保障制度的改革时期

中共十一届三中全会以后，中国社会保险制度开始进入传统与现代相互交织，但仍以传统为主的新的历史发展时期。

1. 养老保险制度的启动与初步改革

1978 年 6 月 2 日，国务院颁布的《国务院关于安置老弱病残干部的暂行办法》和《国务院关于工人退休、退职的暂行办法》，是传统养老保险制度在新的历史时期的回归和延续。其主要贡献在于：确立了新时期养老金的受给资格与待遇水平；实施了养老金最低保证线制度；传统社会保险制度的社会统筹机制在养老保险制度中得以重建。

2. 医疗保险制度的启动与初步改革

1984 年 6 月，劳动人事部、全国总工会在全国推广北京市关于扩大职工劳保医疗制度改革试点经验，对所采取的试行部分中医药费与个人利益挂钩的办法给予肯定。1984 年 4 月，卫生部、财政部在进一步加强公费医疗管理的通知中指出，公费医疗制度改革在保证看好病、不浪费的前提下，在具体管理办法上可以考虑与享受单位、医疗单位或个人适当挂钩。同时指出，不宜把公费医疗经费包干给个人。

3. 国有企业失业保险制度的初步构建

自 1949 年至 1986 年，中国虽历经三次失业高峰，但由于意识形态的约束，现代失业保险制度始终未能应势而生。1986 年 7 月，作为国有企业劳动合同制改革的配套措施，国务院颁布了《国有企业职工待业保险暂行规定》，但因其覆盖范围的局限和运行机制的残缺导致其在执行过程中实际收效甚微。但是，这一暂行规定因其引入现代失业保险机制而标志着传统社会保险制度的终结和现代新型社会保险制度的兴起。

4. 社会保障其他方面的初步改革

在社会福利方面，1976 年以后，修改和增设了若干职工福利补贴制度，提高了职工福利补助起点标准，增加了福利基金的来源。

在职工退休方面，1978 年 6 月 2 日，国务院颁发了《关于安置老弱病残干部的暂行办法》和《关于工人退休、退职的暂行办法》，对老弱病残干部及工人退休、退职后的安置、退休待遇等作了明确的规定。

在死亡抚恤待遇方面，1979 年 1 月 8 日，财政部、民政部联合发出《关于调整军人、机关工作人员、参战民兵民工牺牲、病故抚恤金标准的通知》。1980 年 6 月 4 日，国务院颁发了《革命烈士褒扬条例》。

第二节　社会保障理论基础

一、西方的社会保障思想渊源和理论基础

（一）思想渊源

1. 人道主义思想

欧洲文艺复兴时期，新兴资产阶级提出了人道主义、民主、平等和人权等口号，

为社会应对其成员的生存权利负有责任的观点提供了文化基础。所谓人道，是指爱护人的生命，关怀人的幸福，尊重人的人格和权利的道德。人道主义这种首先由资产阶级思想家提出来的人类近现代思潮，就其总体而言，它包括以下四个方面的含义：①以人为中心，重视人的价值，弘扬人道思想；②作为世界观和历史观的人道主义；③作为政治学说和社会理想的人道主义；④作为伦理原则和道德规范的人道主义。时至今日，现代社会保障制度早已上升到法律规范的层次，享受社会保障成了国民的一项基本权益，而人道主义仍然是建立社会保障制度最根本的道德源泉。

2. 空想社会主义思想

西方的空想社会主义论对理想社会或国度的描述，实际上构成了社会保障的理论渊源之一，现代社会保障制度安排在某种程度上即实践着空想社会主义论的某些主张。最有影响的是柏拉图所著的《理想国》。从15～17世纪英国的莫尔、意大利的康帕内拉，到18世纪法国的梅叶、摩莱里，再到19世纪的圣西门、傅立叶与欧文等，均写出了自己的不朽著作，这些著作不仅对当时的社会进行了揭露与批判，更阐述了没有私有制、财产公有、倡导互助、人人平等和生活幸福的理想社会。空想社会主义论对社会保障理论发展的贡献，主要在于它揭示了社会矛盾的根源在于社会的不平等，从而主张实现社会公平、促进社会成员协调发展，这些思想正是现代社会保障思想最基本、最深刻的思想基础。

3. 生存权思想

生存权是人权最基本的内容之一。人权包括生命权、健康权、物质享受权等内容。生存权基于人类的生存本能而产生，是一种自然权利。最初在宪法中明确规定生存权的是德国1919年的魏玛宪法。其重要作用在于确立了现代意义上的生存权，并赋予生存权以具体的内涵，即生存权不仅仅是活下去的权利，而且是能够体现人的价值、体现人的尊严地生活下去的权利。第二次世界大战以后，生存权在世界范围内得到了广泛重视。生存权思想是西方社会保障最重要的思想渊源之一。

4. 社会连带思想

社会连带思想，或者说社会共同责任思想，在社会保障思想中占有重要的地位。其基本内涵为：社会保障在自助的前提下，强调社会共同连带责任。用通俗语言表述，可以称之为"人人为我，我为人人"的思想。就其产生的根源来说，除了高尚的"利他"动机外，也有自己遭遇困难时希望他人给予帮助的"利己"动机。这种社会连带思想，在各国的社会保障立法中随处可见。

5. 慈善思想

人类的慈善之心，古已有之，并源源不断地发展、充实，从而成为社会保障产生的最原始的思想基础；最初有组织地向社会贫民施舍衣物、食物的，正是出于慈善思想的宗教组织行为，而这种宗教慈善行为，逐渐演变成社会慈善事业，即使在现代社会，慈善事业也是社会保障制度体系中的有机组成部分。慈善思想，在现代慈善事业中依然占据着主导思想的地位。

（二）理论基础

1. 德国新历史学派理论

新历史学派形成于 19 世纪 70 年代，也称"社会政策学派"或"讲坛社会主义"，代表性的人物有施穆勒（G. Schmoller，1838～1917 年）、布伦坦诺（Ludwig J Brentano，1844～1931 年）、瓦格纳（Adolf Wagner，1835～1917 年）等。他们对传统的经济学理论进行了修正。新历史学派则强调国家的经济作用，认为国家除了维护社会秩序和国家安全之外，还具有"文化和福利的目的"，国家是集体经济的最高形式，国家在进步的文明社会中，公共职能应不断扩大和增加，凡是个人努力所不能达到的或不能顺利达到的目标，理应由国家去办。基于这样的观点，新历史学派主张国家必须通过立法，实行包括社会保险、孤寡救济、劳资合作等在内的一系列社会政策措施，自上而下地进行经济和社会改革，主张由国家兴办一些公共事业来改善国民的生活，例如实行社会保险、发展公共教育、改善卫生、实行遗产税等。实际上，新历史学派所谓的福利，就是国家建设一些公共福利事业，间接地对收入实行再分配，以缓和、协调当时的阶级矛盾。德国新历史学派的这些理论和主张，成为德国俾斯麦政府实行社会保障的依据。

2. 费边社会主义理论

费边社会主义者中多数是大学教授，鼓吹"社会主义"。在费边社会主义者看来，社会仅靠市场力量进行分配是不够的，国家和政府是为社会服务的理想工具，它以一种集体的精神来关心社会的福利和平等，其任务是调整自由市场制度所造成的不公正。费边社会主义认为，应该努力使民众意识到现存制度下的分配不公、贫富差距等社会弊病，激发社会良心，对社会问题作出合理的诊断，并在此基础上重建社会组织，提高生产效率。英国费边社会主义者韦伯夫妇设计了"福利国家"的蓝图，主张通过资产阶级议会实行对贫民和失业者，包括对病人、残疾人、老年人的救济。1918 年，工党通过了由韦伯夫妇制定的《工党与新社会秩序》的政纲，它包括四项原则：第一，主张以最低工资限额和最长工作周等条件来保证"国民最低生活标准"；第二，主张实行"工业的民主监督"，提出实行工业国有化的措施；第三，主张用向高收入者和资本家征重税的办法来维持公共服务事业；第四，主张利用财政支出扩大全民教育事业。费边社会主义者试图通过这种温和的、渐进的改良主义政策，实现所谓的"社会主义"。费边社会主义长期以来是英国工党指导思想的理论基础，对英国在第二次世界大战后实施"普遍福利"政策起到了指导作用。

3. 福利经济学理论

福利经济学是从福利的观点出发对经济体系的运行进行评估的经济学，它主要研究一种经济体系的运行究竟是增进福利还是减少福利，因此，福利经济学成为社会保障制度的最基本和最重要的理论基础。福利经济学正式形成于第一次世界大战期间，以 1920 年英国经济学家庇古（Arthur Cecil Pigou，1877～1959 年）《福利经济学》的出版为标志。这本书系统地论述了福利经济学理论。第一，庇古提出了福利、社会福利和经济福利的概念。庇古在书中给福利下的定义是：能够计量的与经济生活有关的那种福利，也就是能够直接或间接同货币量相联系的那部分社会福利。庇古的福利经济学理论建立在边际效用价值学说基础之上。从经济学的边际效用理论来看，边际效用越大，其满足的程度也就越高。因此，庇古在《福利经济学》一书中提出，一个社会追求的应该是社会总福利的增加。社会总福利是每个人福利的总和，一个人的福利是他所感到满足的总和。经济福利是从货币和劳动中所获得的满足，它是社会总福利的组成部分。对国家而言，全社会的经济福利可以用国民收入来表示，国民收入是一个国家国民个人福利的总和，国民收入总量越大，意味着国民福利或全社会的福利越大。也就是说，社会经济福利的大小决定于国民净收入总量的大小。第二，庇古还分析了社会经济福利和国民收入之间的密切关系，他以边际效用递减规律得出，社会经济福利的大小不仅决定于国民净收入总量的大小，还决定于收入的分配状况。第三，庇古依据福利经济学的理论分析，提出了"收入均等化"的转移措施。庇古认为，收入转移的途径就是由政府向富人征税，补贴给穷人，或富人自愿捐赠和自愿建立福利设施等措施。第四，庇古反对无条件的补贴，最好的补贴是那种"能够激励工作和储蓄"的补贴。总之，庇古的福利经济学为"福利国家"提供了新的理论依据。福利经济学和福利国家理论几经演变并广为流传，为社会保障制度的建立奠定了理论基础。

4. 新福利经济学理论

新福利经济学产生于20世纪30年代以后，以罗宾斯、希克斯、卡尔多、霍特林的补偿原则以及柏格森和萨缪尔森等的社会福利函数论为代表。与庇古的福利经济学观点不同的是，新福利经济学认为穷人和富人从不同收入中所得到的效用或满足是无法比较的，社会福利不能通过收入分配加以增进。要想实现社会福利的最大化，就要在一定的经济组织、收入分配和价格条件下，求得一系列在交换上、生产上和生产与交换结合上的最优化条件。新福利经济学以无差异曲线、边际替代率、消费可能线等作为分析工具和方法，得出交换的最优化条件是在一定的收入、价格和偏好基础上，任何两种商品之间的边际替代率，对于使用这两种商品的每个人是相等的。生产的最优条件是，边际成本比率与价格比率相等。在生产多种产品情况下，边际成本比率与边际产品转化率相等，因此，社会生产的最优化条件是所有生产单位生产产品的边际转化率相等。新福利经济学认为，如果社会要达到最大的福利水平，就必须满足上述交换和生产的两种最优化条件。新福利经济学对于福利的增进提出了两种论说。一是补偿原则论。补偿原则论认为，经济政策的改变意味着价格体系的改变。价格体系的改变，总会使一方得利，另一方受损。如果通过税收政策或价格政策，使那些得利者补偿受损者而有余，那就是有效的政策，就能增进社会福利。补偿实际就是收入的再分配。二是社会福利函数论。社会福利函数理论强调收入分配应该由一定的道德标准来决定。这一理论试图提出"最大福利"的道德标准和满足条件。社会福利函数论认为，要实现最大福利除了交换和生产的最优化必要条件外，还必须有"理想的收入分配"这一充分条件。

5. 凯恩斯主义理论

20世纪30年代，英国著名的经济学家凯恩斯于1936年发表了《就业、利息和货币通论》，在这部著作中，他提出了一套对付资本主义经济危机的理论和政策主张，该主张成为"二战"后资产阶级国家制定经济政策和社会保障的理论依据。凯恩斯在《通论》中提出了"有效需求"不足的理论，所谓"有效需求"是指商品的总供给价格与总需求价格达到均衡状态时的总需求，它直接表现为有货币支付的需求和能力。他指出，经济萧条和危机的根本原因是有效需求不足，只有扩大总需求，刺激总供给，从而增加就业机会，才能使经济保持一定的增长速度。凯恩斯认为，经济萧条时期，私人消费和投资急剧减少，要扩大总需求，除了鼓励私人消费和通过税收政策鼓励资本家投资，扩大中央银行信用等措施之外，政府还要积极干预经济，推行扩张性财政政策。政府应直接兴办公共工程，以增加有效需求和就业机会；扩大社会福利设施，增加消费倾向，以达到足够的总需求和充分就业。另外，凯恩斯还提出建立累进税制和最低工资制等观点。由于他主张政府对经济干预，因此，凯恩斯理论被作为官方经济学，成为资产阶级经济学的正统理论，也为西方发达国家推行"福利国家"政策奠定了理论基础。

6. 罗斯福的社会保障理论

罗斯福在1933～1945年的13年间连任美国总统，为摆脱经济危机，他积极推行新政，新政的内容之一就是制定了一套反危机的社会保障政策，这体现了他的社会保障思想。面对美国经济大萧条的现实，政府和公众认识到，失业等社会问题不仅给劳动者带来了伤害，也使经济和社会陷入困境，只有政府作为组织者才有能力推行广泛的社会保障，扩大社会需求，使国家摆脱持久的经济危机和社会动荡。所有这些促使罗斯福决定大力干预经济活动。正是在他的倡导和努力下，美国于1935年通过了《社会保障法》，开始建立正式的社会保障体系。在社会保障领域，罗斯福反对保守政策，主张政府干预，将充分就业作为新政的首要目标，以扩大政府支出刺激经济复苏。罗斯福在论述社会保障制度时，提出了一系列原则和主张，反映了他的社会保障思想，其中一些思想至今仍为各国政府所推崇。例如，他提出应该把消极的社会救助与积极的社会救助结合起来；在失业保险中，把消极的失业救济和积极的以工代赈结合起来；社会保险不同于社会福利，也不同于社会救济，因而应当带有自我保障的性质，社会保障制度应与国民的自我保障意识相辅相成，互相促进；社会保障是社会化大生产的客观需要，政府必须通过对全社会的关心来增强每个人的安全保障。

7. 福利国家理论

1941年，英国战时联合政府经国会同意，设立"社会保险及相关事业委员会"，由伦敦经济学院院长威廉·亨利·贝弗里奇（William Menry Beveridge）出任主席，研究英国福利政策的改革。贝弗里奇于1942年提出了具有划时代意义的《社会保险及相关服务》研究报告，对英国乃至西方各国的社会福利制度产生了巨大的影响，在此基础上形成了福利国家论。在这份报告中，贝弗里奇着眼于重建战后和平，使英国永获安全感的长远安排，经过周密的调查研究，把各种改革者的不同愿望融进了一个有内在联系的框架之中，制定了对英国全体公民实行福利制度的指导原则，设计了"从摇篮到坟墓"的一整套福利措施。贝弗里奇报告以消除贫困、疾病、肮脏、无知和懒散五大社会病害为目标，制订了一个以社会保险制度为核心的全面的社会保障计划，其主要内容包括：第一，凡有收入的英国公民都必须参加社会保险，参加者按全国统一的标准交纳保险费，按统一标准享受有关福利，而不问其收入多少。这就是社会保障的所谓"普遍性"原则，它改变了传统的救济贫民的所谓"选择性"的原则。第二，改分散的管理制度为全国统一的制度。第三，按照这一制度所发放的救济与津贴应使领取人能够维持正常的生活，享受社会保障的时间以本人需要为准，不受其他限制。第四，社会保险的范围应包括全体有收入的公民，其内容应包括他们生活需要的各个主要方面。第五，因为没有收入而不能交纳国民保险费，无权享受国民保险待遇的人，由国家制定国民补助法，以保证其基本生活需要，使其生活水平达到国民最低生活标准。在贝弗里奇报告基础上形成的福利国家论的主要观点有：第一，收入均等化，通过对不同收入阶层的赋税差别来实现再分配；第二，社会福利化，通过国家提出一整套津贴补助、社会保险和公共救济制度，包括失业救济、退休金、养老金、家庭补助、医疗保险、卫生保险、住房补贴以及文化、教育等社会服务和设施等，以期实现"现代自由民主"的国家，即高福利型国家；第三，充分就业原则；第四，国有化和计划化、工程社会化；第五，混合经济论。

8. 民主社会主义、新自由主义、中间道路理论

（1）民主社会主义理论。民主社会主义是"二战"后英国工党提出的，它继承了"讲坛社会主义"和"费边社会主义"的传统，制定了关于"民主社会主义"的五项原则，即"政治自由、混合经济、福利国家、凯恩斯主义及平等信念"。它最大的贡献是将福利国家的理论变为了执政的纲领和政府的现实政策。在道德价值观方面，民主社会主义崇尚平等、自由和博爱，希望社会能够减少不平等与不公正，人们可以拥有社会的、政治的和法律的权利，人们可以在利他主义的理念下实现他助、互助和自助。民主社会主义认为，福利国家能够消除资本主义社会的痛苦，可以不用采取暴力革命的方式达到消除贫困和实现平等的社会目标；福利也是以国家的经济繁荣为目的的投资，可以通过发展社会福利来促进经济和社会的发展。因此，民主社会主义主张全面的社会保障计划，它希望通过国有化与计划经济，以高税收、高公债和通货膨胀来支撑高福利政策。民主社会主义的思想虽然是为了迎合资产阶级统治的需要，但在客观上对社会保障体系的建立和完善，发挥了积极的作用，是现代社会保障学说的一个组成部分。

（2）新自由主义理论。新自由主义的哲学基础是自由、公正和不干涉主义，其核心思想是个人自由的至高无上。新自由主义是反对福利国家政策的。该理论学派认为以个人自由为基础的私人企业制度和自由市场制度是最有利于个人独立发展的制度。因此，该学派反对社会主义、计划经济和国家干预经济，强调社会化的作用，主张限制政府权力。新自由主义学派认为，经济增长对于提高国民福利和促进社会平等比任何平等的政策都重要，而福利国家强调通过再分配来求得平等是对人的本性和社会特征的错误认识。因此，新自由主义学派对于福利国家的理论和政策提出了严厉的批评，认为福利国家给个人自由造成了威胁，导致经济效益低下，对经济社会和政治发展具有破坏作用。在对福利国家理论和政策提出批评的同时，新自由主义提出了关于社会保障制度建设的设想。该派学说认为福利服务市场化是最好的选择，应该让市场在社

会保障制度建设中发挥重要作用。国家应该出台政策，鼓励不同经济成分参与竞争。新自由主义学派有关发挥市场在社会保障制度建设中的作用的主张，为全球范围内的社会保障制度改革奠定了重要的理论基础。

（3）中间道路理论。中间道路的理论基础是建立在对自由市场的辩证认识之上的，它主张将刺激经济增长与保持社会公平有效地结合起来。它认为自由市场是需要管理的，政府有责任对自由市场进行干预，使其在经济运行和社会发展之间求得一种平衡，但政府的干预应得到控制。在社会保障方面，中间道路论者认为应该发挥国家在福利领域的主导作用。但它主张国家应当与社会和个人共同承担在社会福利方面的责任。国家主要是对最需要帮助的社会成员提供有限的基本服务，同时应倡导发展私人的和志愿的福利事业作为对国家福利的补充，以便使社会成员有一定的选择服务的权利。中间道路学派主张用"社会投资国家"来取代"福利国家"，强调福利开支由政府、社会、个人等共同合作提供。

民主社会主义、新自由主义、中间道路理论等从不同的角度强调了国家和市场在社会保障中的作用，强调了政府、社会、个人在社会保障制度建设中的角色和贡献，它们对于社会福利理论的论述，丰富了社会保障制度的改革路径。

9. 马克思主义理论

马克思主义关于人的需要的理论、社会再生产的基本原理和社会产品分配的基本原理，是社会主义社会保障的理论基础。但马克思主义理论体系中关于社会保障的理论尚不能说形成了非常完备的体系。从经典作家和理论家的论述中可以将马克思主义社会保障的理论概括为以下主要观点。

（1）满足人的需要理论。马克思主义认为人的需要是人的本性，满足人的需要是人们进行社会生产活动的基本动力，是社会主义生产的根本目的，这一基本观点成为社会主义社会保障的理论基础之一。人的需要是在一定的社会关系条件下，通过人的自由自觉的实践活动得到的。人的自由自觉的实践活动的产生和满足人的需要，决定人的本质的需要是社会性的需要，即人的需要是相互得到满足的。同时，人的需要是多样性的，需要的层次包括自然需要、社会需要、经济需要、精神需要。需要的层次由低到高，一般认为，在低层次的需要获得相对满足之后，才能发展到较高层次的需要。但高层次的需要发展后，低层次的需要仍继续存在，只是对人的行为的影响作用降低而已。

（2）社会总产品"扣除"理论。马克思关于社会产品再分配的基本原理，明确了社会保障基金需要通过国民收入的分配与再分配来建立。马克思在《哥达纲领批判》中指出：在社会主义社会，社会总产品在进入消费领域之前首先应该扣除以下几部分。第一，用来补偿消费掉的生产资料部分；第二，用来扩大生产的追加部分；第三，用来偿付不幸事故、自然灾害等的后备基金或保险基金，就是现在属于官办济贫事业的部分。剩下来的社会总产品中的其他部分是用来作为消费资料的。在把这些部分进行个人分配之前，还得从中扣除几项：第一，和生产没有关系的一般管理费用；第二，用来满足共同需要的部分，如学校、保险设施等；第三，为丧失劳动能力的人设定的基金，如官办济贫事业。马克思在《资本论》中也曾论述过社会保障基金的必要性：可变资本在再生产过程中，从物质方面来看，总是处在各种会使它遭受到损失的意外和危险中。因此，一部分利润，即剩余价值中的一部分，必须充当保险基金。国民收入经过分配和再分配，最终归结为积累基金和消费基金两大部分。社会保障基金在国民收入的初次分配和再分配中都占一定的比重，就其主要部分来看，属于社会消费基金的组成部分。国家通过国民收入的分配和再分配，来调节社会成员的收入，保障最低生活需要，缩小贫富差距，减少社会不平等，促进社会经济的协调发展和良性运行。

（3）"两种生产"理论。马克思主义认为，社会再生产是人类社会存在和发展的基础。其中，物质资料的再生产是社会再生产的中心内容，劳动力再生产（人口生产）是实现社会再生产的必要条件，因为劳动力是社会再生产过程的承担者。这就是说，一方面，人类通过物质资料生产，不断取得人类生存所必需的生活资料；另一方面，通过自身的再生产实现人类的延续和劳动力的更新。物质资料再生产和劳动力再生产互为前提，互为条件，相辅相成，互相渗透，互相制约。这两种再生产之间必须保持一定的比例关系，社会才能协调发展。社会保障同物质资料再生产和劳动力再生产之间有着密切的关系。物质生产是社会保障的经济基础，人口生产同社会保障存在着重要联系。一般而言，在劳动力基本停留在简单再生产时，家庭负担劳动力（人口）再生产的一般费用，劳动者在遇到丧失生活来源的风险时，主要依靠家庭保险度过。产业革命后的工业化社会，生产社会化了，劳动力扩大再生产包括了一系列的费用开支，家庭已不能承受为了确保劳动力的扩大再生产能够适应现代经济发展的需求，劳动力在其生命历程中经受的风险，必须通过社会保障来保证劳动力的扩大再生产进程的顺利进行。

10. 列宁主义理论

列宁在领导无产阶级政党和工人阶级同沙皇政府统治的斗争中，提出了"最好的工人阶级的保险形式是国家保险"的论断。在列宁的领导和倡议下，1903 年 10 月召开的俄国社会民主工党的纲领中提出了以下主要内容。一是明确提出了国家保险的概念。列宁及其领导的工人政党将"国家保险"的口号第一次写在了党的旗帜上。二是提出了工人在年老、工伤、残疾、生育等全部或部分丧失劳动能力时得到全面社会保险补偿的权利要求。三是明确提出了国家社会保险的基金由企业主供给而不得向工人征收。四是农业也包括在国家保险的覆盖范围之内。列宁提出三个"一切"和一个"统一"，即国家对工人丧失劳动的一切情况给予保障；保险包括一切劳动者及其家属；一切保险费用内企业主和国家负担；各种保险由统一的组织办理等。这些原则一直被社会主义实践者们所推崇，以至于在相当长的阶段内在一些社会主义国家形成了以政府集中管理、国家和企业承担完全责任为特征的国家社会保险的制度模式。

二、中国的社会保障思想渊源和理论基础

（一）思想渊源

1. 孔子社会保障思想

2500 年前，孔子主张均贫富："丘也闻有国有家者，不患贫而患不均，不患寡而患不安。盖均无贫，和无寡，安无倾。"（《论语·季氏》）。孔子提倡一种博爱精神："四海之内皆兄弟也。"（《论语·颜渊》）。孔子在《礼记·礼运篇》中所提出的"大同社

会”的理想说："大道之行也，天下为公。选贤与能，讲信修睦，故人不独亲其亲，不独子其子，使老有所终，壮有所用，幼有所长，鳏寡孤独废疾者，皆有所养。"孔子的这种"大同社会"理想，应当说是世界上有文字可查的最早表达的社会保障性质的思想。第一，社会应该是"天下为公"。第二，每个社会成员只要有劳动能力，都应从事劳动。第三，失去劳动能力的人，应由社会供养起来。老年人、幼儿都应得到赡养、哺育。第四，人与人之间互助友爱，设想整个社会无欺诈、无盗贼、无战争，"讲信修睦"。人们平平安安地过生活，甚至于达到"外户而不闭"。

2. 孟子的社会保障思想

孟子主张富民："是故明君制民之产，必使仰足以事父母，俯足以畜妻子，乐岁终身饱，凶年免于死亡。然后驱而之善，故民之从之也轻。"（《孟子·梁惠王上》）孟子对生活保障予以量化："五亩之宅，树之以桑，五十者可以衣帛矣。鸡豚狗彘之畜，无失其时，七十者可以食肉矣。百亩之田，勿夺其时，八口之家可以无饥矣。谨庠序之教，申之以孝悌义，颁白者不负戴于道路矣。老者衣帛食肉，黎民不饥不寒，然而不王者，未之有也。"（《孟子·梁惠王上》）孟子的博爱思想："老吾老，以及人之老；幼吾幼，以及人之幼。""老而无妻曰鳏、老而无夫曰寡，老而无子曰独，幼而无父曰孤。此四者，天下之穷民而无告者。文王发政施仁，必先斯四者"（《孟子·梁惠王上》）。孟子的儒家社会互助思想："死徙无出乡，乡田同井，出入相友，守望相助，疾病相扶持，则百姓亲睦。"（《孟子·滕文公上》）

3. 墨子社会保障思想

墨子主张统治者要把自己多余的财产分给穷人："昔者文王封于岐周，绝长继短，方地百里，与其百姓兼相爱，交相利，移（"移"通"侈"，为多余）则分。是以近者安其政，远者归其德，闻文王者，皆起而趋之。"（《墨子·非命上》）。主张积粟备荒："国无三年之食者，国非其国也；家无三年之食者，子非其子也。"（《墨子·七患》）。他主张官民共度饥荒："岁馑，则仕者大夫以下皆损禄五分之一，旱，则损五分之二，凶，则损五分之三，馈，则损五分之四，饥，则尽无禄，禀食而已矣。"（《墨子·七患》）。

4. 管子社会保障思想

管子提倡"养长老，慈幼孤，恤鳏寡，问疾病，吊祸丧，此谓匡其急。衣冻寒。食饥渴，匡贫窭，振罢露。资乏绝，此谓振其穷。凡此六者，德之兴也。"反对两极分化："贫富无度则失"（《管·五辅》）。"甚贫不知耻，甚富不可使"（《管子·侈靡》）。"法令之不行，万民之不治，贫富之不齐也"（《管子·国蓄》）。主张国家做到"富能夺，贫能予"（《管子·揆度》）。《管子·禁藏》篇中提出了民众最低生活保障线问题："夫民之所生，衣与食也，食之所生，水与土也，所以富民有要，食民有率，率三十亩而足于卒岁。岁兼美恶，亩取一石，则人有三十石，果瓜素食当十石，糠秕六畜当十石，则人有五十石。布帛麻丝，旁入奇利，未在其中也。故国有余藏，民有余粮。"如果低于这个收入，就属于"甚贫"。这实际是确立了民众的最低生活保障线，为政府救济社会中最贫苦的民众提供了依据。也是《管子》社会保障思想的一个突出特点。管子推行九惠之教的社会福利政策思想，提出"老老"；"慈幼"；"恤孤"；"养疾"；"合

独"；"问病"；"通穷"；"赈困"；"接绝"。（《管子·入国》）

（二）理论基础

1. 大同社会论

儒家思想是我国古代占统治地位的意识形态，其倡导的大同思想是中国人民美好的精神追求，其中也包含了丰富的社会保障思想。孔子于两千五百年前就说过："大道之行也，天下为公，选贤与能，讲信修睦。故人不独亲其亲，不独子其子；使老有所终，壮有所用，幼有所长，鳏寡孤独废疾者皆有所养。男有分，女有归。是故谋闭而不兴，盗窃乱贼而不作，故外户而不闭。是谓'大同'。"它为我们刻画了一个相当完整和清晰的理想社会的轮廓。大同社会的核心内容既涉及社会制度，更包含了丰富的社会保障思想，这种思想较之柏拉图《理想国》中的描述更为直接地体现了社会保障制度的基本原则及其对社会弱者的庇护精神。大同理想的社会保障内容如此之丰富和翔实，恰好说明了人类一直将人人有保障的社会作为理想在苦苦追求着。

2. 社会互助论

社会互助论是中国儒家思想的又一组成部分。社会互助思想是中国传统社会思想的重要组成部分，而互助则是中国人民的传统美德之一，它是社会成员之间的互助共济，是有余力余财者帮助无劳动能力或贫困或遭灾的社会成员避免生存危机的社会思想。

3. 仓储后备论

仓储后备论是一种主张建立谷物积蓄以备灾荒并济贫民的社会思想。根据仓储后备论，国家建立了各式各样的仓储，在丰年之时把百姓手中的余粮收集起来就地建立仓库储存，荒年再行开仓赈济。仓储后备的目的在于救灾，避免灾荒之年百姓无法生存而铤而走险，维护社会稳定。因此，仓储后备论是依靠国家力量来储粮备荒、保障社会成员基本生存权利的一种社会保障思想。

4. 社会救济论

古代中国有关社会救济方面的思想很丰富，其中赈济说的影响最为深远。所谓赈济说，即是主张用实物（主要是粮食与衣服布帛等）和货币救济遭受灾害或生活极端困难无以生存的社会成员，以保障其最低限度的生活需要的一种保障思想。社会保障作为一种制度出现，是近百年的事，它是经济和社会发展到一定阶段的产物。但社会保障的思想渊源却很早，在社会保障制度形成之前，社会保障思想就早已存在。这些有关社会保障的思想主要表现在以下三个方面：首先，与社会保障有关的思想最初表现为慈善或恩赐思想；其次是表现为平等或公平思想，这种思想应该说是比慈善或恩赐思想更加进步或者说更高层次地与社会保障有关的思想，最后是表现为空想社会主义，这种思想从严格意义上来说是一种被理性化的社会保障思想。

综观以上三个方面的社会保障思想，慈善或恩赐思想对社会保障制度的产生起了一定的积极作用；平等或公平思想长期以来一直是西方发达国家建立和完善社会保障制度的一个理论基础；空想社会主义中的一些思想则发展为社会保障理论的一部分，并且在现实生活中得到了实践。

第三节　社会保障体系、功能与效应

一、社会保障的内容体系

（一）国外社会保障内容体系

社会保障体系是指国家通过立法对社会成员给予物质帮助所采取的各种相互独立而又相互联系的各项社会保障子系统的总和，包括各个社会保障子系统的结构及其运行机制。社会保障自开始建立至今已经有 100 多年的历史。一般来说，社会保障经历了以社会救助为萌芽形式、社会保险为基本内容、社会福利为完成形式、医疗保健服务普及化四个阶段后，其内容日渐丰富起来。总体上说，社会保障的基本组成部分由社会救助、社会保险、社会福利三个部分构成。但这三部分并非社会保障体系的全部，社会保障体系还有在这三部分中衍生出来的其他形式，各国根据自己的具体情况，采取了其他一些形式的社会保障项目，作为这三种形式的补充，在保障对象、保障目标、资金来源和筹集方式、支付方式等方面有所不同。不同的保障形式各司其职，共同实现社会保障的功能。

社会保障是由一系列保障项目构成的整体。各国在建立社会保障体系时，都有一个从单一保障项目到多种保障项目发展的过程。由于社会保障基金的筹措方式、运作和给付方式不同，也由于社会保障管理体制的不同，因此社会保障制度形成了不同的类型。

在不同的国家，社会保障制度的实施方式和程度各有不同。一般来说，社会保障项目的设置和保障水平、给付标准，应根据社会经济发展的水平而定，并随着经济的发展而不断地得到完善。因此，各国的社会保障体系各有特点。

在德国，逐渐完善起来的社会保障体系的内容可以分为两大部分：一是社会保险，二是社会照顾。其中，社会保险是整个社会保障体系的核心，它可进一步分为养老保险、医疗保险、失业保险和工伤保险四个方面。社会照顾也可分为直接照顾和间接照顾两个方面。直接照顾包括家庭补贴、住房补贴、教育助学金等，间接照顾主要有国家规定的"免税额"、国家提供的建造自有住房的贴息贷款等。

在英国，社会保障体系由五大部分组成：一是社会保险，主要包括退休保险、失业保险、工伤保险、死亡保险等；二是社会补贴，主要包括住房补贴、儿童补贴、高龄老人补贴等；三是社会服务；四是社会救助，主要包括低收入家庭救助、老龄救助、失业救助等；五是医疗保健。

在美国，社会保障体系由三个主要部分组成：一是社会保险，主要包括老年保险、伤残保险、失业保险、工伤保险、健康保险等；二是社会救助，主要包括失业救济、医疗援助、残疾和老年贫困者的救济金、抚养儿童家庭的补贴、食品券补贴等；三是社会福利，主要有住房补贴、教育保障等。此外，社会保障体系还包括一些特殊保障，如军职人员退职退休津贴、联邦和地方政府文职人员退休津贴等。

在法国，社会保障体系由三个主要部分组成：一是社会保险，主要包括养老保险、疾病和工伤保险、失业保险等；二是社会补贴，主要包括住房补贴、失业补贴、家庭补贴等；三是公务员福利待遇。

在瑞典，社会保障体系包括四个部分：一是社会保险，主要包括养老保险、工伤保险、失业保险等；二是社会救助，主要包括失业救助、残疾人救助等；三是公共福利，主要包括家庭津贴、住房津贴、儿童津贴等；四是医疗保健。

在日本，社会保障体系由四个部分组成：一是社会保险，主要包括年金保险、工伤保险、失业保险等；二是国家救济，主要包括生活救济、教育救济、住房救济等；三是社会福利，主要包括老人福利、儿童福利、残疾人福利；四是医疗保险。

（二）中国社会保障内容体系

根据中华人民共和国国务院新闻办公室 2004 年 9 月颁布的《中国的社会保障状况和政策》白皮书，中国的社会保障体系包括社会保险、社会福利、优抚安置、社会救助和住房保障等。社会保险是社会保障体系的核心部分，包括养老保险、失业保险、医疗保险、工伤保险和生育保险等（图 1-1）。

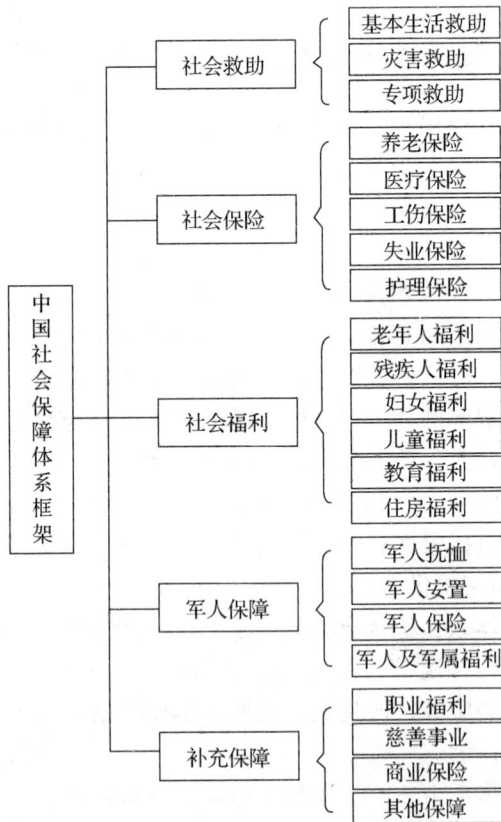

图 1-1 中国社会保障体系框架

尽管世界各国构成社会保障体系的项目不同，内容和制度也有着不同规定，但是，它们之间却有着共同的特征，其内容也存在着某些相近的甚至完全相同的规定。正是如此，构成了世界主要国家社会保障体系稳定的、共同的内容。一般来说，这些共同的特征和内容大体可以分为以下四个方面。

1. 社会保险

所谓社会保险，就是以国家为主体，对有工资收入的劳动者在暂时或永久丧失劳动能力，或虽有劳动能力而无工作亦即丧失生活来源的情况下，通过立法手段，运用社会力量，给这些劳动者以一定程度的收入损失补偿，使之能继续享有基本生活水平，从而保证劳动力再生产和扩大再生产的正常运行，保证社会安定的一种制度。社会保险是社会保障体系中最基本、最主要的组成部分。

尽管各国社会保障制度中对社会保险的规定不同，但都具有以下几方面的特点。一是强制性。在立法范围内，每一个社会成员都必须参加社会保险。二是社会保险资金筹措的多源性。即社会保险资金来源于劳动者个人、企业或社会、国家等多种渠道。三是权利与义务的一致性。受保人必须先尽其缴纳个人保费的义务，然后才可能获得相应的保险的权利。四是储蓄性。参加者按规定缴纳费用作为基金，储存待用。就个人而言，从参加社会保险开始便按规定长期缴费，等于为自己储蓄了一笔费用，供遭遇风险时使用，以渡过难关；就社会而言，也是一种储备基金。由于保险基金的预先存在，从而使得参加保险的成员在心理上获得较强的安全感。五是互济性。参加者定期缴纳保险费，建立社会保障基金，当其中有人遭遇风险而受到经济损失时，可以按规定领到一定数量的保险金，实行风险分担、互助共济。

社会保险一般包括五个保险项目。其一，养老保险。这是对法定范围内的劳动者或者其他职员因年老而退出社会劳动后，能够获得满足其基本生活需要的、稳定可靠的经济来源的社会保险项目。这是社会保险中涉及面最为广泛的一种保险项目。其二，失业保险。这是对法定范围内的劳动者因失业而失去经济来源时，按法定时限保障其基本生活需要的社会保险。这是社会保险中最为基本的一种保险项目。其三，医疗保险。这是对法定范围内的劳动者或者其他职员在患病或非因工伤害时所提供的医疗保险制度。它既包括医疗费用的给付，也包括各种医疗服务。医疗保险是社会保险制度的重要组成部分。其四，工伤保险。这是指向法定范围内的劳动者提供因职业伤病而造成经济损失的补偿费用、使其不致因职业伤病而降低收入水平；也是指向法定范围的劳动者提供因不幸致残而需花费的治疗和康复的费用，以保证其致残后的基本生活需求。其五，生育保险。这是专门为妇女提供的，使其在怀孕、生产、哺乳期间能够获得基本生活需求的社会保险项目。有的国家把这项保险列入社会医疗保健制度。

2. 社会救助

社会救助亦称社会救济，是国家通过国民收入的再分配，对因自然灾害或其他经济、社会原因而无法维持最低生活水平的社会成员给予救助，以保障其最低生活水平的制度。社会救助是最早出现的社会保障项目，是社会保障制度的最后一道防线。

通过社会救助，使那些无生活来源的人，因遭受自然灾害生活一时困难的人，生活在法定的最低生活水平线以下的人获得最起码的生活保障，其保障水平低于社会保险和社会福利。社会救助的经费来源主要是由政府财政税收拨付或由特别捐税辅助，还有社会团体或个人提供的捐赠。

（1）社会救助包括如下特点：第一，社会救助的资金来源主要是国家财政拨款或特别捐税辅助；第二，社会救助通常被认为是政府对国民应尽的责任，是低于贫困线或最低生活保障线的国民应享受的一项基本权利，提供救助方与接受救助方的权利与义务关系具有单向性，而其他社会保障子系统则多是权利与义务相结合；第三，社会救助的对象是社会成员中的一个特殊弱势群体；第四，社会救助的目标是帮助贫困人群维持最低生活水平，其标准低于社会保险的要求；第五，社会救助需要救助者依法自愿提出申请，经社会救助机构调查并批准后方可获得救助。

（2）社会救济的对象大体包括：一是无依无靠，完全没有生活来源的人，主要是孤儿、孤寡老人、领社会保险津贴但仍不能维持最低生活的人；二是有劳动能力，也有收入，但意外灾害降临，遭受沉重的财产甚至人身损失，一时生活困难的人；三是有收入来源，但生活水平低于或仅相当于国家法定最低标准的国民和家庭。另外，社会救助对象，还可按具体的人口群体划分为：儿童救济（确切地说，是未成年人救济）；老人救济；残疾人救济；失业者救济；病人救济；患难者救济；不幸者救济等。

（3）社会救助的内容可以归结为两大类：一是贫困社会救助。救济对象主要是城乡突遭疾病、死亡以及因企业破产倒闭而影响基本生活的困难户，包括农村一些因季节性缺粮而断炊的人员。二是灾害社会救助。灾害救济是指对因为受到洪水、地震、火灾、台风、火山爆发等自然灾害的侵袭而失去生活保障人员的救济，也包括对遭受战争之害的地区和人民的救助。救灾工作的主要形式有三种：①紧急救济行为；②灾害预防；③灾害预警服务。

3. 社会福利

广义的社会福利包括公共文化、教育、卫生设施和社会救济、社会保险在内都属于社会福利，狭义的社会福利包括在社会保障之内。

社会福利的内涵和外延不甚确定，人们常常从不同的意义上使用社会福利这个概念。社会福利有以下四种含义：①公共福利事业；②特别的、专门性的福利事业；③局部性或选择性的福利措施；④上述三种内容的综合。

社会福利是由国家或社会向法律或政策所规定的公民提供的旨在保证一定的生活水平和尽可能提高其生活质量的资金和服务，或为满足某些人的特殊需要而提供资金和服务的社会保障制度。它是在劳动报酬和基本生活保障之外的给付和服务。社会福利是面向全体社会成员，为提高其生活水平和质量而建立的一项现代保障制度，是社会保障体系中一个高层次组成部分，也是评价一个国家或地区社会文明进步程度的重要指标。尽管各国的社会福利体系内容不同，并且随着社会的发展变化而不断发展变化，但综合而论，一个完善的社会福利体系大体应当包括老年人福利、残疾人福利、妇女儿童福利、青少年福利、教育福利、住房福利等诸多方面。

社会福利与社会保险、社会救助不同，它的保障对象广泛，面向全体公民，免费或减费提供劳务、物质帮助，为公民减轻负担，改善其生活质量。社会福利的资金来源是各级政府财政预算拨款、社会组织的专项基金，以及群众集资等。

社会福利的主要形式是：①货币形式。指以现金形式发放的各种津贴。②劳务形式。如对老人、儿童、残疾人等的特殊照顾和护理，对失业工人的义务就业咨询，对无力支付费用的起诉提供义务的法律援助活动、义务教育和免签培训等。③实物形式。如对病人赠送营养品，免费为残疾人提供假肢、助行器、助听工具等。

目前中国实施的是传统的补救式社会福利制度，其主要内容包括：老年人福利、残疾人福利、妇女福利、儿童福利、住房福利、教育福利等社会福利事业。

4. 社会优抚

社会优抚（军人保障）是指由国家建立的，以军人（特定情形下惠及其家属）为保障对象的各种社会保障制度的统称，是一个由国家（中央政府）直接负责、能够涵盖军人的多种风险的综合性保障制度。世界上许多国家都进行立法，对现役军人、为国为公牺牲的烈士和他们的亲属给予优待和抚恤，这也是社会保障的一项重要内容。我国十分明确地把"优抚"作为社会保障体系的一个组成部分，设置专门机构负责保障伤残军人生活、抚恤烈士家属、优待军人家属的工作。社会优抚按其特点来说，既有社会保险的性质，又有社会福利的性质，还包含社会救济的成分，是一种综合性的特殊的社会保障。

此外，一些国家还把社会互助保险、个人储蓄积累保险以及商业保险等作为社会保障的补充，归入社会保障体系。我国早在《国民经济和社会发展"九五"计划和2010年远景目标纲要》中就把"发展社会救济、社会福利、优抚安置、社会互助、个人积累等多层次的社会保障，初步形成适合我国国情的社会保障制度"作为我国社会保障政策和发展的目标。

二、社会保障的特征

（一）保证性

社会保障是社会按照一定时期生产力的发展水平，对生存发生困难的社会成员的基本生活需要予以物质帮助。社会保障具有保证性，能使社会成员具有安全感，人们就可以在社会心理上保持平衡，从而可以没有后顾之忧地在安定的社会环境中从事创造性的劳动。

（二）普遍性

社会保障对于社会成员来说，应不分部门和行业，不分就业单位的所有制性质或有无职业，不分城市和农村，只要社会成员生存发生了困难，都应普遍地、无例外地给予基本生活的物质保障。社会成员之间只存在保障基金的筹集方式、保障的项目、标准以及采取形式的不同，不存在社会保障有无的差别。社会成员普遍地得到社会保障，是生产社会化和以生产资料公有制为基础的社会主义社会的客观要求，也是社会主义制度优越性的体现。

（三）公平性

实现公平保障是社会保障追求的主要目标。凡是生存发生困难的社会成员，都可以均等地享有获得社会保障的机会和权利。而且每个社会成员从社会保障中获得的物质帮助是基本均等的，社会主义社会保障的公平是在人民地位平等、权利平等基础上的机会均等，是真正意义上的公平。

（四）鼓励性

社会保障与劳动贡献挂钩，能鼓励劳动者在职时积极劳动，为社会多作贡献，促进经济的不断发展，这不但体现在现在可以多劳多得，将来也能更多地享受社会保障。社会保障既保障社会成员的基本生活需要，又鼓励社会成员积极参加经济建设，促进生产的发展。由此可见，社会保障具有提高效率的特点。

（五）互济性

社会保障的互济性体现为社会保障基金"取之于己，部分用之于人；或部分取之于人，用之于己"。劳动者的社会保障金只有进行社会统筹，才能充分体现和发挥互济性的特点，统筹范围越广，互济性效果就发挥得越充分，保障的程度也就越高。

（六）储存性

社会保障的资金是先行扣除、缴纳和储存，然后进行分配和使用。社会保障的储存性是社会保障保证性和普遍性的物质基础。社会保障的储存性意味着，劳动者的社会保障基金的分配使用，是将原来储存的社会保障基金返还给劳动者，其实质是"取之于己，用之于己；能劳动时储存，不能劳动时返还"。储存性还意味着，这部分基金形成后，除增值目的外，一般不用于生产，也不采取经济原则进行分配，以便在任何情况下都能使社会保障获得物质保证。

三、社会保障的原则

社会保障的基本原则是建立这一制度应当奉行的基本准则。

（一）公平原则

根据公平原则，在社会保障制度设计中，必须打破各种身份限制，公平地对待每个国民并确保其享受到相应的社会保障权益；在社会保障实践中，必须更多地维护好弱势群体的利益，以此达到缩小贫富差距、促进整个社会健康、和谐发展的目标。社会公平是社会保障制度的基本原则，主要体现在以下几个方面：一是保障范围的公平性，即不应对保障对象的性别、职业、民族、地位等身份有所限制；二是保障待遇的公平性；三是保障过程的公平性。强调社会保障公平性原则的同时也要兼顾效率。

（二）与社会经济发展相适应原则

社会保障是国家用经济手段来解决社会问题，进而达到特定政治目标的制度安排。因此，社会保障的发展必须坚持与社会经济发展相适应的原则。一方面，社会发展变化决定着社会保障制度的结构变化；另一方面，社会保障制度的确立无一例外地需要相应的财力支撑。与社会经济发展相适应是各国建立社会保障制度的基本原则。需要指出的是，在坚持这一原则时，应当全面理解这一原则的含义，既不能单纯强调社会发展的需要，也不能单纯强调与经济水平发展相适应，而是需要综合考虑社会发展需要与经济发展的承受能力，否则，便会顾此失彼，使社会保障制度在实践中陷入被动。

（三）责任分担原则

只有确立责任分担原则并按照这一原则来让政府、企业、个人乃至社会等合理分担社会保障责任，这一制度才可能获得持续发展并有利于整个社会的和谐发展。在政府改革向小政府、大社会格局和有限责任政府迈进的潮流中，社会保障制度亦日益呈现出政府主导和社会分责的发展趋势。坚持责任分担原则，实现正式制度安排与非正式制度安排的有机结合，既是政府无法完全包办社会保障事务和正式制度安排难以满足国民日益增长的福利需求的现实使然，也是提高社会保障公共资源的效率并充分调动民间与社会力量共同促进社会保障事业发展的必由之路，最终目的都是为了提高国民的福利水平。需要指出的是，国家虽然不能将非正式的社会性保障纳入正式的制度安排，却应当积极引导并发挥各种非正式制度安排的作用，正式制度安排与非正式制度安排的有机结合，将放大整个社会保障体系的效能。此外，对中国等具有家庭保障传统的国家而言，社会保障与家庭保障相结合亦应当成为责任分担原则的具体体现，将家庭保障作为整个社会保障制度安排的基础，将有利于促使整个社会保障制度步入稳定、健康、良性的发展轨道。

（四）普遍性与选择性相结合原则

与普遍性原则相比，选择性原则下的社会保障显然不可能是全民保障，因为人们对社会保障的需求客观上存在着差异，国家的财政实力亦有强弱之分，尤其是一些发展中国家的地区发展很不平衡，这些条件极大地制约了普遍性原则的实现，而遵循选择性原则既能够满足社会成员不同的社会保障需求，亦不会超越社会经济发展水平而构成沉重包袱。其实，选择性原则的实践为普遍性原则的落实创造着条件。

在肯定普遍性原则并尽可能地推进社会保障制度的公平性与公正性的同时，不能将选择性原则与普遍性原则对立起来，而是应当承认发展中国家按照选择性原则或普遍性与选择性相结合的原则来建立社会保障制度的合理性与过渡性。

（五）互济性原则

社会保障是对社会高收入群体与低收入群体收入分配的调整，"劫富济贫"是社会保障资金筹集与使用过程中通行的原则，也是富人与穷人在同一社会、同一制度下获得共同发展的一种有益的协调机制。互济性原则还体现在社会对遭到风险的群体进行物质帮助方面，如在职者与失业者、年老者与年轻者、患病者与健康者的互助互济。互济性原则既是社会保障制度赖以生存与发展的基础，也是增进整个社会协调发展的重要条件。在理论与实践中，互济性原则其实是以互惠制为基础的，即我为他人作贡献，他人也为我作贡献，两者互为条件，互相促进。社会保障制度正是这种互助或互惠制的强制化、固定化和规范化。

（六）强制性原则

为了切实保障社会成员的基本生活，社会保障一般采用以国家信誉做担保，以法律法规明确规范做保证的强制性原则。国家法律硬约束与政府干预贯穿于社会保障正式制度安排中，但是在非正式制度项目中，通常采取自愿选择方式。社会保障制度必须以法律为依据，以社会保障法律作为制度确立的标准，以社会保障法律作为实施社会保障项目的依据，以社会保障法律作为政府管理与监督社会保障事务的依据。不仅企业与个人需要依法承担相应的社会保障义务，享受相应的社会保障权益，政府在管理与监督社会保障事务时亦必须依法行政而不能越权行事。

（七）多样性原则

由于社会保障影响和制约因素的复杂化，社会保障制度安排需要体现多样性原则。包括：①制度模式的多样化，以适应不同的社会群体的需求；②项目结构的多样化，不能指望用一种办法涵盖社会保障的全部内容；③待遇水平的多样化，不同的社会保障项目在待遇水平上具有一定的差异，如养老金待遇、失业救济和城市居民最低生活水平救济待遇水平之间的差异。

（八）其他原则

包括社会化原则，即社会保障筹资社会化、管理服务社会化、监督社会化；社会保障改革和推进过程中的由近及远、逐步完善、保持政策连续性原则等。

四、社会保障的功能

社会保障的功能，是指社会保障包括其各个子系统及其具体项目在实施过程中发挥出来的实际效能和作用。在国家社会经济发展进程中，社会保障通常发挥着稳定、调节、促进、互助等多重功能作用。为整个社会经济的运行创造良好的环境，增加社会经济的有序性，使国民经济和整个社会持续、稳定、均衡、协调地发展。

（一）补助功能

社会保障的补助功能，是指为保障失去或没有生活来源者、贫者、遭遇不幸者和一切工资劳动者，在暂时或永久失去劳动能力以及暂时失去工作岗位后，仍能维持最低生活水平继续有基本生活。它是社会保障的基本功能。

社会保障的补助功能，主要体现在社会救助和社会保险两个方面，特别是社会保险尤为明显。社会救助的目的在于保障最低生活水平，具有鲜明的扶贫特征，属于最低限度的社会保障。它使那些被救助的个人或家庭，在国家和社会群体的帮助下，具有最低生活水平。尽管对最低生活水平的界定各国不尽相同，但就现代社会救助而言，已不是自然经济、半自然经济统治地位的社会条件下，以保有维持生命所需的最低限度的饮食、穿戴和居住条件而不致受冻挨饿的社会救助了。现代社会救助，对最低生活水平的界定已是相对的涵义了，虽然各国的经济发展水平差异较大，但是，最低生活水平应该是指享有和当地生产力水平相适应的数量最少的消费资料和服务，因为随着生产力水平的逐步提高，绝对贫困现象总会愈来愈少，逐步消除。因此，现代社会举办的社会救助，保障最低生活水平标准，只能是相对的最低生活标准线。例如，国际劳工组织认为，在工业化发达国家，所谓最低生活水平，是指收入相当于制造业工人平均工资的30%的家庭和个人。尽管如此，社会救助毕竟属于最低层次的社会保障，其范围不大，而且还呈愈来愈少的趋向。社会保险的直接功能就是对工资劳动者在其全部生命周期遇到的各种失去收入的风险，进行一定补偿，以保证他们的基本生活。就是说，在现代社会保险条件下，劳动者如果暂时和永远失去了劳动能力可以不用担心，不怕老无所养、失业流落街头、患病无钱医治了。这样一来，就使劳动者对现实、对明天都抱有希望，在很大程度上增强了社会凝聚力，有利于保证社会生活的稳定。

（二）社会稳定功能

社会保障的稳定功能集中表现为"安全网"和"减震器"的作用。通过建立社会保障制度，国家为社会成员的基本生活乃至不断发展提供相应的保障。首先是能够帮助陷入生活困境的社会成员从生存危机中解脱出来；其次则是能够满足社会成员对安全与发展保障的需要。如市场经济条件下工人因企业破产或就业竞争失败而失业，即可能陷入生存困境，失业保险与社会救济制度的确立正是对这类社会成员基本生存权利的保障；各种社会福利服务的提供，有效地解除了社会成员在哺幼、养老及其他生活服务等方面的后顾之忧，显然为社会成员的发展创造了条件等等。可见，社会保障能够防范与消化社会成员因生存危机而可能出现的对社会、对政府的反叛心理与反叛行为；能够保障社会成员在特定事件的影响下仍然可以安居乐业，从而有效地缓和乃至消除引起社会震荡与失控的潜在风险，进而维系着社会秩序的稳定和正常、健康的社会发展。因此，社会保障是通过预先防范和即时化解风险来发挥其稳定功能的，它在许多国家均被称为"精巧的社会稳定器"或"减震器"。

（三）多领域调节功能

社会保障的调节功能表现在政治、经济与社会发展等广泛领域。在政治领域，社会保障既是各种利益集团相互较量的结果，同时也是调整不同利益集团、群体或社会阶层利益的必要手段，并在不同的社会制度下表现出不同的政治功能。在社会主义制度下，社会保障除具有一般的政治调节功能外，还特别促进了社会成员在国家和社会生活中的主人翁地位；在资本主义制度下，社会保障亦强化了国民对现存制度的依赖意识，同时对调节不同社会阶层的政治冲突和促进政治秩序的长期稳定并维持其整体正常运营发挥着特别重要的政治作用。现代社会保障在工业化国家之所以成为党派斗争和政党政治、民主竞选中的重要议题，正是社会保障具有不容忽略的巨大政治功能的体现。在经济领域，社会保障的调节功能尤其显著。首先，社会保障有效地调节着公平与效率之间的关系。社会保障水平愈高、规模愈大，意味着国家在公平方面的强制力愈强；反之，若社会保障水平愈低、规模愈小，则意味着国家在公平方面的强制力愈弱；而社会保障对公平效率的合理调节，则是促进国民经济持续发展的必要举措。其次，社会保障调节着国民收入的分配与再分配。社会保障资金来源于国民收入的分配与再分配，并通过税收或征费或"转移性支付"给予保证，进而分配给受保障者或有需要者，在社会保障制度健全的国家，这种调节功能更加显著，它通过社会保障资金的征集与社会保障待遇的给付，在不同的受保障对象之间横向调节着收入分配，同时还在代际之间实现着纵向调节收入分配。第三，社会保障调节着国民经济的发展，它甚至被称为国家的福利投资。一方面，社会保障资金的筹集、储存与分配，直接调节着国民储蓄与投资，并随着基金的融通而对相关产业经济的发展格局产生直接调节作用。另一方面，社会保障还是经济发展周期与周期之间的蓄水池，当经济增长时，失业率下降，社会保障收入增加而支出减少，社会保障基金的规模便随之扩大，减少了社会需求的急剧膨胀，最终对平衡社会总供给与总需求起重要作用；当经济衰退时，失业率提高,由于失业者不再缴纳社会保险费等而导致社会保障基金收入的减少,而失业者及经济衰退带来收入下降的低收入阶层对社会保障待遇的要求随之增大。又使社会保障基金支出规模扩大,从而在一定程度上唤起有效需求、提高国民购买力的功能,最终有助于经济的复苏。此外,社会保障事实上还对市场体系起调节作用,如养老、失业保险制度对劳动力市场起直接调节作用,是劳动力资源自由流动和优化配置的基本条件;社会保障基金的融通对资本市场与产业结构起调节作用;社会保障体系中的教育福利、职业培训、医疗服务和社会福利等,又为提高劳动者的知识素质与身体素质等奠定了基础,并对技术市场产生相应的影响。

在社会发展领域,社会保障亦有效地调节着社会成员的协调发展。在社会保障制度健全的国家,社会保障构成了调节社会成员中高收入阶层(富人)与低收入阶层(穷人)、劳动者与退休者、就业者与失业者、健康者与疾患者、幸运者与不幸者、有子女家庭与无家庭负担者之间利益关系的基本杠杆。不同社会阶层之间的利益冲突因社会保障制度调节功能的发挥而得到了有效缓和;社会因收入分配差距等导致的非公正性、非公平性在一定的程度上得到了调节。

(四)促进社会发展功能

社会保障的促进发展功能,表现在社会发展领域有如下几个方面:一是能够促进社会成员之间及其与整个社会的协调发展,使社会生活实现良性循环;二是能够促进遭受特殊事件的社会成员重新认识发展变化中的社会环境,适应社会生活的发展变化;三是能够促使社会成员的物质与精神生活水平的提高,使其更加努力地为社会工作;四是能够促进政府有关社会政策的实施,如社会保障对象通常不分性别的做法就极大地促进了男女平等,教育福利有助于义务教育的普及,养老保险与家庭津贴等有利于生育政策的实施等等;五是能够促进社会文明的发展,如社会保障为社会成员提供了安全保障,有助于消除其对不幸事件或特殊事件的恐惧感,增强自信心,进而破除封建迷信观念,树立起互助互济、自我负责、积极向上的新观念。可见,社会保障在社会成员与社会发展中的促进作用是十分明显的。在经济领域,社会保障通过营造稳定的社会环境促进着经济的发展,同时透过社会保障基金的运营直接促进着某些产业的发展。此外,社会保障对劳动力再生产的保障与劳动力市场的维系,又促进了劳动力资源的高效配量和生产效率的提高。因此,社会保障对市场经济并非只有单纯的维系、润滑作用,还有督促促进作用。

(五)社会互助功能

社会保障资金来源于包括税收、缴费、捐献等多种渠道,又被支付给受保障者与有需要者,这种分配机制其实是一种风险分散或责任共担机制,风险分散与责任共担本身即是以互助为基石并在互助中使风险得到化解的;同时,构成社会保障体系重要组成部分的社会福利与社会服务,无论在国内还是在国外,几乎均以社区为基础,以社会成员之间相互提供劳务为主要的表现形态,从而实质上体现出了互惠互助以及在互惠互助中的他助与自助。资金的互助、物的互助和劳务服务的互助,表明社会保障制度不仅是一种社会稳定机制,也是一种社会互助机制。

在当代社会，生产的社会化与生活方式的社会化，使完全形态的自助成为不可能；而市场机制的作用和人类的私欲，又使完全形态的他助成为不可能。因此，那种希望社会保障完全自助化（完全自我负责）或完全他助化（完全劫富济贫）都是不现实的，也是无法实践的；而强调以互惠为基础，充分发挥社会保障的互助功能，同时发挥社会成员自助与他助的作用，将不仅有利于正确理解社会保障制度的真实面目，更有利于社会保障制度得到持续、健康的发展。

二、社会保障的经济效应

（一）社会保障对储蓄的影响

经济学界认为高储蓄率会形成高投资率，进而可以带来高经济增长率。社会保障并非可以直接决定储蓄的水平，但社会保障对储蓄可以产生直接的甚至巨大的影响，从而影响经济增长。社会保障的实施，从大规模资金的筹集到资金的储存，以及执行给付都对储蓄有着直接的影响。如社会保障资金是由劳动者个人、劳动者所在单位和国家共同承担的，社会保障资金的筹集就意味着减少了劳动者及其单位的当期收入，储蓄能力也就下降了。社会保障资金的储存就是储蓄资金。社会保障的给付使劳动者即社会成员手中可使用的资金增加，从而影响社会储蓄与消费水平。

社会保障影响储蓄的渠道主要有：

（1）社会保障财务机制通过征税与政府承担隐性债务形式而影响消费模式与行为，由消费行为的变化进而影响储蓄的增减。

（2）社会保障金给付的财富效应，即养老保险缴费数额与预期的养老金货币限制之间，由评估而产生的一种个人收入的增减效应，由此影响人们的储蓄行为。

（3）社会保障机制改变人们退休时间产生的政策效应。通常认为，个人退休时间越提前，越应在工作期间多储蓄，以满足退休后的经济保障需要，因此通过退休行为的变化影响人们的储蓄行为。

（4）社会保障对储蓄的影响程度可能会因自愿性家庭代际间转移和政府强制实施的代际间转移而降低。

（5）社会保障因选择基金制和现收现付制模式具有很大差异。许多经济学家认为完全积累式对增加居民储蓄，促进资金市场发展具有明显的促进作用。

（二）社会保障对积累和消费的影响

当经济萧条时，失业增加和企业利润的降低导致劳动者收入减少，为保障劳动者的基本生活，社会保障的支出将大于收入。为保证社会保障的收支平衡，国家动用财政支持。这样国民收入中消费部分增加，积累投资部分减少，而居民的消费水平才能保持在稳定的水平上，并扩大消费需求，拉动整个国民经济的发展。

当经济繁荣时，就业的增加导致劳动者收入增加，社会保障收大于支，大于支出的部分将转化为积累基金，从而对消费需求起到抑制作用，抑制经济过热，保证国民经济的稳定发展。

（三）社会保障对收入再分配的影响

1. 影响劳动者个人收入的再分配

这是指将劳动者在职期间收入的一部分在其退休后或面临有关社会风险时予以返还，从而呈现出对劳动者个人收入进行再分配的效应。例如，养老保险体系实行社会统筹和个人账户相结合，个人账户上的基金主要来源于劳动者在职期间所缴纳的费用，用于支付劳动者本人退休后所需的保险金。

2. 影响同代社会成员之间的收入再分配

这是指为实现特定的社会发展目标而对社会中不同收入水平的劳动者进行的收入再分配。例如，通过社会保险计划，可以使社会中收入偏低者获得往往高于缴费水平的保险金。因此，社会保险有着明显的收入再分配效应。

3. 影响劳动者代际间的收入再分配

这是指在实行现收现付制的社会保障制度中，由在职的劳动者担负现已退休劳动者的退休费用，而在职劳动者将来所需的退休费用由下一代劳动者负担，从而体现出劳动者代际间的收入再分配效应。

（四）社会保障对劳动力市场的影响

1. 对劳动力供给的影响

市场经济的激烈竞争常常使部分劳动者失去其竞争实力，面临基本生活的困难。社会保障制度为劳动者提供养老、医疗、失业、生育、工伤等全方位的保险与福利，解除了劳动者的后顾之忧，而且有助于劳动力的发育和提高其素质，保证了劳动力的供给。但同时社会保障的实施对劳动力供给也有抑制作用，社会保障水平过高会损害劳动者的上进心，而保险金的代际转移支付使在职劳动者所缴纳的保险费用于支付上代人的养老金，容易造成代际间的冲突。

2. 对劳动力需求的影响

企业为雇员所缴纳的社会保险费是人工成本的构成部分，将会直接影响到产品的成本。如果社会保险费缴纳得多，人工成本增加，产品成本上升，竞争力下降，影响劳动力的需求；越来越多的企业为降低成本选择以机器代替劳动力，也会影响劳动力的需求。

3. 对劳动力流动的影响

西方国家实行普遍的社会保障制度可以保障劳动者的基本生活，保障劳动力的生产和再生产，提高劳动者的素质，促进劳动力的自由流动和合理配置。社会保障的发展趋势就在于打破地区和行业间的不平衡，使保障待遇与就业岗位相分离，促进劳动力在地区间、行业间的流动。

案例分析

中国社会保障改革面临的四大问题与五大挑战

在充分肯定"十二五"期间社会保障领域取得重大进展的同时，还必须看到，由于受到多种因素的制约，我国社会保障体系建设仍然处于滞后状态，并面临着必须妥善应对的诸多问题与挑战。

（一）社会保障改革与制度建设中存在着四大问题

1.社会保障发展理念出现迷雾

当前有一种令人担忧的现象是：在制度变革过程中往往因过度关注经济指标而迷失社会保障制度建设应当追求的社会公平、分配正义与文明进步的目标，因过度关注个人得失与崇尚利己而忘记社会保障制度建设应当坚守的互助共济与公益本色，因过度关注当下与短期应对而忽略社会保障制度发展应当重视的历史经验与长久的稳定预期，因过度关注局部与细节问题而罔顾社会保障制度实践应当发挥的完整功能与综合效应，还有期望政府包办一切的"泛福利化"思潮和主张个人自我负责的"反福利"等极端取向。一方面，一些人不是正视中国社会保障供给总量依然不足、保障水平总体依然偏低、保障权益结构依然失衡等客观事实，而是渲染所谓"福利病"、"福利国家病"、"福利陷阱"和社会保险财政崩溃论调，主张限制甚至削减公共福利、基本养老保险采取大账户制、社会医疗保险实行商业保险化等等，这些主张可能动摇社会保障互助共济与公益制度的根基，背离国民共享发展成果和走共同富裕道路的国家发展取向。另一方面，公众对社会保障制度的期望越来越高，不仅要求持续提高养老金、医保等社会保障待遇，而且要求免费医疗、普遍性福利的呼声高涨，一些地方亦将福利项目作为短期政绩工程，这种现象并不罕见。在反福利与泛福利思潮并存且各有市场的条件下，必然直接影响人们对社会保障制度的认识与评价，也会对制度变革产生复杂的影响，它还会掩盖现行制度安排中的结构失衡、权益不公等问题，导致政府与市场及个人责任边界不清，造成社会保险与商业保险职能紊乱，从而不利于社会保障体系建设的健康发展。在国家发展理念已经清晰的背景下，中国急切需要走出社会保障发展理念的迷雾。

2.缺乏科学的顶层设计

中国的社会保障改革，是伴随经济领域的渐进改革而采取自下而上、局部试验的方式来推进的，尽管这种策略激发了地方的改革创新积极性，但缺乏统筹考虑与顶层设计的改革必定陷入改革方案五花八门、改革举措莫衷一是的泥潭，并且会在制度不成熟、不理性的条件下形成和固化利益分割的格局，进而形成制度整合的巨大阻力，当前多项社会保障项目面临难以深化改革的现实，已经充分证明了这一点。首先，宏观层面缺乏对完整社会保障体系的顶层设计。在政策层面迄今仍未见到对整个社会保障体系发展目标及应持发展理念的清晰界定，仍未见到对社会保障体系及其主要制度安排的结构与功能进行合理定位。以社会救助、社会保险、社会福利三大基本制度体系为例，就必须有合理的功能定位与责任分工，从而必须站在超越上述单一制度体系之上的视角来通盘考虑；再以多层次保障体系而论，也必须通盘考虑政府主导的法定保障制度与市场机制、社会机制主导的补充保障之间的合理分工与协同，既要确保社会保障体系的物质基础通过对市场机制、社会机制的利用不断壮大，又不能违背市场规律与社会组织运行规律。中国多层次体系建设提出了多年，并采取了多种举措，但因缺乏顶层设计与协同推进，迄今仍是停留在纸面上的空中楼阁。其次，中观层面缺乏对基本社会保障制度类别的顶层设计。以老年保障为例，现实中就缺乏对老年人的经济保障、服务保障、精神保障的统筹考虑与顶层设计，养老服务、老年护理及关乎老年人尊严的文化服务、社会参与、临终关怀、殡葬事业发展的滞后，正在日益影响着数以亿计老年人的生活质量。再以医疗保障为例，尽管"三医"联动是医改的最大共识，现实中各地医改仍是各部门分割推进、各地区分散试点，结果无法找到全面深化医改的纵横交错着力点，也就无法实现"三医"之间的良性互动和同向集中攻关，甚者还造成了医疗、医保、医药之间的效果对冲。再次，微观层面对各个社会保障项目的顶层设计仍然欠缺。养老保险、医疗保险、最低生活保障等重要保障项目都采取了各地试点先行、渐次推进的策略，也均留下了"摸石头过河"的深刻痕迹，存在着责任失衡、层次不清晰、管理体制与经办机制欠合理、与相关制度之间缺乏协同等缺陷，这些缺陷均涉及复杂的利益关系。儿童福利、残疾人福利等项目更是还未有过系统考虑与设计，等等。因此，"十三五"期间的社会保障顶层设计任务异常艰巨。

3. 公平性不足与效率不高并存

一方面，尽管社会保障在"十二五"期间已初具普惠全民的特色，但公平性不足仍然是各项社会保障制度的共性。养老金待遇在机关事业单位与企业退休人员之间的差距依然巨大。医疗保险的城乡分割、群体分割背后实质上是待遇差异，以最低生活保障为核心的社会救助制度在城乡之间、地区之间差异偏大，即使较为单纯的政府救灾同样在灾种之间、受灾地区之间、灾民之间存在着差异，等等。这些差异带来的结果就是社会保障制度并不公平，使得其在解决一些社会问题的同时，亦引起部分群体不满。除了社会保障权益存在不公现象，还有承担义务方面亦具有不公平性。如养老保险缴费，广东等地区缴费偏低，基金结余多，保险待遇高；而东北地区缴费高，基金结余少，保险待遇低；这种地区差异完全是由于制度的地区分割导致的结果。另一方面，社会保障实践中的浪费与低效现象惊人。在医疗保险中，职工基本医疗保险因个人账户的存在导致45%以上的资源处于低效状态，严重损害了这一制度的互助共济功能，也造成统筹基金负担日益沉重。由于医院的营利性与医药供应失范，医疗服务过程中过度诊断、过度检查、过度用药几乎是一种普遍现象，医疗卫生资源与医保基金浪费惊人，医疗保险中还存在着医患合谋侵蚀医保基金的现象。《人民日报》就曾披露，在贵州部分地区，侵蚀医保基金的手段有农民"被住院"、无病当有病治、虚增患者住院天数、假用药、假手术、过度检查、小病大治、重复收费、未提供服务而收费（空收费）、把本不属于报销范畴的手术治疗费用列为报销范围并由医患双方分享等，这种现象并非个案。在养老保险中，由于制度的地区分割，在部分地区养老保险基金不足当年支付的同时，全国累计结余的基金却高达3万多亿元，但受无法集中运营和投资政策的限制，每年处于贬值状态，损失同样惊人。由于现行制度规范不严密、监管不到位、技术手段不完善，实践中的许多漏洞亦让冒领养老金、骗取低保待遇等现象不乏罕见。还有社会保障管理体制尚未完全理顺，经办机制分割，亦造成了行政资源的浪费。因此，制度欠公平与缺乏效率，是必须引起高度重视并需要认真应对的重大问题。

4. 责任不清与责任失衡

现行社会保障制度几乎都未能切实厘清主体各方的责任，政府责任的边界均缺乏明确界定，中央政府与地方政府的责任还没有明确划分，可供市场主体与社会组织作为的空间具有不确定性。这种状态带来的结果，就是政府的责任与压力会持续加重，而市场主体、社会力量却又无法顺利进入并发挥应有的作用。最典型的莫过于灾害保障，在许多国家担纲主力的商业保险在我国自然灾害损失补偿中几乎可以忽略不计。在现行制度的责任分担中，养老保险的单位缴费率为20％、个人为8％，医疗保险的单位缴费率为6％、个人为2％，反映的是单位责任大、个人责任小；在城乡居民医保中，政府补贴相当于个人缴费的3倍以上，反映的是政府责任大、个人责任小；在社会救助中，中央政府承担着主要责任，地方政府责任小，等等。这种责任分担失衡的格局，必然动摇社会保障制度发展的理性，很容易产生压缩福利与扩张福利的极端取向。

（二）新时期社会保障改革与体系建设面临着五大挑战

1. 制度公信力不足

例如，全国基本养老保险基金积累日益增加，但许多人却在怀疑这一制度的可持续性，以致越来越多的人担心领不到养老金，不参保或停保或者尽可能少缴费的现象有蔓延之势。再如2013年国务院出台发展养老服务业的重要政策文件，结果被媒体与公众简化成"以房养老"并被进一步演绎成政府要推卸责任。还有小步渐进延迟退休年龄、医疗保险终身缴费等政策思路出台均遭遇多数人质疑与反对，等等。所有这些，反映的其实是公众对社会保障制度的不信任感在增强。如果公众对社会保障制度丧失信心，也就丧失了认同和参与的积极性。因此，信任危机与预期不稳是必须妥善应对的巨大挑战。

2. 地区发展不平衡

从理论上讲，社会保障应当是缩小地区差距和促进地区均衡发展的重要制度安排，而现实中却往往表现为屈从地区发展差距，有的制度在某种程度上成为固化甚至放大地区发展差距的负面因素。例如，珠江三角洲、长江三角洲是改革开放最早、经济最发达的地区，它吸引了中西部地区大量年轻的农村劳动者，在养老保险制度地区分割的条件下，这些最发达的地区因劳动队伍的年轻化而出现缴费低且养老保险基金大量结余的现象；东北地区发展滞后，退休人员多，年轻劳动力外出多，结果缴费率高还出现收不抵支的财务危机。这种发达地区负担轻、待遇高，欠发达地区负担重、待遇低的格局，无疑与地区间的协同与均衡发展目标相悖。因此，如何利用社会保障制度来促进地区之间的协同、均衡发展，显然是"十三五"期间必须明确回应的问题。

3. 人口老龄化

中国是世界上人口老龄化速度最快、规模最大且家庭保障功能因少子高龄化而持续弱化的国家。老龄化对社会保障的影响最为直接，它不仅需要适时调整制度结构与财力投入结构，而且需要更多类型的专业人才和更具人文关怀的各种公共服务，还会导致养老保险缴费人数下降和待遇领取人数上升，增加养老保险制度的财政压力。调查表明，养老问题已成为牵涉面最广且公众反映日益强烈的重大民生问题，而各地事实上还未做好充分的准备。养老金虽已实现制度全覆盖，但责任分担失衡、互助共济弱化、多元并举格局并未形成，其不确定性损害了人们的安全预期。养老服务业虽在发展，但供给总量依然严重不足，供需脱节现象普遍，正面临着"谁来为中国老人养老"的质疑。此外，能够满足老年人精神保障诉求的社会机制缺失，对老年人的人文关怀与精神慰藉还未真正纳入制度安排。面对数亿老年人持续高涨的民生诉求和钱从何来、谁来服务的疑虑，如果不能尽快完善社会保障制度及相关服务，必定导致老年人群体生活质量下降，造成整个社会民心不安。因此，老龄化的挑战具有严峻性。

4. 福利刚性增长与政府财力增长减缓的矛盾

"十二五"期间社会保障公共投入规模急剧放大，年均增长在15%以上，有的项目投入增长在20%以上，直接带来了各项社会保障制度待遇的显著提升，而城乡居民还在期盼着养老金继续提高、个人疾病医疗负担持续减轻、各项社会福利事业能够持续发展。然而，伴随经济发展进入新常态，国民经济增速已从20世纪的二位数下降到一位数，近年来更从8%以上降到7%左右，财政收入增幅也从曾经的20%以上降低到个位数。因此，国家财政收入增速减缓与国民福利快速增长已成为现实矛盾。在这样的背景下，如何优化现行社会保障制度安排，如何调动市场力量与社会力量参与，以便确保整个社会保障制度的物质基础不断得到壮大，无疑是一个巨大的挑战。

5. 大规模的人口流动

中国目前的流动人口规模在2亿至3亿之间，数以亿计的人口处在缺乏归属感的、不稳定的流动状态，对社会保障制度构成了又一重大挑战。是让社会保障制度追随流动人口不断转移接续，还是降低人口流动性、促进安居乐业来适应社会保障制度，是"十三五"时期需要做出政策权衡的重要问题。

综上，中国社会保障改革的任务远未完成，各项社会保障制度均未成熟，"十三五"期间面临的深层次问题和重大挑战较前一个时期更加严峻，能否合理化解前述四大主要问题、妥善应对五大挑战，将直接决定着能否如期实现新型社会保障体系的成熟、定型。

（资料来源：光明网—理论频道2016年2月17日14：13；本文摘自中国社会保障学会组织编写、郑功成主编、人民出版社2016年2月出版的《中国社会保障发展报告·2016》）

关键概念

社会保障；社会救助；社会保险；社会福利；社会优抚；人道主义；凯恩斯主义；贝弗里奇报告；福利经济学；社会互助；经济效应

思 考 题

（1）社会保障的内涵是什么？

（2）简述西方社会保障制度发展经历的阶段。

（3）贝弗里奇的社会保障思想具有哪些特征？

（4）凯恩斯主义社会保障思想的主要内容是什么？

（5）马克思的社会保障思想主要内容是什么？

（6）简述社会保障的特征和原则。

（7）结合实际，分析社会保障具有哪些功能？

（8）社会保障的经济效应主要体现在哪些方面？

第二章 社会保障基金管理

第一节 社会保障基金的概述

一、社会保障基金含义与特点

(一) 社会保障基金的含义

社会保障基金是指为实施各项社会保障制度,通过法定的程序,以各种方式建立起来的用于特定用途的货币资金。社会保障基金是社会保障事业的物质基础,是社会保障制度得以正常运行的资金保证和核心内容。一国的社会保障制度实际上就是围绕社会保障基金的筹集、使用和运营等内容而设计和制定的。如果不能及时、足额筹集社会保障资金,并加以有效运用,社会保障制度的作用就无法充分发挥。

社会保障基金这一概念可以从如下几个方面来理解:①社会保障基金设立的依据是国家法律、法规和政策等规定;②社会保障基金设立的主体是国家;③社会保障基金建立的目的是为了保证社会保障制度的正常运行;④社会保障基金是专款专用资金;⑤社会保障基金是社会保障制度的物质基础和核心内容。

当然,在理论和实践中,社会保障基金可能因各国对社会保障概念及范围界定的不同而存在着较大的差别,但分类乃至分项目的社会保障基金却在各国具有相通性。

(二) 社会保障基金的特点

1. 强制性

社会保障基金是依法强制筹集的,并严格按照法律的规定管理和使用。任何企业和个人都不能违反法律的规定,都不能强调自己的特殊性,躲避缴纳社会保险费的责任。

2. 专项性

筹集的社会保障基金必须专项储存,使用时,各项社会保障基金都规定有专门的用途,必须专款专用,任何单位和个人均不得随便挪作他用。

3. 广泛性

从基金的来源来看,社会保障基金的来源具有广泛性,主要来源有:中央和地方政府的财政拨款及政策性资助;企事业单位承担的社会保障费用;社会成员个人缴纳的社会保险费用;除了这三个主要渠道以外,还有社会捐助、社会保障基金投资收益等。

4. 增值性

各项社会保障为了保证运行稳定,均需在应付当期支付以外留有一定的结余,这必然会形成一定规模的存储规模，特别是实行基金积累制的部分社会保障项目（如养老保险），具有延期支付的特点，有相当一部分要储蓄起来，以备将来开支，这部分社会保障的滚存结余基金可以被用来投资，实现结余基金的保值增值。

5. 互济性

对某些社会保险项目而言，每个人发生风险的概率大不相同，但在基金筹集时并不考虑这种差异，而是按统一标准筹集。这样就会出现每个人享受的社会保险待遇不一定等于其对社会保障基金的贡献的情况。有些人的收益大于贡献，有些人的贡献大于收益，但在总体上，两者是平衡的，这就是保险的互济性。

6. 储备性

基金要抵御风险，就应当依据科学方法计算风险发生的概率，事前储备必要的保障基金。社会保障基金一般分为积累型和现收现付型。积累型基金是为了应付那些发生概率很高的风险，如老年风险，而设立的。为了保证劳动者的老年生活，就必须事前有所积累。现收现付型基金主要是为了应付那些发生概率比较稳定的风险，如工伤风险。这种风险的发生概率是可以预测的，并且随着科学技术的发展和人们防范意识的提高，这类风险的发生概率是可以逐步降低的。所以，这类保险基金应当采取"以支定收、略有节余"的政策。

二、社会保障基金的构成

（一）按照社会保障基金用途或社会保障项目分类

社会保障基金按照其用途或社会保障项目可以分为社会保障基金、社会救助金、社会福利基金、社会优抚基金及其他社会保障基金等。而社会保障基金又分为养老保险基金、医疗保险基金、工伤保险基金、失业保险基金、生育保险基金等。社会保障基金的构成如图 2-1 所示。

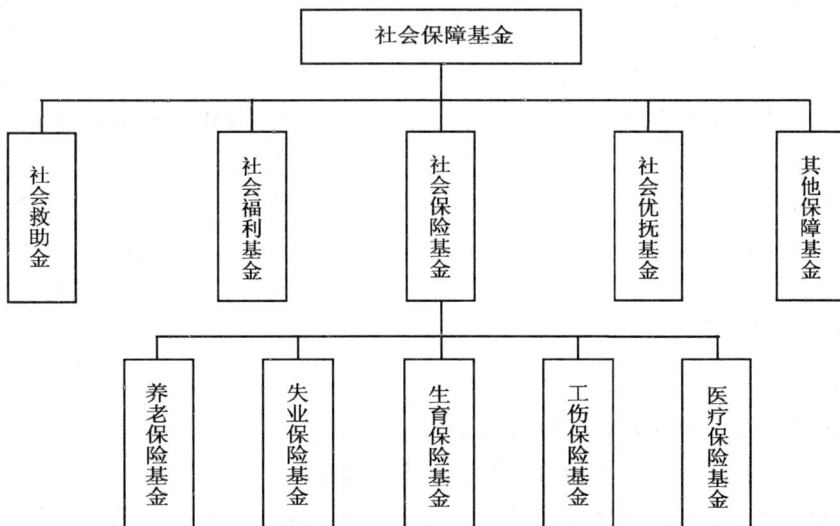

图 2-1　我国社会保障基金的构成

（二）按照基金在社会保障制度中所处的层次分类

社会保障基金按照基金在社会保障制度中所处的层次来划分，可以分为基本保障基金、补充保障基金、全国社会保障基金等（图2-2）。

1. 基本保障基金

基本保障基金是社会保障基金的主要组成部分，是基于社会保障制度第一层次建立的基金。由社会救助金、基本社会保障基金、社会福利基金、社会优抚基金4部分组成。

（1）社会救助基金。社会救助基金是指国家和社会通过经常性预算和财政性拨款以及社会捐助等形成的，用于对由于各种原因造成生活困难的社会成员提供满足其最低生活需要的物质帮助的基金。根据资金的来源渠道，社会救助基金可以分为政府救助基金和民间慈善基金。政府的救助基金主要来源于财政拨款，是为了应对各种自然灾害给人民生命财产所造成的损失或解决贫困人口的最低生活需要。民间慈善基金主要来自各种捐款和赠予，用于帮助那些急需得到帮助的人们。社会救助基金通常可分为最低生活保障基金（生活救助基金）、灾害救助基金、医疗救助基金、失业救助基金、住房救助基金、教育救助基金等。

（2）基本社会保障基金。社会保障基金是国家通过立法，为举办社会保险事业而筹集的，用于保障劳动者在暂时或永久性丧失能力或失去劳动机会时的基本需要的基金。社会保障基金来自雇主和雇员缴纳的社会保险费，同时，国家给予税收和利率优惠，以及适当的财政资助，体现了国家、雇主和雇员三方责任共担的原则。但从各国的社会保险实践看，社会保障基金负担方式因不同的社会保险制度而有较大区别。广义上说的社会保障基金是社会保障基金中最重要的部分，包括基本社会保障基金、补充社会保障基金和个人储蓄保险基金等三个层次。在中国，按其项目又可分为养老保险基金、医疗保险基金、工伤保险基金、失业保险基金、生育保险基金（图2-1）。

（3）社会福利基金。社会福利基金是指国家和社会用于提高人民物质和精神文化生活水平而建立的社会保障基金，包括财政性福利基金、社会化福利基金和企业自有的福利基金。其中，财政性福利基金通常用于无收入来源和无法定赡养人的老人、残疾人以及孤儿等特殊群体的社会福利事业；社会化福利基金则可根据居民的需要来安排；企业拥有的福利基金通常又称职工福利基金，则用于本单位员工的福利。

（4）社会优抚基金。社会优抚基金又称军人保障基金，是指国家和社会筹集的，用于保障军人及其家属等法定优抚对象的基本生活和褒扬军人、抚恤军烈属等的特殊社会保障基金。社会优抚基金具有特定对象性、高标准性、财政性和综合性等特点，主要来源于国家财政拨款。

2. 补充保障基金

补充保障基金是基于社会保障制度第二层次建立的基金，主要由补充社会保障基金、社会互助保障基金和个人储蓄积累保障基金构成。

（1）补充社会保障基金。补充社会保障基金是社会保险体系的第二支柱，对基本社会保障基金起着补充和完善的作用。补充社会保障基金主要包括企业年金（即原来的补充养老保险基金）和补充医疗保险基金。企业年金是指根据依法制订的企业年金计划筹集的资金及其投资运营收益形成的企业补充养老保险基金。补充医疗保险基金是指为了实施补偿医疗保险制度，满足基本医疗保障参保人员基本医疗保障范围以外的医疗保障需求而建立的补充性医疗保障基金。

（2）社会互助保障基金。社会互助保障基金是社会成员的互助保障和自我保障，通过社会成员自愿参与，成立互助互济会等社会成员自我保障性组织，运用各方面资源和力量筹集资金，在基金会成员有困难或需要时提供援助，如工会会员疾病互助基金、灾害互助基金等社会互助保障基金可由工会会员、社区成员自发组织建立。

（3）个人储蓄积累保障基金。个人储蓄积累保障属于社会保险制度的第三支柱。从严格意义上来说，个人储蓄积累保障基金并不是社会保险，而是商业保险性质的基金。建立个人储蓄积累保障基金，是为了增强个人的自我保障意识，发挥个人自我保障积极性，同时也是为了弥补基本保险的不足，提高保障水平，确保参保人员能够享受较高的保障待遇。个人储蓄积累保障基金的形成特点：一是实行自愿原则；二是缴费储蓄多少由个人根据自身收入确定，国家在一定金额内给予一定的税收等政策优惠；三是企业也可以采取优惠措施，如给予适当补贴；四是被保险人符合领取保险待遇时可一次性发还也可分期给付。

3. 全国社会保障基金

全国社会保障基金（简称全国社保基金）是指由全国社会保障基金理事会负责管理的由国有股减持划入资金及股权资产、中央财政拨入资金、经国务院批准以其他方式筹集的资金及其投资收益形成的由中央政府集中的社会保障基金（图 2-2）。全国社保基金是属于中央政府设立的国家社会保障战略储备基金，主要用于人口老龄化高峰时期的养老保险等社会保障支出不足时的补充、调剂。全国社会保障基金来源主要包括：中央财政拨款、部分福利彩票公益金、国有股减持或转持划入资金或股权资产、投资收益、经国务院批准划入的其他资金等。

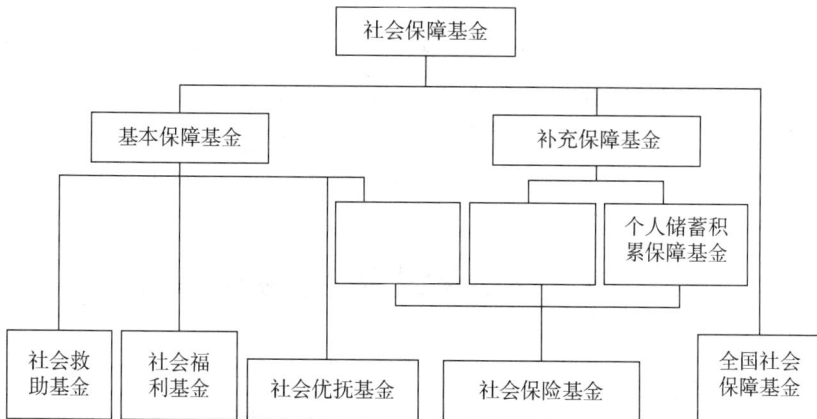

图 2-2　社会保障基金构成图

三、社会保障基金与商业保险基金的区别

（一）资金来源不同

社会保障基金是通过立法强制筹集的，主要来自企业、劳动者缴纳的社会保险费和财政拨款，而商业保险基金则完全来自投保人自行缴纳的保险费，属于一种自愿的个体行为。

（二）资金性质不同

社会保障基金属于社会公共资金，本身具有福利性质，是为全体社会成员服务的。当公民遭受风险损失或需要时，社会保障基金应该按照法律政策规定的资格条件和标准对公民进行收入补偿或经济援助，当社会保障基金收支出现困难的时候，政府则要承担财政兜底责任，保证保障金的按时足额支付，以保障遭受风险袭击的公民的基本生活需要。商业保险基金是一种商业资本，其运行完全受到市场机制和价值规律的制约。商业保险基金在支付赔偿金时，主要依据投保人缴纳的保险费和保险责任，并不考虑和关心遭受风险袭击的投保者的处境。

（三）管理方式不同

社会保障基金中的社会保证基金是由政府面向社会统一筹集的，因而一般也采取社会统一支付、管理的方式；社会保障基金主要来自个人和单位缴费，为了体现权利与义务相结合的原则，实行建立个人账户与社会统筹相结合的管理方式，即对个人缴纳的保险金的全部和单位缴纳的一部分计入受保人的个人账户，在自己需要时按规定范围支配使用，单位缴纳的另一部分和政府拨款则由社会统筹调剂用于个人账户不足的部分。商业保险基金是否支付或支付多少，则完全与投保人是否投保与投保多少挂钩，即完全取决于是否建立个人账户及其积累额的多少。

（四）支付项目不同

社会保障基金用于政府举办的社会保障项目，其中的社会保证基金是社会统一支配和使用的资金，适用于社会救济、社会福利、优抚安置等由政府面向全民的保障项目；社会保障基金的主体是受保人个人和单位缴纳的资金，因而适用于遭受相应风险的劳动者。而商业保险适用于各类商业保险项目。商业保险项目繁多，投保人既可以对收入风险投保，又可以对财产风险投保，是一种复杂的多层次的保险形式。

第二节　社会保障基金的筹集

社会保障基金筹集是指由社会保障管理机构按照法定方式，按比例向征收对象征收社会保障费（税）的一种行为。社会保障基金的筹集是能否形成可靠的社会保障基金的关键，也是社会保障制度的核心内容和关键环节。

一、社会保障基金的筹集原则

国际劳工组织第 102 号公约确定了三项社会保障基金筹集的原则：一是受保职工负担的费用不应超过全部所需要费用的一半；二是避免低收入者负担过重；三是考虑本国的经济状况。从世界各国社会保障基金筹集的情况来看，社会保障基金的筹集一般需要遵守以下几项原则。

（一）确保社会保障制度正常运行的原则

社会保障基金的筹集，必须确保社会保障制度的正常运行。资金来源渠道应当多样化，既要有在正常条件下的基金来源，又要有在特殊情况下的基金来源；既要保持来源渠道的畅通，又要保持来源渠道的稳定。在基金筹集方式上应当与制度模式相适应。在基金筹集的量上，要把握"收支平衡，略有结余"的方针。这里讲的"收支平衡"，既指短期的收支平衡，也指长期的收支平衡。

（二）妥善处理积累与消费关系的原则

社会保障基金的筹集涉及宏观经济中积累与消费的关系问题。尤其是在基金积累制模式下，基金的积累会将一部分当前的消费推迟到未来，在宏观经济需求大于供给的情况下，较多的积累有利于缓解求大于供的状况；但是，在宏观经济供给大于需求的状况下，较多的积累则不利于经济的发展。因此，要根据经济发展的不同阶段和宏观经济的形势，科学地确定社会保障基金在国民生产总值分配中的比重，科学地确定企业和员工社会保障基金的负担程度。

（三）有利于资源有效配置的原则

社会保障基金是用于抵御风险的。但是，抵御风险的程度可以是不同的，而且抵御风险是需要一定成本的。经济学理论已证明，随着风险程度的降低，降低风险所需的成本将递增。成本实际上也是资源的一种表现形式，如果我们将资源投入一种用途，就会失去将资源投入另一种用途所带来的收益。在资源有限的条件下，我们必须权衡资源的投入方向。所以，社会保障基金的筹集还取决于社会保障水平的确定。在经济发展水平不高的发展中国家，社会保障水平也不能太高。必须将发展经济放在首位，只有经济发展了，社会保障基金才有更可靠的来源。

二、社会保障基金的来源

社会保障基金的来源渠道，即社会保障基金由谁承担的问题。世界各国的社会保障基金的来源并不完全相同，而是呈现出一定的差异性。但一般来说，大多数国家的社会保障基金主要来源于企业、个人的缴费（税）和国家财政拨款。此外，还有社会捐赠、福利彩票收入、基金投资收益等其他来源。

（一）用人单位缴费（税）

用人单位和个人缴费是现代社会保障基金的重要来源。在现代社会中，作为劳动力使用者的用人单位即为雇主或雇佣单位，不论从对人力资源折旧进行补偿的角度出发，还是为了提高劳动者的工作效率来讲，都负有为其职工及家属提供风险保障的责任和义务。在市场经济条件下，单位履行社会保障责任的方式，主要就是为其雇员缴纳社会保障费（税），使其在工作期间、非自愿失业时以及年老丧失劳动能力时都能有权利获得基本生活保障，这样也就可以消除劳动者的后顾之忧，提高员工的劳动积极性和生产效率。用人单位缴纳的社会保障费（税）一般是按照员工工资总额的一定比例缴纳的，是社会保障基金的一个主要来源。

（二）受保人个人缴费（税）

个人是社会保障的受益人，为了享受社会保障的权利，就应当履行相应的缴费（税）义务。社会个人承担一部分保障费用，既有利于减轻社会压力和国家财政负担，又能够完整地体现社会保障的权利与义务相结合的原则，同时，增强受保个人的责任心和自我保障意识，并有利于加强他们对社会保障基金的管理和监督。

（三）国家财政拨款或补贴等

在现代社会，无论采取何种社会保障制度模式，国家都承担着一定的财政责任。财政拨款已成为社会保障基金的主要来源渠道之一。国家通过税收征集财政资金，将其中的一部分投入到社会保障基金中去。国家财政负担在承担对低收入贫困阶层的援助以及社会的共同福利上，作用不可取代。此外，国家财政在社会保险中也承担了部分责任。

国家财政对社会保障的支持，可以概括为三种方式：一是财政拨款，即政府直接拨款实施社会保障项目，如社会救助、军人保障基金及有关公共福利基金等主要政府财政拨款形式；二是实行税收优惠或让利，这是一种间接资助形式，如对社保基金投资收益免税，个人获得的社会保障待遇不征税，国家让利表现为国家对存储于国家金融机构的社会保障基金或投资的社保资金，给予较高的利率优惠；三是承担社会保障管理经费。

（四）社会捐赠

吸收社会经济组织、社会团体及个人的捐助，是多渠道地筹集社会保障基金的主要途径。利用赞助渠道筹集社会保障基金的形式主要有：①社会力量为社会福利事业设施项目建设提供的赞助。②社会力量参加的救灾和扶贫。③残疾人福利基金会的基金。④国外友好团体和个人，海外华侨和港、澳、台同胞的个人捐赠。

（五）福利彩票收入

发行福利彩票是筹集社会保障基金的经常性渠道，所筹集的资金被用于兴办安老、助残、助孤、扶幼、济贫等各种社会福利事业。发行福利彩票是对政府社会保障基金尤其是社会福利基金的重要补充。

（六）基金投资运营收益

社会保障基金尤其是积累沉淀时间长的基金制养老保险基金，都有通过投资运营达到保值增值的目的。随着各国部分社会保障项目逐步实现部分基金积累制或完全基金积累制的财务机制，社会保障基金的规模不断扩大，基金的投资运营收益将成为社会保障基金的重要来源。

（七）其他渠道

除了上述几个主要渠道之外，社会保障基金的来源渠道还有：社会福利服务收费、发行特种国债、国有资产减持或转让收入、国际援助等。随着社会保障制度对市场机制的重视与利用，这些渠道也会成为社会保障基金来源多元化的途径。

三、社会保障基金的筹集方式

社会保障基金的筹集方式主要有征税、缴费两种方式。

（一）征税方式

征税方式即征收社会保障税。社会保障税，亦称工薪税，它是为筹集社会保障基金而向雇主和雇员依据工资总额和个人收入征收的一种税。美国是世界上最早采用税收手段筹集社会保障基金的国家。到目前为止，在建立社会保障制度的160多个国家中，有80多个国家开征了社会保障税。通过征税方式筹集的社会保障基金是政府财政收入和政府预算的重要组成部分，其收支由政府统一管理。

征税方式具有强制性强、负担公平、保险项目简单明了、缴税和支付有章可循、管理简便等优点。不足之处在于税收形成财政资金后只能通过年度预算来安排，且通常以年度收支平衡为基本目标，从而事实上无法积累社会保障基金，进而无法抗拒周期性的社会保障风险，如一旦遇到经济危机导致大批工人失业，或者人口老龄化趋势加快，均可能因缺乏社会保障基金积累而对国家财政造成巨大冲击，进而影响国民经济的持续稳定发展。此外，征税方式通常只与现收现付制社会保障制度相适应，而不能适应完全积累制社会保障制度的要求。

（二）缴费方式

缴费方式是指由政府职能部门依据有关法律规范，强制向企业和劳动者个人征收，并用于特定社会保障项目的基金筹集方式。社会保障基金的缴费方式包括统筹缴费和强制储蓄。统筹缴费是由雇主和雇员缴费，由政府指定的专门机构负责营运和管理。这种方式筹集的资金由政府统筹支付，独立于财政预算系统之外，实行专款专用，支付不足部分由政府补助。强制储蓄也是由雇主和雇员缴费，但不进行统筹管理，所筹资金存入个人账户，政府对社会保障基金的支配权极其有限，这种筹集方式对应的是基金积累制的社会保障基金筹资模式。

当然，社会保障基金的筹集除以上常见方式之外，还有其他一些自由筹资方式，如通过发行福利彩票筹集用于社会福利事业的基金；对社会福利事业的服务性收费构成社会福利基金的重要来源；还有社会募捐等。这些基金筹集方式都能对社会保障基金起到重要的补充作用。

第三节　社会保障基金的投资运营

一、社会保障基金投资运营的含义

社会保障基金投资运营，是指社会保障管理机构或受其委托的机构，用社会保障基金购买国家政策和法律许可的特定的金融资产或实物资产，以期获得预期收益的基金运用行为。社会保障基金的投资运营，不仅有利于社会保障基金的保值增值，而且有利于减轻政府、单位和个人的负担，并能促进社会保障基金与金融市场的互动，对协调国民经济的发展有着积极的作用。

二、社会保障基金的投资原则

社会保障基金在投资运营过程中要综合考虑各种风险，需要遵循如下投资原则：

（一）安全性原则

安全性原则是指社会保障基金投资机构必须确保投资的社会保障基金能够按期如数收回，并取得预期投资收益。社会保障基金是参保人的"养命钱"，因此，安全性原则是社会保障基金投资的首要原则。这要求社会保障基金投资的预期收益应该建立在无风险或者尽可能低风险的基础之上，当高利润与安全性发生冲突的时候，应该首先考虑安全性。这就使投资项目的选择要在严格遵守国家有关政策法规的情况下进行。

（二）收益性原则

收益性原则是指在符合安全性原则的前提下，社会保障基金的投资能够获得适当的预期收益，实现基金的保值增值。因此，社会保障基金应注重长期投资，不进行短期的、风险较大的投资。在考虑盈利性的同时，还应兼顾其投资的社会效益，使其投资项目与政府的政策目标相一致，发挥社会经济的最大效用。

（三）流动性原则

流动性原则是指为了保证资金支付的及时性，社会保障基金的投资资产在不发生价值损失的条件下可以随时变现。由于支付保险金或保险费用的需要，投资必须能够迅速地融通、变现和周转，而不能发生基金支付的中断和迟延。为此应该限定不同基金投资方式的比例，根据社会保障不同项目的特点来协调搭配投资期限，使基金投资在应付日常支出的前提之下充分发挥效益。

（四）社会性原则

社会保障是政府的一种社会经济行为。所以，社会保障基金的投资活动在讲求经济效益的同时，还应当考虑社会和宏观经济效益。社会保障基金的投资必须与政府的政策目标保持一致，要有利于社会的需要和宏观经济的发展。因此，那些有利于发挥社会或经济的最大效益的各项事业，例如交通及公用事业，以及其他直接或间接有利于被保险人的疾病防疫、卫生保健、经济状况及一般生活质量和水平的提高等各项活动，也是社会保障基金投资应当考虑的投资领域，这是社会保障基金投资与其他金融性投资的一个重要区别，也是社会保障基金投资应遵循的一项重要原则。

（五）多元化原则

由于不同投资风险大，加上社会保障基金本身所具有的特殊性，社会保障基金投资运营必须遵循多元化投资的原则，即要求不要把所有的投资放在同一个项目或同一个行业或同一种投资工具，而是要根据不同投资工具的风险特征，考虑多元化的投资组合方式，以分散投资风险。在社会保障基金的投资组合中，既要包括固定收益金融工具，又要包括权益工具；既要包括低风险的投资工具，又要包括高风险、高收益的投资工具；既要包括金融性工具，又要包括实物工具。因此，在 2015 年 8 月 17 日国务院颁布的《基本养老保险基金投资管理办法》中，就明确规定，养老基金投资应当坚持市场化、多元化、专业化的原则，确保资产安全，实现保值增值。

需要强调的是，社会保障基金投资的安全性、收益性、流动性、社会性、多元化原则是社会保障基金投资的基本原则，在实际运用中往往难以同时满足。社会保障基金应当在总体上体现社会保障基金的安全性原则，而在具体的投资项目和组合上灵活体现投资的各项原则。

三、社会保障基金的投资方向

一般来说，社会保障基金的投资方向也即投资工具，可以分为两大类：金融工具和实物工具。

（一）金融工具

社会保障基金投资的金融工具主要包括银行存款、政府债券、企业债券、贷款合同、公司股票、以资产为基础发行的证券、衍生证券等。

1. 银行存款

银行存款就是社会保障基金专管部门把社会保障基金全部或者部分存入国家或地方银行，以取得一定利息的投资形式。这种投资方式的主要优点是安全可靠，投资无风险，基金收益率等于银行存款利息率，收益稳定而且有保证；同时，操作简便，没有复杂的运作过程。其缺点主要是当银行存款利率低于物价上涨指数时，基金就会面临贬值的风险。同时，即使银行存款利率高于物价上涨指数，与其他投资形式相比，其收益率也是偏低的。因而，这是一种保守型的投资方式。在西方发达国家和一些发展中国家，为保证基金投资的安全，也规定了基金用于储蓄存款的一定比例，但已不把它作为基金投资的一种主要方式。

2. 政府债券

政府债券，即公债，是政府为了某种特定目的向社会各界举借的债务。政府债券由政府税收和信用担保，没有违约风险，安全性最高，因而又被称作"金边债券"，是最安全的盈利性投资品种，因而是社会保障基金的重要投资工具。在发达国家，养老基金购买政府债券非常普遍，而且在资产配置中也占有相当比例，可见在合理的资产配置中存在一部分安全性很高的政府债券是很有必要的。

在一些发达国家和新兴发展中国家，常常以立法的形式规定社会保障基金投资于公债的比例。如美国联邦政府规定，社会保障基金中的养老、伤残、遗属及失业保险基金的全部都必须用于购买政府债券。发展中国家把社会保障基金投资于国债的做法也很普遍。例如，智利政府在 1985 年后放宽资产配置的限制，允许基金投资于收益率较高的资产，但政府债券在资产配置中的比重始终高达约 40%，而股票在资产配置中的比例已从最初的 5% 上升到 2005 年的 23.25%，这表明智利养老基金对股票的加大投资并非以减少政府债券为前提，国债仍然是基金的主要投资工具。从我国的情况看，在 20 世纪 90 年代中期以前，国债曾经是收益率较高的投资工具（相对银行存款），但随着利率体系市场化程度的提高，国债利率与银行定期利率之间的差距逐渐减小，投资收益率也呈下降趋势；此外，国债的实际收益率低于工资增长率。因此，如果社会保障基金持有的国债比重过高，也将面临较高的替代率风险，对于正处于成长阶段的社会保障基金来说，国债比重控制在 40% 以下较为合适。

3. 企业债券

企业债券是企业出于筹措生产经营资金的需要，按照法定程序在一定范围内发行的债券。由于企业债券往往是为了解决某些重大投资项目的资金不足问题而发行，且由于有违约风险，因而其收益率高于政府债券和银行存款利率，但风险低于股票，也是社会保障基金的重要投资工具，特别是实力雄厚、信誉卓著的大公司发行的债券，在社会保障基金的投资组合中占有重要地位。企业债券的资信程度不同，企业债券具有不同的风险等级，各国政府一般都对社会保障基金投资的企业债券等级有所限制，以防止过高的投资风险，保证社会保障基金的安全性和获得预期的收益。

4. 贷款合同

贷款合同通常主要是住房抵押贷款及基础设施贷款（以银团贷款的形式参与大型基础设施的项目融资），风险较小，收益稳定。在有些国家，投资于政府的住房计划，往往由政府作担保。基础设施的项目融资一般有项目建成后的收益现金流及政府税收担保，因而风险较小。

5. 股票

股票是由股份公司按照法定程序发行的，用于证明投资者的股东身份，并据此获得股息和红利及其他投资权益的凭证。股票作为股权投资工具，其风险高于固定收益证券，因而具有更高的收益率。股票一般具有可转让性，股票的收益来自于股票买卖的价差和持股期间的股息收入。当然，股票既然作为资本市场的交易对象，就和其他商品一样，有自己的市场行情和市场价格，并且这种行情和价格是随着公司经营状况和其他市场因素的变化而波动的，由此带来股票投资收益的不确定性和风险性。以上股票的特点决定了股票不是社会保障基金投资的最佳品种。但在把握了公司基本面及其发展预期的情况下，在投资风险可以基本化解而收益率又较高的情况下，投资股票也是社会保障基金可选择的投资方向之一，但一定要在投资方向、操作技术等方面慎重处理。

由于股票的变现能力强，可以抵消一定的风险。所以，社会保障基金投资于公司股票，在尽可能降低风险的情况下，比投资于其他方面获利更大。正因为如此，美国政府自 20 世纪 80 年代起就开始允许社会保障基金用于风险投资；新加坡政府不仅允许中央公积金局购买公司债券、公共汽车公司股票，而且还允许社会保障基金向海外投资；菲律宾政府也允许用社会保障基金向私人企业投资，向投保人贷款。我国从 2002 年 10 月开始，经国务院批准，全国社会保障基金按批准的比例交给投资基金，通过投资基金再进入证券市场，并逐步扩大投资范围。实践的结果反映出投资收益还是比较好的，2002～2009 年平均回报率达到 9.75％。

6. 证券投资基金

证券投资基金是由专门的投资机构发行基金单位、汇集投资资金、由基金管理人管理从事股票或债券等金融工具投资的间接投资制度。其优点在于专家理财、组合投资、规避风险、流动性强等特征。投资基金是世界各国养老保险基金投资的重要品种，但同时也应看到，投资基金的风险高于银行存款和政府债券。从国际经验来看，投资运作社保基金的基金一般采取消极型或防守型投资策略，如指数化投资或指数基金，指数化投资具有比较广泛的投资面，能有效地降低非系统风险，具有风险最小的特点，另一优点是管理运作费用和交易费用较低。

7. 金融创新工具

除了传统的债务工具和股权工具外，20 世纪 70 年代以来，随着金融工具的不断创新，出现了许多新的如风险投资、远期、期货、期权、互换、对冲基金等金融衍生工具，为社会保障基金投资提供了更广泛的选择。但由于金融衍生品具有杠杆放大作用，投资风险极大。在相关法律法规不健全的情况下，不适合作为养老保险基金这种以保值增值为目的的投资，应仅限于用其做风险对冲工具。

（二）实物工具

除了金融投资工具外，社会保障基金还可以投资于实物资产，包括房地产、基础设施建设、实体产业等，虽然实物投资具有周期长、流动性差的特点，但能在一定程度上防范通货膨胀风险，并且这些投资活动在经济持续发展的情况下可以保证有较高的盈利率，安全性也有保证，因此是社会保障基金可以选择的投资工具。

1. 产业投资

产业投资是指社会保障基金投资管理机构直接将社会保障基金投资于工商企业，兴办经济实体，参与工商业经营活动的投资行为。这是一种直接的、风险型的投资。这种投资是把基金作为资本直接投入生产流通领域，以获得较高的收益报酬。由于这种投资风险较大，需要有专门机构负责社会保障基金投资的项目评估，以保障其投资的安全性。有些国家为规避风险，还规定了社会保障基金用于这种投资的最高限额，如英国规定只能把社会保障基金的 5％、最多不超过 10％投资于某种实业。

2. 不动产投资

不动产投资是指社会保障基金通过有关部门以各种方式进行土地开发、住宅建设、国家基础设施建设等开放性投资。不动产投资具有较好的稳定性，但流动性较差，受宏观环境的影响大，涉及的问题比较多，也具有一定的风险性。所以，大多数国家社会保障基金用于这方面投资的比重都比较低。只有个别拉丁美洲国家为避免高通货膨胀率对社会保障基金的不利影响，才将社会保障投资基金的一半以上用于不动产投资，而且主要用于修建医院、公寓等。

四、社会保障基金投资的管理

社会保障基金属于社会公共基金，为受保人全体所有。为维护公众利益，不论采取何种管理方式的社会保障基金，均需要严密的投资管理体制相配套。社会保障基金的运营必须有具体的法律、政策规范来约束，它主要对社会保障基金投资渠道、投资结构与投资比率确立基本的规范与原则要求。社会保障基金投资运营管理的难点在于既要控制风险，确保社保基金在投资运营中的安全性，又要增加投资回报，确保社保基金的收益性和流动性。社会保障基金投资管理的办法与手段通常是将投资风险控制在可控风险内，尽可能地实现收益最大化的最佳选择。目前，从世界范围看，社会保障基金的投资管理大体分为三种类型：政府集中型管理模式、适度集中型管理模式和分散型管理模式。

（一）政府集中型管理模式

这种模式是指中央政府通过强制手段，将参保人的部分收入以费或税的方式集中到一家公共管理的中央基金，政府社会保障部门或政府委托的专门机构直接负责这部分资金的投资运营，从而实现对社保基金的投资管理。参保人通常无权自由选择投资方式。同时，政府单方面制定社保基金的收益率，以此支付参保人。采取这种模式的国家有新加坡、马来西亚等东南亚国家。这种模式的特点是社保基金高度集中并具有垄断性，可以降低搜寻成本和投资管理成本。但是，由于这种管理类型强调行政干预，在具体业务管理上，极易受制于政治压力，甚至产生渎职和低效率的后果。另外，社会对政府集中管理的社保基金的稳定性和安全性要求较高，导致投资局限于银行存款、政府债券等领域，投资风险小了，但投资收益也随之降低，甚至无法实现基金的保值增值目标。

（二）适度集中型管理模式

这种模式仍然依靠政府公共机构统一征收参保人的社会保障费，政府公共机构公开选择若干家经营优良的基金公司等金融机构，由其管理运作社保基金，或者基金集中起来后再按照投保人个人的选择，在几家基金公司之间进行分配。由于政府在选择投资运营机构时通常采取公开招标方式，避免了由政府垄断投资运营所容易造成的行政性垄断，同时，这种模式适度集中社保基金，然后由选定的几家机构进行投资运营管理，仍然可以克服资金过于分散的弱点，发挥竞争和规模经济效益。另外，在实行这种模式的一些国家，尽管参保人不直接与基金管理机构打交道，但可以选择基金管理机构，中央政府将社保基金分配给这些基金管理机构投资运营，仍然体现了参保人较大程度的自主权。

当然，在这种模式中，政府社保基金管理部门将社保基金委托给基金投资运营机构经营，产生委托—代理关系，即委托投资模式。虽然委托投资模式使基金投资管理更加复杂化，并且存在代理风险，导致管理成本提高，需要不断改进约束和激励机制，才能提高运营效率，但是社保基金通过委托投资模式进行投资管理，可以充分利用专业性投资管理机构的投资能力，以降低投资风险，提高投资收益。另外，社保基金委托投资模式中涉及专业性投资管理机构和托管机构，投资管理机构按其与社保基金管理机构签订的委托投资协议进行投资运作，托管机构对委托的资金进行托管与监督，从而对社保基金的投资运营形成了相互制约（图2-3）。

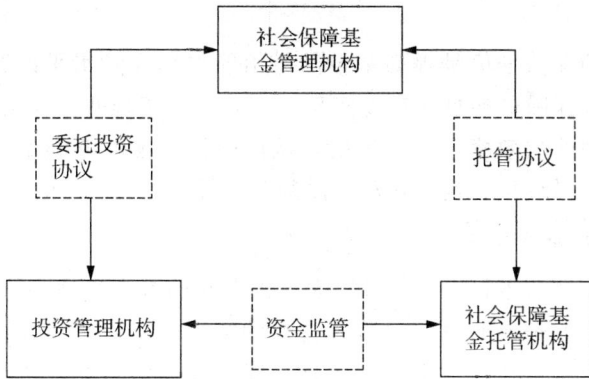

图 2-3 社会保障基金委托投资模式运行机制

(三) 分散型管理模式

分散型管理模式是指社会保障基金由政府依据法律规定的资格条件选定的多家符合条件的私人机构进行投资运营管理，允许各机构之间展开竞争。参保人根据国家的法令建立个人账户，从国家核准的基金管理公司中自由选择基金公司，委托其管理自己的个人账户。政府核准的基金公司可以自由进入该市场，吸收社保资金加入。以智利为代表的拉美国家采取该模式。这种模式的特点是基金管理分散且具有竞争性，较少受到政治因素影响，资金规模相对较小，灵活性强，基金公司间自由竞争。其弊端是政府与个人均无法控制风险，并因私营机构对利润的追逐与运行的隐蔽性而埋下隐患。同时，管理成本较高，对中低收入者不利。

第四节 社会保障基金监管

一、社会保障基金监管的含义和意义

(一) 社会保障基金监管的含义

社会保障基金监管是指由国家授权的专门机构依法对社会保障基金的筹集、储存、管理与运营、分配、支付等过程进行多手段、多角度、综合性的全方位监督管理，以确保社会保障基金正常稳定运行的制度和规则体系的总称。

(二) 社会保障基金监管的意义

1. 确保基金的安全与完整

保证基金的安全是各国监管机构的重要目标。无论从基金的收支过程还是从基金具体运营操作来看，都潜伏着巨大的风险，因此，必须对基金实行严格的监管，严格杜绝基金被侵占、挪用，建立起基金风险的"防火墙"和"隔离带"，维护公众对社会保障基金的信心。

2. 实现基金保值增值

社会保障基金的保值增值是提高基金的供给能力和保障水平的客观需求，如基金不能保值增值，社会保障的初衷便难以实现。因此，要实现基金保值，争取基金增值，同时要保持基金使用的高效率，杜绝浪费，从而确保基金能够满足保障对象待遇给付的需要，避免发生支付危机，就必须对社保基金运行过程实行有效监管。

3. 维护劳动者的合法权益

社会保障的根本性政策目标是保障广大人民群众的基本生活，从而维护社会稳定。基金监管的根本目的就是要通过上述监管目标的实现，以控制社会保障基金投资的风险性，确保社会保障基金在资本市场中运营的安全性和效益性，从而维护劳动者的合法权益，促进社会稳定。

二、社会保障基金监管的内容

社会保障基金监管贯穿于社会保障基金活动的全过程，包括社会保障基金征缴的监管、社会保障基金支付的监管、社会保障基金投资运营的监管等。

（一）征缴监管

社会保障基金征缴监管是指对经办机构和缴费单位的征收和缴费行为进行监督和管理。对缴费单位监管主要是监督缴费单位的缴费行为，是否按规定缴费，有无少报工资总额、故意少缴或不缴，有无违反有关财务、会计、统计的法律和政策的规定等。对经办机构的监管，主要是监督征收的社会保障费是否及时足额，社会保障基金是否按险种单独核算，经办人员有无滥用职权、徇私舞弊、玩忽职守，以致社会保障基金流失等。

（二）支付监管

社会保障基金支付监管主要是指对经办机构是否按规定支付进行监督。主要监管内容包括：经办机构是否按规定的项目和标准支出，有无增加支出项目和随意提高支出标准，有无多支、少支或不支；有无挪用支出基金的现象；受益人有无骗取保障金等行为；是否根据基金年度预算及月度收支计划进行收支，凭证和用款手续是否合乎手续等。

（三）投资监管

社会保障基金投资监管是指为确保社会保障基金在商业运营中的安全性与效益性而实施的风险投资控制的监督和管理。基金投资运营监管主要体现在两方面：一是制定相应的法律法规与政策对基金投资运营进行严格而具体的规范，这些法律和政策规范既是基金投资运营直接而具体的依据，也是基金投资运营监管直接而具体的依据。二是通过财务审查或投资审查纠正基金投资运营过程中的失范行为。

（四）社会保障基金结余的监督

社会保障基金结余基金按期划转财政专户后，要根据基金的安全性、流动性和效益性原则，购买国债和进行短期、中长期存款。任何地区、部门、单位和个人不经批准都不得动用结余基金进行其他任何形式的直接或间接投资（养老保险个人账户基金除外），不得用于平衡财政预算或挪作他用。对结余基金监督主要是指有无挤占挪用基金及非法动用基金，是否按规定及时足额拨入支出户等行为进行监督。

（五）社会保障基金财务监督

社会保障基金管理的核心是财务管理。社会保险经办机构在经办社会保险业务中，按照国家社会保险政策、法规，合理组织、筹集、支付、运营社会保障基金，这就形成了社会保障基金的运动，从而构成了基金的财务活动。为了做好社会保障基金财务管理，财政部会同劳动保障部制定了《社会保障基金财务制度》，并于1999年7月1日开始实施，使基金财务管理进一步迈向规范化和制度化。

三、社会保障基金监管的原则与方式

（一）社会保障基金监管的原则

1. 法制性原则

立法机构要明确监管对象的权利、义务、标准，规定监管机构的法律地位、监管权威、监管职责、行为标准，同时对监管机构与其他机构之间的关系进行清晰界定，使社会保障基金的监管有法可依，依法监管。

2. 独立性原则

社会保障基金监管机构依照法律法规独立行使监督管理权，与监管对象、其他机构既要合作，又要划清职责界限，其他单位和个人不得阻挠和干预监督机构工作，确保监管的严肃性、强制性、权威性和有效性。

3. 安全性原则

社会保障基金监管机构在履行职责时要坚持安全性原则。坚持安全第一，防范风险，一切从国家、人民的利益出发，保护国家利益，切实捍卫国民合法的社会保障权益。

4. 公正性原则

社会保障基金监管机构在履行职能的时候，必须坚持客观、公正和公开的原则。以事实为依据，以法律为准绳，严厉打击各种违法违纪行为。同时要注重提高监管的透明度，接受社会大众的监督。

5. 审慎性原则

社会保障基金的监管机构要按照基金运营的安全性、效益性、流动性等原则合理设置有关监管指标，认真进行评价和预测，对社会保障基金运营过程中产生的问题慎重分析，最大限度地控制风险，确保基金安全。

6. 综合性原则

社会保障基金的监管机构要建立科学的监管体系，坚持综合监管，将质的监管与量的监管相结合，运用法律的、经济的、行政的手段，多角度、全方位地进行监督管理，并密切关注国内外经济形势的变动，及时吸收先进成果，采用先进的科学技术，使基金监管水平不断提高。

（二）社会保障基金监管的方式

社会保障基金监管的方式是指为履行基金监管职能，完成或达到基金监管任务或目的而采取的方式、方法。主要包括现场监管和非现场监管。

1. 现场监管

现场监管也称现场检查，是指监督机构指派监督人员到被监督单位，对社保基金管理水平、基金资产质量、基金收益水平、基金流动性等管理情况进行全面检查或专项检查。现场监管是监督机构实施有效监督的主要方法。监督机构通过现场检查，可以比较详尽地掌握有关基金运作的控制程序和相关信息，对其业务经营合规状况、内部控制和管理水平，以及基金流动性、安全性和效益性进行深入细致的了解，发现一些财务报表和业务资料中很难发现的隐蔽性问题，并对有关机构的资产财务状况和遵守法规政策情况作出客观的评价。

现场监管主要包括日常监管（在日常业务活动中开展的定期或不定期的基金监督工作）、专项监督（针对某些具体问题而展开的基金监督）和按规定受理的基金举报案件查处。

2. 非现场监管

非现场监管是指监督机构对被监督单位报送的社保基金管理有关数据资料进行的检查、分析，对管理运营基金的活动进行全面、动态的监控，了解基金管理的状况、存在的问题和风险因素，通过预警系统对异常情况及时监测预警，并采取防范和纠正措施。非现场监管分为常规监督和专项监督。常规监督通过被监督单位按监督机构的要求定期报送有关数据进行；专项监督通过被监督单位按监督机构的要求报送专项数据资料进行。在非现场监管过程中发现被监督单位存在严重违法违纪问题的，应该实施现场监管。

非现场监管是现场监管的基础，也是基金监管的重要方式之一。非现场监管主要有三个目的：①为了发现那些目前管理运营尚好，但在短期或中期可能会出现问题的机构，监管人员利用景气指标或前瞻性方法，综合各种金融政策和信息，对有关机构的运营进行监测预警，及时发现异常情况，并采取防范和纠正措施；②通过常规性的非现场监管密切监视已经发现问题的机构，及时获得管理运营信息，掌握改进的情况，防止进一步恶化，并帮助其渡过难关，转向安全经营；③运营非现场监管评估整个基金管理运营系统的动态，通过对有关报表和报告的综合研究，分析基金管理运营的趋势，为制定切实有效的基金政策和监督措施提供依据。

四、社会保障基金监管的组织体制

社会保障基金监管的组织体制主要包括政府监管、内部监管和社会监管。

（一）政府监管

社会保障制度是每个国家的基本政策之一。为保证社会保障制度的安全运行，政府监管是必不可少的。政府通过立法和建立具体的监管机构实施监管。政府监管按部门区分，主要有社会保障行政部门监管、财政部门监管和审计部门监管。社会保障行政部门对社会保障基金的筹集、支付、投资运营等实施直接的、全方位的监督管理；财政部门监管是财政部门主要通过财政预算、财务会计监管等手段，对社会保障基金的预算、财务状况和投资运营进行监督；审计部门监管是审计部门从独立的角度，对社会保障基金的收支、使用、投资等行为的真实、合法、效益进行审计检查。

（二）内部监管

内部监管，即内部控制，是指各级社会保险机构对系统内部职能部门及其工作人员从事社会保险管理服务工作及业务行为进行规范、监控和评价的方法、程序、措施的总称。内部控制由组织机构控制、业务运行控制、基金财务控制、信息系统控制等组成。内部控制建设的目标是：在全系统内建立一个运作规范、管理科学、监控有效、考评严格的内部控制体系，对社会保险机构各项业务、各个环节进行全过程的监督，提高社会保险政策法规和各项规章制度的执行力，保证社会保障基金的安全完整，维护参保者的合法权益。

（三）社会监管

社会监管是指社会保障基金直接利益关系者、社会中介机构、新闻媒体等部门，通过社会舆论和向有关部门反映问题等手段，对社保基金进行监管。广大参保群众为维护自身利益，对社保基金进行监督，是社会监管的主要力量。目前，社会监管的形式是设立由政府、单位和参保人员（或工会）、专家学者等多方组成的社会保障监督委员会。新闻媒体利用自身独特优势进行监管，通过报纸、电视、杂志、网络等新闻媒体进行社会保障的政策报道，对损害社会保障制度的现象进行曝光和监督。其他社会中介部门如律师事务所、会计事务所等也可以从自身专业角度出发，对社会保障基金进行监督。

五、我国社会保障基金监管

现阶段，我国社会保障基金管理体制是国家财政总监督下按照分类负责原则确立的部门分管体制。行使社保基金管理职能的政府部门主要有民政部、人力资源和社会保障部、财政部、卫生部等政府职能部门及一些半官方、民间团体在自己的职能范围内行使着对一些基金的管理职能。

民政部管理着多项财政性社会保障基金，包括救灾救济基金、国家福利基金、优抚安置基金等，各级民政部门既是行政职能部门，又是支配上述基金的部门，但在基金的调度方面，多数情况下需要同级财政部门共同签署。目前，我国对上述财政性社保基金的监管主要是由民政部门行政监管、财政监管、审计监督、法律监督等有机配合来实施，其中，财政部门通过对财政性社会保障基金进行预算管理和监督，起到主导作用。

人力资源和社会保障部作为社会保障基金的行政管理部门，履行社会保障基金的行政监管职责。目前，对社会保障基金的监管，我国已初步形成以人力资源和社会保障部门行政监管为主,财政监督、审计监督、内部控制以及法律监督、社会监督有机配合的社会保障基金监管体系。其中,人力资源和社会保障部是中央社会保障基金监管机构,负责组织实施各项社会保障基金监督管理工作,具有制定基金监督管理制度和社会保险经办管理规则、制定基金运营准入资格标准、认定基金运营机构资格、监管基金运营、查处基金管理重大违规违纪案件等多项职责。各级人力资源和社会保障部门的社会保障基金监管机构构成了我国社会保障基金监管体系的主体。财政监督是财政部门通过设置社保基金财政专户对社会保障基金实施财务监管,保证社会保障基金的收支按规定有序运行。审计监督是审计部门按规定要求定期或不定期对社会保障基金运行情况进行审计检查。法律监督是人民代表大会依照法律规定,对社会保障基金的运行情况进行监督检查。社会监督是指各级社会保险经办机构要定期或不定期地向社会公布基金收支和结余报告,自觉接受公众、团体和组织的监督。

此外,全国社会保障基金由直属于国务院的全国社会保障基金理事会负责管理,当这一基金用于社会保障支出时,它服从财政部、人力资源和社会保障的指令和监管。而对一些由慈善机构和其他民间机构组织管理运作的民营保障基金,则由民政部门和其业务主管单位对其进行监督管理。但目前我国对这些民营保障基金的监管还没有形成一套规范、明确的监管机制。

案例分析

案例1:我国社会保障是否需要“费改税”?

案例描述:为了解决我国社会保障资金的来源与收缴问题,有学者提出了开征社会保障税来解决这一难题。理由如下:

1. 社会保障基金筹集费改税的社会环境逐渐成熟

随着社会保障体系的不断完善,人们对社会保障的认同感逐步增强。据劳动和社会保障部2002年的一项调查显示,93.8%的被调查者关心社会保障问题,88.5%的被调查者希望国家加大社会保障力度,越来越多的百姓认识到社会保障的重要性。社会保险费改为社会保障税后,征收具有强制性,管理具有规范性,税款具有专项返还性,能够保证所有纳税人从中受益,易为广大群众所接受。

2. 税源基础基本具备

经过30多年的改革开放,我国国民经济获得巨大发展,经济货币化程度不断加深,国民收入分配格局向个人倾斜,私人收入积累也有了一定规模,工薪阶层已具备一定的纳税能力。同时,国有企业、私营企业等各种经济组织也具备一定的纳税能力。

3. 开征社会保障税符合税收效率原则

税收效率的含义包括:规模效率、经济效率和行政效率三个方面。从经济角度讲,社会保障税是符合规模效率原则的,2014年,全国社会保障基金收入与支出分别达到37667亿元和32581亿元,历年社会保障基金滚存结余48527亿元。同时,我国税务机构遍布全国,分布面广,渗透性强,拥有一大批经验丰富的税务人员,开展社会保障税具有较强的经济和行政效率。

但也有持反对意见的，认为社会保险不宜费改税。否定论学者认为：费改税不符合社会保障权利与义务的对等性，费改税在技术上不符合统账模式的制度环境要求，费改税不利于提高统筹层次等。反对者认为，实行社会保险费改税超越了目前中国社会保障制度发展阶段，超越了中国社会经济发展阶段，与中国社会保障制度发展战略相悖。

（资料来源：张琪.社会保障概论［M］.北京：中国劳动社会保障出版社，2006：108－110.有删增变动。）

案例分析：从我国现阶段的基本国情来看，开征社会保障税的优势是：①在我国现阶段没有建立社会保障征收法律情况下，社会保障费改税可以借助税收的强制性和正当的法律程序扣缴、追缴，有利于社会保障基金及时、足额的收缴，确保社会保障机制的正常运转；②由于税收纳入财政收入统一支配，社会保障费改税有利于建立规范的社会保障基金收支、管理、余缺调剂的责权制度；③税收要求公平性，全社会统一税率，开征社会保障税有利于社会公平；④开征社会保障税有利于降低征收成本。社会保障费改税充分利用现有税务部门的专业优势、征收网络以及信息优势进行征管，这将大大提高工作效率，节约制度成本。

但是社会保障费改税也有其风险：①社会保障制度的刚性支出与税收制度的刚性发展，将有可能促使现收现付制度的恢复，不利于应付人口老龄化的冲击，使未来潜在的支付危机进一步扩大并有可能重走发达国家或福利国家的老路。②由于我国各地区之间经济发展水平差异很大，社会保障税率的统一，有可能激化地区之间的矛盾；③以税的形式进行管理，政府对社会保障负直接责任，随着人口老龄化的加快，会加重财政负担，甚至造成巨大的财政负担。④费改税在目前不符合我国社会保障制度结构设计的本质要求，与外部社会经济二元结构存在较大冲突，且将派生出一些新的问题。

案例结论：社会保障费改税有利也有弊，因此，对中国这样一个发展中大国，筹资方式的改变需要谨慎考虑。

关键概念

社会保障基金；社会保障基金筹集；现收现付制；完全积累制；部分积累制；社会保障基金投资；社会保障基金监管

思考题

（1）社会保障基金有什么特点？
（2）社会保障基金主要由哪几部分组成？
（3）社会保障基金的筹资原则和渠道是什么？
（4）社会保障基金投资原则有哪些？
（5）社会保障基金投资工具有哪些？各种投资工具的收益与风险如何不同？
（6）社会保障基金如何监管？

第三章 社会保障立法与管理

第一节 社会保障立法

一、社会保障立法概述

(一) 社会保障法的概念与特征

1. 社会保障法的概念

社会保障法是调整国家、社会和全体社会成员为主体，为保证社会成员的基本生活需要并不断提高生活水平，以及解决某些特殊社会群体的生活困难而发生的经济关系的法律规范的总称，是调整各类社会保障关系的综合性法律规范。

社会保障是国家和社会帮助公民克服社会风险，保证基本生活需要的物质帮助制度。风险，即人们的主观意志无法改变和避免的事件；社会风险，是指威胁人们基本生活的风险事件，如年老、生病、残疾、工业伤害、生育、失业、死亡和意外事件。克服社会风险的方式是多样的，可以是保险性帮助，即在具有缴费能力的公民当中建立跨时间和跨阶层分担风险的储蓄账户，抵御社会风险；也可以是救助性帮助，即对那些无力缴费的人，给予必要的、无偿的帮助，以渡过生活中的难关；还可以是福利性帮助，即向广大公民提供福利设施，改善生活环境。因此，社会保障是一个综合性概念，根据国家和社会帮助公民克服社会风险的方式分类，社会保障法包括社会保险法、社会救助法和社会福利法。

社会保险法是调整社会保险法律关系的法律规范。它对社会保险的项目体系、实施范围与实施对象、经费来源、待遇标准、发放办法等内容作出法律规定，并明确社会保险机构的性质与职能、社会保险组织形式与地位、社会保险监督与管理等事项。

社会救助法是调整社会救助关系的法律规范。社会救助是国家对遇到特殊风险事件的公民实施物质帮助的社会保障制度之一。因此，社会救助关系是在国家、社会团体和受益人之间，因社会救助费用和服务项目的实施所发生的社会关系。社会救助法律关系具有国家筹资、有特定对象和具体支付条件、定期或非定期一次性支付的特征。

社会福利法是调整社会福利关系的法律规范。社会福利是国家为帮助公民克服社会风险和保证生活需要提供普遍性物质帮助的社会保障制度之一。因此，社会福利关系是在国家、社会团体和受益人之间，因社会福利费用的提供和公共服务设施的建立及管理所发生的社会关系。社会福利法律关系具有国家筹资、无特定对象和附带具体支付条件、非定期支付的特征。

　　2. 社会保障法的特征

　　作为现代法律体系的一个重要组成部分，社会保障法具有法的一般特征。同时，作为一个独立的法律部门，它还具有自己的明显特征。

　　（1）安全性。社会保障法以立法的形式，通过对社会保障的对象、范围、权利义务等的规定，使符合条件的、生存发生困难的社会成员的基本生活得以保证。由于社会成员包括劳动者，在社会生活以及劳动过程中，难免会遇到各种风险和事故，通过社会保障制度，能够使社会成员和劳动者在受到意外和风险时不至于生活无着，从而使社会每一个成员都能得到必要的安全保障。社会保障法的安全性特征，不仅反映了国家在社会保障问题上的态度和所应承担的责任，同时，也为社会成员提供了一种"安全感"，使人们保持一种社会心理上的平衡，从而为整个社会的安定创造良好的条件。

　　（2）强制性。社会保障由国家通过立法强制实施，就社会保险而言，凡依照法律规定必须投保的劳动者和用人单位都必须参加保险，当事人没有任意选择的权利，也不能任意退出保险，保险的险种和保险费的缴纳也必须按照法律规定执行，不能由当事人协商。因此，社会保险是政府采用危险集中的方式，对发生损失的被保险人提供现金和医疗服务，属于政策性保险。社会保障以社会利益为本位，为社会大众谋求利益与安全，尽管因缴纳社会保险费或税会减少某一部分人的所得，但基于社会整体利益，仍需采取强制性手段，以维持社会保障制度的正常运行。社会保障的强制性是国家对社会经济生活实行国家干预的表现，也是社会保障制度得以存在和实施的保证。

　　（3）普遍性。法律是普遍性的规范。在法律规范的范围，对所涉单位与个人均有普遍性的约束作用。尽管各国社会保障立法均是从覆盖范围较小起步，但在各国又确实以不断扩大覆盖范围为基本特征，发达国家更是大多早已建立了覆盖全民的社会保障制度。

　　（4）平等性。从法的意义出发，社会成员在社会保障上享有平等的权利。凡是生存发生困难的社会成员，都有权平等地获得社会保障。既不能任意取消社会成员的这种权利，也不允许一部分人超越法律享有特权。

　　（5）鼓励性。鼓励性是社会保障法的又一个显著特征。社会保障法中规定的一些保障内容，如对暂时或永久丧失劳动能力的劳动者的物质保障，直接与劳动者的贡献有关，劳动时间长、贡献大的，获得的物质保障待遇就高些，相反就低。这种差别规定，有助于鼓励劳动者在职时积极劳动，为社会多创造财富、多作贡献。

　　（二）社会保障法的地位与作用

　　1. 社会保障法的地位

　　社会保障法是以社会保障关系作为调整对象的法律规范，属于社会法范畴，它以社会利益为本位，以社会公平作为价值追求目标，并依靠国家强制手段保证其目标的实现。关于社会法在法律体系中的地位，一般认为它不是一个独立的法律部门，它只是以解决劳动问题、社会问题、保障公民权益为立法主旨，兼容公法和私法且以公法属性为主的若干法律部门的统称，是公法、私法相对应的一个独立法域。社会法虽然不是一个独立的法律部门，而是一个独立的法域，但这丝毫不会影响它的存在价值和地位。

2. 社会保障法的作用

社会保障法是社会主义市场经济法律体系的重要组成部分，它对于调节社会收入、保持社会稳定、促进市场经济的健康发展具有十分重要的作用。

（1）调节社会收入，实现社会公平。在市场经济条件下，收入分配机制是与市场竞争机制联系在一起的，它必然会形成社会成员之间在收入分配方面的不均等，甚至差距悬殊，造成贫富分化。而社会公平体现在经济利益方面，则要求社会成员之间的贫富差别不能过分悬殊。要解决好这一社会问题，就需要运用政府的力量对社会经济生活进行干预。社会保障法就具有对社会成员收入分配进行调节的作用，它通过社会保障措施，以税收、强制投保等方式，对社会成员的收入进行必要的再分配调节，将高收入者的一部分收入适当转移给其他低收入社会成员，使社会弱势群体能够分享社会经济发展成果，从而在一定程度上缩小社会成员之间的贫富差距，保持社会和谐，促进社会公平目标的实现。

（2）消除社会矛盾，维护社会稳定。社会稳定是社会经济发展的必要条件，没有稳定的社会环境，市场经济就不可能顺利发展。社会保障制度本身就是一种社会安全体系，是维护社会稳定的重要防线。国家通过社会保障立法，对丧失劳动能力或劳动机会的社会成员以及遭遇不幸、没有生活来源的贫困者给予物质帮助，满足其基本生活需要，以缓解各种社会风险给社会成员在生活上、心理上造成的冲击和震荡，消除或减少社会不安定因素，从而避免造成社会动荡，引发社会危机，达到维护社会稳定的目的。因此，社会保障法被称为社会"安全网"和"减震器"。

（3）促进市场经济的健康发展。市场经济是人类社会发展过程中不可逾越的经济发展阶段，而社会保障制度是市场经济建立和发展的必要条件之一。

在市场经济条件下，劳动力资源必须通过市场合理配置，而市场竞争机制所形成的优胜劣汰，必然会造成部分劳动者被迫退出劳动岗位，使劳动者本人和家庭因失去收入而陷入生存危机。社会保障法通过提供各种帮助使部分社会成员获得基本物质资料，维持其基本生活需要，从而使劳动力再生产成为可能。此外，劳动力资源的市场配置要求劳动力能够合理流动，而社会保障法通过建立全社会统一的保障网络，打破了劳动者自我保障和企业自我保障的格局，使劳动力的合理流动成为可能。

社会保障法对市场经济的促进作用，还表现在其直接的经济调节功能上。为了平衡社会供求关系，社会保障法通过调整社会保障支出来发挥积极作用。社会保障支出是随着市场经济的增长或下降的运行变化情况增减的。当经济处于景气状态时，由于社会成员就业增多、收入增加，社会保障基金的增收也相应增加，在一定程度上抑制了社会总需求的增长，它可以防止通货膨胀，避免经济进一步过热；反之，当经济处于不景气状态时，由于失业增多、收入减少、提前退休等因素，社会保障基金的支出也大量增加，在一定程度上增加了社会总需求，它有利于刺激经济复苏，避免经济进一步衰退。通过社会保障的调节作用，促进了国民经济的良性循环。此外，由于社会保障基金具有很高的稳定性和积累性，经过长期积累会形成庞大的资金，成为投资、融资的一大财源。通过投资、融资活动，既可以实现社会保障基金自身的保值增值，也可以成为国家对国民经济进行宏观调控的有效手段。可以看出，社会保障法对市场经济的发展具有不可替代的支持和促进作用。

（三）社会保障法的原则

社会保障法的基本原则是集中反映社会保障法的本质，贯穿社会保障法律规范始终并对整个社会保障法律规范体系起主导作用的根本准则。社会保障法的基本原则是社会保障法基本精神的体现，是全部社会保障法律规范的价值主线和灵魂所在。社会保障法的基本原则在整个社会保障法的体系中具有一种根本准则的地位，集中反映社会保障法的本质，体现立法者在社会保障领域所奉行的政策。

1. 生存权保障原则

生存权是维护人的生存所必不可少的权利，包括生命权、健康权、物质享受权等内容。虽然在资产阶级革命之时，提倡"天赋人权"，主张人生而自由、权利平等，其中也蕴含了生存权的内容。但生存权作为一种权利，要得到真正的保障，还必须通过法律的形式确立下来，成为公民的法定权利。生存权是公民在社会中健康生活并进而享受经济的、政治的、文化的各项权利的基础，脱离对生存权的保障，其他各项权利根本无从谈起，只能是一纸空文。

生存权的保障也是人权保障的重要内容。最早在宪法中明文规定生存权是德国的《魏玛宪法》。在该宪法中规定，经济生活的秩序，必须符合社会正义的原则，而所谓的社会正义，则在于保障所有社会成员能够过上体现人的价值、体现人的尊严的生活。《魏玛宪法》确立了现代意义的生存权，并赋予生存权以具体的内涵，即生存权不仅仅是活下去的权利，而且是能够体现人的价值、体现人的有尊严地生活下去的权利。因而，作为宪法中的一项纲领性权利，生存权保障成为现代社会保障立法的起点和归宿。

现代社会中，一定的、必需的物质基础是人们生存的基础，也是个人享受人格的基础，否则，无以生活并开展各项社会活动，也无以成为社会的人。但是，一个社会中总是会有一些人面临物质的匮乏和生存的危机，或许是由于意外情况造成的困难。社会保障法的宗旨即在于当社会成员出现这些生活困难时，国家和社会有义务对其进行物质帮助。因此，生存权的保障是社会保障法的基本原则。

2. 普遍性原则

普遍性原则的含义，就是指社会保障的实施范围应包括所有社会成员，强调一切社会成员享有社会保障的共同权利。对公民实行普遍的社会保障，是各国社会保障立法共同奉行的一条基本原则。公民在年老、疾病、失业等生活发生困难的情况下，享有从国家和社会获得物质帮助的权利，这首先是国家宪法赋予公民的一项权利。公民在法律面前一律平等，这意味着每一个公民都平等地享有在其发生生活困难时，从国家和社会获得物质帮助的权利，而不应只给予一部分人，却将另一部分人排除在外。正因为其保障范围的普遍性，社会保障法才有其稳定社会、保障社会成员安全的意义。所以，普遍性原则称为社会保障法的基本原则。

3. 保障水平与经济发展相适应的原则

社会保障是国家用经济手段来解决特定社会问题和实施特定社会政策的一项宏观调控措施，它必须与一定的经济发展水平相适应。高于经济发展水平的社会保障，势必给经济的发展背上沉重的包袱，阻碍经济的发展；而低于经济发展水平的社会保障，则并不能真正起到预期的作用，还会引发一些社会矛盾。

经济发展决定着社会保障的发展水平。因为社会保障是以经济发展创造的进行再分配的社会财富作为基础的，没有这个基础，就没有社会保障。同时，经济发展水平也决定了社会成员的生活水平，而社会成员的生活水平状况又必然要求有相应水平的社会保障待遇。国外社会保障的实践也证明了这一点，越是经济发达、国民生活水平高的国家，其基本保障的标准也越高，反之亦然。可见，社会保障发展水平是受经济发展水平制约的，而且必须适应经济发展的水平。

4. 社会化原则

社会化原则的含义在于将社会保障作为整个社会都来参与的事业，实现社会保障资金来源的社会化、社会保障管理的社会化、社会保障责任的社会化。

社会保障在其产生之初完全是一项政府责任，是政府出于矫正市场经济中的某些弊端，保证社会公平以及公民的生活安全而设的。但是，近年来，最早设立社会保障制度而且也是社会保障制度比较完善的一些国家深感传统社会保障制度的弊端，纷纷进行了制度的改革，其重点都在于大幅度减轻政府的责任，实行由国家、社会和个人分担的模式，将更多的责任分散到社会。传统的社会保障制度中，与日俱增的费用支出需求给国家背上了沉重的经济包袱；另一方面，由于缺乏对受保障人的必要激励措施，因而在整个社会中产生了一种"养懒汉"的奇怪现象，一定程度上阻碍了经济的发展。而将社会保障实行社会化以后，不仅可以减轻政府的负担，解决以往模式下资金缺口的问题，还可以充分发挥对受保障人的激励作用，使社会保障在促进经济发展和激励劳动者发挥自身潜能方面发挥更多的作用。

当然，社会保障的社会化原则并不表明它已不是政府的一项职责。从应付市场失灵、对国家经济宏观调控的角度而言，社会保障仍然是政府的一项重要职责，何况社会保障的实施需要政府的强制性措施。然而，这个职责只应限定在宏观运作和调控这一点上。更多的具体职责还是需要借助于社会，这就是社会保障的社会化原则的含义。

5. 公平与效率相结合的原则

社会保障自产生以来，就是以实现社会公平为目标的，然而单纯的公平是不现实的，因为它是以效率和发展所带来的物质基础为依据的。公平如不能促进效率，甚至成为制约经济发展的负担，那么这种公平也难以为人接受。社会保障是一种实现公平的政府机制，许多国家以社会保障为手段，在公平性方面获得了所追求的社会效果，但也产生了很多负面作用，在很大程度上阻碍了效率机制的作用。这也是近年来，西方发达国家纷纷进行社会保障制度改革的重要原因之一。因为这种公平，如果不将经济发展的效果考虑在内，就会在一定程度上阻碍经济的发展，最终不利于解决社会问题。

社会公平仍然应成为社会保障所追求的目标，但在公平之外，效率也应是其关注的重要价值，只有这样，社会保障才能起到促进经济发展的积极作用。因此，社会保障立法应贯彻公平与效率相结合的原则，在公平与效率兼顾的动态过程中，不断地改进、调整并做出选择，摆正两个互为条件、互为制约的发展目标，力求在这两个目标之间达到动态平衡。因此，公平与效率相结合，兼顾公平与效率，应成为社会保障的基本原则。

二、社会保障国际立法的产生与发展

(一) 1601 年英国的《济贫法》——社会保障制度的萌芽

社会保障源于济贫的思想，最早的社会保障立法可以追溯到 1601 年英国颁布的《济贫法》(Poor Law)。欧洲中世纪末期，随着工商业的兴起，封建社会的人身依附关系开始瓦解，成千上万的农民离开土地而涌向城镇，他们在离开土地、摆脱封建的土地人身依附关系的同时也失去了基本的生活来源，许多人成了城镇游民或乞丐，由此引发了新的社会矛盾和冲突。为了缓解社会矛盾，英国伊丽莎白女王于 1601 年颁布了《济贫法》，规定全国普遍设立收容贫民的济贫院，对贫民一方面强迫劳动，另一方面实行慈善救济，以强迫为主，兼顾救济。因此，《济贫法》的主要目的是强迫劳动，解决贫民流浪问题。

(二) 19 世纪末德国的"社会保险三法"——社会保险法的产生

现代意义的社会保障法出现在 19 世纪末的德国。19 世纪中叶德国开始了工业革命进程，很快取得了突飞猛进的发展，与此同时，工人阶级的力量也不断壮大，与资本家之间形成对抗。面对如火如荼的工人运动以及蓬勃兴起的社会主义运动，时任首相的俾斯麦采取了"胡萝卜加大棒"的做法。一方面，于 1878 年制定《社会党镇压法》，压制社会民主党的革命运动；另一方面，通过制定社会政策和社会立法来保护劳动者，缓解劳资之间的矛盾。德国先于 1883 年颁布了《疾病保险法》，于 1884 年颁布了《工伤保险法》，于 1889 年颁布了《老年和伤残保险法》，这三部立法确定了社会保险法的基本思想和原则，开创了社会保险立法之先河。此后，德国不断通过立法扩大社会保险的适用范围，如 1911 年颁布《孤儿寡妇保险法》，并将疾病保险、工伤保险和养老保险合并为单一的社会保险，1923 年颁布《矿工保险法》，1927 年颁布《职业介绍也失业保险法》，逐步建立起适应市场经济条件的社会保险制度。德国社会保险制度的特点是：①保险原则是由投保人缴纳保险费并取得领取保险待遇的资格；②养老保险和失业保险实行待遇公平原则，医疗保险实行必要的共济原则；③国家总体立法和社会保险自治相结合原则，国家确定总体的法定条件，在此范围内投保人与雇主以代表大会及理事会的形式自行管理社会保险；④保险种类及社会保险承办机构多样化原则。

德国的社会保险法为欧洲各国树立了榜样。1890 年至 1911 年间，欧洲各国纷纷效仿德国，相继颁布了包括医疗、养老、失业、工伤等内容的社会保险法律，开始建立国家统一的社会保险制度。在此期间实行老年残疾保险的国家有丹麦、奥地利、英国等 16 个国家；实行疾病、生育保险的有比利时、瑞士、英国等 9 个国家；实行工伤保险的有波兰、法国、意大利等 37 个国家；实行失业保险的有英国、法国、挪威、丹麦等 9 个国家。

（三）1935 年美国的《社会保障法》——世界上第一部社会保障法

美国是自由经济国家的代表。在经济政策方面，保守主义反对以平等和福利为目的的收入再分配，极力维护个人自由和市场自由，认为只要遵循传统的价值观，以家庭自我保障为基础，以私营机构帮助、个人自愿捐款的慈善事业为补充，通过市场经济的调节，社会成员就可以得到最有效的发展。20 世纪初，随着美国工业化的完成，美国经济全面腾飞，开始采取了一些局部的社会福利政策。真正使美国推行社会保障制度的是 1929～1933 年的经济危机。经济危机使许多美国人流离失所，1930 年失业人口为 320 万人，至 1933 年超过 1560 万人，占就业人口的 25%。中产阶级也受到巨大影响，许多人一夜之间丧失了自己的职业和储蓄，"只有懒惰才导致贫困"的观念由此破碎。为解决国内矛盾，罗斯福总统开始实行新政，强调通过国家干预来解决经济危机。

1934 年 6 月 8 日，罗斯福总统在给国会的信中提出了制订一项社会保障计划的设想，随后成立了"美国经济保障委员会"。1935 年 1 月，该委员会向总统递交了研究报告提出了社会保障法案。1935 年 8 月 14 日，美国总统签发了《社会保障法》，该法的主要内容包括：①联邦政府设立社会保障署，负责全联邦社会保障计划的实施；②实行全联邦统一的养老保险制度，由雇主和雇员缴纳养老保险税，建立养老保险基金；③由联邦政府和州政府共同实施失业保险计划，对雇佣 8 人以上的雇主征收失业保险税；④在联邦政府资助下，由州政府实施老年和儿童福利、社会救助和公共卫生措施。

美国《社会保障法》在社会保障立法史上具有重要意义：该法第一次使用了社会保障的概念，第一次在一部法律中规定了社会保险、社会福利和社会救助等社会保障的内容，确立了社会保障普遍性和社会性原则。从此，社会保障作为一个基本法律制度被许多国家确立并实施。

（四）英国的《贝弗里奇报告》——福利国家的建立

20 世纪初，英国开始制定一系列社会政策和社会立法，如 1906 年的《教育法》、1908 年的《儿童法》和《养老金法》、1909 年的《劳工介绍法》、1911 年的《国民保险法》等，但这些法律并未从根本上解决国民的生存问题。第一次世界大战结束后，英国遭遇了长期的经济失调和严重的失业。1929～1933 年世界性经济危机对英国社会更是造成极大的冲击，失业人数达到 300 多万人，政府面临着如何解决失业和贫困的更大难题。1936 年，凯恩斯发表了《就业、利息和货币通论》，认为传统的经济理论已无法解释经济危机中出现的各种问题，更不能摆脱危机提供有效的对策。凯恩斯认为，资本主义不存在自动达到充分就业均衡的机制，因而组织政府干预经济，通过政府的政策来刺激消费和增加投资，以实现充分就业。该书在西方社会引起了巨大反响，被称为经济理论的"凯恩斯革命"，也为英国实施福利国家计划提供了理论基础。

1942 年 11 月，时任英国社会保险及有关服务部联合委员会主席的贝弗里奇（William Beveridge）提出了名为"社会保险及有关服务"的报告，即著名的《贝弗里奇报告》。该报告以消灭贫困、疾病、肮脏、无知和懒惰五大社会病害为目标，制订了一个以社会保险为核心的社会保障计划。1945年英国工党上台后，开始实施《贝弗里奇报告》的内容，进行了一系列社会保障立法，主要有：1945年的《家庭补助法》，1946年的《国民保险法》、《工业伤害保险法》和《国民健康服务法》，1948年的《家庭补助法》。这5部法律同时于1948年7月5日生效，英国从此形成了包括失业、伤残、疾病、养老、死亡、家庭津贴等内容的福利国家型的社会保障体系。

英国实施的福利国家立法为西欧许多国家的社会保障立法提供了模式，包括丹麦、瑞典在内的许多北欧国家都接受了英国的模式来建立社会保障制度。

（五）社会保障的调整与改革

至20世纪中叶，社会保障的思想和理念在全球范围内得到了普遍的认同、传播，至50年代中后期，几乎所有的发达国家都初步完成了社会保障立法的工作，建立起了包括养老、疾病、失业、工伤、家庭津贴、贫困救济等项目的社会保障制度。

20世纪50年代至70年代，世界经济迎来了高速发展的黄金时期，欧美各国的经济以前所未有的速度向前发展，这为各国社会保障制度的全面实施提供了必要的物质条件。欧美国家用于社会保障的费用持续增长，社会保障费用在国内生产总值中所占比重从20世纪60年代的20％上升到70年代的30％左右，社会保障制度发展到鼎盛。但随着1973年中东石油危机的爆发，西方国家出现了严重的经济危机，由此也引发了社会保障的危机，各国社会保障制度相继进入调整改革阶段。为了解决不断增长的社会保障开支所带来的巨大财政赤字，各国纷纷采取各种措施来缓解政府的压力，如实行多元化的社会保障措施，将私有化部分地引入社会保障领域，将社会保障措施向地方化和社区发展等。至今，各国社会保障制度仍在不断地调整，以适应本国的经济和社会发展的需要。

三、中国社会保障立法与实践

（一）新中国社会保障立法

1. 新中国成立后到改革开放前，社会保障立法的建立和初步发展

新中国成立后，我国建立了与高度集中的计划经济相适应的社会保障制度，其建立和发展，从时间上看大致经历了三个时期。

（1）第一个时期（1949年10月至1957年年末）：初创时期。新中国成立后，人民成为国家的主人，建立全国统一的社会保障制度提上了议事日程。1950年6月，政务院颁布了带有失业保障性质的《救济失业工人暂行办法》（以下简称《暂行办法》）。1951年2月，政务院颁布并实施了《中华人民共和国劳动保险条例（草案）》（以下简称《保险条例》）。这个《保险条例》和1950年颁布的《暂行办法》，对职工的医疗、生育、养老、病假、伤残、死亡、失业等待遇都作了最低标准的规定，从而解除或减轻了职工因生、老、病、死、伤、残、失业等原因造成的特殊困难，保障了职工的基本生活。政务院于1953年、1956年，两次修订《保险条例》。到1956年，我国当年享

受保险待遇的职工人数相当于当年国营、公私合营、私营企业职工总数的94%。1956年我国颁布了《中华人民共和国女职工保护条例（草案）》。1957年，卫生部制定了《职业病范围和职业病患者处理办法的规定》，这一制度增加了我国社会保险的保障项目。此外，国家机关、事业单位的社会保障制度也以颁布单行法规的形式逐步建立起来。1950年颁布了《革命工作人员伤亡褒恤暂行条例》，对革命工作人员的伤残死亡待遇作了规定。1952年颁布了《关于女工作人员生育假期的通知》、《国家机关工作人员退休处理暂行办法》、《国家机关工作人员退职处理暂行办法》。这些单行法规分别对疾病、养老、生育、伤亡等项的保险待遇作了规定。到1957年年末，我国统一的社会保障制度基本框架已形成，在保障水平、管理方式等方面初步完成了立法工作。

（2）第二个时期（1958年年初至1966年4月）：发展时期。1958年3月，国务院颁布了《关于工人、职员退职处理的暂行规定》、《关于工人、职员退休处理的暂行规定》，放宽了退职、退休条件，适当提高了待遇，解决了企业和机关退休退职办法不一致的矛盾。为了解决劳保医疗和公费医疗中存在的浪费问题，1965年和1966年，我国分别颁布了《关于改进公费医疗的通知》和《关于改进企业职工劳保医疗制度几个问题的通知》，改善了职工患病时的医疗待遇。同时，为了保证职工在病伤或生育时获得合理的休养和病伤、产假待遇，做好职工因病伤丧失劳动能力的鉴定工作，卫生部和全国总工会研究制定了《批准工人、职工病伤、生育假期的试行办法》、《医务劳动鉴定委员会组织通则》。这期间建立了移地支付社会保障待遇的办法，为了方便移地居住的退休职工及时享受待遇，减轻基层负担，厉行节约，避免支付差错，全国总工会于1960年制定了《关于享受长期劳动保险待遇的移地支付试行办法》。为了合理解决轻工业、手工业集体所有制企业中职工的退休退职的福利待遇问题，1966年4月颁布了《关于手工业厂、社职工、社员退休福利统筹办法（试行草案）》、《关于手工业厂、社职工、社员退职处理办法（试行草案）》，这两个试行草案对集体企业职工的退休退职的实施范围、退休退职的条件和补助标准以及统筹基金的来源和征集及其使用都作了明确具体的规定，具有很强的操作性。通过以上的改进立法，我国的社会保障立法得到了进一步的发展。

（3）第三个时期（1966年5月至1976年10月）：停滞和受破坏时期。1966年5月"文化大革命"开始，十年间，我国的社会保障立法制度受到严重干扰和冲击，社会保障立法处于停滞状态，已建立的社会保障制度遭到严重破坏。在理论上，《中华人民共和国劳动保险条例》被否定。

2. 改革开放后社会保障立法的创新与全面发展时期

（1）第一个时期（1976年10月至1990年）：恢复、改革与创新时期。1976年10月，十年内乱结束，中国进入了一个新的历史时期，社会保障制度也得以全面恢复和重建。1984年，为适应我国经济体制改革的总体要求，我国进行了社会保障制度的改革。社会保障立法从社会保障的运行机制、模式类型、项目构成、待遇水平、管理社会化等方面进行了深层次的改革与创新。颁布大量社会保障法律法规。1986年，国务院发布了《国营企业实行劳动合同制暂行规定》，确立了劳动合同制工人的养老保险制度。同年，发布《国营企业职工待业保险暂行规定》，初步建立了我国的失业保险制度。1987 年，国务院发布了《职业病范围和职业病患者处理办法》。1988 年，国务院颁布了《女职工劳动保护条例》，进行了生育社会保险试点。1990 年，国务院发布了《关于加强养老保险基金的征缴和管理工作的通知》。同年，发布《关于企业职工养老保险制度改革的决定》，明确了企业职工养老保险制度改革的方向。1992 年年初，劳动部、国家体改委、人事部、全国总工会联合发出《关于深化企业劳动人事、工资分配、社会保险制度改革的意见》，要求继续推行养老保险制度的改革，逐步建立国家基本保险、企业补充保险和个人储蓄性保险相结合的多层次养老保险体系。基本养老保险所需资金按照国家、企业、个人三方面共同负担的原则，由社会保险管理机构统一筹集。适当扩大待业保险范围，完善待业保险制度、加强待业保险基金的管理，按国家政策用好基金，使之尽快运转起来，并建立健全审计和检查监督办法。1992 年，广东、海南、深圳的社会保障制度综合改革试点开始运转，进行了以待业、养老保险为重点的社会保障制度改革。1996 年 8 月，全国人大常委会通过了《中华人民共和国老年人权益保护法》，规定了对老年人的社会保障。同时加强了失业保险，到 1994 年年底，全国有 27 个省、自治区、直辖市颁布了失业保险的地方性政策法规，其中有 26 个省、自治区、直辖市将失业保险覆盖范围由国有企业职工扩大到非国有企业职工，全国参加社会保险的职工达 9500 万人。1994 年全国人大通过《中华人民共和国劳动法》，对中国劳动者享有的社会保险和福利待遇作出了明确的、系统的法律规定。围绕着《劳动法》的实行，劳动部颁布了 17 个配套规章，建立了以"最低生活保障线"为依据的现代社会救济制度。继 1993 年 6 月上海市出台城市居民最低生活保障的社会救济措施后，厦门、青岛、福州等城市都建立了城市居民最低生活保障制度。实行了大病医疗统筹和试行医疗费用社会统筹和个人账户相结合为主要内容的医疗保险制度改革。

（2）第二个时期（1990 年至至今）：社会保险法的全面建设和发展阶段。20 世纪 90 年代以来，与建立社会主义市场经济体制相适应，社会保险适度开始向社会化和法制化方向发展，国家开始注重适应社会主义市场经济体制的社会保险法律制度建设。1991 年，国务院颁布了《关于企业职工养老保险制度改革的决定》，明确了养老保险实行社会统筹，标志着我国社会养老保险制度建设序幕的拉开。1992 年，民政部发布了《县级农村社会养老保险基本方案（实行）》，农村养老保险制度开始试点。1994 年出台的《中华人民共和国劳动法》，专设一章规定了"社会保险和福利"。1994 年，我国政府颁布了生育保险方面的行政规章《企业职工生育保险试行办法》。1995 年，国务院发布了《关于深化企业职工养老保险制度改革的通知》，表明我国养老保险制度改革的深化，同时指明了我国养老保险改革的方向。1997 年，国务院发布了养老保险的纲领性文件《关于建立统一的企业职工基本养老保险制度的决定》。1998 年，国务院颁布了医疗保险的纲领性文件《关于建立城镇职工基本医疗保险制度的决定》。1999 年，国务院颁布了失业保险方面的行政法规《失业保险条例》。同年，国务院还发布了《社会保险费征缴暂行条例》。2001 年，劳动和社会保障部颁布了行政规章《社会保险行政争议处理办法》。2003 年 4 月，国务院颁布了工伤保险方面的行政法规《工伤保险条例》。2004 年 3 月，国家立法机关在修改宪法时，将"国家尊重和保障人权"和"国家建立健全同经济发展水平相适应的社会保障制度"正式载入宪法。

令人关注的《社会保险法》已于 2010 年 10 月 28 日第十一届全国人民代表大会常务委员会第十七次会议通过，2011 年 7 月 1 日起实施。社会保险法是构建社会主义和谐社会的一部重要法律，关系亿万家庭的切身利益，事关全面建设小康社会和构建社会主义和谐社会的大局。公民在年老、疾病、工伤、失业、生育等情况下依法从国家和社会获得物质帮助是一项宪法权利，社会保险是公民从国家和社会获得物质帮助最主要的一种途径。大力发展社会保险事业，是落实科学发展观、促进经济社会全面协调可持续发展的必然要求；是构建社会主义和谐社会、实现国家长治久安的重要保证；是健全社会主义市场经济体制、推进改革开放和现代化建设的重要任务；是坚持以人为本、执政为民执政理念，代表最广大人民根本利益的具体体现。

（二）我国社会保障立法的缺陷与不足

由于社会转型、东西部差距和城乡二元结构等原因，我国在社会保障法制建设上虽然取得了一些成就，但也存在着立法理念滞后、覆盖面窄、实施机制薄弱等现实问题。

1. 社会保障立法理念滞后

当今社会，社会保障（保障）权利已成为人权概念的重要组成部分。尊重和保障人权，尊重人的价值和尊严，满足人的基本需要的合理性，是人道主义的基本要求，也是现代社会保障立法的起点和归宿。从法理方面看，社会保障无非是公民社会保障权的确立和实现问题，社会保障法是权利保障法，即社会保障立法的首要任务是规定社会保障权利的享有和保障。权利是目标与基础，权利处于基本的主导地位。然而，目前，社会保障权利的理念远未被学界和立法者所认同，社会保障立法更多地定位于事本位而非人本位。我国社会保障制度是因为国有企业改革使得原有的单位保障功能弱化而逐渐受到人们重视的。社会保障作为经济体制改革的配套措施多是就事论事，"头痛医头、脚痛医脚"，没有制度体系的逻辑基础和理论定位。缺乏先进的立法理念，必然导致社会保障立法的基本价值、原则、适用范围等重要问题上无法达成共识，导致社会保障立法基点不当，缺乏前瞻性、主动性和回应性，阻碍了社会保障法律制度建设。

2. 社会保障法规的不统一和混乱

我国在社会保障法制建设方面，国家立法机关制定的法律少，国家行政机关制定的法规和地方立法机关制定的地方性法规多，立法主体多元，层次无序，规范分散。近年来，还有一些省市以地方性法规的形式制定《养老保险条例》，进一步固定了养老保险地方化格局。立法主体的多元直接造成全国社会保障制度的不统一，制度定型难度加大。立法层级的无序导致社会保障法律、法规、规章、政策等存在法出多门，互不统辖甚至相互矛盾的现象，这给社会保障法的实施带来了不良的影响，在某些方面甚至出现了社会保障"有法难依"的困境。这些行政法规或政策性规定与社会保障法律法规缺乏协调，严重影响了社会保障制度的威信和可持续性。

3. 社会保障法律实施机制薄弱，缺乏合理的法律救济制度

法律责任制度是法律规范必不可少的要素，也是法律强制力的直接体现。我国社

会保障法在立法技术方面，缺少对违法行为进行制裁和对不作为行为进行追究的法律职责制度。法律责任制度的缺失导致法律实施机制薄弱，社会保障法律制度在很大程度上失灵，没有发挥出应有的指引、激励、规范、制裁和保护功能。现有的社会保障法规不具有法律的权威，社会保障领域有法不依、执法不严的现象突出。

（三）完善我国社会保障法制建设

1. 建立完善的社会保障法制的重要性

（1）推进社会保障立法，是完善中国特色社会主义法律体系的必然要求。市场经济是法制经济，市场经济的发展需要社会保障的支持。改革开放以来，我国社会主义民主法制建设取得巨大进展，中国特色社会主义法律体系基本形成。但是，我国社会立法还不完善，残疾人保障法、老年人权益保障法等需要进一步修改。因此，我们必须按照党的十七大报告的要求，把加强社会保障立法，健全弱势群体权益立法，作为完善中国特色社会主义法律体系的重要内容。正确认识社会保障立法的重要性，完善社会保障立法体系。全国人大常委会和有关专门委员会，重视加强社会保障、维护弱势群体权益的立法工作。2003年，十届全国人大常委会成立不久，就专门听取和审议了国务院关于老年人权益保障工作的报告。为配合常委会听取审议国务院报告，全国人大的专门委员会对老年人权益保障法实施情况进行调研，针对我国面临的人口老龄化问题，提出了加快社会保障体系建设、探索建立符合我国国情的农村养老保险和最低生活保障制度等建议。

（2）坚持科学立法和民主立法，完善社会保障立法，健全维护弱势群体权益立法。坚持科学立法和民主立法，这是中共十七大报告对我国立法工作提出的重要指导思想。社会保障和弱势群体立法，关系广大人民群众的切身利益，更要注意体现科学立法和民主立法的精神。改革开放以来，我国立法工作取得了举世瞩目的成绩。由于种种原因，我们对立法工作基本规律的认识还有待进一步深化，立法工作中存在的一些深层次矛盾和问题，特别是有些法律可操作性不强的问题，还没有完全解决，立法技术和质量都有待进一步提高。中共十七大为我们解决这些问题指明了方向。坚持科学立法，要求我们在立法中，始终坚持邓小平理论、"三个代表"重要思想和科学发展观，遵守宪法，保持正确的政治方向。要求我们深入研究立法工作规律，充分认识法律由国家强制力保证实施这一主要特征，努力提高法律的可操作性，维护法律的权威和尊严。要求我们深入研究立法调整的经济、社会关系及其内在规律，并在立法中加以体现。要求我们认真学习、把握法律、经济、政治、管理、公共政策等立法相关学科的最新成果和发展动态，借鉴先进国家立法的有益做法，不断提高立法技术和水平。坚持民主立法，就是要在立法中，广泛听取人民的意见，体现最广大人民的根本利益。就是要坚持宪法基本原则，维护公民、法人和其他组织的合法利益。就是要在立法中坚持公平正义、体现理性良知，促进我国政治、经济、文化、社会健康发展。

（3）建立健全社会保障的行政执法和司法体制。首先，应建立和完善社会保障监督机构，完善其工作职能，并赋予其执政执法权。在社会保障项目的实施，社会保障资金的筹集、运用及发放等方面充分发挥行政管理和监督职能，堵塞社会保障资金的流失，对社会保障过程中的违法行为进行行政处罚。

其次，完善社会保障司法体制。加强对社会保障纠纷案件的审理，人民法院对社会保障领域发生的违法案件应依法及时审理，对拒不缴纳法定社会保险费，拒不履行支付保险金义务，不当使用、贪污、挪用、侵占保险基金的行为人，应依法追究其法律责任，以保护劳动者的社会保障权益不受侵犯。

2. 关于社会保障立法模式与思路的不同观点

社会保障起源于欧洲工业发达国家，它从产生到现在，已经历了 100 多年的历史。德国 1883 年制定的《劳工疾病保险法》和 1884 年制定的《劳工伤害保险法》，被公认是世界上最早的社会保障法律。社会保障法诞生以后，它在世界各大洲的经济发达国家和发展中国家中受到普遍重视，获得健康发展。到 1995 年为止，全世界已有 168 个国家和地区通过立法建立了社会保障制度。

目前，世界各国的社会保障制度大体上可以划分为四种模式：福利型模式、传统型模式、国家型模式、储蓄型模式。

（1）福利型模式。这类社会保障法律制度坚持"普遍性"的保障原则，社会保障基金主要来源于国家税收，社会保障的范围包括"从摇篮到坟墓"的各种生活需要，给付的待遇标准是统一的。这是一种高税收、高福利的政策，强调全民性原则，典型代表国家是英国、瑞典和挪威。

（2）传统型模式。这类社会保障法律制度坚持"选择性"的保障原则，即对不同的社会成员适用不同的保障标准。政府通过有关社会保障的立法，实行强制性保险。在社会保障项目中强调个人责任。保险费的支付标准与个人收入、缴费相联系，费用根据不同项目由国家、雇主和劳动者两方或三方负担。美国、日本等国家采用该模式。

（3）国家型模式。苏联及东欧社会主义国家均采用此种模式。坚持"国家统包"的保障原则，政府和企业缴纳保险费，公民无偿享受社会保障权利，其社会保障制度由社会保险和社会福利两部分组成。

（4）储蓄型模式。实行"个人账户积累"的保障原则，社会保障费用强制性地由劳资双方按比例缴纳，以职工个人名义进行储蓄，在职工退休或有其他生活需要时，将该费用连本带息发给职工个人。新加坡等少数国家采用这种模式。

也有学者从社会保障立法的形式角度，将国外社会保障立法模式概括为三种：一是"一法为主"模式，如美国就基本上是以综合性的《社会保障法》为主，其他相关法律数量不多；二是"多法并重"模式，如日本就是由多部平行的社会保障法律共同构成其社会保障法系统；三是"混合立法"模式，有的国家既颁布有社会保障方面的专门法律，又同时将另一些社会保障关系纳入其他部门立法中进行规范，从而形成一种混合性的社会保障立法模式。

有的学者认为，社会保障立法的每种模式各有其利弊，各国模式也在不断变化，不同的经济发展时期往往有不同模式的选择。因此，我们不必照搬或移植任何一种模式。

3. 关于我国社会保障立法模式的选择

我国采用何种社会保障法律制度较为适合，是社会保障立法予以解决的一个问题。

学术界的观点众说不一。

（1）我国的社会保障立法应采用"一法制"模式。国家制定统一的社会保障法典，在该法的结构中区分不同的章节分别规定社会保障基本原则、社会保险内容（包括养老保险、失业保险、工伤保险、医疗保险、疾病保险、生育和遗嘱保险）、社会救助内容、社会福利内容、社会服务内容（包括优抚安置等）、社会保障基金制度、社会保障管理机构、社会保障正义解决程序、违反社会保障的法律责任等。为了配合社会保障法的实施，国家可在必要时颁布一些实施细则，对某一方面内容做出专门规定。

有的学者针对此种观点提出了反对意见，认为社会保障制度是一个笼统的称谓，涉及社会生活的方方面面，涉及许多政府主管部门；从法律分类上看，社会保障法也不是一个自成体系的部门法，其内容分别归属于多个不同的法律部门。因此，不宜制定一部体制完整且具有过强逻辑性的社会保障法典，否则将破坏现行的社会保障法律制度格局，使新型社会保障法律制度建设成本高昂化。

（2）社会保障立法应采用"多发法并行"的模式或称"分散型"模式。其理由有二：一是就我国目前社会保障发展的情况看，社会保障制度的建立仍处于探索过程之中，许多方面还远未成熟，进行集中立法或制定统一的社会保障法典的条件还不具备，而社会保障事业的发展需要和相关法律来加以规范，因此，采用分散立法的方式，根据社会保障事业发展的需要和相关制度的成熟程度，有计划、有步骤地制定社会保障的单行法律、法规，乃是一种务实、理性的选择；二是从我国已有社会保障立法的情况来看，以前一直都是采用制定社会保障单行法律、法规的方式，就社会保障的某一方面制定相应的法律、行政法规或部门规章。在这方面，我们已有了相当的基础并积累了许多经验。在此情形下，比较科学的选择是根据社会保障事业发展的轻重缓急，来开展社会保障立法工作，做到成熟一个制定一个。并进一步认为，采用分散立法模式并不排斥在条件成熟时制定统一的社会保障法典。

有的学者认为，无论采用或借鉴哪一种立法模式，无论在法的存在形式上是大而全还是单一法的集合，对我国社会保障立法的内容都不会产生很大的影响，而只是影响体系存在的形式。

4.我国社会保障立法的内容

（1）关于社会保障法律规范法典化问题。有的学者认为，应尽快制定社会保障基本法，严格界定社会保障的范围、对象、职责、标准、水平、权利和义务以及组成结构、监管体系等，以保证社会保障工作有法可依。有的学者认为，社会保障基本法的任务是推动国家建立健全社会保障制度，以保障每个人的正常生活不因意外事故的发生而受到影响，并把发展家庭事业、健康事业、教育事业、完善公共设施等作为立法目的。以此为内容制定的社会保障基本法在社会保障法律总体框架中当然起统帅作用。

有的学者认为，虽然应尽快将社会保障基本法的制定提到全国人大的立法议程上来，但从目前我国实际情况和制定法律的困难程度出发，我国还不具备制定一部完善的社会保障法典的能力。因此，建议从目前最迫切需要的社会保险和社会救助出发，先制定出《社会保险法》（已实施）和《社会救助法》，确保低水平的社会保障体系的建立。

有的学者认为，目前制定社会保障基本法的条件尚不成熟，可以"社会保障法通则"的立法形式明确我国社会保障制度的基本原则、基本制度、立法宗旨、立法依据等方面的内容，这在目前是极为必要和可行的。以"社会保障法通则"作为国家、单位、个人等社会保障相关主体的权利义务的综合性法律，以有关劳动就业、养老保险、失业保险、社会福利、社会救助等方面的法律与之配套，有利于逐步形成具有中国特色的社会保障法律制度。

（2）关于社会救助的立法。有的学者认为，应在完善城镇居民最低生活保障制度的同时，研究确定农村居民的最低生活保障制度，制定相应的社会救助方面的法律，如救灾法与扶贫法。使救灾、扶贫工作法定化、规范化，编织好最后一道安全网。同时做好下岗职工基本生活费、失业保险金和城镇最低生活保障费之间的衔接工作。有的学者认为，社会救助法应当涉及灾民救济、城市扶贫救济、农村"五保户"救济以及流浪乞讨人员救济等内容。

（3）关于优抚安置的立法。优抚安置法包括军人优待、抚恤和安置三种待遇的规定。有的学者认为，鉴于目前我国各地的经济和社会发展水平尚有差异，各方面的情况也不尽相同，暂时难以全部制定出这些法律规范。国家可以先制定立法纲要，确立这些项目的基本框架，以便为制定下一层次的法律提供依据。

此外，有的学者认为，应对现行的社会保障规范进行清理。通过清理，对内容不完善的加以修改补充，对已经过时的加以废止，从而明确社会保障方面的权利义务，理顺各种关系，建立严密、高效、科学的社会保障工作体系。

（4）关于社会保障基金的立法。有的学者认为，应制定专门的社会保障基金管理法，建立社会保障基金运营的法律监督机制。通过对社会保障基金管理的立法，建立社会保障基金的安全投资机制，保证社会保障基金的保值增值和安全运营，配合社会主义市场经济制度，迎接人口老龄化的挑战。

有的学者建议，依法设立一个在国家财政部门领导下的专门机构，统一征收社会保障基金，在法律中确立固定、统一的筹资比例、给付标准，扩大基金筹措的覆盖面，拓宽保障基金的来源渠道，将筹资手段规范化；立法确立有效的基金运营制度，确保社会保障基金的保值、增值；依法设立专门的与基金经营机构相分离的监管机构，对经营机构的金融、财务等活动进行依法监控。

第二节　社会保障管理

一、社会保障管理概念及原则

社会保障管理是为了实现社会保障目标，通过一定的机构和程序，采取一定的方式，对各种社会保障事务进行计划、组织、协调、控制和监督的过程。社会保障管理是社会保障法制的延伸和强化，其基本任务就是保证现行社会保障法律、法规、政策得以贯彻落实。

社会保障管理在运行中需要遵循管理的一般原则，同时还应当考虑社会保障制度的特殊性而遵循某些特定的规则。它主要包括公开、公正与效率原则，依法管理原则，属地管理原则，以及与相关系统协调一致的原则等，这些原则是建立社会保障合理的管理体制的基本依据，也是管理系统正常、有效地运行的准则和保证。

（一）公开、公正与效率原则

现代社会保障是公共事务，它关系到全体社会成员的切身利益，而支撑社会保障制度运行的财政基础（无论是财政拨款形成的基金还是通过向企业和劳动者征缴社会保险费而形成的基金）亦是社会公共基金，它实质上属于全体社会成员共有。因此，社会保障制度的运行应当是透明的，社会保障管理亦必然要遵循公开、公正与效率的原则。

在公开、公正与效率原则下，首先是社会保障管理机构及其职责应当通过社会成员熟知的途径与方式加以公开化，以便让大众接受必要的社会保障政策信息，明了自己的社会保障权益以及可以申请与上诉的路径及处所；其次，管理机构在社会保障运行中既是责任者，更是社会保障制度公正性的维护者，它应当严格依法保护社会成员的社会保障权益，并对社会保障纠纷采取不偏不倚的态度；再次，效率是管理系统运行最重要的追求目标之一，管理机构是否职责分明、政令是否畅通无阻、管理成本是否低廉、管理资源是否得到最优配置，均是衡量管理效率的基本标志。

应当看到，由于一些官方社会保障管理机构办事效率低的原因，由私营系统来取代公营系统管理或运行社会保障事务的趋向，已得到了相当多的公众的理解与拥护。

（二）依法管理原则

社会保障法制化及其所具有的强制性，决定了社会保障制度在各个环节均须严格按照现行法律、法规与政策的"肯定的、明确的、普遍的"规范运行，并接受社会公开监督。因此，依法管理成为管理机构履行职责的内在要求。

社会保障管理行为作为整个社会保障运行机制中的一个重要环节，实行依法管理包括两个方面：一是管理机构及管理岗位的设置需要有相应的法律、法规作为依据，有关法律、法规对此应当有明确而具体的规范；二是管理系统必须依法运行，即管理机构职能在既定的职责范围内行使权力，既不能不作为，也不能越权行事。

依法管理作为对社会保障管理的一项基本要求，既是为了避免因管理职责紊乱致使社会保障制度在运行中出现非正常状态，也是为了确保社会保障管理的权威性。因此，为社会保障管理立法应当先于社会保障管理体制的建立，社会保障管理的基本任务就是保证现行社会保障法律、法规、政策的贯彻落实，是执行法治并确保法治的关键性工具。

（三）属地管理原则

社会保障制度追求的社会目标是社会公平与社会和谐，它在运行中是一个开放的社会化系统，并需要通过在区域内设置相应的实施机构来完成项目实施任务，实现的也主要是一定区域范围内社会成员之间的共济或互济互助。因此，除新加坡等少数城市国家或小国家外，各国的社会保障事务通常都是在国家法律、法规的统一规范下，由各地区组织实施并由各地区的社会保障管理机构负责管理与监督的。

有鉴于此，社会保障管理应当奉行属地管理原则，即同一地区的社会保障事务适宜由该地区的管理机构统一管理，这是维护社会保障制度的公平性、互济性和社会性的内在要求。

（四）与相关系统协调一致原则

虽然社会保障是一个独立运行的系统，但它与其他社会系统和经济系统存在着不可分割的联系，从而在运行中需要与其他系统保持协调一致。例如，社会保障管理系统与国家财政系统就需要在社会保障基金管理等方面协调一致；如果社会保障基金进行商业运营，管理系统还应当与金融证券系统等保持协调一致等等。

即使在社会保障管理系统内部，不同的管理机构亦需要在明确职责、分工负责的基础上保持某种程度的合作。此外，管理系统还需要与社会保障法制系统、实施系统及监督系统保持协调一致。强调管理系统与其他系统的协调及管理系统内部的协调，目的在于减少摩擦、提高效率并促使管理目标的顺利实现。因此，社会保障管理工作在一定程度上即是协调性工作。

二、社会保障管理体制

社会保障管理体制是指国家为实施社会保障事业而规定的从中央到地方的各种社会保障管理机构、管理原则和管理机制的总和。社会保障管理体制是社会保障制度的组织保证措施，它通过明确不同社会保障管理机构的职责和权限，来贯彻和执行社会保障制度，实现社会保障机制的有效运转。从内容上看，社会保障管理体制由三个部分构成，即管理主体、管理客体和管理机制。

（一）社会保障管理主体——管理机构

1. 社会保障管理机构的类型

社会保障管理机构是社会保障事业的组织者、实施者和管理者。按照不同标准，社会保障管理机构可以分为不同类型。

（1）按照管理机构的权限来划分，可以分为三个层次（图 3-1）。

高层管理机构：是中央一级管理层次，负责参与社会保障的全面立法，对社会保障各项活动进行规划、领导，保障社会保障基金的全国性统筹和调剂使用，并对实施效果进行监督控制。

中层管理机构：是省级政府的社会保障主管部门，负责贯彻社会保障立法政策，制定地方性实施细则和补充规定，对地区范围内的社会保障基金进行调剂，并将社会保障法令实施中存在的问题向高层管理机构进行反馈。

基层管理机构：是地（市）、县（市）级地方社会保障管理机构，负责社会保障基金的筹集、给付，提供社会保障事务的信息、咨询，接受高层、中层管理机构下达的任务，实施日常社会保障工作，是社会保障制度的具体实施机构。

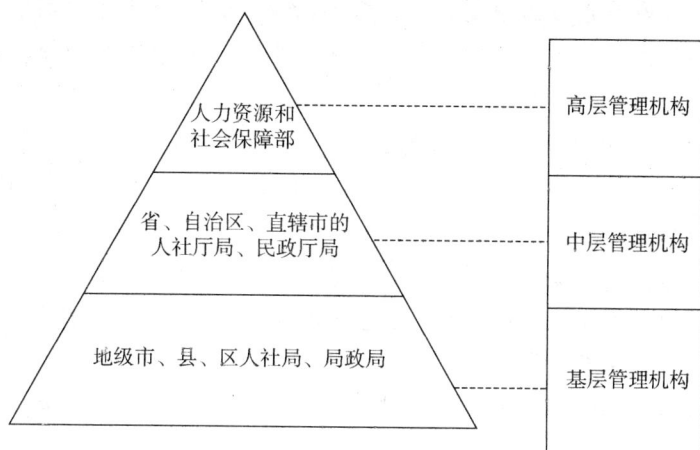

图 3-1 中国社会保障管理机构层级设置

（2）按照管理机构的职能和业务范围来划分，可以分为四种类型。

社会保障行政主管机构：是各级政府机构序列中管理社会保障事务的相关政府部门。主要职责是社会保障的立法、监督检查、贯彻实施。

社会保障业务经办机构：隶属于各级社会保障行政主管机构的一种公共事业部门。主要职责是社会保障参加者（受保人）的资格审定、登记，社会保障基金的收缴，社会保障基金的日常财务和个人账户管理，社会保障待遇的计算、发放，以及对投保人提供各项社会化服务。

社会保障基金运营机构：隶属于各级社会保障行政主管机构，是具有企业法人资格的金融部门。主要职责是进行社会保障基金的投资、运营，实现基金的保值、增值。

社会保障监督机构：是独立于政府的公共事业部门，提供公共服务，机构成员由政府代表、企业代表、职工代表和专家学者组成，主要职责是对社会保障的政策法律执行情况、基金筹集、基金管理运营、待遇给付、服务质量等环节和机构，实行全面的监督。

2. 社会保障机构的设置

在各国的实践中，由于政治体制、经济条件及历史因素，社会保障管理机构的设置存在差别。一般来说，社会保障管理机构的设置大致可以分为以下几个类型。

（1）仅设置中央政府主管部门；

（2）中央政府主管部门的统管下设地方政府管理部门；

（3）设置政府部门和半自治或非政府自治组织共同管理。

3. 主要国家社会保障管理机构

（1）英国。英国采取集中制管理模式，保险机构由国家统一设置并管理。

（2）德国。德国的社会保险机构实行自治管理，国家在管理上只起监督作用。由于历史原因，德国的社会保障管理体制较分散，保险机构往往按行业和地域建立。

（3）美国。社会保障署是美国最重要的社会保障管理部门，独立行使对各项主要社会保障事务的管理职责。具体的职责是主管全国公民的保险号码、雇主与雇员应缴保险税的报表、领取养老金的额度和人员变动情况、养老金计算和调整、预测分析基金收支趋势及提出对策等。美国社会保障管理偏重于中央和地方的分权，管理权过于分散，造成管理机构庞大臃肿，行政费用高居不下。

（二）社会保障管理客体——管理内容

社会保障的行政管理是指行政部门依法行使对社会保障事务的管理与监督权力，它是确保社会保障制度良性运行的保证。

政府要管理监督社会保障事务，必须依法设置相应的社会保障管理部门，如中国的人力资源和社会保障部、民政部等，在地方各级政府中亦需要设置同样的管理部门，由这些部门专司社会保障管理职责。

社会保障行政管理的内容包括依法制定更为具体的社会保障政策及运行规范，对社会保障制度的运行进行日常的监督。社会保障行政管理的任务，是确保社会保障制度的规范运行，并对失范现象进行纠正。

社会保障的行政管理包括六个方面。

一是拟定社会保障发展规划和计划，统筹协调社会保障政策，统筹处理地区和人群之间的利益和矛盾。

二是制定社会保障法律、法规和政策，具体规定社会保障的实施范围和对象、享受保障的基本条件、社会保障资金的来源、基金管理和投资办法、待遇支付标准和对象以及社会保障各主体的权利、义务等。

三是贯彻、组织和实施各项社会保障法律法规，并负责监督、检查。

四是受理社会保障方面的申诉、调解和仲裁。

五是建立和完善社会保障信息化、社会化服务体系。

六是培养、考核、任免社会保障管理干部。

2. 社会保障基金的管理

社会保障的基金管理包括基金的筹集、运营、支付三个方面的内容。基金的筹集渠道主要是国家、单位和个人按一定比例缴纳的社会保障费用以及社会的捐助。基金的运营管理包括基金的日常财务和个人账户管理以及基金的投资运营。基金的支付是给付受保人各项社会保障待遇，如养老金、失业金、救济金、医疗费用报销、家庭补助等。

3. 社会保障对象的管理

社会保障的对象是劳动者、退休者、鳏寡孤独者、失业者、生活困难者、伤残者等。对社会保障对象的管理，包括向他们提供物质保障、日常生活和健康服务、提供参与社会活动和就业方面的机会以及提供精神和心理慰藉等，其管理工作是在社区化、社会化的前提下，通过政府组织和引导，依靠工会、各种社团、慈善协会以及家庭等社会力量来完成。

除行政管理与财务管理外，社会保障领域还有社会保障服务管理、人力资源管理等。如对社会保障服务机构（如经办单位）的服务质量进行监督，对社会保障经办单位人员资格的审查等，都是维护社会保障制度良性运行的保证。

三、社会保障管理模式

世界各国社会保障管理体制因其政治、经济、文化、历史背景和民族传统不同而有很大差异。如根据政府介入的程度，可以概括为政府管理、自治管理与民间管理等模式；按照集权程度，则可以分为集中管理、分散管理、集散结合管理等模式。

（一）集中管理模式

集中管理模式，是把养老保险、失业保险、医疗保险、工伤保险以及其他社会保障项目全部统一在一个管理体系内，建立统一的社会保障管理机构，集中对社会保障各项目基金的筹集、待遇给付以及运营监督等实施统一的管理。在实行集中统一管理模式的国家里，一般从中央到地方都设立专门的社会保障行政管理机构和业务机构，配备专职的工作人员。其显著特征有：一是社会保障决策统一集中在中央；二是社会保障预算权统一，即编制和执行全国范围内的社会保障预算；三是政府间的社会保障联系是一种直接的双重联系，即地方各级政府不仅要在横向上对同级政府负责，还要在纵向上服从中央政府的指令；同时，地方社会保障收支规模与基本结构要由中央政府决定。

集中管理模式具有以下几方面的优点：一是有利于社会保障的统一规划，统一实施，统一监督，避免了政出多门、多头管理所产生的诸多利益冲突，使社会保障功能更有效地发挥；二是有利于社会保障各项目之间、社会保障运行机制各环节之间的协调和社会保障基金的集中管理，并在一定范围内调剂使用，真正发挥社会保障的互济功能；三是有利于降低社会保障管理成本，控制管理费用；四是对社会保障业务和基金的集中管理，还有利于增强透明度，便于加强社会监督。

集中管理模式的局限性，主要体现在：一是某些社会保障项目的管理与政府业务主管部门往往难以协调，进而影响管理效果。如失业保险、工伤保险与劳动就业部门的就业促进、工伤预防等工作往往很难协调配合。二是这种模式往往以国家行政管理为主，受行政干预较多。英国、新加坡即实行这种模式。

（二）分散管理模式

分散管理模式，是不同的社会保障项目由不同的政府部门或机构管理，并各自建立一套社会保障执行机构、资金营运机构及监督机构，各保障项目之间相互独立，资金不能相互融通使用。其基本特征有：一是各级政府及社会保障部门事权独立；二是各级政府社会保障部门预算独立；三是政府间的社会保障联系是间接的，政府将社会保障事务委托给社会保障经办机构管理，只对社会保障进行监督，并根据各类保险项目的财务状况进行必要的平衡。

分散管理模式具有以下几方面的优点：一是各管理机构具有较大的自主性，能根据自己所管理的社会保障项目特点制定详细、周全的管理法规，较灵活地适应社会保障发展的需要；二是管理的独立性强，能根据客观实际、及时调整保障项目和内容，较灵活地适应社会生活的需要。

分散管理模式的局限性体现在：一是管理机构多，管理成本高，如德国养老保险的管理费用占所缴养老保险金的 3％，而同期日本、美国的养老保险管理费用只占 1％；二是因机构庞杂而相互独立可能导致一些工作的重复，给被保险人和保险机构管理增添了难题。德国是实行分散管理模式的典型。

(三) 集散结合管理模式

集散结合管理模式，是指将社会保障中共性较强的项目集中起来，实行统一管理，而将特殊性较强的项目单列出来由相关部门分散管理。集散结合管理的显著特征，是根据社会保障项目的不同，把集中统一管理和分散自主管理有机地结合起来。

集散结合管理模式的优势主要体现在：一是它既能体现社会保障社会化、一体化的要求，又能兼顾个别项目的特殊要求；二是有利于调动各方面的积极性，提高工作效率，降低管理成本，更好地促进社会经济发展。可以认为，集散结合管理模式兼具了集中管理模式和分散管理模式的优点，而又在一定程度上避免了两者的缺点。当然，这种模式的顺利实施需要有较为有利的内外部条件和管理环境。美国、日本等国采用集散结合管理模式。

四、中国社会保障管理体制

中国现行社会保障管理体制，是 1998 年在中央政府机构改革中确立的，它主要表现为政府对社会保障事务的管理与监督。在中央政府机构序列中，管理社会保障事务的职能部门主要有劳动和社会保障部、民政部、卫生部和财政部，其他有关部门亦不同程度地承担着社会保障管理与监督责任。2008 年，根据第十一届全国人民代表大会第一次会议批准的国务院机构改革方案和《国务院关于机构设置的通知》（国发〔2008〕11 号），设立人力资源和社会保障部，为国务院组成部门。

(一) 人力资源和社会保障部

1. 其主要职责

(1) 拟订人力资源和社会保障事业发展规划、政策，起草人力资源和社会保障法律法规草案，制定部门规章，并组织实施和监督检查。

(2) 拟订人力资源市场发展规划和人力资源流动政策，建立统一规范的人力资源市场，促进人力资源合理流动、有效配置。

(3) 负责促进就业工作，拟订统筹城乡的就业发展规划和政策，完善公共就业服务体系，拟订就业援助制度，完善职业资格制度，统筹建立面向城乡劳动者的职业培训制度，牵头拟订高校毕业生就业政策，会同有关部门拟订高技能人才、农村实用人才培养和激励政策。

(4) 统筹建立覆盖城乡的社会保障体系。统筹拟订城乡社会保险及其补充保险政策和标准，组织拟订全国统一的社会保险关系转续办法和基础养老金全国统筹办法，统筹拟订机关企事业单位基本养老保险政策并逐步提高基金统筹层次。会同有关部门拟订社会保险及其补充保险基金管理和监督制度，编制全国社会保障基金预决算草案，参与制定全国社会保障基金投资政策。

(5) 负责就业、失业，社会保障基金预测预警和信息引导，拟订应对预案，实施预防、调节和控制，保持就业形势稳定和社会保障基金总体收支平衡。

（6）会同有关部门拟订机关、事业单位人员工资收入分配政策，建立机关企事业单位人员工资正常增长和支付保障机制，拟订机关企事业单位人员福利和离退休政策。

（7）会同有关部门指导事业单位人事制度改革，拟订事业单位人员和机关工勤人员管理政策，参与人才管理工作，制定专业技术人员管理和继续教育政策，牵头推进深化职称制度改革工作，健全博士后管理制度，负责高层次专业技术人才选拔和培养工作，拟订吸引国（境）外专家、留学人员来华（回国）工作或定居政策。

（8）会同有关部门拟订军队转业干部安置政策和安置计划，负责军队转业干部教育培训工作，组织拟订部分企业军队转业干部解困和稳定政策，负责自主择业军队转业干部管理服务工作。

（9）负责行政机关公务员综合管理，拟订有关人员调配政策和特殊人员安置政策，会同有关部门拟订国家荣誉制度和政府奖励制度。

（10）会同有关部门拟订农民工工作综合性政策和规划，推动农民工相关政策的落实，协调解决重点难点问题，维护农民工合法权益。

（11）统筹拟订劳动、人事争议调解仲裁制度和劳动关系政策，完善劳动关系协调机制，制定消除非法使用童工政策和女工、未成年工的特殊劳动保护政策，组织实施劳动监察，协调劳动者维权工作，依法查处重大案件。

（12）负责本部和国家公务员局国际交流与合作工作，制定派往国际组织职员管理制度。

（13）承办国务院交办的其他事项。

2. 内设机构

根据上述职责，人力资源和社会保障部设 23 个内设机构。

（1）办公厅。负责机关文电、会务、机要、档案、财务、政务公开、安全保密和信访工作。

（2）政策研究司。组织、开展人力资源和社会保障政策研究工作；承担重要文稿起草工作；协调专家咨询工作；承担人力资源和社会保障新闻发布等工作。

（3）法规司。起草相关法律法规草案和规章；承担机关有关规范性文件的合法性审核工作；承办相关行政复议和行政应诉工作。

（4）规划财务司。拟订人力资源和社会保障事业发展规划和年度计划；承担编制全国社会保障基金预决算草案工作；参与拟订社会保障资金（基金）财务管理制度；承担部属单位国有资产管理和审计工作；承担有关信息规划和统计管理工作；承担有关科技项目和国际援助贷款项目管理工作。

（5）就业促进司。拟订就业规划和年度计划，拟订劳动者平等就业、农村劳动力转移就业和跨地区有序流动政策，健全公共就业服务体系；指导和规范公共就业服务信息管理；参与拟订专项就业资金使用管理办法；牵头拟订高校毕业生就业政策；拟订就业援助和特殊群体就业政策；拟订国（境）外人员（不含专家）入境就业管理政策。

（6）人力资源市场司。拟订人力资源市场发展政策和规划；拟订国（境）外人力资源服务机构市场准入管理制度；指导和监督对职业中介机构的管理；拟订人员调配政策，承办国家特殊需要人员的调配工作；按规定承办中央国家机关及其在京有关单位接收大中专毕业生、从京外调配人员事宜。

（7）军官转业安置司（国务院军队转业干部安置工作小组办公室）。拟订军队转业干部安置、培训政策和安置计划，完善培训和安置制度，承担中央国家机关及其在京有关单位安置、选调和培训工作；组织拟订部分企业军队转业干部解困和稳定政策；承担自主择业军队转业干部管理服务工作；承担国务院军队转业干部安置工作小组的具体工作。

（8）职业能力建设司。拟订城乡劳动者职业培训政策、规划；拟订高技能人才、农村实用人才培养和激励政策；在国家教育工作方针政策指导下，拟订技工学校及职业培训机构发展规划和管理规则，指导师资队伍和教材建设；完善职业技能资格制度；组织拟订职业分类、职业技能国家标准和行业标准。

（9）专业技术人员管理司。拟订专业技术人员管理和继续教育政策；承办深化职称制度改革事宜；健全博士后管理制度；承担高层次专业技术人才规划和培养工作，承担组织享受政府特殊津贴专家的选拔工作；拟订吸引国（境）外专家、留学人员来华（回国）工作或定居政策；拟订国（境）外机构在国内招聘专业技术骨干人才管理政策。

（10）事业单位人事管理司。指导事业单位人事制度改革和人事管理工作；拟订事业单位人员和机关工勤人员管理政策；按照管理权限，承办事业单位专业技术岗位设置方案的核准或备案事宜；拟订事业单位招聘国（境）外人员（不含专家）政策。

（11）农民工工作司。拟订农民工工作综合性政策和规划，维护农民工合法权益；推动农民工相关政策的落实，协调解决重点难点问题；协调处理涉及农民工的重大事件；指导、协调农民工工作信息建设。

（12）劳动关系司。拟订劳动关系政策；拟订劳动合同和集体合同制度实施规范；拟订企业职工工资收入分配的宏观调控政策，指导和监督国有企业工资总额管理和企业负责人工资收入分配；完善企业职工离退休政策；指导劳动标准制定工作；拟订消除非法使用童工政策和女工、未成年工的特殊劳动保护政策。

（13）工资福利司。拟订机关、事业单位工作人员工资收入分配、福利和离退休政策，牵头拟订驻外使领馆工作人员、驻港澳地区内派人员和机关事业单位驻外非外交人员工资政策；承担中央国家机关所属事业单位工资总额管理工作。

（14）养老保险司。统筹拟订机关企事业单位基本养老保险及其补充养老保险政策，逐步提高基金统筹层次；拟订城镇居民养老保险政策、规划和标准；拟订养老保险基金管理办法；拟订养老保险基金预测预警制度；审核省级基本养老保险费率。

（15）失业保险司。拟订失业保险政策、规划和标准；拟订失业保险基金管理办法；建立失业预警制度，拟订预防、调节和控制较大规模失业的政策；拟订经济结构调整中涉及职工安置权益保障的政策。

（16）医疗保险司。统筹拟订医疗保险、生育保险政策、规划和标准；拟订医疗保险、生育保险基金管理办法；组织拟订定点医疗机构、药店的医疗保险服务和生育保险服务管理、结算办法及支付范围；拟订疾病、生育停工期间的津贴标准；拟订机关企事业单位补充医疗保险政策和管理办法。

（17）工伤保险司。拟订工伤保险政策、规划和标准；完善工伤预防、认定和康复政策；组织拟订工伤伤残等级鉴定标准；组织拟订定点医疗机构、药店、康复机构、残疾辅助器具安装机构的资格标准。

（18）农村社会保险司。拟订农村养老保险和被征地农民社会保障的政策、规划和标准；会同有关方面拟订农村社会保障基金管理办法；拟订征地方案中有关被征地农民社会保障措施的审核办法。

（19）社会保障基金监督司。拟订社会保险及其补充保险基金监督制度、运营政策和运营机构资格标准；依法监督社会保险及其补充保险基金征缴、支付、管理和运营，并组织查处重大案件；参与拟订全国社会保障基金投资政策。

（20）调解仲裁管理司。统筹拟订劳动、人事争议调解仲裁制度的实施规范，指导劳动、人事争议调解工作；指导开展劳动、人事争议预防工作；依法组织处理重大劳动、人事争议。

（21）劳动监察局。拟订劳动监察工作制度；组织实施劳动监察，依法查处和督办重大案件；指导地方开展劳动监察工作；协调劳动者维权工作，组织处理有关突发事件；承担其他人力资源和社会保障监督检查工作。

（22）国际合作司（港澳台办公室）。承办本部和国家公务员局国际交流合作工作；承办本部和国家公务员局与港澳台交流合作事宜；组织参加有关国际组织的活动；承担人力资源和社会保障领域多双边协议谈判工作；拟订派往国际组织职员管理制度。

（23）人事司。承担本部和国家公务员局的人事工作和机构编制工作；承办中央管理的部分领导人员的行政任免手续。

（24）机关党委。负责机关、国家公务员局和在京直属单位的党群工作。

（25）离退休干部局。负责机关、国家公务员局离退休干部工作，指导直属单位的离退休干部工作。

（二）民政部

民政部是我国政府中又一个十分重要的社会保障主管部门，它负责管理全国的社会救助、社会福利、优抚事业等。

1. 主要职责

（1）拟订民政事业发展规划和方针政策，起草有关法律法规草案，制定部门规章，并组织实施和监督检查。

（2）承担依法对社会团体、基金会、民办非企业单位进行登记管理和监察责任。

（3）拟订优抚政策、标准和办法，拟订退役士兵、复员干部、军队离退休干部和军队无军籍退休退职职工安置政策及计划，拟订烈士褒扬办法，组织和指导拥军优属工作，承担全国拥军优属拥政爱民工作领导小组的有关具体工作。

（4）拟订救灾工作政策，负责组织、协调救灾工作，组织自然灾害救助应急体系建设，负责组织核查并统一发布灾情，管理、分配中央救灾款物并监督使用，组织、指导救灾捐赠，承担国家减灾委员会具体工作。

（5）牵头拟订社会救助规划、政策和标准，健全城乡社会救助体系，负责城乡居民最低生活保障、医疗救助、临时救助、生活无着人员救助工作。

（6）拟订行政区划管理政策和行政区域界线、地名管理办法，负责县级以上行政区域的设立、命名、变更和政府驻地迁移的审核工作，组织、指导省县级行政区域界线的勘定和管理工作，负责重要自然地理实体以及国际公有领域、天体地理实体的命名、更名的审核工作。

（7）拟订城乡基层群众自治建设和社区建设政策，指导社区服务体系建设，提出加强和改进城乡基层政权建设的建议，推动基层民主政治建设。

（8）拟订社会福利事业发展规划、政策和标准，拟订社会福利机构管理办法和福利彩票发行管理办法，组织拟订促进慈善事业的政策，组织、指导社会捐助工作，指导老年人、孤儿和残疾人等特殊群体权益保障工作。

（9）拟订婚姻管理、殡葬管理和儿童收养的政策，负责推进婚俗和殡葬改革，指导婚姻、殡葬、收养、救助服务机构管理工作。

（10）会同有关部门按规定拟订社会工作发展规划、政策和职业规范，推进社会工作人才队伍建设和相关志愿者队伍建设。

（11）负责相关国际交流与合作工作，参与拟订在华国际难民管理办法，会同有关部门负责在华国际难民的临时安置和遣返事宜。

（12）承办国务院交办的其他事项。

2. 民政部内设的相关机构

（1）社会救助司。拟订社会救助规划、政策和标准，健全城乡社会救助体系；组织城乡居民最低生活保障、医疗救助、临时救助工作；拟订五保户社会救济政策；承办中央财政最低生活保障投入资金分配和监管工作；参与拟订住房、教育、司法救助相关办法；承担全国社会救助信息管理工作。下设：综合处、最低生活保障处、特困和临时救助处、医疗救助处、监察处。

（2）救灾司。拟订救灾工作政策；承办救灾组织、协调工作；组织自然灾害救助应急体系建设；承办灾情组织核查和统一发布工作；承办中央救灾款物管理、分配及监督使用工作；会同有关方面组织协调紧急转移安置灾民、农村灾民毁损房屋恢复重建补助和灾民生活救助；承办中央级生活类救灾物资储备工作；组织和指导救灾捐赠；拟订减灾规划，承办国际减灾合作事宜。下设：救灾捐赠（综合）处、救灾处、备灾处、减灾处。

（3）社会福利和慈善事业促进司。拟订社会福利事业发展规划、政策和标准；拟订老年人、孤儿和残疾人等特殊群体权益保护政策；拟订社会福利机构管理办法和福利彩票发行管理办法；管理本级彩票公益金；拟订社会福利企业扶持政策；组织拟订促进慈善事业发展政策；组织和指导社会捐助工作。下设：福利彩票（综合）处、慈善和社会捐助处、老年人福利处、残障人福利处、儿童福利处。

（4）优抚安置局。拟订优抚政策、标准和办法；拟订退役士兵、复员干部、军队离退休干部和军队无军籍退休退职职工安置政策及计划；拟订烈士褒扬办法；承办拥军优属工作；拟订军供站设置规划；审核拟列入全国重点保护单位的烈士纪念建筑物名录；承办境外我国烈士和外国在华烈士纪念设施保护事宜。下设：综合处（双拥办秘书组）、政策法规处（双拥办政策研究组）、优待抚恤处、烈士褒扬处、境外烈士纪念设施管理保护处、军休安置管理处、退役士兵安置处、无军籍职工和复员干部安置处、优抚事业单位管理处。地方各级政府中的民政部门亦通常照此设置自己的内设机构，专门负责有关社会保障事务的管理。

（三）其他部门

除上述主管部门外，在中央我国政府中，还有一些部门承担着相应的管理与监督职责。如卫生部不仅负责全国医疗卫生事业，而且承担着农村合作医疗、全国卫生保健等事务的管理职责；财政部设置有专门的社会保障财务司，负责管理中央财政社会保障支出及财务制度等；审计署设有专门的社会保障审计司，负责对社会保障事务进行审计监督；国家发展和改革委员会亦设有社会发展司等机构，负责制定社会保障发展的中长期规划等。

国务院还于 2000 年设置了全国社会保障基金理事会，它虽然不是政府机构而是一个事业单位，但它肩负着管理主要源于财政拨款、国有股减持等形成的中央社会保障储备基金的责任，并负责这笔基金的投资营运。

此外，一些半官方性质的组织与社会团体，亦不同程度地参与着社会保障事务的管理。如中华全国总工会、全国妇联、中国残疾人联合会等机构就不同程度地参与着社会保障事务的管理。

案例分析

案例 1：

材料一：1601 年，伊丽莎白一世在前人有关济贫规定的基础上，制定颁布了英国历史上第一部专门的济贫法《伊丽莎白济贫法》，又称旧济贫法。它规定，以教区为济贫的基本单位，将贫困者划分为 3 类。一类是无工作能力的老病残障者；一类是失去依靠的；最后一类是有劳动能力者，对于这一类不予救济，强制其做工自给。救济资金的来源分为济贫税、自愿捐款以及罚款三项。作为旧济贫法的补充，1662 年颁布《住所法》，它规定，穷人只有在他的出生地才有可能得到救助，凡变更居住地的人，只要新居住地的管理人员认为其有可能成为救济对象，即可以将其驱除出境，送回其法定住所所在地的教区。

材料二：1834 年，英国通过了《济贫法修正案》，即新济贫法，它规定，从 1835 年 7 月 1 日起，一律停止对济贫院外所有壮年男子的救济，受救济者必须是被收容在济贫院中的贫民。建立有三个合适的人组成的"英格兰和威尔士济贫法委员会"。同时还规定，地方济贫管理机构的职责和权限，管理员不再是无薪俸的义务工作者，而由纳税人选举产生，领取工资。有人这样描述济贫院的基本情况：所内的生活条件极为恶劣，劳动极其繁重，贫民望而却步，被称之为劳动者的"巴士底狱"。政府就是用这种方法来减少受救济的人口和济贫的支出。

材料三：过去政府保证的基本人权是说，你可以自由地去争取你自己的幸福，至于争取得来，争取不来，政府管不了。竞争的结果是，你失败了、你破产了、你没饭了，这些不是政府要管的事情。现在把政府的职能转变过来了，在经济上的保障，就是说，不饿死人也是政府的职能了，这个最低的保障就是，无匮乏的自由变成了基本的人权。这一点，我觉得在美国的观念上是一个很大的革命。

（资料来源：资中筠谈罗斯福新政《大国崛起解说词》）

（1）根据材料一，归纳英国济贫法对接受救济的人做了哪些规定，这一法律的颁布有什么重要意义？

（2）根据材料二结合所学的知识，分析1834年英国修正济贫法的时代背景。谈谈你对新济贫法如何认识。

（3）材料三的美国政府在保障方面采取哪些措施？其重要历史意义是什么？

综合以上材料，得出什么认识。

案例 2：

材料一 英国是社会创新的先驱，1601年颁布了《伊丽莎白法规》的《济贫法》，是政府用法律调剂贫富之始，事实上英国第一部《济贫法》范围甚小……1942～1943年间，英国又出现了全面社会保障的"贝弗利奇计划"。1945年工党当选执政，第一批措施就是根据这一计划，通过一系列有关法律，付诸实施，延续至今。其他国家或先或后都建立了缓和矛盾、照顾弱势群体的各种制度，并根据各国国情制定改革，逐步完善。

材料二 人民福利也是各大国竞争的一个领域。俾斯麦时期的德国，以国家为主导的各项社会保险和福利政策在欧洲处于领先地位；法国强调民间互济，政府为辅。美国到罗斯福"新政"时确立了美国特色的社会保障制度。"大国"之为"大国"，其国民的基本权利和生存条件也须得到保障，并一般优于同时期的他国。当然，这种社会创新并非都出自统治集团的自觉，劳动者有组织的斗争、大众媒体的批判和监督、各种改良和革命理论形成推动改革的综合力量。

（资料来源：摘自资中筠《说不尽的大国兴衰》）

（1）据材料一结合所学知识，概括英国社会福利制度的发展特点和积极影响。

（2）提炼材料二的核心观点，并对此进行简要评价。

案例 3：

到底有多少部门在管社保？

新华社北京3月12日专电（记者裴立华 岳德亮）到底有多少部门在管理社会保障？全国人大代表、民建浙江省副主委车晓端专门进行了调查，结果发现对社保的管理，有的是部门套部门，有的是行业归行业，一层层、一圈圈，令人眼花缭乱。

车晓端代表说，我国目前的社会保障包括社会保险、社会救助、社会福利和社会优抚，其中社会保险又包含养老保险、失业保险、医疗保险、工伤保险和生育保险等。同时，在每一种保险下又有许多细类，如医疗保险包括城镇职工基本医疗保险、新型农村合作医疗、城镇居民医疗保障和未成年人（学生、儿童）医疗保障等。

而且，管社保的"婆婆"也很多。车晓端代表说，社会保障管理全国不完全统一，但大多情况为：城镇职工养老保险和失业保险由劳动部门管理；农村养老保险大多仍沿用民政部门原政策；部分集体企业职工养老保险由人寿保险公司管理；新型农村合作医疗及部分地区的城镇居民（学生、儿童）医疗保障由卫生部门管理。

此外，铁路、邮电、电力、民航、银行、交通等11个行业也都建立了行业保险。

由于社会保障种类繁多，又属于不同的主管部门和不同的统筹层次，使政策上存在矛盾和冲突现象。车晓端说："这样多头经办、政出多门，造成分工不清、互相掣肘，形成贯彻决定实施难、外部工作协调难和内部分工理顺难的局面。"

"社会保障分散管理是社会保障发展初级阶段可能要经历的一个过程，但随着社会保障的发展，应建立一个统一的社会保障部门。我国的大部制改革已经破冰，对理顺行政关系，提高行政效率将会发挥重要作用。"车晓端说。

车晓端代表认为，首先是要建立统一的社会保障职能体系，其次建立财政社会保障预算管理体系。

在车晓端看来，社会保障基金纳入财政管理的实施办法有两种方案可供选择：一是建立社会保障预算有困难的，建立社会保障基金财政专户，专款专用，由财政社保机构负责收支管理工作。二是建立社会保障预算，在国库中单设可计息的社会保障基金专户，对各项社会保障基金进行专项管理，专款专用。

"无论哪种方案，每年都应对人大作预决算报告，接受人大监督。"车晓端说。

（资料来源：裴立华，岳德亮．到底有多少部门在管社保？　[EB/OB]．新华每日电讯 www.mrdx.cn.2009—03—13.）

问题：为什么我国社会保障管理政出多门？如何有效化解当前社会保障管理困境？

关键概念

济贫法；贝弗里奇报告；社会保障法；社会保障立法模式；中华人民共和国社会保险法；社会保障管理体制

思考题

（1）简述社会保障法的地位和功能。

（2）社会保障法的原则是什么。

（3）简述新中国社会保障立法实践。

（4）为什么要强调社会保障依法管理？

（5）中国的社会保障管理部门有哪些？各承担哪些管理职责？

第四章 老年社会保障制度

第一节 社会养老保险概述

一、社会养老保险的概念、特征与基本原则

(一) 社会养老保险的概念与特征

社会养老保险，亦称老年社会保险，是指受保者达到法定老年年龄并缴费（税）满一定年限后，国家和社会根据一定的法律和法规为其提供一定的物质帮助，以满足其老年阶段基本生活需要的制度。它是社会保险制度的重要组成部分。

从基本性质上来看，养老保险制度是国家通过立法形式强制实施的，是以保障年老的社会成员晚年基本生活需求为目的的。一般说来，受保者年轻时根据国家的有关规定按时向社会保险机构缴纳保险费用，履行法定的义务，为日后养老作资金储备。一旦受保人达到法定退休年龄，并退出劳动领域，就可以享受到社会保险机构提供的养老保险金。

养老保险一般具有下列几个特征。

（1）强制性。养老保险是由国家政府直接管理并在专门法律规定下强制实行的。凡属国家立法实施范围的企业及个人，必须一律参加，无选择的余地。同样，不符合相应条件的个人是不能参加的。凡符合养老金条件的劳动者，有权向社会保险机构申请领取养老保险金，并享受法定的相应待遇。

（2）受保人必须达到法定年龄，并从事某种工作达到法定年限或缴费达到一定年限。所谓法定年龄是指法律规定的退休年龄，它是养老保险受益的首要条件。受保者只有达到法定的退休年龄才能开始享受养老保险的待遇。

这一特征是养老保险区别于其他社会保险的主要之处，因此，如何界定老年年龄显然是十分重要的。目前，各国根据自己国家的劳动力资源、经济发展、社会传统等各方面的因素，确定了各不相同的老年年龄。在一般情况下，受生理特点的影响，男性的工作年限要长于女性，因而尽管世界各国对退休年龄的规定不尽相同，但几乎所有国家都对男女性的退休年龄作出了区别性规定，例如，一些国家规定男性的法定退休年龄为60岁，女性则为55岁。此外，一些特殊行业可能对劳动者的身体状况或工作经验提出特殊的要求，因此，在退休年龄上也有特殊要求，或大于一般行业，或小于一般行业。

另外，一些国家的法律还将工作年限或缴费年限作为享受养老保险的条件。对于

前者，劳动者必须达到一定的工龄后，才能享受养老金，对于后者，根据权利和义务对等的原则，劳动者必须参加社会保险，缴纳养老保险费并达到一定年限后，才可能享受养老保险的相应待遇。当然，各国规定的具体年限也有所不同，例如，德国规定享受养老金的条件为年满63岁、缴费35年或年满65岁、缴费15年；法国规定享受条件则为年满60岁、缴费37.5年，如果未达到37.5年，则减发养老金。

（3）受保者事实上的退出劳动领域是享受养老保险待遇的另一个重要条件。从理论上来说，养老保险是对受保者因年老而失去工作和收入来源的风险进行的保障，其前提是受保者因年老而失去收入来源；如果受保者没有退出劳动领域，说明他并没有丧失收入来源，其生活仍然有保障的，因而也不具备享受养老保险金的前提条件。目前，很多实行养老保险制度的国家都设有专门调查受保者达到退休年龄后的生活、工作和收入情况的部门。通过调查，为社会养老保险机构提供受保者退休后的再就业情况，对退休后继续工作的受保者要停止其养老保险金的给付，或根据其收入情况扣减其养老金。

（4）基金预筹制。为了支付给合格劳动者以一定标准的养老金，社会保险机构必须依法通过一定的渠道或方法，筹集一笔专项资金，连同其他收入，包括利息、投资运营收入和滞纳金纳入基金，专款专用。一般来说，大多数国家的养老保险费用由用人单位、个人和国家，或集体与个人共同负担。养老保险基金实行社会统筹，由社会统一调剂使用。

另外，养老保险还具有适用范围最为广泛的特点，因为几乎每一个人最终都会面临步入老年、产生生存困难的问题。应该说，在社会保险各个险种中，养老保险是最为重要的，它应该面向所有的社会成员。

（二）社会养老保险的基本原则

根据养老保险的基本含义和特征，以及各个国家和地区的实践经验，养老保险制度的建立和运行必须遵循以下基本原则。

1. 保障基本生活

基本养老保险的目的是对劳动者退出劳动领域后的基本生活予以保障，维持基本生活是其待遇标准的依据。因此，实际的养老保险金既不能太低，以免无法维持老年人的正常生活；又不能太高，过高的养老金将导致在职职工和企业负担的增加，生产成本加大，从而影响经济和社会的发展。在实践中，许多国家把养老金的水平确定为该劳动者原工资的60%～80%。另外，对于养老保险需求更高的社会成员，他们可以通过参加补充养老保险（企业年金）和个人储蓄性养老保险，以获得更高的养老收入。

2. 权利与义务相统一

目前大多数国家在基本养老保险制度中都实行权利与义务相对应的原则，即要求参保人员只有履行规定的义务，才能享受规定的养老保险待遇。这些义务主要包括：依法参加基本养老保险；依法缴纳基本养老保险费并达到规定的最低缴费年限。基本养老保险待遇以养老保险缴费为条件，并与缴费时间长短和数额多少直接相关。

3. 与社会经济发展阶段相适应的原则

从理论上说，养老保险是一种普遍的社会保险制度，应该覆盖全体社会成员。但养老保险与其他社会保险项目一样，它的首要作用是为了帮助处于工业化进程的国家实现社会稳定，促进经济发展，从而保障社会成员的基本权益和社会公正。因此，养老保险制度的建立不能脱离特定国家或地区的社会经济发展水平，养老金的待遇标准也不能超出社会经济的承受能力，尤其是对于像中国这样的发展中国家来说，不能盲目地攀比发达国家的养老金水平。

另外，养老保险的覆盖范围也要符合实际情况，在很多发展中国家，广覆盖是需要经历一个渐进的扩展过程的。因此，基于各国的实际情况，既要最大限度地覆盖全体生活成员，也应从具体的社会经济承受能力出发，逐步地扩大养老保险的覆盖范围。

4. 养老金要与经济发展和居民生活水平增长相一致的原则

一般来讲，一定的养老金待遇标准是相对静态的，而社会经济则始终处于发展之中。只要社会处于常态发展状态，既定的养老金水平必然会逐渐落后于居民生活水平的提高，老年人群的基本生活保障也相应地受到损害。因此，有必要建立基本养老金调整机制，使退休人员的收入水平能在一定程度上满足他们不断增长的物质与文化生活需求。

二、社会养老保险的类型

养老保险，在传统的家庭养老保险向社会养老保险发展的过程中，各国在实践中产生了不同的制度模型。根据养老保险主要责任承担者的不同，可将其分为国家公共保险制、职业年金制和个人储蓄制。

（一）国家公共保险制度

国家公共保险制度由国家通过立法强制执行。它以工资税（费）的方式筹集，自己实行现收现付，养老金以给付确定原则（DB）支付，资金运营与资本市场不关联。

国家公共保险制度的三种主要模式为缴费收益模式、收入关联模式和均等收益模式。缴费收益模式为参加保险的人提供职业年金；收入关联模式以个人收入状况的不同提供年金；均等收益模式为国民提供同等数量的年金。在实践中，不同国家有的采取一种模式，有时实行不同模式的组合。世界上绝大多数国家都在实行国家公共保险制度，特别是经济合作与发展组织国家（OECD）。

国家公共保险制度的优点是给付水平稳定，体现了社会共济的原则，并且实施起来安全可靠。但是，随着制度的发展，人口老龄化的到来，该制度面临着一些问题。如：现收现付制难以应付人口老龄化的挑战；公共管理机构低效率运行，而且容易滋生腐败；待遇确定模式使雇员没有交费积极性。

（二）职业年金制度

职业年金是由雇主提供的补充养老保险。根据雇主性质的不同，职业年金可分为企业年金、国家公务员年金以及军官年金等。职业年金制度由政府立法实施并提供优惠政策；根据具体国情，各国政府规定雇佣单位强制、半强制或自愿实施；由公司、行业组织或养老金管理机构进行管理；建立统筹账户、集体账户或个人账户；领取方式分为年金方式或一次性支付。职业年金制一般由雇主和雇员共同缴费（少数国家雇员不缴费），雇员需要服务一定的年限后方可领取养老金，在雇员流动时，年金应当有转移机制。

职业年金的实施在许多国家采取自愿的方式，少数国家如法国、瑞士、澳大利亚等国为强制实施。年金的资金筹集方式一般为完全积累；在养老金的给付方式上，国家公务员和军官的补充年金采取现收现付和给付确定模式，私营部门管理的年金一般为完全积累的缴费确定模式。

比较有代表性的如美国的401K计划，是一个自愿性双方缴费、缴费确定和自由选择支付方式的制度。另外，法国采取与众不同的全国统筹、现收现付、强制性企业年金制。

职业年金制的优点：一是对公共保险起到补充作用，使退休者有了更多的收入来源。二是减轻了国家养老负担，由单位和个人承担部分养老金责任可以有效分担国家财政风险。三是个人参与、与收入挂钩的缴费受益制度可以更好地激励劳动者的工作积极性，员工愿意通过自身努力在更高的水平上享受退休收益。四是采取积累制的企业年金具有相当的规模，可以投资于国家建设和资本市场，为国家经济的发展提供资金的支持，并通过投资增值提高员工未来收益。

目前，职业年金制度的实施范围正在不断扩大，许多国家在考虑降低公共年金替代率，由强制实施的职业年金来补充退休金不足部分。该制度的发展还有赖于资本市场的不断完善和投资决策的合理性。

（三）个人储蓄制度

顾名思义，个人储蓄养老保险就是由个人将部分现期收入储存起来，以备将来年老使用。根据个人储蓄养老是否由政府主导，分为国家强制的个人储蓄养老保险制度，以及个人或家庭自愿的购买商业年金或银行储蓄行为。

国家强制实施的个人储蓄制，是由国家通过立法强制雇员（或雇主）按照雇员工资的一定比例进行养老保险储蓄，基金计入雇员个人账户，当雇员达到法定退休年龄后，个人账户的积累额作为退休金返还给退休者。这种模式主要在亚洲和拉美国家推行，以新加坡的中央公积金制度和智利的私营养老金账户最为典型。

对于家庭或自愿的商业保险或养老储蓄，一般政府会提供税收优惠，这部分市场的发展在很大程度上依赖于国家的政策取向。

在实践中，各国分别采用了一种或几种制度模式，如企业年金制和个人储蓄制的结合，国家公共保险制和企业年金制的结合等。未来发展的趋向是结合上述三种制度的优点，由国家、企业、个人三方分担责任的多层次的养老保险制度。

三、国际养老保险模式

世界各国的养老保险制度千差万别。根据养老保险制度的总体设计，可将其分为四种模式，即投保资助模式、福利国家模式、自我保障模式和国家统筹模式。

（一）国家统筹模式

国家统筹模式由国家承担劳动者的全部养老责任，国家事先对社会保障费用作预留和扣除，个人不缴纳保障费，保障对象为全体公民，其宗旨是"最充分地满足无劳动能力者的需要，保护劳动者的健康并维持其工作能力"。工薪劳动者在年老丧失劳动能力之后，均可享受国家法定的社会保险待遇，但国家不向劳动者本人征收任何老年保险费，老年保险所需的全部资金，都来自于国家的财政拨款。这种模式在少数社会主义国家实行，原苏联是这一类型的首创和代表，我国改革前也实行这种方式。该制度是计划经济的产物，国家把养老保险作为一项制度来推行。

国家统筹模式养老保险在一定历史时期对于稳定社会、保障劳动者的晚年生活，起到了积极作用。但随着社会经济的发展和人口老龄化的加快，特别是转入市场经济新体制后，国家统筹模式养老保险制度暴露出很多弊端。例如，资金来源过于单一，使国家或企业背上沉重的包袱；劳动者本人不缴纳任何费用，造成劳动者缺乏自我保障意识，国家和企业身上的包袱越来越沉重等。

（二）投保资助模式

投保资助模式又称为自保公助模式，是社会共同负担、社会共济的养老保险模式。它由劳动者个人参保，国家提供一定的资助。每一个劳动者和未在职的普通公民，都属于社会保险的参加者或称受保对象；在职的企业雇员必须按工资的一定比例按期缴纳社会保险费，未在职的社会成员必须向社会保险机构缴纳一定的养老保险费，作为参加养老保险所履行的义务，这样才有资格享受社会保险。同时，企业或雇主也必须按照企业工资总额的一定比例定期缴纳保险费。

按照投保的情况不同，领取的保险金分为三个层次：第一层次是国家法定退休金，包括普遍养老金和雇员退休金两种。普遍养老金覆盖到全体国民，不管有无工作及收入多少，只要达到一定的年龄，并且向社会保险机构缴纳过一定的保险费，每一位老年人都有权利享受此项保险金。通常，在实行普遍养老金的国家，公务员有补充退休金。雇员退休金，只有企业的雇员才能享受，雇主和政府工作人员没有此项保险。企业的雇员只要按规定缴纳保险费，达到法定退休年龄，就可以享受雇员退休金。雇员缴费按照工资的一定比例，工资过低不缴费，工资超过一定数额以上的部分也不需缴费。第二层次为企业补充退休金（企业年金）。这种保险一般由企业实施，企业为吸引、保留优秀员工，提高雇员退休生活水平实施该保险，具体投保及领取办法由企业自行规定。各企业实行的补充退休金标准各不相同，但一般由雇主投保，雇员中途离开企业一般无权领取补充退休金。第三层次为个人养老保险，包括养老储蓄、养老互助储蓄及人寿保险等。未被企业养老保险覆盖的个体劳动者和想提高老年保障水平的人可以按照自己的需要参加个人养老保险。

投保资助模式起源于德国，后为美国和日本等国效仿，是目前世界上大多数国家实行的养老保险方式。20世纪90年代以来，我国对养老保险制度进行了改革，基本目标就是向投保资助模式方向发展，根据我国经济水平和职工的承受能力以及劳动力结构复杂、层次不一的特点，实行国家、企业和个人共同负担的投保资助模式，建立社会统筹与个人账户相结合的养老保险制度。

（三）强制储蓄模式

强制储蓄模式由企业和个人缴纳保险费，国家不进行直接投入，只给予一定的政策优惠。采取这种保障方式的以新加坡为典型代表，在少数亚非发展中国家实行。强制储蓄模式的典型特点是由中央政府决策，并自上而下地组织开展强制储蓄。因为有中央政府的这种作用和政府在税收和利率方面的政策优惠，才使得这种模式有社会保障的性质。

新加坡的基本做法是由政府制定《中央公积金法》，并成立一个权威性的社会保险机构——中央公积金局，制定养老保险的方针政策，进行日常管理；每个雇员都有自己的社会保险卡，卡面上记录着自己的缴费情况；政府只对养老保险金缴费进行税收和利率的优惠。

在这种模式下，可积累大量的社会保障基金，配合良好的资金运营管理，可以为退休者提供高水平的保障。新加坡的公积金制度建立以来，运转良好，不仅为退休者支付了充足的退休金，而且还有相当的结余。截至 2001 年年末，新加坡历年公积金储存总额达 523 亿新元。国家利用公积金购买国家债券，解决了居民住房建设资金短缺的问题；通过公积金在国家建设项目上的投资，还实现了国家经济的高速增长，并进一步提高了劳动者收入水平，为公积金提供了更多的资金来源，形成了良性循环。但是这种模式也有一定的局限性，要求企业和劳动者的投保费率较高，必须是在经济发展速度较快、水平较高的情况下才能实行。其他一些经济发展水平不高的国家实行这一制度的效果并不理想，其主要原因就是社会投保能力不足，致使资金短缺，不能实现良性运行。此外，公积金制度给国家和中央政府带来了过大的工作量和责任，在经济发生波动的情况下或出现货币贬值等问题时，中央政府难以保证兑现对社会保障的承诺。

（四）福利国家模式

福利国家模式是在英国、北欧国家及其他英联邦国家普遍推行的养老保险制度。该制度作为福利政策的一项主要内容，强调普遍性和人道主义，把所有老年人作为普遍养老金的发放对象，退休者还享受与收入关联的年金。普遍养老金的基金来源于税收，由国家和企业承担，个人不缴纳或只缴纳少部分保险费。

福利国家模式形成于第二次世界大战前后，1948 年英国工党政府宣布英国成为福利国家。福利国家制度下实行的普遍养老保险，有两种运作系统：一种是定额制，以北欧和英国为代表，保障对象是公务员，采取直接现金给付办法；第二种是工资收入所得比例制，以德国为代表，保障对象是全体劳动者，要求强制性加入，经费来源于保险税费。20 世纪 70 年代以来，福利国家模式逐渐暴露出一些问题，政府为了保持高水平的福利待遇，不得不实行高税收，导致高负担，最终导致社会福利的危机。福利国家在危机面前，只得采取改革措施，从而造成了政治上的被动局面。

第二节　中国基本社会养老保险制度

当前，中国的基本社会养老保险制度包括两大部分。一部分是城镇职工基本养老保险制度，另一部分是城乡居民基本养老保险制度。城镇职工基本养老保险制度覆盖范围主要包括城镇各类企业职工、个体工商户、灵活从业人员、部分农村户籍人口和机关事业单位工作人员（2014年10月1日起）；城乡居民基本社会养老保险制度由新型农村社会养老保险制度和城镇居民社会养老保险制度整合而成。

一、城镇职工基本社会养老保险制度

（一）城镇企业职工基本社会养老保险制度

1. 发展历程

城镇企业职工基本养老保险制度从1951年创建至今，已有60余年历史，并随着我国经济体制的转型和社会背景的变化，该保险制度也在不断地进行改革和调整。我国城镇企业职工基本养老保险制度的发展历程可划分为改革开放前和改革开放后这两个大阶段。改革开放前，城镇企业职工基本养老保险制度是在借鉴苏联经验的基础上建立起来的，主要是以国家保险模式为主，个人不缴纳保险费，实行全国统筹；改革开放后，城镇企业职工基本养老保险制度逐步引入个人负担机制，开始尝试社会统筹和个人账户相结合，由国家保险模式向投保资助模式转变。

2. 城镇企业职工基本养老保险制度的主要内容

并轨前的城镇企业职工基本养老保险制度以《关于完善企业职工基本养老保险制度的决定》、《中华人民共和国社会保险法》为法律依据。

（1）覆盖范围和参保对象。并轨前城镇企业职工基本养老保险的覆盖范围和对象包括城镇各类企业及其职工、个体工商户、灵活就业人员。随着户籍制度改革和城乡一体化的推进，部分地区放开了户籍限制，有条件的农村户籍人员也可比照城镇灵活就业人员参保办法参加城镇企业职工基本养老保险。

参保对象具体可以划分为"老人"、"中人"及"新人"三种。这种划分方法是在我国养老保险制度从"老制度"向"新制度"转型过程中产生的。一般来说，"老人"是指《国务院建立统一的企业职工基本养老保险制度的决定》（1997年）实施前的退休人员；"中人"是指《国务院建立统一的企业职工基本养老保险制度的决定》（1997年）实施前参加工作，实施后退休的人员；"新人"是指《国务院建立统一的企业职工基本养老保险制度的决定》（1997年）实施后的参保人员。但由于各地实施新养老保险制度的具体时间不同，所以划分"老人"、"中人"、"新人"的时间点也有所不同，具体划分点以各地实施新制度的开始时间为准。

（2）缴费基数与费率。城镇各类企业及其职工的缴费方法与个体工商户及灵活就业人员不同。

现行城镇各类企业及其职工的缴费办法规定：企业按照本企业职工上年度工资总额的20％缴费并计入统筹账户；职工个人按照本人上年度月平均工资的8％缴费并计入个人账户，月平均缴费工资超过当地职工平均工资300％的部分，不计入个人缴费工资基数；低于当地职工平均工资60％的，按60％计入。

个体工商户和灵活就业人员的缴费办法为：以当地上一年度在岗职工平均工资为缴费基数，缴费比例为20％，全部由个人缴费形成，其中8％计入个人账户，12％计入统筹账户。

（3）领取资格。参保人享受养老保险待遇需要具备以下条件。

一是退休年龄：国家法定的企业职工退休年龄是男年满60周岁，女工人年满50周岁，女干部年满55周岁。从事井下、高温、高空、特别繁重体力劳动或其他有害身体健康工作的，退休年龄男年满55周岁，女年满45周岁，因病或非因工致残，由医院证明并经劳动鉴定委员会确认完全丧失劳动能力的，退休年龄为男年满50周岁，女年满45周岁。

二是缴费年限：累计缴费满15年以上。缴费年限不足15年的，可以申请从城镇企业职工基本养老保险转入城乡居民养老保险，待达到城乡居民养老保险规定的领取条件时，按照城乡居民养老保险办法计发相应待遇。

随着经济社会发展，人口预期寿命延长，人口老龄化加剧，养老金支付压力加大，部分人口输出大省养老金收不抵支。国务院、人力资源和社会保障部关于渐进式延长退休年龄方案已基本成熟，将适时推行。学界就适度延长养老保险缴费年限的讨论业已基本定格，延长最低缴费年限是大势所趋，推行只是时间问题。

（4）待遇支付。退休时基本养老金由基础养老金和个人账户养老金构成。其计算公式为

基本养老金＝基础养老金＋个人账户养老金

基础养老金是由统筹账户支付的养老金，月标准以当地上年度在岗职工月平均工资和本人指数化月平均缴费工资的平均值为基数，缴费每满一年发1％；个人账户养老金，即由个人账户支付的养老金，月支付标准为个人账户存储总额除以计发月数。个人账户养老金的计发月数及退休年龄如表4-1所示。

表4-1　个人账户养老金的计发月数及退休年龄

退休年龄	计发月数	退休年龄	计发月数
40	233	56	164
41	230	57	158
42	226	58	152
43	223	59	145
44	220	60	139
45	216	61	132
46	212	62	125

退休年龄	计发月数	退休年龄	计发月数
47	208	63	117
48	204	64	109
49	199	65	101
50	195	66	93
51	190	67	84
52	185	68	75
53	180	69	65
54	175	70	56
55	170		

对于"中人"，其养老待遇除了基础养老金和个人账户养老金外，还包括过渡性养老金。过渡性养老金＝指数化月平均缴费工资×R×视同缴费年限。式中，R为计发系数，其值为1%~4%，由各地具体测算后确定。视同缴费年限是指国务院《建立统一的企业职工基本养老保险制度的决定》（1997年）实施前的工作年限，是对"中人"以前保险扣除的公平补偿。

（5）养老金调整机制。企业退休人员的退休金实行不定期调整机制，并且养老金标准与物价变动挂钩，物价和工资水平呈现逐渐上升的趋势，所以养老金水平也应随之上调，从而使老年人生活水平不至于出现大的滑坡。截至2015年，国家已连续11次以10%左右的增幅调整企业退休人员养老金水平，企业退休职工养老金平均水平已达2250元/月。结合我国经济发展速度、职工平均工资增长率、物价涨幅等因素，国务院确定2016年全国退休人员养老金较2015年人均上调6.5%，实现12连涨（表4-2）。

表4-2 2015年全国企业退休人员养老金一览表   单位：元

排序	省（市）	较2014年人均增长额	较2014年增幅	2015养老金标准
1	西藏	334	10	3672
2	北京	305	10	3355
3	上海	345	12	3281
4	青海	267	10	2910
5	浙江	250	10	2811
6	山西	237	10	2638
7	山东	272	12	2618
8	新疆	236	10	2534

排序	省（市）	较2014年人均增长额	较2014年增幅	2015养老金标准
9	天　津	230	10	2525
10	江　苏	224	10	2460
11	宁　夏	250	11	2428
12	广　东	223	10	2420
13	重　庆	216	10	2406
14	福　建	206	10	2376
15	陕　西	211	10	2327
16	内　蒙	206	10	2304
17	河　北	217	10	2288
18	湖　北	201	10	2238
19	辽　宁	203	10	2236
20	云　南	214	11	2210
21	甘　肃	206	10	2168
22	江　西	269	14	2161
23	贵　州	206	11	2158
24	广　西	256	13	2158
25	河　南	195	10	2145
26	黑龙江	220	12	2120
27	四　川	221	12	2114
28	安　徽	198	10	2088
29	海　南	182	10	2007
30	湖　南	187	10	2007
31	吉　林	225	13	1947
2015年全国平均				2250

资料来源：根据各省（自治区直辖市）2015年养老金调整方案整理获得。

（二）机关事业单位基本养老制度

1. 发展历程

第一阶段：初创阶段。

新中国的成立，为建立统一的机关事业单位养老保险制度奠定了坚实的基础。1951年颁布、1953年修订的《劳动保险条例》，对我国企业职工社会保险作了详细规定，但我国机关事业单位的养老保险由于受历史条件等限制，没有按照《劳动保险条例》的规定执行，而是根据单独的立法和条例逐步建立起来的。

1955 年政务院颁布了《国家机关工作人员退休、退职处理暂行办法》，标志着我国机关事业单位的养老保险制度基本建立，该法对国家机关事业单位工作人员的养老保险待遇作出了规定：养老保险费由国家机关行政经费和事业单位的事业经费直接支付，并由中华人民共和国人事部进行综合管理。

第二阶段：调整阶段。

1958 年，国务院颁布了《关于工人、职员退休、退职处理的暂行规定》，将城镇企业职工和政府公务员办法合并，从此，机关事业单位和企业职工的养老保险办法基本统一。该规定的出台，放宽了退职、退休的条件，提高了离退休待遇，解决了机关事业单位和企业养老保险待遇不一致的问题。

第三阶段：倒退阶段。

1966 年 5 月到 1976 年 10 月，我国社会保险制度受到了严重的干扰和破坏。《劳动保险条例》受到了否定。1969 年，管理社会保险的内务部被撤销，中央政府主管民政工作的专门机构不复存在。

第四阶段：恢复阶段。

1978 年改革开放以来，我国经济迅速发展，有关经济体制和劳动制度的改革全面展开，机关事业单位养老保险制度的地位和作用日益受到国家的重视。

1978 年，国务院发布的《关于安置老弱病残干部的暂行规定》和《关于工人退休、退职的暂行办法》，将 1958 年统一的企业职工与机关事业单位职工的退休制度又重新分立，并对企业职工退休退职条件、对劳动模范和特殊贡献人员的退休问题作了明确规定。

1992 年，人事部颁布了《关于机关事业单位养老保险制度改革有关问题的通知》，对机关事业单位职工养老保险制度改革提出了一些新的意见。但改革只局限于部分地区，并没有在全国范围内铺开。

第五阶段：起步阶段。

随着 1993 年《国家公务员暂行条例》的颁布，以养老保险制度为核心的公务员社会保障制度的改革作为公务员制度的配套工程，被提上了日程。同年，上海、辽宁、海南等地率先开展了公务员养老保险制度改革，尝试将城镇所有企业职工和机关事业单位职工的养老保险制度进行统一。

截至 1997 年，全国机关事业单位社会保险制度改革下达文件的省级政府有 19 个，推行试点的省市为 27 个，县市区达 1700 个。但由于受诸多因素的影响，大部分地区的改革采取的是"部分铺开"的做法，而实行"一步到位"式改革的地方只有极少数，改革不够全面和彻底。

第六阶段：事业单位独立改革阶段。

2005 年 11 月，人事部发布了《事业单位公开招聘人员暂行规定》，国家把事业单位分类改革推向了第二个高潮，对经营开发服务类事业单位首先进行"改企转制"推向市场，事业单位养老保险制度的建立以及与企业养老保险制度的合理衔接成为推进事业单位改革的重要辅助保障。

2009 年，人力资源和社会保障部正式下发了全国《事业单位养老保险制度改革试点方案》，要求山西、上海、浙江、广东、重庆 5 个试点省市认真做好启动准备工作，这一改革实行与企业职工养老保险相同的社会统筹与个人账户相结合的制度，缴费基数、缴费比例、计发办法等都与企业养老保险相同。实行改革的事业单位养老保险制度在筹资模式、计发办法等方面要与现阶段城镇企业职工基本养老保险制度模式相一致，以便不同群体间养老保险制度的衔接。但由于阻力过大，此次改革仅停留在纸质文件上，未有实质性进展。

第七阶段：机关事业单位同步改革阶段。

2015 年 1 月 14 日，国务院发布《国务院关于机关事业单位养老保险制度改革的决定》（国发〔2015〕2 号）（以下简称《决定》），自 2014 年 10 月 1 日起实施。本次改革的最大亮点是"一个统一、五个同步"。

"一个统一"是指，机关事业单位职工与体制外从业人员统一实行社会统筹和个人账户相结合的基本养老保险制度，都实行单位和个人缴费，都实行与缴费相挂钩的养老金待遇计发办法，从制度和机制上化解"双轨制"矛盾。在此基础上，形成城镇职工和城乡居民基本养老保险并行的两大制度平台，并可相互衔接，从而构建起完整的城乡养老保险制度体系。

"五个同步"是指，一是机关与事业单位同步改革，避免单独对事业单位退休制度改革引发过大的阻力。二是职业年金与基本养老保险制度同步建立，在优化保障体系结构的同时保持待遇水平总体不降低。三是养老保险制度改革与完善工资制度同步推进，在增加工资的同时实行个人缴费。四是待遇确定机制与调整机制同步完善，退休待遇计发办法突出体现多缴多得，今后待遇调整要综合考虑经济发展、物价水平、工资增长等因素，并与企业退休人员等群体统筹安排，体现再分配更加注重公平的原则。五是改革在全国范围同步实施，防止地区之间出现先改与后改的矛盾。

2. 现行机关事业单位养老保险制度主要内容

参保范围为按照公务员法管理的单位、参照公务员法管理的机关（单位）、事业单位及其编制内的工作人员。缴费基数、比例，养老金计发办法与企业相同，政策依据为 2005 年，国务院颁布的《关于完善企业职工基本养老保险制度的决定》。

《决定》实施前参加工作、实施后退休且缴费年限（含视同缴费年限，下同）累计满 15 年的人员，按照合理衔接、平稳过渡的原则，在发给基础养老金和个人账户养老金的基础上，再依据视同缴费年限长短发给过渡性养老金。《决定》实施后达到退休年龄但个人缴费年限累计不满 15 年的人员，可以申请转入户籍所在地城乡居民基本社会养老保险，享受相应的养老保险待遇。

《决定》实施前已经退休的人员，继续按照国家规定的原待遇标准发放基本养老金，同时执行基本养老金调整办法。机关事业单位离休人员仍按照国家统一规定发给离休费，并调整相关待遇。

机关事业单位在参加基本养老保险的基础上，应当为其工作人员建立职业年金。单位按本单位工资总额的 8% 缴费，个人按本人缴费工资的 4% 缴费。工作人员退休后，按月领取职业年金待遇。

二、农村社会养老保险制度

"养儿防老"这句古训已经流传了几千年，在很大程度上反映了我国农民的真实生存状态。改革开放后的一段时期内，农村经济虽然有了很大的发展，社会结构也发生了较大的变化，但家庭养老在我国农村养老保障体系中的地位并未发生根本性的动摇，其作用也未被其他养老方式所取代。近年来，随着时代的发展，人口老龄化加剧，土地保障功能逐渐弱化，孝道文化亦受到较强冲击，使得农村家庭养老保障愈发困难。

（一）农村养老保险制度的产生与发展

我国传统"养儿防老"面临着严峻的挑战，20 世纪 80 年代中期开始，探索性地建立了农村养老保险制度。到目前为止，农村养老保险制度已有 30 年历史，大体可以分为 5 个阶段。

1. 试点阶段

1986 年 10 月民政部根据"七五"计划提出"建立职工农村社会保障制度雏形"的要求，在江苏省沙洲县（现张家港市）召开了"全国农村基层社会保障工作座谈会"，这标志着农村养老保险在我国开始萌芽。会后，民政部在一些经济发达地区进行了农村社会养老保险试点工作。

2. 推广阶段

1991 年 6 月，民政部农村养老保险司制订了《县级农村社会养老保险方案（试行）》（以下简称《基本方案》），确定了以县为基本单位开展农村社会养老保险的原则。农村养老保险采取政府引导、组织，农民自愿参加的方式，资金筹集坚持"个人缴费为主、集体补助为辅、国家予以政策扶持"的原则。到 1995 年年底，全国已有 30 个省、直辖市、自治区的 1500 多个县（市、区）开展了该项工作，有近 5000 万农村人口（含乡镇企业职工）参加了农村社会保险，积累保险基金 50 多亿元。

3. 整顿阶段

1998 年，国务院机构改革，将农村社会保险工作划归新组建的劳动和社会保障部管理。由于受多种因素影响，全国大部分地区农村社会保险工作出现了参保人数下降，基金运行难度加大等困难，一些地区农村社会养老保险工作甚至陷入停滞状态。1999 年，《国务院批转整顿保险业工作小组保险业整顿与改革方案的通知》，要求对农村社会养老保险进行清理整顿，停止接受新业务，有条件的可以逐步过渡为商业保险。2001 年，劳动和社会保障部根据中央关于"整顿规范农村社会养老保险，要从实际出发，充分考虑各地农村经济、社会发展的差异"的指示，对农村社会养老保险整顿规范进行了分类指导。2002 年 10 月 14 日，劳动和社会保障部向国务院呈送了《关于整顿规范农村养老保险进展情况的报告》，阐明了农村养老保险整顿规范既要考虑目前我国尚不具备普遍实行农村养老保险的条件这一总体判断，同时也要考虑这项工作已经开展了十几年，参保人数和基金积累已达到一定规模，上百万农民开始领取养老金，如果简单停办或退保可能破坏农村社会稳定，提出农村社会保障工作要坚持在有条件的地区逐步实施，同时要研究探索适合农民工、失地农民、小城镇农转非人员特点的养老保险办法。

4. 恢复阶段

2002 年，中共十六大提出"在有条件的地区探索建立农村养老保险制度"，在这个大背景下，农村社会养老保险进入新的发展阶段。为了与 1992 年实施的《基本方案》区别，政府和学界把《基本方案》称为"老农保"；2003 年之后实施的农村养老保险称为"新型农村社会养老保险"，简称"新农保"。在政府的指导下，经济发达地区开始进入新农保探索试点阶段，纷纷出台新农保政策，大体原则为"个人缴费、集体补助、政府补贴相结合"。经济发达地区在加大政府引导和支持力度、扩大覆盖面、创新制度模式、建立调整增长机制、防范基金风险等方面取得了一定的突破和进展。

5. 快速推进阶段

2009 年 9 月 1 日，国务院办公厅发布《国务院关于开展新型农村社会养老保险试点的指导意见》（以下简称《指导意见》）（新型农村社会养老保险简称"新农保"），2009 年试点覆盖面为全国 10% 的县（市区旗），以后逐步扩大试点，2020 年之前基本实现对农村适龄居民的全覆盖。这标志着我国农村社会养老保险制度建设进入了一个崭新时期，这在我国农村社会保障发展史上具有里程碑的意义。2011 年 6 月 21 日，全国城镇居民社会养老保险试点暨新型农村社会养老保险试点经验交流会议召开。会议指出，国务院决定加快新农保试点进度，在该界政府任期内基本实现制度全覆盖。随后，各省根据自身的实际情况推进本省新农保制度全覆盖工作。新农保制度全覆盖比原计划要提早 8 年。

（二）新农保制度的原则与主要内容

《指导意见》从参保对象、基金筹集、养老金待遇给付、基金管理、经办管理、制度衔接几个层面系统介绍了新型农村社会养老保险制度的基本原则和主要内容（表 4-3）。

表 4-3　国务院关于开展新型农村社会养老保险试点的指导意见

基本原则		保基本、广覆盖、有弹性、可持续
参保对象		年满 16 周岁（不含在校学生）、未参加城镇职工基本养老保险的农村居民，在户籍地自愿参加
基金筹集	个人缴费	每年 100 元、200 元、300 元、400 元、500 元 5 个档次，自主选择
	集体补助	有条件的村集体应当给予补贴，并鼓励其他经济组织提供资助
	政府补贴	政府支付基础养老金，其中中央财政对中西部地区按中央确定的基础养老金标准给予全额补助，对东部地区给予 50% 的补助。地方政府补贴标准不低于每人每年 30 元，对选择较高档次标准缴费的，可给予适当鼓励。对农村重度残疾人等缴费困难群体，地方政府为其代缴部分或全部最低标准的养老保险费

续表

基本原则		保基本、广覆盖、有弹性、可持续
养老金待遇	基础养老金	中央确定的基础养老金标准为每人每月 55 元 地方政府可根据实际情况提高基础养老金，对于长期缴费的，可适当加发基础养老金
	个人账户养老金	个人缴费以及各项补贴全部计入个人账户 参考中国人民银行公布的金融机构人民币一年期存款利率计息 月计发标准：个人账户总额除以 139（参保人死亡，个人账户中的余额除去政府补贴部分可以依法继承）
	领取条件	年满 60 周岁，未享受城镇职工养老保险待遇的农村居民 制度实施时已年满 60 周岁的，不用交费直接领取
	待遇调整	根据经济发展和物价变动等，适时调整基础养老金的最低标准
基金管理	管理	基金纳入社会保障基金财政专户，收支两条线管理，按有关规定实现保值增值
	监督	试点阶段，实行县级管理，逐步提高管理层次，有条件的可直接实行省级管理
经办管理		建立参保档案 建立全国统一的信息管理系统 新农保工作经费纳入统计财政预算
制度衔接		对已参加老农保，未满 60 周岁且没有领取养老金的参保人，应将老农保个人账户资金并入新农保个人账户，按新农保缴费标准继续缴费

三、城镇居民社会养老保险制度

根据《中华人民共和国国民经济和社会发展第十二个五年规划纲要》、《中华人民共和国社会保险法》（以下简称《社会保险法》）的规定，国务院于 2011 年 6 月 7 日发布《国务院关于开展城镇居民社会养老保险试点的指导意见》（以下简称《指导意见》）（城镇居民社会养老保险简称"城居保"）。《指导意见》规定从 2011 年 7 月 1 日起在全国开展城居保试点工作；2012 年基本实现城镇居民养老保险制度全覆盖。

（一）城居保制度的内容及现状

1. 参保范围和对象

《指导意见》规定，年满 16 周岁（不含在校学生）、不符合职工基本养老保险参保条件的城镇非从业居民，可以在户籍地自愿参加城镇居民养老保险。

对于城镇非从业居民目前没有统一的规定，从各省市城居保的实施情况来看，城镇非从业居民主要包括以下几类人群：第一，城镇失业居民；第二，城镇残疾居民；

第三，城镇 60 周岁以上没有社会养老保险的城镇居民；第四，城镇就业不稳定人员；第五，城镇灵活从业人员。虽然灵活就业人员被纳入到了企业职工养老保险的参保范围，但由于其收入的不稳定，难以承担城镇职工养老保险的缴费负担，使大部分灵活就业人员至今仍游离在社会养老保险费制度之外。所以，对于缴费确有困难的城镇灵活就业人员，可以自愿参加城镇居民社会养老保险。

2. 基金筹集

城镇居民养老保险基金主要由个人缴费和政府补贴构成。

个人缴费。缴费标准起步阶段设计为 100 元到 1000 元不等的 10 个档次，各档次差 100 元，各地政府可以根据实际情况增设缴费档次。部分省市根据地区实际情况，在上述 10 个基本档次的基础上，增设了相应缴费档次。

政府补贴。政府补贴办法和标准同新农保。对城镇重度残疾人等缴费困难群体，地方人民政府为其代缴部分或全部最低标准的养老保险费。同时，鼓励其他经济组织、社会组织和个人为参保人缴费提供资助。

从政府的补贴来看既"补入口"又"补出口"。"补入口"是指对参保人员缴费进行补贴，包括对缴费困难群体的缴费补助和对普通参保人员的缴费补贴；"补出口"是指在养老金待遇的给付上给予补助，包括基础养老金的全额补助和对缴费年限达到一定标准的，地方政府加发的基础养老金。

3. 建立个人账户

国家为每个参保人员建立终身记录的养老保险个人账户。同新农保，除财政补贴外其他资金来源均划入个人账户，并参考中国人民银行公布的金融机构人民币一年期存款利率计息。参保人员死亡，个人账户中的资金除政府补贴外，可以依法继承。

4. 养老金待遇及领取条件

城镇居民养老金待遇及领取条件与农村户籍老年人养老金待遇及领取条件相同。即月基本养老金＝基础养老金（每月至少 55 元）＋个人账户存储额÷139

中央确定的基础养老金标准为每人每月 55 元。地方人民政府可以根据实际情况提高和加发基础养老金，其资金由地方政府支出。

个人账户养老金月计发标准是个人账户存储额除以 139，与现行企业职工基本养老保险计发系数相同。

四、城乡居民基本社会养老保险制度

2014 年，在总结新农保和城居保试点经验的基础上，国务院决定，将新农保和城居保两项制度合并实施，在全国范围内建立统一的城乡居民基本养老保险制度（以下简称城居保）。政策规定：年满 16 周岁（不含在校学生），非国家机关和事业单位工作人员以及不属于职工基本养老保险制度覆盖范围的城乡居民可在户籍地自愿参保。城居保制度有两个突出特点：一是城居保的资金来源除个人缴费外，还有政府对参保人缴费给予的补贴，个人缴费越多，政府补贴也越多，而且个人缴费和政府补贴全部计入参保人的个人账户。二是城居保的基本养老金由个人账户养老金和基础养老金两部分构成，个人账户养老金水平由账户储存额，也就是个人缴费和政府补贴总额来决定；基础养老金则由政府全额支付。2015 年，财政对城居保基础养老金资助标准由 55 元每人每月提高至 70 元每人每月。各地根据具体情况可适当提高基础养老金标准，如：2015 年上海为每人每月 645 元，北京为每人每月 470 元。

中国基本社会养老保险建立在经济转型的时代，它不仅是老年收入保障制度，也是社会改革时期的稳定器。它为中国经济体制顺利转型所起的历史作用是不可估量的。企业保险向社会保险转变，并在制度安排上由县（市）统筹向省级统筹过渡，并相应建立了社会化管理体制，这些既是市场经济的内在要求，也是市场经济健康运行的条件。社会养老保险制度的基本方针是广覆盖、保基本、有弹性、可持续。覆盖率的高低是衡量社会养老保险制度公平性的一个重要指标，覆盖率高意味着更多的人受到制度的保护，当然也意味着制度更具有财务上的可持续性。职工基本养老保险，1991 年保障对象仅限于国有企业职工，到 1995 年扩大到各类企业职工，2005 年则鼓励个体工商户和灵活从业人员参保，现在部分地区农村户籍人口亦可根据意愿选择参加职工基本社会养老保险。双轨制并轨后，职工基本养老保险覆盖范围进一步拓宽至机关、事业单位工作人员，基本打破了体制内外职工养老权益的非公平性。随着新型农村社会养老保险、城镇居民社会养老保险的实施及上述两险的整合，城乡非职工养老保险的公平性有了制度的保障。至此，中国社会养老保险已基本实现全覆盖。

经过六十余年的改革和发展，我国的职工基本社会养老保险从"国家统筹"模式转向由国家、单位、个人三方负担的"投保资助"模式，从完全的现收现付制转向社会统筹与个人账户相结合的"统账结合"模式。城乡居民社会养老保险从无到有，保障水平由低渐高，基本社会养老保险制度取得了巨大的成就。但是，改革尚不彻底，转轨尚未完成，基本社会养老保险仍存在诸多问题与困难，主要表现在以下几个方面。

一是职工基本养老保险基金的财务可持续性问题。尽管人力资源和社会保障部，已经多次通报了当前职工基本社会养老保险基金不存在收不抵支的问题，但仍未有效消除民众的疑虑。人社部是从全国范围考量给出的数据，当前我国职工基本养老保险仍停留在省级统筹层面，地区间基金收支不平衡。青年外出务工量较大的省份需要中央财政转移支付来保证地方退休职工按时足额领取养老金，而广东等省份适龄参保缴费人群庞大，前些年政策允许退保，大量由单位缴费形成的统筹账户养老金被地方截留入库，基金相对富余。"未富先老"的社会现实，加剧了基金的负担，而我国的养老保险名义缴费率已居世界高位，提高缴费（税）率已无空间。城乡居民基本社会养老保险与职工基本社会养老保险基金分账管理，统筹互济功能缺失。人口老龄化，低层级的统筹层次，低效率的基金管理方式加剧了基金的财务负担，职工基本养老保险基金的财务可持续性面临严峻挑战。

二是职工基本社会养老保险与居民基本社会养老保险的保障水平差距悬殊，制度公平性有待进一步提升。双轨制并轨后，体制内外的养老权益实现了形式上的公平。但职工与居民养老金的悬殊并未得到同步化解。2015 年全国职工月均养老金水平达 2250 元，而城乡居民养老金月均仅 100 余元。若职工养老金继续保持年 10% 的增速，而居民基础养老金仍由 55 元到 70 元的幅度慢增，两者差距将进一步拉大。这将违背社会保险公平优先，兼顾效率的基本理念。十八大以来，习近平总书记明确提出"五大发展理念"，把共享作为发展的出发点和落脚点。坚持共享发展，必须建立更加公平可持续的社会保障制度。

三是在账户设计方面，债务不清晰，个人账户长期空账运行。1997年国务院颁布了《国务院关于建立统一的企业职工基本养老保险制度的决定》（以下简称《决定》）。政策规定，基本养老金由基础养老金和个人账户养老金组成。《决定》实施后，相当比例的退休职工没有积累或少有积累，加之为国企改革让路的提前退休者，缩短了其缴费年限，相应延长了他们的待遇领取时间，社会统筹资金远远满足不了支付庞大退休群体基础养老金的需要。在新制度实际执行中，没人承担由现收现付向部分积累制转换的转制成本。为了解决社会统筹资金匮乏的问题，政策规定统筹资金不足支付时，可以透支个人账户养老金。如此，个人账户名存实亡，也即名义账户。截至2014年底，个人账户空账超过3.5万亿元。养老金空账正成为国家财政所面临的重大风险之一。

四是作为第二支柱的补充保险发展缓慢。尽管相关部门积极鼓励企业年金和商业性养老保险事业的发展，但实际情况与预期有较大差距。已经参加职工基本养老保险的人群，由于养老待遇多次调增，因而该群体有持续增长的预期，参保意愿不强。而基本养老保险待遇较低的城乡居民，由于缺乏付费能力，参保比例较低。因此，补充性保险领域呈现出严重的结构性矛盾：有购买能力者无意购买，而有购买需求者却无力购买。

按照"2020年全面建成小康社会"的目标，"十三五"时期基本养老保险制度应当理性的走向定型，补充保险应有更快的发展，国民期待更有效率，更加公平的养老保险制度。

社会保障以保障社会成员基本生活为目标，以追求社会公平为天职。要按照"抑峰填谷"的思路，有效控制并缩小基本养老保险职工与城乡居民的差距；要规范并统一各地养老金待遇调整办法、缴费基数和缴费率调整方法，以统一劳动力基础成本，促进地区之间的公平竞争和全国劳动力市场的健康发展。

基础养老金全国统筹是化解基金压力和个人账户空账的重要条件。养老金收支倒挂并非全国性问题。事实上，一直到2013年年底城镇职工基本养老保险基金征缴收入总额均大于支出总额。如果实行全国统筹，即便没有各级财政补贴，基本养老保险基金亦能够实现收支平衡。在这种情况下，便无需借用个人账户资金用于当期养老金发放，个人账户空账规模就不会继续增加，原来用于补贴当期养老金支出的财政资金便可用于做实个人账户。

2015年8月23日，国务院发布了《基本养老保险基金投资管理办法》，明确提出养老金实行中央集中运营，市场化投资运作的原则。人力资源和社会保障部明确表示2016年将出台延迟退休方案。养老金投资战略的转向有望改变基金投资收益跑不过CPI的现象。随着延迟退休方案的实施，增加了缴费年限，相应缩短了养老金领取时间。基本养老保险基金财务可持续性压力将大大降低。

在基本养老保险逐步回归"保基本"的过程中，以及"三农政策"的逐步到位，城乡居民支付能力逐步提升。补充性养老保险将会有更大的发展空间。随着各种政策逐步到位，用人单位员工福利计划得以落实，未来企业年金、商业性养老保险等补充性养老保险将会有更大的发展。

案例分析

案例一：个人账户领取完了怎么办

朱先生今年刚刚退休，可以安安心心享几年清福了。但是朱先生最近心里有一件事老是放不下。退休时，单位管劳资的同志和他讲，单位为他在社保局建立了个人账户，以后社保局会按个人账户中的钱给他发退休金。可是朱先生一想，他的个人账户刚刚建立不久，以前查询过，账户中也没有多少钱，要是以后个人账户中的钱领取完了，那退休金待遇不就是要少了一部分，朱先生越想越觉得不对劲，想去人社局问个究竟。如果你是人社局相关部门工作人员，请依据政策予以解答。

（资料来源：向日葵保险网 http://www.xiangrikui.com/yanglaobaoxian/changshi/65095.html）

案例二：企业不为农民工办理基本养老保险可以吗

小王是从贵州农村来到北京打工的农民工，被一家私人保洁公司聘用。小王上班前与老板协商确定工资时，老板对小王说，他们是有规模的正规公司，除了工资之外，他们也给员工上社会保险，但小王的户口在贵州，也不可能一直在北京工作，终究是要回到贵州去的，所以公司就不再为他办理养老保险等手续了，公司就直接每月多付小王200元钱，当作养老保险费用。至于他自己上不上保险，由他自己决定。小王心里觉得也对，自己不但省去交保险费的钱，还可以直接多拿工资，将来在银行储蓄，当作养老金用，于是小王同意了老板的建议。问：企业不给农民工办理基本养老保险的做法是否合理？

（资料来源：孙光德. 社会保障概论（第三版）学习指导书. 北京：中国人民大学出版社，2008：9.）

关键概念

社会养老保险；职业年金；企业年金；投保资助模式；城镇职工基本社会养老保险；城乡居民基本社会养老保险

思考题

（1）什么是社会养老保险？它的特征体现在哪几个方面？
（2）何为三支柱社会养老保险体系？
（3）比较社会养老保险的制度模式。
（4）我国城乡居民基本社会养老保险制度主要内容有哪些？

第五章 就业社会保障

第一节 失业保险概述

一、失业、失业率和失业类型

(一)失业的概念

失业是指劳动者处于劳动年龄、具有劳动能力、有劳动愿望并确实在寻找工作的情况下,不能得到适宜职业而失去收入的状态。

失业者必须满足三个条件:有劳动能力,无工作,有工作的愿望并在积极寻找工作。

国际劳工组织于 1982 年将失业定义为在调查期内达到一定年龄并满足以下条件者:

(1)没有工作,即未被雇佣同时也未自谋职业者;

(2)目前可以工作,即可被雇佣或自谋职业者;

(3)正在寻找工作,即在最近特定时期已经采取明确步骤寻找工作或自谋职业者。

(二)失业率

失业率由失业水平和失业程度两个方面的因素所决定,失业水平是指社会的失业人数与社会一般劳动力之比。失业程度是指社会失业时间的平均长度。

失业率一般用失业人数占经济活动人数(就业人数+失业人数)的百分比来表示。即

失业率=失业人数÷(就业人数+失业人数)×100%

年失业率=该年有失业经历的人占社会劳动力总额的比例×(平均失业持续周期÷52 周)×100%

平均失业持续期=(∑失业者×周数)÷失业人数

我国目前使用的城镇登记失业率概念,其计算公式为

城镇登记失业率=城镇登记失业人数÷(城镇从业人数+城镇登记失业人数)×100%

从城镇登记失业率来看,我国失业率近些年来基本上是略超过 4%,不算高。但由于现实情况中,还有很多失业人员没有被统计到城镇登记失业人口中来,使得我国真实的失业率远超过 4%。因此,目前我国城镇登记失业率指标并不能真实有效地反映出我国实际的失业状况,不利于就业政策的制定和有效实施(图 5-1)。

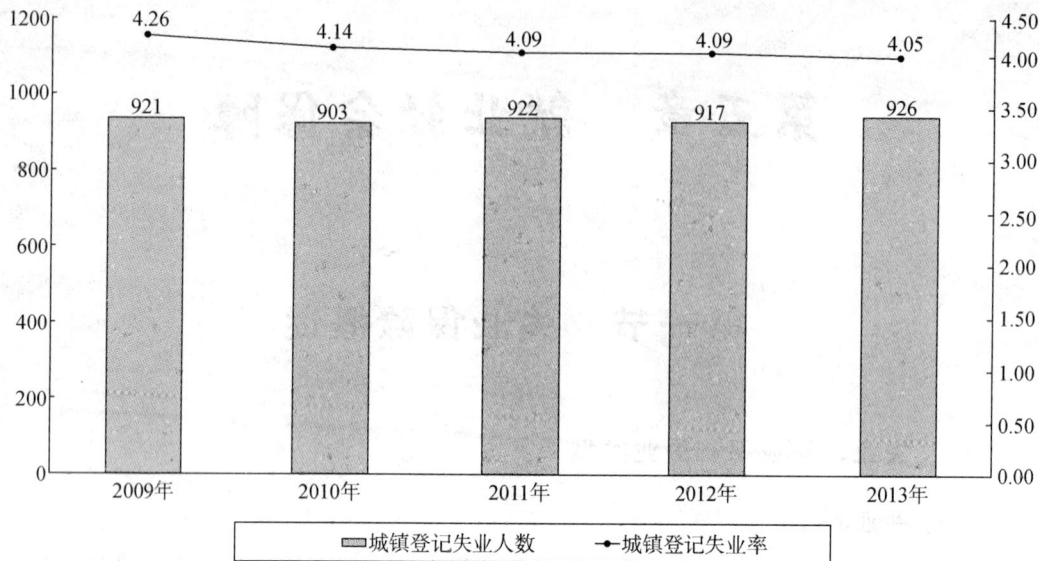

图 5-1　2009—2013 年城镇登记失业人数及登记失业率　单位：万人，%
资料来源：《2013 年度人力资源和社会保障事业发展统计公报》

（二）失业类型

1. 按失业原因分

根据引发失业的原因来分，失业可以分为摩擦性失业、季节性失业、技术性失业、结构性失业和周期性失业。

（1）摩擦性失业。它是指由于劳动力市场的功能缺陷所造成的临时性失业，一般是由于求职的劳动者与需方提供的岗位之间存在着时间滞差而形成的失业。

（2）季节性失业。它是指由于某些行业生产条件或产品受气候条件、社会风俗或购买习惯的影响，使生产对劳动力的需求出现季节性的波动而形成的失业。

（3）技术性失业，是指由于使用新机器设备和材料，采用新的生产工艺和新的生产管理方式，导致社会生产节省了劳动力而形成的失业。

（4）结构性失业，是指由于国民经济产业结构的变化以及生产形式和规模的变化，劳动力结构不能与之相适应而导致的失业。

（5）周期性失业，是指周期性的经济波动，或因景气循环所形成的失业。

2. 按就业意愿分

根据劳动者的就业意愿来分，失业可以分为自愿性失业和非自愿性失业。

（1）自愿性失业是指劳动者不愿意按现行的工资水平或不愿意接受低收入水平而自动选择不工作。这种情况，可以表明是劳动者主动放弃工作机会。

（2）非自愿性失业又称"需求不足的失业"，是指劳动者在愿意接受现行工资水平与工作条件下，甚至愿意降低收入水平，但仍找不到工作而形成的失业。上面所说的摩擦性失业、结构性失业、季节性失业、工资性失业、周期性失业等都属于非自愿失业，这种情况表明劳动者是被迫失去工作机会的。

此外，依据失业的表现形式，失业划分为公开性失业和隐蔽性失业；依据失业程度不同，失业划分为完全失业和不完全失业；依据失业期限不同，失业划分为长期失业和短期失业，等等。

二、失业保险的含义、特点及类型

（一）失业保险的概念

失业保险是指国家通过立法强制建立失业保险基金，对非因本人原因失去工作、中断收入的劳动者，提供限定时期的物质帮助以及再就业服务的一项社会保险制度。

（二）失业保险的特点

失业保险同其他社会保险项目相比，除了具有强制性、互济性、社会性、保障性等社会保险的一般特点之外，它还具有如下几个主要特征。

（1）失业保险的对象为失业劳动者。即失业保险只对有劳动能力并有劳动愿望但无劳动岗位的人提供保险，因此具备正常的劳动能力是受保人享受失业保险的一个必要条件。而其他像养老、医疗、工伤、生育等保险保障的对象是暂时或永久丧失劳动能力的劳动者。

（2）享受失业保险待遇有一定期限。不像养老保险和工伤保险那样，劳动者可以长期享受保险待遇，失业保险只能在法定期限内享受，超过法定期限，即使劳动者仍处于失业状态，也不可以再享受。

（3）非自然因素是风险形成的主要原因。通常，其他社会保障项目所涉及的风险往往与人的生理变异等自然因素有关，失业保险的风险所涉及的风险却不是由人的生理因素等自然因素引起的，而是一定时期的社会和经济因素所引起的，在一定程度上，它也与其国家在一定时期的宏观经济政策相关。

（4）保障形式和内容的多样性。虽然失业保险与其他保险一样，都有保障劳动者基本生活的功能和目标，但失业保险还肩负提高劳动者就业能力和增加工作机会，促进劳动者就业的功能和目标。因此，失业保险在保障性和内容上具有特殊性，它除了需要向受保的失业者提供失业保险金，以保障其基本生活需要之外，还需要通过就业培训、职业制度、生产自救等形式帮助失业者提高就业能力，以便重新就业。

（三）失业保险的类型

1. 强制性失业保险

由国家立法并具备强制性质的失业保险制度始建于英国（1911 年）。在实行失业保险制度的国家中，实行强制性保险的国家占一大半。

2. 非强制性失业保险

丹麦、瑞典和芬兰等国家采取了非强制性失业保险制度，即由工会自愿建立失业基金会进行管理，这些基金会都从政府得到大量的财政补贴。

德国、瑞士、荷兰实行双重失业保障，既有强制性的失业保险，也有由政府提供资金、以经济调查为依据的失业救助制度。我国目前的失业保险制度属于一种强制性失业保险制度。

三、失业保险的功能

(一) 保障基本生活功能

失业保险的保障功能体现为生活保障功能,即失业保险机构通过向符合条件的失业者支付失业保险金,保障了失业者的基本生活,维持了劳动力的再生产。通常来说,劳动者在失业后,无经济收入来源,生活发生困难,而失业保险通过对失业者发放失业保险金,以保障其基本生活,使其正常地生存下去,维持劳动力的再生产。

(二) 维护社会稳定功能

失业使劳动者失去生计来源,如果没有制度性的保护措施,就会使其因无法生存铤而走险或心理上严重失衡而危害社会,造成社会不稳定。失业保险为失业者提供一定期限的生活保障,有利于失业者安全度过困难期,为其再就业创造条件,有利于维护社会稳定。

(三) 就业促进功能

失业保险不仅仅是给失业者发放失业保险金,更重要的是失业保险机构对职业培训、职业介绍的重视及提供就业信息、有效沟通和对再就业的直接推动上。对失业人员的培训教育,提升其自身素质,提高其在社会中的竞争能力,并积极为失业人员开展职业介绍等相关服务,促使其尽快重新就业。失业保险的促进功能越来越突出,通过加大再就业培训支出的比重、建立就业导向的机制等来促进失业者的再就业。

(四) 合理配置劳动力功能

这体现在两方面:一是由于失业保险的存在,失业者在寻找新的就业岗位时获得了经济保障,免除了后顾之忧,失业者也就有条件尽可能寻找与自己的兴趣、能力相符合的工作岗位,从而有利于劳动力的合理配置;二是由于失业保险的存在,用人单位减轻了向外排斥冗员的经济、社会两方面的压力,有利于单位制定理性的、合理的用人决策,也更有利于劳动力的合理配置。

(五) 调节经济功能

失业保险可以通过向失业者提供物资资助来调节社会上的贫富差距,通过劳动力更合理的配置、更高的劳动生产率来调节经济的运行。此外,失业保险金的筹集及发放具有抑制经济循环的作用,是"减震器",减轻了经济波动的剧烈程度。

四、失业保险的基本内容

失业保险的基本内容包括主要失业保险的覆盖范围、享受的资格条件、失业津贴给付标准和给付期限、失业保险基金筹集、失业保险待遇支付等内容 (表 5-1)。

表 5-1 失业保险制度的组成要素

保险项目	主要内容
覆盖范围	正规就业、非正规就业/全部劳动年龄人口、从业人员范围、部分雇员
资格条件	符合劳动年龄条件、非自愿失业、必须满足一定的合格期、具有劳动能力和就业意愿
筹集原则	收支平衡、现收现付
筹资渠道	政府、企业和被保险人、企业和被保险人、政府和企业、企业负担全部、政府负担全部、被保险人负担全部
给付原则	满足基本生活需要、不高于原有的工资水平、权利和义务基本对等
给付期限	给付等待期、给付期限
给付标准	按近期社会平均工资的一定比例给付、均一制给付、混合制给付

（一）失业保险的实施范围

失业保险制度的首要问题是向谁提供保障以及保障范围的大小。从理论上来说，失业保险应该覆盖到社会经济活动中的所有劳动者。但是世界各国的失业保险制度在建立之初，覆盖范围基本上都是先限于职业相对稳定的"正规部门"就业的工薪阶层劳动者，而把职业不稳定的季节工、临时工、家庭雇工等"非正规部门"就业的劳动者排除在外。随着社会经济的发展，再逐步将失业保险的覆盖范围扩大到"非正规部门"就业的劳动者。目前，一些国家和地区的失业保险制度覆盖范围已扩大到几乎所有的从业劳动者。

（二）失业保险基金的筹集

失业保险基金的筹集包括筹资的原则、筹资方式、筹资的渠道和负担比例。失业保险基金筹集的基本原则与社会保障基金的筹集原则一致，贯彻"收支平衡"原则，妥善处理好失业保险与社会经济发展的关系。目前，世界各国对失业保险基金一般都采取现收现付的筹资方式，即当期的失业保险费收入用于当期的失业保险待遇支出。失业保险费率一般实行比例费率，可以根据失业保险基金使用情况，适当调整费率，以满足支出需要。

失业保险基金筹集的来源渠道主要有三个：雇主、雇员缴费和政府财政补贴，但具体负担比例却因各国存在着差别。从各国的实践来看，大体可以归纳为以下五种。

（1）由雇主、雇员和政府三方负担，即雇主和雇员缴纳失业保险费，政府予以财政补贴。如英国、德国、加拿大、日本等国采取这种负担方式。瑞士雇主和雇员都按0.3%的比例缴费，政府在失业率较高、支付数额超高失业保险基金承受能力的情况下，由联邦政府和州政府提供低息贷款。加拿大则由雇主缴纳工薪总额的3.29%，雇员缴纳其收入的2.35%，政府为失业率超过4%的地区承担额外的救济费用及其他费用。

（2）由雇主和雇员双方负担，代表性国家有法国、希腊、以色列等国家。法国的失业保险基金主要由雇主按工薪总额的3.29%缴纳，雇员按收入的1.92%缴纳，政府仅承担综合方案的全部费用。在希腊，失业保险金全部来源于雇主和雇员，雇主缴纳工薪总额的 2%，雇员缴纳工薪总额的 1%。

（3）由雇主和政府双方负担，代表性国家有意大利、冰岛以及美国部分州。在这些国家和地区，个人不需要缴纳失业保险金。

（4）全部由雇主负担，代表性国家有印度尼西亚、伊朗、约旦等国。这些国家规定，雇主解雇雇员时，需一次性支付给雇员相当于 12 月的工资收入，或根据在本企业工作年限，按每年工资的一定比例发放解雇费给失业者。

（5）完全由政府负担，代表性国家有新西兰、澳大利亚、新加坡等国以及中国香港地区。在这些国家和地区，失业保险金全部由政府负担，雇主和雇员均不缴费。

此外，还有个别国家实行或曾经实行由政府和个人负担或完全由个人负担的失业保险金的负担形式。

（三）享受失业保险待遇的资格条件

失业保险的对象限于失业劳动者，但失业者享受失业保险待遇必须具备相应的条件。虽然各国对失业保险的享受资格规定并不完全相同，但通常要求符合以下几方面条件。

1. 必须符合法定的年龄要求

失业保险的对象限于劳动者，即只有符合法定劳动年龄，才有可能享受失业保险。未进入劳动年龄以及已达到法定年龄的人都不在失业保险之列。如德国规定失业者必须是未满 65 岁；法国规定必须未满 60 岁。瑞典规定失业保险适用于基金会成员所属劳工，但未满 15 岁或超过基金会所在地规定最高年龄的劳动者及家庭劳动者不在适用范围内。

2. 失业者必须是非自愿失业

自愿失业者不得享受失业保险，非自愿失业包括周期性失业、季节性失业、结构性失业和摩擦性失业等。

3. 失业者必须满足一定的合格期条件

由于各国实行失业保险的类型不尽相同，有实行强制性失业保险，或非强制性失业保险，还有实行双重性失业保险，或者储蓄性失业保险等。因此，失业者领取失业保险金要求的合格期条件也就相应地有所不同，归纳起来，各国关于合格期的要求主要有以下几类：①缴纳失业保险费要求符合一定期限。即享受失业保险的人员，其缴纳失业保险费须达到一定的期限，才享有领取失业保险金的资格。如法国规定，失业者领取失业保险待遇日前 1 年内投保 6 个月以上；爱尔兰规定，缴纳保险费 26 周，并且最近 1 年内缴纳或记账缴纳 18 周。②就业年限须符合一定条件。即要求劳动者就业须满一定期限后才可享受失业保险待遇。如法国规定，失业者须在离职前 1 年内在若干企业受雇 91 日以上；美国规定，失业者在最近 5 季中有 2 季就业，并至少每周领有 30 小时薪资者；荷兰规定，失业者须在最近 12 个月就业 65 日，才可申请领取失业救济金。③居住时间须满一定期限。澳大利亚政府规定，失业者须失业前已在澳大利亚国内居住满 1 年，或为永久居住者，才有资格申请失业救助。④投保年限与缴费期限都须符合一定条件。如意大利规定，被保险人须投保年限与缴费期限须符合一定条件。如意大利规定，被保险人须投保 2 年，并在最近 2 年中缴纳保险费达 52 周，才可享受失业保险待遇。

4. 失业者必须具有劳动能力和就业愿望

失业保险对象是具有劳动能力和就业意愿的失业者。如果劳动者已丧失劳动能力，则应享受工伤保险待遇或养老保险待遇，而不应享受失业保险待遇。此外，劳动者还须有就业意愿，通常要求失业者在规定的期限内到职业介绍所或失业保险管理机构进行登记，并要求重新就业；或者要求失业期间定期与失业保险机构联系，报告个人情况。

有些国家除规定享受失业保险权利必须具备的上述条件外，还规定对有些情况造成的失业，或对有些失业者，不能提供失业保险待遇。这些情况主要包括：因失业者"行为不端"而被解雇的；拒绝接受职业介绍所或失业保险管理机构安排就业的；拒不参加职业介绍机构举办的职业技术培训的；无正当理由自动离职的；出于经济或政治原因，介入劳资纠纷而导致企业停产而使自己失业的，等等。如德国规定，由于本人违背合同条约而被解雇者不能领取失业保险金；英国规定，因直接介入劳资纠纷而失业者无权领取失业保险津贴；希腊则规定，如果由于自动离职、犯错误而被开除，或罢工或怠工，抑或拒绝提供的适当工作及必需的职业培训，失业通常会被永久取消领取失业津贴资格。

（四）失业保险基金的给付

失业保险的根本目的是保障失业者及其家属的基本生活，促使其重新就业。因此，通常各国都会对失业保险基金的给付范围、标准和期限做出相应的规定，以保证失业保险目的的实现和功能发挥。

1. 失业保险基金的给付范围

从各国关于失业保险待遇的内容看，失业保险待遇主要包括两部分：一是法定给付期限内的失业保险金，其中又可分为两部分，即基本生活津贴和促进就业有关费用，包括就业培训、提供信息、职业介绍等所需的费用。二是超过法定期限而给予的失业救助金。

2. 失业保险津贴给付标准

失业津贴的标准应以确保基本生活和有利于促进再就业为原则，一方面使失业者的收入损失得到部分补偿，同时避免对在职者和再就业产生负面影响。为此，国际劳工组织曾通过了下列三条建议，作为各国制定失业保险津贴的准绳：

（1）失业保险津贴的厘定，以失业者的投保费为依据，但是，应视各国具体情况而定；

（2）失业保险津贴不低于失业者原有工资的 50%（第 75 届国际劳工大会建议改为不低于失业者原工资的 60%）；

（3）失业津贴有上下限：给付标准的上限是不超过失业前的工资收入，否则，不能体现劳动与不劳动的差别；给付标准的下限是高于社会救助的标准，失业保险制度旨在于保障失业者享有"基本"而不是"最低"生活水平。

为了确保失业者及其家属的基本生活需求，又不致诱导失业者对失业保险制度的过度依赖，各国在制定失业保险待遇的给付标准时普遍遵循三个原则：一是保障失业者及其家属基本生活的原则；二是待遇水平必须低于失业者原来工资水平的原则；三是权利与义务相对应的原则。

3. 失业保险基金的给付期限

失业保险基金的给付期限，是指失业者从开始领取失业津贴，到领取期限延续的终止。此外，还包括确定失业保险津贴开始给付的期限，即等待期限。失业保险属于短期给付类社会保险项目，而只能根据平均失业周期确定一个给付期限。

（1）失业保险金的给付期限。关于失业保险金发放的期限，1952年，国际劳工大会建议，失业期为12个月的，可领取26周的失业津贴。1988年第75届国际劳工大会通过的《促进就业和失业保险公约》建议，失业期为24个月的，可领取30周的失业津贴，特殊情况下可延长至52周。一般来说，各国关于失业保险金发放的期限都依本国的具体情况而定。如德国规定，失业保险金发放时间长短与缴费时间长短和失业者年龄高低相挂钩，且失业救济金给付期限最长为1年，如失业者在失业登记前3年中投保至少360个日历天，则符合等候期满的规定，如果同时符合其他领取失业保险金条件的，可发放156个工作日即6个月的失业保险金。如果失业登记前7年中就业时间达480个或600个日历天并缴纳了失业保险费，可相应地申请较长的发放期，年龄较大者领取期限又可额外地延长一些。领取失业保险金期满后可再申请，审查合格后连续领取失业救济金。西班牙规定，失业保险金领取时间与缴纳社会保险费期限的长短相联系，凡缴费期限为6~12个月的，领取失业保险金的期限为3个月；缴费期限为12~18个月的，领取失业保险金的期限为3个月；缴费期限为12~18个月的，领取期限为6个月；缴费期限为18~24个月的，领取期限为9个月；依此递增，最高领取期限为24个月。日本的失业保险金支付期限按参保时间和失业者不同年龄而定，最短90天，最长330天。如工作不满1年为90天；工作20年以上，年龄45~59岁为330天。此外，还有些国家并未限制领取失业保险金的期限。如澳大利亚规定，失业者可以无期限地享受失业保险待遇。

（2）领取失业保险金的等待期。根据1988年国际劳工大会第168号公约规定：失业津贴的等待期原则上不得超过每次失业后3~6天的期限，最长延长到7天，世界各国规定一般均在7天之内。如英国为3天，芬兰为5天，日本为7天，美国多数州规定为7天。等待期的长短，取决于各国国家的就业政策以及失业保险基金的规模和财政状况。也有一些国家已取消了等待期，规定从失业的第一天起便可享受失业保险金待遇，如法国、德国、西班牙、葡萄牙、保加利亚、中国等国。

五、失业保险制度的发展与改革

（一）失业保险制度的建立与发展

失业保险起源于欧洲。19世纪中叶，欧洲各国工人在工会的领导下成立了互助会，自己团结起来开展救济失业、保障就业的活动。随着工业化的发展，失业问题越来越严重，仅靠工友之间的互助互济难以解决失业问题，失业工人生存艰难，劳动力生产和再生产遇到障碍，加深了无产阶级与资产阶级的矛盾，引发了社会动荡，对社会安全造成极大冲击。为了维护社会生产的有序进行，既发挥失业在市场运行中的作用，又减轻失业对社会的负面影响，各国政府开始将失业纳入社会保险的范畴，并开始了有关失业保险的立法。1901年，比利时出现了政府资助的失业保险，即地方财政提供资助，工会互助会负责管理资金，自愿参加的失业保险形式。之后，许多国家相继立法建立了非强制性失业保险制度。1905年，法国率先颁布了失业保险法，建立了非强制性失业保险制度。挪威、丹麦也分别于1906年和1907年建立了类似于法国的非强制性失业保险制度。

1911年，英国颁布《国民保险法》，实行强制性失业保险，率先建立起世界上第一个强制性的失业保险制度。随后，奥地利、意大利、俄国、德国、波兰等在内的许多国家纷纷效仿，陆续建立了强制性失业保险制度。20世纪30年代初的世界性经济危机造成了大规模失业，失业保险在危机中发挥了保障生活、稳定社会的功能，得到了社会的广泛认可和肯定。大危机后，失业保险制度在欧洲、北美、大洋洲的工业化国家普遍建立起来。大多数发达国家的失业保险制度建立在第二次世界大战之前，发展中国家则在第二次世界大战之后的20世纪50～60年代建立，甚至更晚，据统计，1940年世界上有21个国家或地区建有失业保险制度，到1995年增加到61个国家和地区，目前世界上已有72个国家和地区建立了失业保险制度。

20世纪70年代末以来，西方国家出现了经济"滞胀"和居高不下的失业率，为了适应社会经济发展，发达国家开始对失业保险制度进行改革，陆续修订失业保险法规，赋予其促进就业的功能。进入90年代，失业保险制度改革的定位更加清晰明朗，即建设"就业导向型"失业保险制度。

在失业保险制度的发展过程中，国际劳工组织发挥了积极的作用。国际劳工组织制定的有关失业保险的公约和建议书主要有：1919年第一次国际劳工大会通过的《失业公约》，1934年的《失业补贴公约》和《失业补贴建议书》，1952年的《社会保障最低标准公约》，1988年的《促进就业和失业保护公约》与《促进就业和失业保护建议书》。这些公约和建议书为各国制定失业保险政策提供了基本原则和指导性意见，促进了失业保险制度的发展。尤其是1988年的《促进就业和失业保护公约》与《促进就业和失业保护建议书》，可以被看作在失业保险方面国际劳动立法的一个分水岭。以前的标准侧重为失业者提供生活保障，而新的标准则倡导把失业保护措施与促进就业结合起来。公约要求采取适当的步骤，使失业保护制度同就业政策相协调，确保失业保护制度尤其是失业补贴的提供有利于促进充分的、生产性的和自由选择的就业。

进入21世纪以来，国际劳工组织越来越强调失业保护应与促进就业紧密结合，提出"针对失业的保护应是促进充分就业的坚实政策"。2001年，国际劳工组织召开的"全球就业论坛"上通过的《全球就业议程》中指出，社会政策的主要目标是应对职业风险以及由于各种因素使劳动者丧失收入的情况。社会政策可以保护和增强劳动者的生产能力，并通过就业使新的经济活动成为可能。2001年，国际劳工大会社会保障委员会的报告指出，仅仅保证失业者的生活是不够的，应该为他们提供教育培训和就业服务，并通过在培训期间和最初重新工作后继续支付保险津贴，鼓励失业工人改变就业状况。

（二）失业保险制度存在的问题及改革趋势

失业保险制度自创立迄今已有上百年的历史。它的发展沿革经历了由单纯保障失业者及其家庭的生活，到既保障基本生活、促进就业，又预防失业的发展演变历程。这一过程是与各国的经济发挥状况和就业形势变化紧密联系在一起的。目前，世界各国的失业保险制度都面临着一系列的问题，需要改革和调整，但不同国家面临的问题不尽相同。

1. 发达国家失业保险制度存在的问题及改革趋势

（1）发达国家失业保险制度存在的问题。近30年来，西方发达国家失业率一直处于较高的水平，社会保障矛盾愈演愈烈，成为困扰发达国家的一些重要社会问题。其主要表现为：①失业保险成本迅速上升，政府负担过重。由于发达国家失业保险获得的门槛过低，覆盖范围过大，加上经济发展缓慢，导致失业率不断上升，失业人数增加、失业持续时间延长，从而导致这些国家的失业保险基金支出不断增加，给国家财政带来严重的压力。②失业津贴标准过高，导致失业者消极对待再就业。由于失业津贴标准过高，加上领取失业保险金的条件又过于宽松，使得失业者在享受失业补贴后，不再积极寻找就业机会，对劳动就业机构提供的工作也过于挑剔，导致失业保险金养"懒汉"的现象比较普遍，从而挫伤了就业的劳动积极性。

（2）发达国家失业保险制度的改革方向。从20世纪90年代末起，西方发达国家一直在寻求和研究失业保险的新道路，对原有失业保险制度进行了改革，失业政策开始出现新的变化。其基本改革方向是：①调整失业保险制度，改变长期以来以提高待遇为目标的做法，通过提高失业保险门槛，降低保护水平，促使失业者再就业；②实行积极的就业政策，包括向失业者提供就业培训和服务，对招用失业人员的企业给以财政补贴，以及实施鼓励失业人员自谋职业的创业计划等。

2. 转型国家和发展中国家失业保险制度存在的问题及改革方向

转型国家和发展中国家失业保险制度存在的主要问题表现为：转型国家失业率高，失业保险资金短缺，难以按制度规定向失业人员提供基本生活保障；发展中国家则存在失业保险制度的缺失或待遇水平低，对劳动者的失业保护措施不到位，亟须建立和完善失业保险制度。目前，发展中国家中建立失业保险制度的不足1/5，这一方面与农业社会阶段有关，另一方面也由于工薪劳动者失业很多且得不到社会保护。

因此，转型国家和发展中国家的失业保险制度总体改革方向是：结合本国的社会经济发展情况，不断建立健全失业保险制度，向失业人员提供最基本的生活保障，对失业人员提供必要的失业保护措施，促进其就业。

第二节　我国的就业社会保障制度

一、我国就业社会保障制度的发展历程

(一) 改革开放前的失业救济制度和就业保障

新中国成立初期，百业凋敝，城镇失业人员多达 400 多万人，约占当时城镇职工人数的 26％，为了解决旧中国遗留下来的严重失业问题，当时的政务院在 1950 年 6 月发布了《关于救济失业工人的指示》，劳动部也于 1950 年 7 月发布了《救济失业工人暂行办法》，同时国家设立了统率全国失业救济工作的专门机构——失业救济委员会，为了救济生活特别困难的失业工人，政务院决定拨出 2 亿千克粮食作为救济失业工人的基金，在实行失业工人救济的地区，所有国营、私人的工商企业行政方面或资方所有在业工人职员，均按日缴纳一定的失业救济金。这一时期对失业人员主要实行失业救济与就业安置相结合的保障措施，采取以工代赈、生产自救、发放救济金、专业培训和动员返乡生产等多种方法。这可以视为新中国成立以来最早的失业保险的雏形，但这一阶段的失业保险工作只是为了解决旧社会遗留下来的失业问题而采取的临时性社会保障措施。它为我国后来失业保险制度的建立和发展奠定了一些基础，可以称其为我国失业保险的萌芽阶段。

此后，随着我国经济的发展，就业形势好转，为了追求绝对公平、消除失业并实现充分就业，新中国成立初期我国实施了计划经济，并按照"人人有工作，人人有饭吃"的社会主义理念，在城镇采取了"统包统配"的劳动就业制度。统包统配的劳动就业制度是我国在计划经济时期针对城镇职工实行的一种基于就业、保险、福利三位一体的就业保障制度。它一方面有效解决了新中国成立初期的城镇职工的失业问题，对于社会秩序的稳定、经济的迅速恢复与发展起过积极作用。但是，另一方面随着社会经济的发展，统包统配的劳动就业制度也造成人浮于事、隐性失业和劳动生产效率低下，给政府背上沉重的包袱。

(二) 改革开放后的就业社会保障制度的建设与发展

20 世纪 70 年代末，大批下乡知识青年返城，积蓄了多年的失业问题立刻暴露出来，统包统配安置的劳动就业政策受到挑战，传统的就业保障制度已经无法回避并且无力解决国内的失业问题。另外，随着城市经济体制改革，企业迫切需要改革统包统配的固定工制。这些促成了我国就业社会保障制度的改革、突破。

1. 失业保险制度的建立与发展

进入改革开放以后，我国确立了经济运行市场化的改革思路，随着市场机制不断引入，劳动力配置发生了根本变化，对失业理论和问题有了新的认识。为了配合国有企业改革，实行劳动合同制，促进劳动力的合理流动，1986 年 7 月，国务院颁布了《国营企业实行劳动合同制暂行规定》和《国营企业职工待业保险暂行规定》，这一法

规的颁布标志着我国失业保险制度的建立。该《暂行规定》确立了失业保险制度的基本框架，对失业保险制度的主要构成要素如实施范围、资金来源、支付标准、管理机构都做了规定：一是强调了保障失业人员基本生活和促进再就业相结合；二是基金主要由企业承担，统筹使用，规定企业按全部职工标准工资总额1％缴纳保险费，职工个人并不承担缴费义务；三是兼顾需要和可能，合理确定待业保险待遇的项目、期限和标准，将保险待遇定义为"待业救济金"，救济金按本人标准工资的50％～75％发放，最长享受期为24个月；四是政府通过法规和政策，组织实施待业保险工作，并在必要时提供财政补贴；五是明确了管理和经办待业保险业务的工作体系。当时出于意识形态方面的考虑，没有使用"失业"，而使用"待业"一词，并将其在国有企业的适用范围限定为四种人：依法宣告破产的企业职工；濒临破产的企业在法定整顿期间被精简的职工；终止或解除劳动合同的职工；企业辞退、除名或开除的职工。可见，《暂行规定》正如它的名称一样还带有计划经济的色彩，其实施范围比较窄，资金来源渠道单一，保障能力有限，保障待遇低，失业救济性质明显。但它为以后我国失业保险制度的发展与完善奠定了基础。1993年4月12日，国务院又颁布了《国有企业职工待业保险规定》，该规定对原来的失业保险制度做了四个方面的调整：一是进一步扩大了待业保险的覆盖范围，将保障对象由原来的四类人员扩大到七类九种人员；二是改变了失业救济金的计算方法，由按本人标准工资的一定比例给付改为按社会救济金的120％～150％计发；三是增加了救济内容；四是增加了失业保险与再就业服务相结合的内容。

1993年11月14日，中共十四届三中全会作出的《关于建立社会主义市场经济体制若干问题的决定》中明确指出，"社会保障是市场经济体制基本框架的五大支柱之一"。1998年是国有企业加快改革步伐的关键年份，当时首要任务就是要建立并健全推动国企改革的最重要的基础工程之一——失业保险制度。为此，1999年1月22日，国务院颁布了《失业保险条例》（以下简称《条例》），《失业保险条例》是我国失业保险制度由不规范步入比较规范化和法制化，从计划走向市场的重要标志。《条例》与1993年颁布的《国有企业职工待业保险规定》相比，有以下几方面的重要变化：一是将制度名称由"待业保险"改为"失业保险"，将"待业救济金"正式改为"失业保险金"，这表明我国已经承认失业是社会主义市场经济中的客观经济现象并将长期存在下去，需要以完善的制度加以治理；二是失业保险覆盖范围扩大到城镇各类企事业单位的职工；三是明确了失业保险基金由单位、个人和国家共同负担，调整了失业保险费的缴费比例，将企业缴费费率由0.6％～1％提高到2％，职工个人由原来不缴费改为按本人工资的1％缴纳失业保险费；四是调整了失业保险基金的支出项目和支付标准。在支出项目安排上，强调失业保险金及相关支出，增加了职业培训和职业介绍补贴项目，取消了生产自救费和管理费，将失业保险金的给付标准与最低工资和城镇居民最低生活保障线挂钩。规定失业保险金水平低于当地最低工资、高于当地城镇居民最低生活保障线，具体标准由统筹地区政府根据当地实际情况决定；五是调整了失业保险金的享受条件、给付期限和申领程序；六是提高了统筹层次，加强了基金管理，由市、县统筹提高到地、市统筹，规定失业保险基金纳入财政专户，实行收支两条线管理，七是健全管理体制和经办机构，按照《条例》规定，失业保险管理机构仍是各级政府的劳动保障部门和社会保险经办机构，对违反《条例》规定的一系列行为，制定了惩罚条款。2000 年 10 月 26 日，劳动和社会保障部发布《失业保险金申领发放办法》，对失业保险金的申领、发放和失业保险关系的转迁做了规定，进一步完善了失业保险制度。

2. 构建和完善新时期就业保障制度

在建设失业保险制度的同时，我国也不断构建和完善就业保障制度，推行积极的就业政策。1995 年，我国政府针对企业下岗和失业人员大量增加的状况，推出了再就业工程，即充分发挥政府、企业、劳动者和社会各方面的积极性，综合运用政策扶持和就业服务手段，实行企业安置、个人自谋职业和社会帮扶安置就业相结合，重点帮助失业 6 个月以上的职工和生活困难的企业富余人员尽快实现就业。具体做法是：利用各种服务机构为失业人员提供职业信息，在失业人员和用人单位之间牵线搭桥；组织职业指导，开展转业训练，提高失业人员再就业的能力；通过优惠政策，鼓励、支持失业人员和企业富余人员组织起来就业或自谋职业；支持社会各方面兴办劳动就业服务企业和生产自救基地，用于安置失业人员和下岗人员；鼓励用人单位招用失业人员和企业下岗人员。再就业工程所需多项费用，如专业训练费、生产自救费等，由失业保险基金开支。通过这些举措逐步建立起了就业扶持制度。1998 年 6 月 22 日，中共中央、国务院发出《关于切实做好国有企业下岗职工基本生活保障和再就业工作的通知》，进一步推动了我国的就业保障制度建设。其中，根据通知精神，国有企业必须坚持"减员增效与促进再就业相结合，职工下岗与社会承受能力相结合"原则，并采取如下措施规范职工下岗程序：建立职工下岗申报备案制度；企业拟定职工下岗方案应同时提出下岗职工基本生活保障和再就业措施，并听取职代会意见后组织实施；对夫妻在同一企业的，不安排双方同时下岗，夫妻不在同一企业的，如一方已经下岗，不安排另外一方下岗；实行劳动预备制度，城镇未继续升学的初、高中毕业生，需参加1～3 年的职业技术培训后才有就业资格。同时，开始了我国预防失业制度的建设，包括失业预警体系，适度约束失业率，建立职业培训制度等工作有序开展。

2002 年 9 月，国务院发出《关于进一步做好下岗失业人员再就业的通知》，再次推出一系列强化失业预防和就业扶持，促进再就业的政策和配套措施，包括：再就业指导和培训；开发社区就业岗位；再就业扶持；鼓励自谋职业、自主创业；鼓励灵活就业；鼓励服务型企业吸纳下岗失业人员；国企主辅分离安置本企业富余人员。配套措施主要有：社会保险补贴，再就业岗位补贴，税收优惠，小额担保贷款；个体经营收费优惠，职业介绍和培训补贴，"再就业优惠证"等，初步形成有中国特色的、积极的就业政策框架。2005 年，国务院颁布了《关于进一步加强就业再就业工作的通知》（国发〔2005〕36 号）中，明确要求"进一步发挥失业保险制度促进再就业的功能"，并要求在东部地区"进行扩大失业保险基金支出范围的试点"。根据这一要求，原劳动保障部、财政部选择了七省市进行试点。2006 年 1 月，原劳动保障部和财政部联合发布的《关于适当扩大失业保险基金支出范围试点有关问题的通知》（劳社部发〔2006〕5 号）作出明确规定并在东部 7 省市开始试点。2008 年金融危机期间，人社部等部委联合下发了《关于采取积极措施减轻企业负担稳定就业局势有关问题的通知》（人社部发〔2008〕117 号），明确了帮助困难企业稳定就业的政策措施，具体可概括为"五缓四减三补贴"。其中，涉及失业保险的措施可以概括为"一缓一减两补贴"。"一缓"即在 2009 年之内，允许困难企业缓缴失业保险费，缓缴期限最长不超过 6 个月。缓缴失业保险费的做法，主要减轻企业在非常时期的资金压力，帮助企业度过困难时期，对失业保险基金并不造成冲击。"一减"即降低失业保险费率，期限最长不超过 12 个月。采取降低困难企业费率的做法可以减少企业负担。"两补贴"即使用失业保险基金向困难企业支付社会保险补贴和岗位补贴，补贴期限最长不超过 6 个月。以上新政策的出台进一步充实完善了我国积极的就业政策。

2008 年 1 月 1 日，《中华人民共和国就业促进法》正式实施，其内容涉及促进就业的原则、方针和工作机制，建立政策支持体系，规范市场秩序，发展职业教育和培训以及就业服务和就业援助等方面，是我国就业保障制度建设的又一重大进步。2008 年 12 月，人力资源和社会保障部、财政部、税务总局下发了《关于采取积极措施减轻企业负担 稳定就业局势有关问题的通知》（人社部发〔2008〕117 号）文件，明确了帮助困难企业稳定就业的政策措施，具体可概括为"五缓四降三补两协商"，其中涉及失业保险的措施可以概括为"一缓一减两补贴"："一缓"，即：在 2009 年之内，允许困难企业缓缴失业保险费，缓缴期限最长不超过 6 个月；"一减"，即：降低失业保险费率，期限最长不超过 12 个月；"两补贴"，即：使用失业保险基金向困难企业支付社会保险补贴和岗位补贴，补贴期限最长不超过 6 个月。2009 年，全国失业保险实施援企稳岗"一缓一减两补贴"涉及资金近 200 亿元，其中：降低失业保险费率、缓缴失业保险费为企业减负近 120 亿元，涉及企业 170 多万户、职工 6600 多万人；全年使用失业保险基金支付社会保险补贴、岗位补贴等资金约 80 亿元，涉及困难企业 2.5 万多户、职工 740 万人。2009 年 7 月，人社部和财政部联合发布《关于延长东部 7 省（市）扩大失业保险基金支出范围试点政策有关问题的通知》，决定延长试点政策 1 年。2009 年 12 月，人社部等部委联合下发了《关于进一步做好减轻企业负担 稳定就业局势有关问题的通知》（〔2009〕175 号）。2010 年 1 月，人社部下发了《关于做好当前失业保险工作 稳定就业岗位有关问题的通知》（〔2010〕35 号）。2010 年 3 月《政府工作报告》中明确指出，"实施困难企业缓缴社会保险费或降低部分费率、再就业税收减免及提供相关补贴等政策，鼓励企业稳定和增加就业。2009 年到期的'五缓四减三补贴'就业扶持政策延长 1 年"。无论从当年《政府工作报告》，还是从人社部下发的这一系列文件都充分说明了当前我国政府已经试图使失业保险基金扩大支出范围以援企稳岗、促进就业的工作常态化。

2010 年 10 月 28 日，十一届全国人大常委会第十七次会议表决通过了《中华人民共和国社会保险法》（于 2011 年 7 月 1 日起实施），标志着我国社会保障体系建设开始由长期试验性状态走向定型、稳定与可持续发展阶段，也标志着失业保险制度由法规层次上升为法律层面，为失业保险制度的进一步改革和完善提供了法律依据。

综上所述，经过 30 年的探索和发展，我国的失业预防、失业保险和就业扶持三位一体的就业保障体系基本搭建成型，正逐步走向完善。

二、中国就业社会保障制度内容

（一）我国现行失业保险制度的主要内容

根据 1999 年国务院颁布的《失业保险条例》和 2010 年 10 月 28 日十一届全国人大常委会第十七次会议表决通过的《中华人民共和国社会保险法》（于 2011 年 7 月 1 日起实施）的相关规定，我国现行失业保险制度的主要内容如下。

1. 失业保险的覆盖范围

现行失业保险的覆盖范围是城镇所有企事业单位及其职工。根据《失业保险条例》的规定，失业保险的覆盖范围为城镇各类企业事业单位及其职工。省、自治区、直辖市人民政府根据本地实际情况，可以决定本条例适用于本行政区域内的社会团体及其专职人员、民办非企业单位及其职工、有雇工的城镇个体工商户及其雇工。根据《社会保险法》的第四十四条规定：职工应当参加失业保险，由用人单位和职工按照国家规定缴纳失业保费。这里的职工，具体包括企业单位、事业单位、民办非企业单位、有雇工的个体工商户、合伙组织、基金会、律师事务所和会计事务所等用人单位的员工。目前，大多数的省、自治区、直辖市将上述人员纳入失业保险的覆盖范围。

2. 失业保险基金的来源

失业保险基金主要由单位、职工缴纳的失业保险费和财政补贴构成。根据《失业保险条例》规定：城镇企业事业单位按照本单位工资总额的 2%、职工按照本人工资的 1% 缴纳失业保险费。应对当前经济下行压力，降低企业税费负担，2015 年 2 月 25 日国务院常务会议决定，从 2015 年 4 月 1 日起将失业保险费率由现行条例规定的 3% 统一降至 2%，单位和个人缴费具体比例由各地在充分考虑提高失业保险待遇、促进失业人员再就业、落实失业保险稳岗补贴政策等因素的基础上确定。为减轻企业负担，增加企业活力，促进增加就业和职工现金收入，2016 年 4 月 13 日国务院常务会议又进一步决定，从 2016 年 5 月 1 日起两年内，将失业保险总费率由现行的 2% 阶段性降至 1% ～1.5%，其中个人费率不超过 0.5%。其具体方案则由各省（区、市）来确定。失业保险基金入不敷出时，财政给予必要补贴。此外，失业保险基金存入银行和购买国债所得利息，也是失业保险基金收入的一部分，必须并入基金；其他资金，主要是指对不按期缴纳失业保险费的单位征收的滞纳金等。目前，城镇企事业单位招用的农民合同制工人本人不缴纳失业保险费。

3. 失业保险基金的支出项目

根据《社会保险法》和《失业保险条例》规定，失业保险基金主要用于下列支出，包括：①失业保险金；②领取失业保险金期间的医疗保险费；③领取失业保险金期间死亡的失业人员的丧葬补助金及其供养的配偶、直系亲属的抚恤金；④领取失业保险金期间接受职业培训和职业介绍费用补贴；⑤国务院或者批准的与失业保险有关的其他费用。同时，《条例》第 21 条规定，单位招用的农民合同制工人本人连续工作满 1 年，本单位已经缴纳失业保险费，劳动合同期满未续订或提前解除劳动合同的，由社会保险经办机构根据其工作时间长短，对其支付一次性生活补助，补助办法和标准由省、自治区、直辖市政府规定。

4. 失业保险金的申领发放

《社会保险法》和《失业保险条例》及原劳动和社会保障部制定的《失业保险金申领发放办法》，明确规范了申领失业保险金的资格条件、发放标准和领取期限等规定。

（1）申领失业保险金的资格条件。失业人员同时具备以下条件，才有资格享受失业保险待遇。

①按照规定参加失业保险，所在单位及本人履行缴费义务已满1年。

②非因本人意愿中断就业。

③已办理失业登记并有求职要求。

失业人员在领取失业保险金期间出现以下6种情况：①重新就业的；②应征服兵役的；③移居境外的；④享受基本养老保险待遇的；⑤被判刑收监执行或劳动教养的；⑥无正当理由拒不接受当地人民政府指定部门或机构介绍的适当工作或者提供的培训的；应当停止领取失业保险金，并同时停止享受其他失业保险待遇。

（2）失业保险金的发放标准。根据《社会保险法》的规定，失业保险金的标准，由省、自治区、直辖市人民政府确定，不得低于城镇居民最低生活保障标准。但一般应当低于当地最低工资标准，即城镇居民最低生活保障标准＜失业保险金标准＜最低工资标准。

（3）失业保险金的领取期限。根据《社会保险法》的规定，失业人员享受失业保险待遇的期限，根据失业人员失业前所在单位和其本人累计缴费时间长短计算。具体规定为：累计缴费时间满1年不足5年的，领取失业保险金的期限最长为12个月；累计缴费时间满5年不足10年的，领取失业保险金的期限最长为18个月；累计缴费时间10年以上的，领取失业保险金的期限最长为24个月。失业人员重新就业后再次失业的，缴费时间重新计算，但领取失业保险金的期限可以与前次失业应领取而尚未领取的失业保险金的期限合并计算，最长不得越过24个月。

（4）失业保险金的申领程序。根据《社会保险法》、《失业保险条例》和《失业保险金申领发放办法》的有关规定，失业者申领失业保险金的一般程序如下。

①用人单位出具证明。用人单位为失业人员出具失业证明并向失业保险经办机构备案。用人单位为失业人员出具的解除或终止劳动合同证明即为失业证明，其中应当注明失业者的姓名、年龄等基本情况以及解除或终止劳动关系的时间、原因等内容。同时，用人单位应将失业者名单自解除或终止劳动合同之日起15日内告知失业保险交纳地的社保局，并按要求提供解除或终止劳动合同证明、参加失业保险及缴费情况证明等材料。

②失业人员登记申领。失业人员应当持本单位为其出具的终止或解除劳动关系的证明，及时到指定的公共就业服务机构办理失业登记（失业人员应当在终止或解除劳动合同之日起60日内到受理其单位失业保险业务的经办机构办理失业保险登记申领手续，逾期视为自动放弃申领失业保险待遇的权利），失业人员凭失业登记证明和个人身份证明，到社会保险经办机构办理申领失业保险金手续，按要求填写《失业保险金申领表》，并出示如下证明：a. 本人身份证件；b. 所在单位出具的解除或终止劳动合同

证明；c. 失业登记及求职证明；d. 省级人力资源和社会保障行政部门规定的其他材料。

③经办机构审核认定。失业保险经办机构自受理失业者领取失业保险金申请之日起 10 日内对申领者的资格进行审核认定，并将结果及有关事项告知本人。对经审核不合格者，应当书面告知理由，并告知申领者有异议可在多长时间内向何处人力资源和社会保障行政部门申请复议。

④领取失业保险金。根据《社会保险法》规定，经审核合格者，失业保险金领取期限自办理失业登记之日起计算。失业保险金应按月领取，由经办机构开具单证，失业人员凭单证到指定银行领取。

（二）预防失业和促进就业

1. 预防失业制度

预防失业的制度方面的规定有如下几个方面。

（1）通过法律规定和政策引导，规范用工单位的雇佣行为和解雇行为，加大劳动者就业的保护力度。例如 2008 年 1 月 1 日实施的《中华人民共和国劳动合同法》，对劳动合同的解除和终止，以及用人单位违反规定应当向劳动者支付经济补偿等事项都作出了明确规定。

（2）失业预警制度。失业预警制度正在建设中，我国《就业促进法》第 42 条规定，县级以上人民政府建立失业预警制度，对可能出现的较大规模的失业，实施预防、调节和控制。2006 年建立的失业登记和失业保险监测制度，实现了全国范围内市、省、中央三级劳动保障部门对登记失业和领取失业保险金人员情况的信息监测，为各级政府的宏观决策提供支持。

（3）职业培训制度。《就业促进法》第 46 条规定，县级以上人民政府加强统筹协调，鼓励和支持各类职业院校、职业技能培训机构和用人单位依法开展就业前培训、在职培训、再就业培训和创业培训；鼓励劳动者参加各种形式的培训。第 47 条规定，企业应当按照国家有关规定提取职工教育经费，对劳动者进行职业技能培训和继续教育培训。

2. 促进就业

我国的失业保险制度，从建立伊始就明确了保障生活和促进就业的两项制度功能，但对促进就业作了比较严格的限制，只有职业培训和职业介绍两项补贴。例如，《失业保险条例》第 10 条明确规定失业保险基金的支出范围包括职业培训和职业介绍补贴。此外，根据《国务院关于进一步加强就业再就业工作的通知》（国发〔2005〕36 号）的要求，劳动和社会保障部、财政部于 2006 年 1 月发布了《关于适当扩大失业保险基金支出范围试点有关问题的通知》，明确自 2006 年 1 月起在北京等 7 个省市开展适当扩大失业保险基金支出范围试点工作，规定试点地区的失业保险基金可用于国发〔2005〕36 号文件规定的职业培训补贴、职业介绍补贴、社会保险补贴、岗位补贴和小额担保贷款贴息支出，期望通过扩大失业保险基金支出范围以支持失业人员再就业。2008 年颁布的《就业促进法》第 15 条规定，国家实行有利于促进就业的财政政策，加大资金投入，改善就业环境，扩大就业。要求县级以上人民政府应当根据就业状况和就业工作目标，在财政预算中安排就业专项资金用于促进就业工作。就业专项资金用于职业介绍、职业培训、公益性岗位、职业技能鉴定、特定就业政策和社会保险等的补贴，小额贷款担保基金和微利项目的小额担保贷款贴息，以及扶持公共就业服务等。《就业促进法》第16条规定，国家建立健全失业保险制度，依法确保失业人员的基本生活，并促进其实现就业。《就业促进法》第52条规定，各级人民政府建立健全就业援助制度，采取税费减免、贷款贴息、社会保险补贴、岗位补贴等办法，通过公益性岗位安置等途径，对就业困难人员实行优先扶持和重点帮助。这些法律法规和政策的出台和实践，进一步完善了我国失业保险制度促进再就业的功能，推动我国失业保险制度向就业社会保障制度发展。

三、我国就业社会保障制度存在的问题与完善

(一) 我国就业社会保障制度存在的问题

经过近30年的发展，我国的失业保险制度在不断地发展和完善，在促进经济发展、深化经济体制改革、保障失业人员基本生活和维护社会稳定等方面都发挥了积极作用，但由于我国的就业问题非常复杂，在社会经济转型和就业压力的作用下，许多问题也日益凸显。而我国现行的失业保险制度，当前发挥的最主要功能是对失业者提供一定期限的基本生活救济，促进就业的功能相当弱。这主要体现在以下几个方面。

1. 失业保险的覆盖范围过窄，对失业者保障功能有限

首先，现行失业保险制度设计有遗漏，没有覆盖到所有从业劳动者。在市场经济中，面临失业风险的劳动者都应该享受失业保险制度规定的权利与义务。但是，我国失业保险制度却是基于城镇劳动者和传统正规就业模式设计的，覆盖范围主要局限于城镇企事业单位及其职工，并且侧重于正规就业群体，至于非正规就业群体、公务员、乡镇企业职工、城镇企业的农村户籍合同制工人或者被排斥或被游离于失业保险覆盖范围之外，不能享受同等的失业保险待遇。

其次，我国失业保险的实际覆盖面与制度设计覆盖面还有很大差距。依据《失业保险条例》规定，失业保险的覆盖面应该包括城镇所有企事业单位及其职工。但是，到2013年末，全国城镇就业人员38240万人，可实际参加失业保险的人数只为16417万人，占城镇就业人员的42.9%，具体见表5-3，而同期全国参加城镇职工基本养老保险人数为32218万人，参加失业保险者的人数相当于同期参加城镇职工基本养老保险人数的51%。可见，实际失业参保人数与应参保人数存在着很大差距，可能不到应参保人数的50%。这主要是因为失业保险政策执行不到位，导致一些属于制度覆盖范围的企事业单位出于各种原因至今都没有参加失业保险，这些既影响失业保险基金来源地的稳定，也影响失业保险制度功能的发挥。

2. 失业保险基金征缴不力，收缴率过低

在失业保险基金征缴方面，一方面，由于实际参保人数与应保人数存在较大差距，使得实际征收的保险费（以失业保险费的收缴率表示）远低于应收保险费。另一方面，

由于基金管理监督机制不到位，导致目前失业保险缴费基数不够规范，普遍偏低，欠费现象比较严重，使得我国失业保险费的收缴率不高，如根据人力资源和社会保障部和国家统计局发布的相关数据，若以城镇在岗职工平均工资作为失业保险费的平均缴费基数，我们可以大致地推算出近几年来我国失业保险基金实际收缴率在46.4％～52.4％之间（具体见表5-2）上下浮动，2009年、2010年由于应对金融危机，国家实施降低失业保险缴费率和缓缴社会保险费的政策来帮助困难企业渡过难关，使得这两年的实际收缴率仅为46.4％。目前，我国正常年份的失业保险基金收缴率基本上在50％～60％这个低区间上下浮动，与100％的理想目标相比，仍有较大的差距。从长期看，失业保险基金收缴率低的问题将会影响到失业保险制度的功能发挥。因为强大而稳定的资金来源是制度有效运转的前提与物质基础，在一定的失业率下，一定的筹资水平决定了失业人员领取失业保险金及其他待遇的水平。当前，我国失业保险基金的低收缴率无疑也会使失业保险金及其他待遇处在低水平，进而制约失业保险制度保障失业人员基本生活、促进就业及预防失业功能的发挥。

表5-2　2009～2013年失业保险基金收缴率情况表

年份	年末城镇在岗职工平均工资（元）①	年末失业保险参保人数②（万人）	全年失业保险基金应缴收入③（亿元）	全年失业保险基金实际收入④（亿元）	失业保险基金收缴率⑤（％）
2009	32736	12715	1248.71	580	46.4
2010	37147	13376	1490.63	650	43.6
2011	42452	14317	1823.36	923	50.6
2012	47593	15225	2173.81	1139	52.4
2013	52379	16417	2579.72	1289	50.0

资料来源：作者根据2009～2013年人力资源和社会保障事业发展统计公报及劳动就业统计年鉴的基础数据进行相关整理计算获得，③＝①×②×3％；⑤＝④÷③×100％。

3. 失业保险基金发挥功能不足，给付水平过低

首先，我国现有的失业保险制度采取统一的缴费率，没有考虑企业的经济状况、各行业的失业风险，无法体现企业失业率与其保险费缴纳之间的关系。从企业经营状况看，无差别的缴费率忽视了企业之间在雇佣水平上的差异性，效益好的用人单位由于支付较高的工资，因而要承担较高的失业保险费。这类单位员工面临的失业风险相对较小，由此形成"多支出少失业"，影响缴费主体的积极性。从行业看，雇人多、利润低的劳动密集型企业吸纳的就业人口越多，缴纳的保险费越多，企业负担则越重；而技术密集型和资本密集型的高科技企业及一些新兴服务行业，雇人少、利润高、失业风险较为集中，但缴纳的保险费反倒少。同时，失业保险金待遇只体现了缴费时间和领取期限的长短，待遇发放水平并不与失业保险的缴费水平挂钩。失业保险金的这种给付只与标准工资单项挂钩的固定支付模式，不仅损失业保险的公平性，而且会抑制失业者重返劳动力市场的积极性。从失业保险促进就业的主要功能来看，不利于促

进就业。

其次，失业保险基金给付水平过低，不能有效地保障失业人员的基本生活。目前我国失业保险基金滚存结余愈来愈多与制度保障功能发挥不充分的矛盾十分突出。一方面，我国失业保险基金从1999年年末累积结余160亿元，到2013年年末的3686亿元，14年间增长了23倍多；另一方面，根据《失业保险条例》的规定，领取失业保险金有着严格的限制条件，大量失业者都因不具备资格而被排斥在失业保险保障之外。失业保险制度的实际覆盖面过窄，导致需要保障的人却无法得到救济。来自人力资源和社会保障部的统计数据显示，2008～2009年，全国城镇登记失业率分别达到4.2%和4.3%，为近年来的高点。但年末领取失业保险金的人数却有大幅下降，仅占登记失业人员的25.5%，领取失业保险金人数逆势减少（参见表5-3），而基金结余继续大幅增加。此外，按照现行失业保险制度规定，失业保险水平通常为最低工资的60%～80%，有的地方仅略高于低保标准，不能有效地保障失业人员的基本保障生活需要。

表5-3　我国历年失业保险参保人数与实际领取人数　　　　　　（万人）

年份	城镇就业人数	年末参加失业保险		城镇登记失业	年末领取失业保险金	
		人数	占城镇就业人数比例（%）		人数	占登记失业人数比例（%）
2000		10326.3		595	330	55.5
2001		10354.6		681	312	45.8
2002		10181.6		770	440	57.1
2003		10372.4		800	415	51.9
2004		10583.9		827	419	50.7
2005		10647.7		839	362	43.2
2006		11186.6		874	327	38.6
2007		11644.6		830	286	34.5
2008		12399.8		886	261	29.4
2009	31120	12715.0	40.9	921	235	25.5
2010	32288	13376.0	41.4	908	209	23.0
2011	35914	14317.0	39.9	922	197	21.4
2012	37102	15225.0	41.0	917	204	22.2
2013	38240	16417.0	42.9	926	197	21.3

资料来源：2000～2008年数据来自孙洁，高博．我国失业保险制度存在的问题和改革的思路［J］．西北师大学报（社会科学版），2011（1）；2009～2013年数据根据人力资源和社会保障事业发展统计公报及劳动就业统计年鉴的基础数据整理得出。

第三，失业保险基金用于促进就业支出的比重过低，促进就业功能不足。现代失业保险制度已经发展到应当具有保障失业人员基本生活、促进失业人员再就业和预防失业的三重功能。当前，我国失业保险基金用于促进就业的项目开支，即职业培训补贴、职业介绍补贴占整个失业保险基金支出的比重偏低。将失业保险基金以资金的用途为依据，分为保障基本生活（失业保险金、基本医疗保险待遇支出、丧葬补助金及抚恤金、其他支出）和促进再就业（职业介绍补贴、职业培训补贴）这两类支出。从全国来看，2001 年全国失业保险基金支出中，保障基本生活支出为 88.2826 亿，促进就业支出为 13.4564 亿，两者支出比为 86.77：13.23；2007 年全国失业保险基金共支出 218 亿，保障基本生活支出为 168.4 亿（其中基本生活支出 141.4 亿，农民合同制工人生活补助支出 4.8 亿，医疗补助金 22.2 亿）占基金总支出的 77.2%，职业培训、职业介绍补贴和其他用于促进就业的支出为 49.6 亿，占基金总支出的 22.8%，两者支出比为 77.2：22.8。由此可见，无论是从地方层面还是国家层面看，我国失业保险制度的定位仍以保障失业人员的基本生活为主，失业保险基金用于促进就业的支出比重始终偏低，促就业的功能比较弱。而这既与当前我国严峻的就业形势及国家将扩大就业放在经济社会发展的突出位置，实施积极的就业政策不相适应，也与国际上各国纷纷将失业保险制度目标由消极地保障失业人员的基本生活朝就业促进方向调整的趋势不符，因此，我国失业保险基金用于促进再就业的支出比重设置亟须调整。

最后，失业保险制度缺乏稳定就业和预防失业功能。目前我国失业保险基金中还没有预防失业方面的专项基金，也没有相关的预防性政策措施出台。用人单位长期参保缴费却得不到失业保险支持的矛盾也亟待解决。目前企业面临困境，急需采取相应的调控措施，帮助其抵御风险，稳定职工队伍，防止规模性失业，而现行制度却没有对其予以支持的功能

4. 不合理的巨额失业保险基金结余，面临保值增值问题

失业保险实行现收现付，其管理遵循"以支定收、收支平衡、略有节余"的原则。失业保险条例实施十年来，失业保险基金以年均 25% 以上的速度递增，到 2013 年年底，失业保险基金累计结余已达到 3686 亿元。一方面是需要扶助的失业人群在扩大，另一方面是庞大的失业保险基金"用不出去"，形成巨额基金结余。同时由于目前我国对社会保障基金结余部分只允许存银行和购买国债，长期以来利息收益率都低于同期的通货膨胀率，实际收益率一直处于负的状态。目前我国失业保险基金滚存结余愈来愈多与制度功能发挥不充分的矛盾十分突出。

（二）我国就业社会保障制度的完善

我国目前失业保险制度存在的主要问题在于失业保险参保、基金征缴、缴费与受益关系的不对称并由此形成的不合理巨额基金结余。中国应建立一个法规制度完善，覆盖范围广泛，统筹层次适度，基金收支平衡，保障水平合理，管理科学规范，操作高效有序，以保障基本生活为基础，同时发挥促进就业和预防失业功能的就业社会保障制度。可以从以下几个方面加以完善。

1. 加强失业保险法制建设，逐步建立健全的失业保险体系

失业保险制度作为强制性的社会保险体系的重要组成部分理应建立在法制的基础上，而我国目前失业保险的覆盖面、基金征缴不力、待遇、给付水平等许多问题都与

我国现行失业保险法制建设不完善有关。为此，在《社会保险法》的基础上，由全国人大及其常委会制定《失业保险法》或修改《失业保险条例》，将上述失业保险中存在的制度缺陷加以弥补改进，同时由国务院制定与之相配的《失业保险基金管理条例》及其他相关法规政策，通过失业保险的法制化、规范化建设来保证失业保险制度的有效实施。

2. 扩大失业保险覆盖范围

虽然我国失业保险制度经过 20 多年的发展，失业保险的覆盖范围不断扩大，但扩展工作仍然不够到位。一方面，对于《失业保险条例》规定范围内的未参保单位和个人，政府相关部门应该在失业保险基金征缴上加强执法，强制其参加失业保险，同时，对于如国家公务员、乡镇企业职工和城镇企事业单位的公民工等还没有纳入失业保险范围的，也应在修改《失业保险条例》或制定《失业保险法》时，应将其纳入失业保险范围内，加以明确规定。通过制度创新，应该将失业保险覆盖到所有工薪劳动者，而不是仅局限于正规单位就业的劳动者。另一方面，通过对失业保险的制度改革和创新，建立参保人员缴纳失业保险费的激励机制。如对于参保个人，将本人工资作为计发失业保险金的参照基准，提高失业保险给付水平的替代率，同时还可以将失业保险金待遇的计发比例与缴费工资、缴费期限衔接起来，这样可以强化个人参保和缴费的激励机制。此外，还可考虑通过建立失业保险的名义个人账户，化解缴费与受益不对称的矛盾，有利于更新一部分参保人员心中"只贡献、不受益"的想法，以及"重养老、轻失业"的做法，从而有利于建立失业保险征缴的长效激励机制。同时，对参保单位的缴费率可以考虑采取浮动费率，对职工比较稳定、长期参保的单位，则可以对其参保缴费给予一定折扣或者适当降低失业保险费率，鼓励其继续参保，这样既可以抑制单位随意解雇员工，稳定就业，又可以建立单位参保缴费的激励作用，从而有助于进一步扩大失业保险覆盖面。

3. 加大失业保险基金的征缴力度，加强失业保险基金管理工作

针对失业保险基金征缴的问题，首先，在征收上，依据失业保险的强制性特点设计出一种强制征收的方式，如开征失业保险税。而对仍由经办机构人员征收失业保险费的地区，建立征收人员征收失业保险费的激励机制，如在管理费用由财政拨付的基础上，单列出一块资金，将其与征收人员收缴的数额挂钩，以提高征收人员征收积极性。其次，建立失业保险费收缴率这一指标，将它列入每年相关部门发布的失业保险基金收支的统计中，以引起人们对基金收缴问题的重视，而不是单纯地被统计中失业保险基金较多的累计结余这一现象所迷惑。此外，对故意不参加或拖欠失业保险的单位和负责人给予严厉处罚，提高其违法违规的经济和社会成本。

4. 扩大失业保险基金支出规模，增加促进就业和预防失业支出项目

失业保险基金用于预防失业促进就业的支出范围应包括：一是对失业者促进重新就业的补贴。失业保险基金支出的方向，应更多地面向企业，通过组织提高失业者个人地位，进而提高保险基金支出的效用。二是对企业预防失业的支出，以抑制解雇。建立以失业补贴方式鼓励企业在不景气时期减少裁员的机制，将风险防范提前到企业。

一方面，对企业暂缓征收失业保险金，结合实际降低企业缴费标准。另一方面，通过失业保险机制，资助某些特定企业，帮助改善就业环境，减少离职、跳槽等情况，抑制企业的解雇行为。此外，在完善失业保险制度预防失业功能时，还可以借鉴国外，如日本、德国等失业保险制度预防失业的经验。

案例分析

资料与案例 1：　英国最懒女人为何能 16 年不干活专吃救济？

案例描述：英国《太阳报》2004 年 2 月 21 日找出了号称英国最"懒"的女人。她名叫苏珊·穆尔，现年 34 岁。自 1988 年从大学中途退学至今，16 年来她没有干过一天工作——尽管她本人没有任何残疾，而且在高等院校学习两年间好歹算是掌握了谋生的手段。苏珊·穆尔所在的北约克郡地方职业介绍中心大约有 260 个空缺职位登记在册，但苏珊·穆尔认为所有空缺都"不适合"自己，因此迄今为止没参加过一次面试。不仅如此，她还拒绝了一家超市提供的工作，原因是超市离家有 5 英里（约 8 千米）远。为了给她找到合适的工作，职业介绍中心与苏珊·穆尔定期见面，每次见面后还付她 12 英镑（约合 22 美元）的计程车费。职介中心甚至向苏珊·穆尔提供专门帮助失业者找工作的"求职新策"课程，每天早晨为她叫好计程车送她到火车站给她买票，让她去 20 英里（约 32 千米）外的授课点上课。但显然苏珊·穆尔对这一切并不领情。当有一天计程车未能准时出现时，她竟然就不去上课了。不过，苏珊·穆尔坚持认为她并不懒，"我不是个懒虫，我想工作但遇不到合适的"，"我只是没有机会罢了"。由于辍学后一直没找工作，苏珊·穆尔过去十六年来，一直靠"待业津贴"过活，至今累计已领了由纳税人提供的求职津贴达三万镑。但由于她不参加"求职新策"课程，救济被终止。现在，苏珊·穆尔与离了婚的母亲、58 岁的詹尼弗生活在一起，依靠母亲每周 51 英镑（94 美元）的失业救济金度日。此外，她们每周还能得到大约 45 英镑（83 美元）的住房补贴。

（资料来源：中国新闻网—国际新闻 http：//www.chinanews.com/n/2004 — 03 — 08/26/410946.html）

案例分析：苏珊·穆尔 16 年来逃避工作靠失业救济生活，反映了英国失业保障制度管理中存在漏洞。英国的失业保险制度建立比较早，制度强制实施。现今的英国实行强制失业保险与失业救助相结合的失业保险制度，待遇水平比较高，具有高福利性和援助性的特征。尤其近些年来，英国政府为提高就业率，减轻政府负担，采取了一系列的改革措施，典型的主要有青年培训计划，求职者津贴计划以及布莱尔新政，成立新的就业服务中心等。这些政策在很大的意义上保障了英国失业保险法的运行以及稳定，同时也形成了英国失业保险制度独特的一面。然而，凡事都有正反两面，英国的失业保险法以及相应的政策既有个巴好的一面，也有一定的弊端。从字面上分析，英国失业保障制度规定没有明显的漏洞，但英国的求职者津贴计划还是被苏珊等人钻了空子。问题在于制度运行中，管理环节存在技术问题，对失业人员的管理不到位，对申请失业救济者的资格条件认定明显没有严格执行制度规定。英国前首相布莱尔曾公开批评失业保险说："失业保险金经常在没有强调相应责任的情况下就发放了。"

失业保险具有保障基本生活和促进再就业的双重功能，重视失业人员生活救济的同时，需要强化推动其再就业。过度地强调生活保障而忽略就业指导和就业技能培训，特别是放松了对促进再就业的监管，就会给苏珊这样的人以可乘之机。

放弃工作依靠福利生活的现象在西方国家都不同程度地存在，这是一个不争的事实。西方政府和社会各界对此也有不少困惑和声讨，并且也认识到这是侵蚀公共福利、危害社会公平的毒瘤，需要下力气铲除。例如，加拿大政府部门就抱怨："失业保险已不再是保险制度，而已成为年度收入补充计划。"美国前总统克林顿也曾强调："不能让一个能够工作的人永远依靠福利"，"如果你们能够工作就必须工作"，因为"你们不可能永远依靠救济过日子"。为此，西方各国近年来陆续推出了一系列改革措施，目的是强化失业保险促进再就业的功能，激励失业者回到劳动力市场寻找工作。这些措施包括：从保护有工作的穷人的角度积极促进就业——"能够工作的人不能永远靠福利生活，有工作的人不能生活在贫困中"；提高失业保险的门槛条件，严格审查制度；适度降低失业保险待遇标准，失业保险金的发放与求职联系起来；对接受就业培训的失业者给予补贴；对自己创业者给予无息或低息贷款，提供免费的管理和业务咨询服务等。

案例结论：西方国家在失业保险制度建设和管理方面的教训和经验，对我国的失业保险制度建设具有借鉴意义。

案例2：个体户雇佣的员工是否可以参加失业保险？

案例描述：王军，广州某个体工商户雇佣的员工。2012年7月，王军希望自己能够参加失业保险。请问个体户雇佣的员工是否可以参加失业保险，如何缴纳失业保险费？

（资料来源：刘均．社会保障案例评析［M］．北京：中国劳动社会保障出版社，2007：170.）

案例分析：根据《失业保险条例》第2条规定：城镇企事业单位、城镇企事业单位职工依照本条例的规定，缴纳失业保险费。省、自治区、直辖市人民政府根据本地实际情况，可以决定本条例适用于本行政区域内的社会团体及其专职人员、民办非企业单位及其职工、有雇工的城镇个体工商户及其雇工。根据《社会保险法》的第44条规定：职工应当参加失业保险，由用人单位和职工按照国家规定缴纳失业保险费。这里的职工，具体包括企业单位、事业单位、民办非企业单位、有雇工的个体工商户、合伙组织、基金会、律师事务所和会计事务所等用人单位的员工。根据2002年8月颁布的《广东省失业保险条例》第7条规定，单位按照本单位应当参加失业保险职工（含农民合同制工人）的工资总额的2％缴纳失业保险费；职工按照本人工资的1％缴纳失业保险费，其中农民合同制工人本人不缴纳失业保险费。

案例结论：①个体户雇佣的员工可以参加失业保险；②王军由其个体工商户雇主为其办理失业保险参保登记，并由个体工商户雇主依法代扣代缴按照职工本人工资的1％缴纳的失业保险费。

案例3：失业保险金可以一次性领取吗？

案例描述：李丽，原为某企业工人，20年工龄。2005年5月，李丽同企业解除了劳动关系，成为一名失业人员。李丽每月到失业保险经办机构领取失业保险金。2005年10月，李丽到某服装厂工作，就没有再按月领取失业保险金。2005年12月28日，李丽到失业保险经办机构要求补领2005年10月至2005年12月期间的失业保险金。经办机构告诉李丽，需要核实情况后，再给付失业保险金。失业保险经办机构工作人员向居委会调查、核实后发现，李丽已经就业，决定从2005年10月起停止发放失业保险金。李丽认为，自己生活困难，需要失业保险金贴补家用，请求工作人员一次性补发失业保险金。

（资料来源：刘均.社会保障案例评析［M］.北京：中国劳动社会保障出版社，2007：172—173.）

案例分析：根据《失业保险条例》第15条的规定，失业人员在领取失业保险金期间重新就业的，停止领取失业保险金，并同时停止享受其他失业保险待遇。

失业保险金按月发放的目的，是为了加强失业人员和失业保险经办机构的联系，有助于失业保险经办机构及时了解失业人员的情况，使其能够根据失业人员的不同情况，提供有针对性的服务，促进失业人员再就业。同时，也可以加强对失业人员的管理，对不符合领取失业保险金条件的个人，停止发放失业保险金。

案例结论：①李丽重新就业，就没有再领取失业保险金的资格，其请求一次性给付失业保险金的做法是错误的。

案例4：职工辞职，能够享受失业保险保险金吗？

案例描述：吴建，某公司技术员。1997年9月，吴建同公司签订了为期10年的劳动合同。自1997年9月起，公司一直按规定为吴建缴纳失业保险费。2004年9月10日，公司实行经理竞聘上岗时，吴建竞选失败。吴建感到，公司在竞聘经理时，不是选贤任能，而是任人唯亲。愤怒之下，吴建向公司递交了辞职报告。离开公司后，吴建一直没有找到工作。2004年10月10日，吴建在报纸上看到有关失业保险的文章，得知缴纳失业保险费的人员失业后，可以领取失业保险金。2004年10月12日，吴建到当地失业保险经办机构询问有关享受失业保险待遇的事宜。

（资料来源：刘均.社会保障案例评析［M］.北京：中国劳动社会保障出版社，2007：175.）

案例分析：根据《失业保险条例》第14条的规定，具备下列条件的失业人员，可以领取失业保险金：①按照规定参加失业保险，所在单位和本人已经按照规定履行缴费义务满一年的。②非本人意愿中断就业的。③已经办理求职登记，并有求职要求的。失业人员享受失业保险待遇必须同时满足以上三个条件，三个条件缺一不可。我国失业保险政策规定，非本人意愿中断就业的，才能享受失业保险待遇。

案例结论：吴建由于个人原因主动辞职、失业，不属于非本人意愿中断就业的范畴，属于自愿失业，不能享受失业保险待遇。

案例 5：李某还能领取多少个月的失业保险金？

案例描述： 李某参加工作较早，单位从李某开始工作就为其缴纳了失业保险金。2012 年 9 月，他因企业改制而失业，失业保险经办机构为其核定了应领取的 24 个月失业保险金。2012 年 10 月，他开始失业登记领取失业保险金。2013 年 9 月，因他被某单位招聘，失业保险经办机构停发了其剩余 12 个月的失业保险金。新的用工单位继续为其缴纳失业保险金 2 年多后，李某再次失业。

（资料来源：潘锦堂. 社会保障学 ［M］. 大连：东北财经大学出版社，2010；106.）

案例分析： 根据《社会保险法》的规定，失业人员享受失业保险待遇的期限，根据失业人员失业前所在单位和其本人累计缴费时间长短计算。具体规定为：累计缴费时间满 1 年不足 5 年的，领取失业保险金的期限最长为 12 个月；累计缴费时间满 5 年不足 10 年的，领取失业保险金的期限最长为 18 个月；累计缴费时间 10 年以上的，领取失业保险金的期限最长为 24 个月。失业人员重新就业后再次失业的，缴费时间重新计算，但领取失业保险金的期限可以与前次失业应领取而尚未领取的失业保险金的期限合并计算，最长不得越过 24 个月。本案中，李某在新的用工单位继续为其缴纳失业保险金 2 年多后，再次失业，按照上述失业保险国家政策规定，可以领取失业保险金的期限最长为 12 个月，加上上次未领取的剩余 12 个月的失业保险金，合计最长为 24 个月。

案例结论： 李某第二次失业后，最长还能领取 24 个月的失业保险金。

关键概念

失业与失业率；失业保险

思考题

(1) 什么是失业和失业保险？

(2) 试述失业保险的特点和类型。

(3) 失业保险包括哪些内容？

(4) 失业保险如何促进就业？

(5) 我国就业社会保障制度存在哪些问题？如何完善它？

第六章 社会医疗保障

第一节 社会医疗保险概述

一、社会医疗保险概念和特征

社会医疗保险是指由国家立法，通过强制性的规范或自愿的契约，在一定区域的一定人群中筹集社会医疗保险资金，当个人因病需要获得相应的医疗服务时，由社会医疗保险机构提供医疗费用补偿，从而保证人们平等地获得适当的医疗服务的一种制度。

社会医疗保险作为社会保险体系的重要组成部分，除了具备社会保险强制性、互济性和普遍性等共同特征外，由于疾病风险的特征和医疗保健服务需求与供给的特殊性，又使得社会医疗保险还具有以下特征：

（一）社会医疗保险待遇支付形式为实物补偿

社会医疗保险的作用是在参保人员患病时提供经济上的帮助，使之尽快恢复身体健康和劳动能力。尽管社会医疗保险是通过支付费用补偿参保人员的经济损失，但参保人员最终获得的是医疗服务，而非现金。

（二）社会医疗保险待遇补偿方式为非定额补偿

由于病情不同，每个患者获得的经济补偿额不相等。因此，社会医疗保险对每个患者一般依据疾病的实际情况确定补偿金额，不采用定额补偿。

（三）疾病风险具有较强的不可避免性、随机性和不可预知性

由于种种原因，人们很难对疾病的发生时间、类型、严重程度进行准确判断，这加大了疾病风险的危害。因此，在法律规定范围内的群体，无论患病与否，必须一律参加社会医疗保险，以有效分担不可预期的疾病风险，提高全社会的医疗保障能力。

（四）社会医疗保险涉及面广、具有复杂性

实行社会医疗保险必须处理好医、患、保、药等方面的关系。患病时每个人的实际医疗费用无法事先确定，支出多少不仅取决于伤病的实际情况，也取决于所采用的医疗处置手段和医药服务提供者的行为。由于在医疗服务消费中，医疗服务的提供者处于相对垄断地位，难以完全通过市场手段，由患者选择医疗服务的内容和数量，来控制医疗费用的支出。因此，社会医疗保险的支出管理有别于养老、失业等其他社会

保险，需要对医药服务提供者以及医药服务的项目和内容进行管理，以提高社会医疗保险基金的利用效率。

（五）社会医疗保险具有普遍性、短期性和经常性的特点

疾病的风险是每个人都可能面临的，因此医疗社会保险的覆盖对象应是全体公民，该特点说明了医疗社会保险的普遍性；另外，由于疾病风险的发生是随机的、突发性的，为该风险提供保障的医疗社会保险业必须是短期性的、突发性的。

二、社会医疗保险制度的产生和发展

社会医疗保险制度起源于欧洲。18世纪至19世纪，社会医疗保险就以劳动者自愿组织的基金会、互助救济组织等形式的民间保险方式出现。19世纪末，这种自愿的民间保险逐步转向社会保险。1883年，德国俾斯麦政府颁布《疾病社会保险法》，成为世界上第一个强制性社会医疗保险制度诞生的标志。该法规定：工人和雇主都必须参加疾病保险，共同缴纳保费。此后，奥地利、比利时、英国、法国、荷兰等欧洲国家都先后建立了社会医疗保险。第二次世界大战结束以后，社会医疗保险制度在亚洲、非洲和拉丁美洲等发展中国家得到了普遍重视，到20世纪末期，许多国家也先后通过立法建立了社会医疗保险制度。同时，随着经济发展放缓、人口老龄化和医疗高科技的运用，许多国家医疗费用支出占GDP的比重越来越大，现有的社会医疗保险制度也出现了一些问题，如财政负担过重、医疗费用增长过快、医疗资源浪费严重等。针对社会医疗保险实践中的问题，各国纷纷开始寻求改革之路，其中控制社会医疗保险费用支出成为改革的重点和难点。

第二节　社会医疗保险制度的运行

一、社会医疗保险当事人及其关系

医疗保险的当事人包括政府、医疗保险机构、医院（医生）、被保险人（患者）、雇主。

（一）政府

在社会医疗保险中，政府负有的责任包括：①推动社会医疗保险立法，并依据法律制订相应的政策，为社会医疗保险的运行提供依据；②规划和构建社会医疗保险体系，包括改善公共卫生资源配置、推进医疗卫生与医药体制改革、确定社会医疗保险规划，以及从宏观层面上统筹公共卫生、医药流通及各种医疗保障制度的发展；③监督社会医疗保险的运行，纠察社会医疗保险中失范行为，确保社会医疗保险在规范的轨道上健康发展；④提供社会医疗救助，发展公共卫生事业，为社会医疗保险制度提供良好的基础与配套；⑤必要时对社会医疗保险给予相应的财政支持，以及对医疗服务与医药产品进行计划调节。各国政府对社会医疗保险的干预程序随

社会医疗保险制度模式不同而存在着差异：一种是全面干预社会医疗保险和服务市场，如在英国。一种是干预社会医疗保险但不全面干预医疗服务市场，医疗机构由各种所有制组成，如加拿大。还有一种形式是国家统一筹资，实行社会医疗保险，便是委托非政府机构、民营或私营医疗机构管理和运作社会医疗保险基金，如德国的疾病基金。

（二）社会医疗保险机构

社会医疗保险机构是具体经办社会医疗保险事务并管理社会医疗保险基金的机构，它作为各国社会保险机构的一个组成部分，通常依法代表国家专门负责社会医疗保险费（税）的预算、征缴、分配、管理和监督检查。社会医疗保险机构区别于其他社会保险机构的一个显著特点是：它必须借助于医疗机构才能为参保人员提供医疗服务。

（三）医疗服务供给者

医疗服务供给者包括医院、医生和药店。医院通过资源配置和合同方式与患者建立医疗服务关系，与医疗保险机构建立付费关系。在中国，并非所有医院均是医疗保险服务的供给者，而是只有医疗保险机构确认的医院（通常称为定点医院）才是医疗保险服务的供给者。医生则具有掌握患者病情的信息优势，从而是决定医治手段、费用支出的关键因素。而定点药店也是通过医疗保险服务合同方式与患者建立药品购销关系。定点医院、医生和定点药店承担着为医疗保险对象提供医疗服务的义务，同时拥有对医疗保险机构依法律或合同所发生的接受付费的权利。可见，在医疗保险中，医疗服务供给方、医疗服务需求方与医疗保险付费方分别构成了三对权利义务关系，服务提供与费用支付存在着脱节，这种特殊现象是医疗保险各主体之间关系复杂化的基本原因（图6-1）。

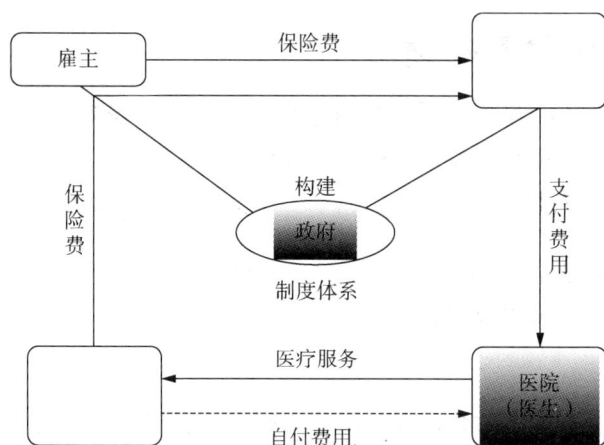

图6-1 社会医疗保险模型

（四）医疗服务需求者

医疗服务需求者，亦可称为被保险人，即由投保人指定的为其缴费的、享有医疗保险待遇的自然人。在医疗保险中，被保险人既是享受医疗服务的权利主体，也是承担缴纳医疗保险费的义务主体（除非法律规定全部医疗保险费均由单位或雇主缴纳，否则，个人需要分担缴费义务）。但也有一些特殊情况：在实行雇主医疗保险责任制或者具有最低工资限制的国家，就由雇主承担全部缴费义务，这样受益者就是单纯的权利主体；在德国，领取医疗津贴、生育津贴或子女抚育津贴或享受子女抚育假之前，曾经取得过负有缴费义务的收入但现在没有取得其他任何应负有缴费义务的收入的人员，以及为参加就业或属灵活雇佣性质的人员，因为其配偶或父母有法定医疗保险的投保人身份可以家庭成员连带保险的，可以享受免费的医疗保障。

（五）雇主

雇主是医疗保险缴费方之一，在医疗保险关系中是单纯的义务主体。在不同国家，雇主、劳动者个人双方分担医疗保险的供款责任是一般的做法，而政府则视情形加入其中。

二、社会医疗保险对象

社会医疗保险的对象，是指社会医疗保险制度中依法必须参与社会医疗保险并享受社会医疗保险待遇的自然人。

从各国社会医疗保险的政策实践看，参保人群的范围大致可以分为以下几种：①社会医疗保险适用于全国居民，如英国、瑞典、新加坡等；②仅覆盖符合一定条件的从业人员；③一定条件的从业人员及其直系亲属。

在立法规范参保人员范围时，一般还需要考虑如下人员的特殊性：一是自我雇佣人员和高收入人群；二是无收入和低收入的贫困人群；三是政府雇员和其他特殊职业人群，如军人等。

三、社会医疗保险基金的筹集

医疗保险基金是医疗保险制度的物质基础，它是医疗保险机构依法通过对法定范围内的单位和人群征收医疗保险费（税）来筹集的。各国在筹资方式上有所差异。

1. 筹资渠道

筹资渠道主要有政府专门税收、雇主与雇员缴费、公共财政补贴，以及如利息等其他收入。大多数国家采用分担制。

2. 筹资模式

筹资模式同养老保险类似，医疗保险的筹资模式也可以分为现收现付、完全积累、部分积累三种模式，多数采用现收现付制，强调横向平衡。我国的医疗保险基金即遵循"以收定支、收支平衡、略有结余"的筹资原则。

3. 缴费方式

缴费方式主要有以下几种：最常见的是与工资或收入挂钩，即按照被保险人的工资或收入的一定比率征集医疗保险费。有的是采用固定保险费金额的办法，即确定一个固定的额度向承担缴费义务者征集医疗保险费。此外，还有按区域或职业缴费的做法。

四、社会医疗保险费用支付及其道德风险控制

从前述医保模型可以看出，参保人（患者）和医疗机构（医生）容易发生道德风险，即"从事经济活动的人在最大限度地增进自身效用的同时做出不利于他人的行动"。在现实生活中，医生、患者（合谋）套取医保基金的事件也时有发生，导致医疗资源的巨大浪费，也严重制约社会医疗保险的可持续发展。因此，必须采取有效措施避免这种情况，保证社会医疗保险的可持续发展。

除了正常的监管之外，为了避免医患道德风险的发生，许多国家主要是从费用的支付上来进行预防和控制。

（一）参保人向医疗机构支付费用

1. 起付线法的应用

起付线法也被称为扣除法，在医疗费用控制中起到"门槛"作用。参保人发生医疗费用后，首先自付一定额度的医疗费用，超过此额度标准的医疗费用才由社会医疗保险经办机构支付，这个自付额度的标准即为"起付线"。其功能有三点：一是防止由于信息不对称，接诊时医患双方在疾病严重程度上的弄虚作假；二是制约或限制一部分非必需的医疗需求，抑制"门诊挤住院"、"小病大养"；二是降低了社会医疗保险的管理成本。

2. 封顶线法的应用

封顶线法亦称最高保险限额法，即社会医疗保险经办机构为参保人支付的医疗费用达到某个规定额度后就停止为其支付费用。其依据是医疗科学技术的进步，已达到非常高深复杂的程度，以至于其所能消耗的医疗费用似乎成了无底"黑洞"，由此形成了一个技术的无限可能性和医疗资源的有限性之间的矛盾，因而需要设置费用上限。这种办法的局限性是对那些发生高额医疗费用的人群，尤其是对于低收入人群，在其最需要帮助的时候，不能通过社会医疗保险发挥其分散疾病风险的作用。

3. 共付法的应用

共付法又叫按比例分担法。参保人和社会医疗保险经办机构各自按一定比例共同负担费用，分担比例可以恒定，也可以随民疗费用额度的变化而递减或递增。世界银行曾广泛地将这种政策推荐给中低收入国家，将其作为扩充医疗服务筹资渠道的一种替代方式。

如表 6-1 所示，我国社会医疗保险制度的改革中，对统筹账户的支付同时实施了"起付线法"、"封顶线法"和"共付法"。

表 6-1　某市城镇职工医疗保险费用报销比例表（部分）

报销类别	参保人员类别	起付线	报销比例				封顶线
				三级医院	二级医院	一级医院	
住院费用	在职	1300 元	起付线至 3 万元	85%	87%	90%	10 万元
			3 万元至 4 万元	90%	92%	95%	
			4 万元至封顶线	95%	97%	97%	

（二）社会医疗保险机构向医疗机构支付费用

社会医疗保险机构向医疗机构的费用支付从总体上可以分为后付制和预付制。前者有按服务项目付费，后者有总额预算包干制、按人头付费、按病种付费等方式。社会医疗保险的支付方式还可以分为对医院和对医生的支付方式。不同的支付方式对费用控制、服务质量以及管理要求均有所不同。

1. 按服务项目付费

按服务项目付费是社会医疗保险最传统也是运用最广泛的一种费用支付方式。社会医疗保险机构根据医疗机构或医生定期向保险机构上报的医疗服务记录，按服务项目（如诊断、治疗、化验、药品、麻醉、护理等）向服务提供者支付费用。按服务项目付费属于后付制。这种付费方式的优点是实际操作方便，适用范围较广。但缺点也非常突出：由于医院的收入同提供医疗服务的项目的多少有关，因而医院有提供过度服务的动机，医疗费用难以控制；保险机构为了控制提供过度服务，必然要高度介入规范医疗行为，行政管理成本高。

2. 按人头定额付费

按人头定额付费即由医疗社会保险机构根据医院或医生服务的被保险者人数，定期向医院或医生支付一笔固定的费用。在此期间，医方要负责提供合同规定的一切医疗服务，不再另行收费。按人头定额预付制是一定时期一定人数的医疗费用包干制。其特点是：医疗服务提供方服务的被保险者人数越多，收入就越多；提供的医疗服务增多，收入就会减少。这种支付方式能够鼓励医疗机构和医生以较低的医疗费用为更多的人提供服务，鼓励医疗资源流向预防服务。美国的健康维护组织（HMO）中广泛采取了这种办法。但是，按人头定额付费也有缺点：可能出现提供者为节省费用而减少服务提供或降低服务质量的现象；HMO 之间相互竞收被保险人，需将保费压低，从而出现风险选择问题。

3. 总额预算

总额预算制又称总额预付制，即由医疗社会保险机构根据与医院协商确定的年度预算总额进行支付。其特点是：医院必须为前来就诊的所有被保险人提供合同规定的服务，而收入却不能随服务量的增加而增加；如果全部服务的费用超出了年度总预算，医疗社会保险机构不再追加支付，亏损由医院自负。实行这种支付方式的优点是，保险机构能够较好地控制医疗费用，但必须合理确定医院的年度预算。需要考虑的因素包括医院的规模、服务数量和质量、设备设施情况、服务地区的人口密度与人口死亡率情况、通货膨胀等因素。一般是一年协商调整一次。

4. 定额付费

定额付费即按照预先确定的住院日费用标准支付住院病人每天的费用，按预定的每次费用标准支付门诊病人的费用。其特点是：对同一医院所有病人的每日住院或每次门诊费用支付都是相同的、固定的，与每个病人每日或每次治疗的实际花费无关。实行这种支付方式，能够鼓励医院或医生降低每日住院和每次门诊成本，但不鼓励他们缩短住院日和减少门诊次数。为此，也可同时核定住院天数，即对每一出院病人支付相同数额的费用（短住院日费用×核定住院天数）。

5. 按病种付费

按病种付费即根据国际疾病分类法，将住院病人的疾病分为若干组，每组又根据疾病的轻重程度及有无合并症、并发症分为9级，对每一组、不同级别分别制定价格，按这种价格对该组某级疾病治疗的全过程进行一次性支付。简单地讲，就是按诊断的住院病人的病种进行定额预付。其特点是：社会医疗保险机构支付每个住院病人的费用只与诊断的病种有关，而与每个病人的实际成本无关。因此，这种支付方式可以激励医院为获得利润主动降低成本，缩短平均住院日，有利于费用控制。其缺点是：当诊断界限不明时，容易诱使医生令诊断升级，以获得较多的费用支付；诱导病人住院或手术，容易诱导分解住院，不利于参保者健康；制定标准的过程复杂，调整频繁，管理成本高昂。按病种付费最早在美国老年社会医疗保险中被采用，现已受到许多国家的关注和效仿。

6. 工资制

按工资标准偿付，也称薪金制，即由社会保险机构根据医生或其他卫生人员提供的服务向他们发工资。这是社会医疗保险常见的一种支付医生费用的形式，广泛地运用于芬兰、瑞典、苏联、西班牙、葡萄牙、希腊、土耳其、印度、印度尼西亚、以色列以及拉美国家。英国、加拿大等国对医院里的医生也实行这种方式。工资制的特点是社会保险机构对医生支付固定的费用，而不是考虑医生看病次数和服务人数的多少。所以对医生实行工资制难以调动医生多提供服务、提高服务质量的积极性。

7. 以资源为基础的相对价值标准支付制

以资源为基础的相对价值标准（Resources Based Relative Value System，简称RBRVS）支付制是近年来在美国老年社会医疗保险中采取的一种新的医生服务费用支付办法。其基本思路和方法是：通过比较各专科医生服务中投入的各类资源要素成本的高低，来计算每项服务的相对价值，以此作为确定各项服务费用的依据。医疗服务中投入的各类资源要素，包括服务全过程所花费的时间和劳动强度、业务成本和每次服务分摊的专科培训的机会成本。RBRVS按照各科医生在服务中实际投入的资源进行支付，能够刺激各科医生都提供合理的服务，有利于提高通科医生的收入，降低专科医生过高的收入，从而有利于优化卫生人力资源结构和布局（表6-2）。

表6-2　各支付方式比较

支付方式	费用控制	服务质量	管理
按服务项目付费	很差	很好	非常难管理
按病种付费	好	良	容易管理
总额预算制	非常好	良	容易
定额付费	良	差	很容易管理
按人头付费	非常好	良	非常容易
工资制	良	差	容易管理
RBRVS	好	好	容易管理

第三节　我国的社会医疗保障

一、我国社会医疗保障的产生与发展

自1921年8月中国劳动组合书记部成立开始，中国共产党人在为劳动大众争取基本的医疗保险方面进行了不懈的努力，就医疗保险问题提出了一系列议案。在革命根据地和解放区，颁布了涉及医疗保险内容的诸多具体规定。1949年，中华人民共和国成立，随着社会主义经济建设的迅速展开，全国统一的社会保险制度开始启动。我国宪法规定："中华人民共和国公民，在年老、疾病或者丧失劳动能力的情况下，有从国家和社会获得物质帮助的权利。国家发展为公民享受这些权利所需要的社会保险、社会救济和医疗卫生事业。"1951年年初，《中华人民共和国劳动保险条例》正式颁布。1953年，国家又对《中华人民共和国劳动保险条例》进行了修改，于1953年1月颁布了《关于中华人民共和国劳动保险条例若干修正的决定》，同时公布了修正后的条例，从而使劳保医疗制度得以建立。1952年6月，政务院颁布了《关于全国人民政府、党派、团体及所属事业单位的国家工作人员实行公费医疗预防措施》，公费医疗保险制度开始在全国实行。我国农村合作医疗起源于20世纪40年代陕甘宁边区的"医药合作社"。中华人民共和国成立以后，随着土地革命的结束，农村互助合作风起云涌，不少地方由群众自愿筹资成立了医疗互助组织，如保健所、医疗所。1956年，全国人大一届三次会议通过了《高级农村合作社示范章程》，对合作社的社员因公负伤或因公致病的医疗给予了明确规定。不久，全国普遍出现了以集体经济为基础，集体与个人相结合，具有互助互济性质的农村合作医疗。至此，我国以公费医疗、劳保医疗、农村合作医疗为主要内容的医疗保险制度基本形成。

自1994年国务院决定在江苏镇江、江西九江试点开始，我国拉开了从计划经济下劳保医疗与公费医疗体系向市场经济下社会医疗保险体系转变的改革历程。目前，我国现行的医疗社会保障体系主要分为城镇职工基本医疗保险、城乡居民医疗保险（由城镇居民医疗保险和新型农村合作医疗整合而成），加上公务员医疗补助、大病医疗保险等制度作为补充，实现了基本建立覆盖城乡全体居民的医疗社会保障体系的目标（图 6-2）。

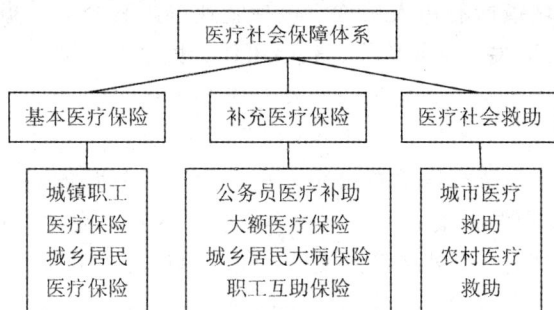

图 6-2　我国医疗社会保障体系

二、基本医疗保险

（一）城镇职工基本医疗保险制度

中国传统的职工医疗保障制度是在新中国成立初期建立起来的，包括机关事业单位的公费医疗制度和国有企业单位的劳保医疗制度。改革开放后，随着经济改革形势的发展，该制度暴露出了明显的弊端，突出表现在：一是由于缺乏有效的费用控制机制，致使公费医疗和劳保医疗的费用开支均大大超过国内生产总值的增长速度，无论是财政还是企业均不堪重负；二是在医疗费用过快增长的同时，全社会医疗资源却浪费惊人、配置无序，医疗服务行为发生偏差；三是随着国有企业改革的深入，原来由企业包揽的劳保医疗制度已经发生了很大变化，部分职工有因此而面临失去医疗保障的后顾之忧；四是随着多种经济成分的发展，越来越多外资企业的中方雇员和私营企业的从业人员及其他各类非公有经济成分中的劳动者得不到基本的医疗保障，不利于体现社会公平。

20 世纪 80 年代，中国开始探索性地进行社会医疗保险制度改革。改革的过程可以分为两阶段：第一阶段是改革开放初期至 1994 年，这一阶段是引入个人分担部分医疗保险费用机制和职工大病医疗费用社会统筹。第二阶段是 1994 年至今，建立社会统筹与个人账户相结合的社会医疗保险制度。1994 年 3 月，经国务院批准，确定在江苏省镇江市、江西省九江市按照社会统筹与个人账户相结合的模式进行职工社会医疗保险制度改革试点，这就是所谓的"两江"模式。1996 年 4 月，国务院在总结"两江"试点的基础上，扩大试点范围从而遍及全国的 29 个省、自治区和直辖市。1998 年 12 月，国务院在继续总结试点经验的基础上，提出了《关于建立城镇职工基本社会医疗保险制度的决定》。《决定》提出了建立我国基本医疗保险制度的原则和政策。到 2000 年前后，我国绝大多数地区完成了社会医疗保险制度改革方案的组织实施，标志着新制度在全国基本建立。

（1）基本原则。基本医疗保险的水平要与社会主义初级阶段的生产力发展水平相适应；城镇所有用人单位及其职工都要参加基本医疗保险，实行属地管理；基本医疗保险费由用人单位和职工双方共同负担；基本医疗保险基金实行社会统筹和个人账户相结合的模式。

（2）覆盖范围。城镇所有用人单位，包括企业（国有企业、集体企业、外商投资企业、私营企业等）、机关、事业单位、社会团体、民办非企业单位及其职工，都要参加基本医疗保险。乡镇企业及其职工、城镇个体经济组织业主及其从业人员是否参加基本医疗保险，由各省、自治区、直辖市人民政府决定。

（3）缴费办法。基本医疗保险费由用人单位和职工共同缴纳。用人单位缴费率应控制在职工工资总额的 6% 左右，职工缴费率一般为本人工资收入的 2%，退休人员个人不缴纳基本医疗保险费。随着经济的发展，用人单位和职工的缴费率可作相应调整。

（4）统筹基金和个人账户。基本医疗保险基金由统筹基金和个人账户构成。职工个人缴纳的基本医疗保险费全部计入个人账户。用人单位缴纳的基本医疗保险费分为两个部分：一部分用于建立统筹基金，一部分划入个人账户。划入个人账户的比例一般为用人单位缴费的 30% 左右，具体比例由统筹地区根据个人账户的支付范围和职工年龄等因素确定，对退休人员个人账户的计入金额和个人负担医疗费的比例给予适当照顾。

（5）统筹基金的起付标准和最高支付限额。统筹基金的起付标准原则上控制在当地职工年平均工资的 10% 左右，最高支付限额原则上控制在当地职工年平均工资的 4 倍左右。统筹基金起付标准以下的医疗费用，从个人账户中支付或由个人自付；统筹基金起付标准以上、最高支付限额以下的医疗费用，主要从统筹基金中支付，个人也要负担一定比例。超过最高支付限额的医疗费用，可以通过商业医疗保险等途径解决。统筹基金的具体起付标准、最高支付限额以及在起付标准以上和最高支付限额以下医疗费用的个人负担比例，由统筹地区根据以收定支、收支平衡的原则确定。

（6）医疗保险的范围。我国劳动和社会保障部会同卫生部、财政部等有关部门制定了《城镇职工基本医疗保险诊疗项目管理的意见》、《城镇职工基本医疗保险用药范围管理暂行办法》、《城镇职工基本医疗保险医疗服务设施范围和支付标准的意见》。各省、自治区、直辖市的劳动保障行政管理部门根据国家规定，会同有关部门制定本地区相应的实施标准和办法。

（7）医疗服务的管理。基本医疗保险实行定点医疗机构和定点药店管理。

（8）基金的管理。基本医疗保险基金纳入财政专户管理，专款专用，不得挤占或挪用。

（9）特殊人员的医疗待遇。离休人员、老红军、二等乙级以上革命伤残军人的医疗待遇不变，医疗费用按原资金渠道解决

为了解决少数超过最高支付限额的医疗费用病人的医疗保障问题，许多地区实施了大病保险。

（二）城乡居民基本医疗保险

城乡居民基本医疗保险由新型农村合作医疗和城镇居民基本医疗保险整合而成。

中国农村合作医疗兴起于 20 世纪五六十年代农业合作化高潮时期。到 70 年代，覆盖率达到当时全国行政村的 90% 以上。但是，改革开放之后随着家庭联产承包责任制的实施，以农业合作社为依托的合作医疗制度开始解体，再加之经济发展水平低、

资金来源有限、风险分担和互济作用无从发挥，以及干部和群众享受医疗服务的不公平等原因，传统农村合作医疗覆盖面急剧下降。到1985年，继续坚持合作医疗的行政村占全国的比例不到5％。

从20世纪90年代开始，合作医疗的恢复和重建被称为"二次合作医疗时期"，2002年10月，国务院下发了《关于进一步加强农村卫生工作的决定》，明确提出要求建立以大病统筹为主的新型农村合作医疗制度。2003年，国务院办公厅转发卫生部等部门《关于进一步做好新型农村合作医疗试点工作的指导意见》，从2003年起，新型农村合作医疗在全国迅速铺展开来。2006年1月卫生部等七部委又联合下发了《关于加快推进新型农村合作医疗试点工作的通知》。近年来新农合筹资水平和保障水平在不断提高。2014年，新农合参合率继续维持稳定在95％以上，各级财政对新农合人均补助达到320元。参合农民的报销比例政策范围内门诊达到了50％，住院达到75％。

城镇居民基本医疗保险制度旨在解决城镇非从业人员，特别是中小学生、少年儿童、老年人、残疾人等群体的社会医疗保险问题，2007年7月国务院下发了《关于开展城镇居民基本医疗保险试点的指导意见》，并首批确定79个试点城市。2009年，城镇居民基本医疗保险制度在全国所有城市全面建立。截至2013年年底，参加城镇居民基本社会医疗保险人数为29629万人，绝大多数地区城镇居民医保参保率超过90％，基本实现了"应保尽保"。

与职工医疗保险实行个人和单位共同缴费不同，城镇居民医保实行个人缴费与政府补助相结合，2015年各级财政对居民医保的补助标准在2014年的基础上提高60元，达到人均380元。

随着城乡一体化进程的加快、人口结构的快速变化、职业身份的频繁转变以及全国统一人力资源市场的逐步形成，现有的城乡分割的社会医疗保险制度迫切需要整合。2016年1月，国务院印发《关于整合城乡居民基本医疗保险制度的意见》，提出整合城镇居民基本医疗保险和新型农村合作医疗两项制度，建立统一的城乡居民基本医疗保险制度。

《意见》就整合城乡居民医保制度政策明确提出了"六统一"的要求。一要统一覆盖范围。城乡居民医保制度覆盖范围包括现有城镇居民医保和新农合所有应参保（合）人员，即覆盖除职工基本医疗保险应参保人员以外的其他所有城乡居民。各地要完善参保方式，促进应保尽保，避免重复参保。二要统一筹资政策。坚持多渠道筹资，继续实行个人缴费与政府补助相结合为主的筹资方式，鼓励集体、单位或其他社会经济组织给予扶持或资助。各地要统筹考虑城乡居民医保与大病保险保障需求，按照基金收支平衡的原则，合理确定城乡统一的筹资标准。整合后的实际人均筹资和个人缴费不得低于现有水平。完善筹资动态调整机制。三要统一保障待遇。城乡居民医保基金主要用于支付参保人员发生的住院和门诊医药费用。稳定住院保障水平，政策范围内住院费用支付比例保持在75％左右。进一步完善门诊统筹，逐步提高门诊保障水平。逐步缩小政策范围内支付比例与实际支付比例间的差距。四要统一医保目录。统一城乡居民医保药品目录和医疗服务项目目录，明确药品和医疗服务支付范围。实行分级管理、动态调整。五要统一定点管理。统一城乡居民医保定点机构管理办法，强化定点服务协议管理，建立健全考核评价机制和动态的准入退出机制。六要统一基金管理。城乡居民医保执行国家统一的基金财务制度、会计制度和基金预决算管理制度。城乡居民医保基金纳入财政专户，实行"收支两条线"管理。基金独立核算、专户管理，任何单位和个人不得挤占挪用。《意见》鼓励有条件的地区理顺医保管理体制，统一基本医保行政管理职能。整合城乡居民医保经办机构、人员和信息系统，规范经办流程，提供一体化的经办服务。还鼓励有条件的地区创新经办服务模式，推进管办分开，引入竞争机制，在确保基金安全和有效监管的前提下，以政府购买服务的方式委托具有资质的商业保险机构等社会力量参与基本医保的经办服务，激发经办活力。《意见》要求城乡居民医保制度原则上实行市（地）级统筹，鼓励有条件的地区实行省级统筹。《意见》提出在支付方式上系统推进按人头付费、按病种付费、按床日付费、总额预付等多种付费方式相结合的复合支付方式改革，建立健全医保经办机构与医疗机构及药品供应商的谈判协商机制和风险分担机制，推动形成合理的医保支付标准，引导定点医疗机构规范服务行为，控制医疗费用不合理增长。通过支持参保居民与基层医疗机构及全科医师开展签约服务、制定差别化的支付政策等措施，推进分级诊疗制度建设，逐步形成基层首诊、双向转诊、急慢分治、上下联动的就医新秩序。

三、补充医疗保险

补充医疗保险是指在基本社会医疗保险的基础上，由单位（含行政和工会组织）为职工、职工个人为自己出资投保的，为弥补基本医疗保险的不足，或满足较高的医疗需求而建立的补充性的医疗保险制度。补充医疗保险是完整医疗保险体系一个不可缺少的重要组成部分。

补充医疗保险同社会基本医疗保险在基本属性上有许多共同点，但是，补充医疗保险与基本社会医疗保险又有一定的区别。基本社会医疗保险是强制性保险，其功能是保障基本医疗需求，由政府保险部门组织管理，政府提供财政担保和托底保证。而补充医疗保险是自愿的，其功能是对基本医疗保险的弥补和提高。经办机构由投保者自行选择，并运用市场机制运营和操作，政府仅提供一定的政策优惠，而不提供财政担保和托底保证。补充医疗保险具有以下特点。

（1）自愿性。补充医疗保险与基本社会医疗保险的不同之处，在于其自愿性。不论是单位还是个人，均是自愿参加投保。国家对发展医疗保险要加强宣传，积极提倡和鼓励，但对企业和个人是否投保举办，对象和范围、保险期限、筹资数额以及给付标准和办法等，均由投保单位和个人通过民主讨论自主决定。

（2）补充性。相对于基本社会医疗保险来说，补充医疗保险的功能是补充基本医疗保险的不足；或填补基本医疗保险的空白，即基本医疗保险未保到和特殊医疗需求；或弥补和减轻个人自负医疗费进行自我保障的困难。补充医疗保险的补充性特征告诉我们，我们在确定补充医疗保险的筹资额和给付标准时要适度，筹资额不能过大，待遇水平不能过高，对个人自负部分的报销给付，仅是起弥补作用，而不应完全替代，以致削弱个人自负医疗这一机制的作用。

（3）互济性。补充医疗保险有的只具有个人储存、自我保障的属性，但多数情况下，在一定范围内（视统筹范围的大小）具有统筹互济的特征，如企业举办的个人缴费、单位资助、不记入个人医疗保险账户的补充医疗保险，依据投保总是大于受保的保险概率，把资金集中起来，一人为大家，大家为一人，由职工群体共担风险，帮助疾病风险大者及困难者解除困难，减轻负担，实行互助互济。

（4）灵活性。补充医疗保险与基本医疗保险不同。基本医疗保险实行统一费率、统一制度、统一的保障项目和待遇标准，而补充医疗保险则不强求统一，而是根据单位和职工的需要和承受能力，灵活地选择和确定。企业经济效益好时可以多补充，效益差时少补充，或暂时不补充，单位和职工可依自身的承受能力，确定不同的补充项目及范围，不同的筹资数额和给付水平；也可以根据职工疾病风险中最迫切需要解决的问题，选择某种病种和项目先搞补充，然后不断扩大和发展。收入水平高的职工，还可以自主投保个人储蓄医疗保险。总之，补充医疗保险是一种适应性很强，能适应不同企业、不同职工的不同情况，灵活地选择和投保不同补充项目、不同待遇水平的医疗保险制度。

2. 补充医疗保险的作用

（1）有利于促进医疗保险制度改革的深化，形成多层次的医疗保险体系。我国原有的医疗保险制度是单一层次的医疗保险制度，实践证明这种制度存在着保障主体单一、基本医疗保险负担过重、保障程度不足等弊端，必须加以改革，发展多种形式的补充医疗保险，形成多层次的医疗保险制度。所以，建立补充医疗保险制度是形成与完善新型的适应社会主义市场经济要求的医疗保险制度的重要环节。

（2）有利于调动多方面的力量和积极性，共同参与促进医疗保险事业的发展。建立补充医疗保险，就可以培育和形成多元的医疗保障行为主体，调动个人、单位行政、工会组织、社区组织等方方面面的积极性，共同为搞好劳动者的医疗保险贡献力量，从而分散疾病医疗风险，减轻政府举办的基本医疗保险的负担，亦可减轻职工个人自负医疗费，特别是数额较大的自负医疗费的困难，也使职工的疾病风险可以得到较充分、切实的保障。

（3）有利于培植职工自我保障的意识。补充医疗保险，虽然企业行政或工会组织在筹资中可能会给予一定的资助和补贴，但在通常的情况下，一般要个人出资参与投保。有时，某些补充医疗保险项目，完全由个人出资投保。这样，通过举办补充医疗保险，就可以克服过去那种单纯依靠国家或企业来保障个人疾病风险的倾向，有利于树立个人自我保障的意识。同时，由于补充医疗保险是个人出资参与，且进行民主管理，接受群众监督，筹资和管理的范围较小，容易管理，有利于抑制医疗费的不合理增长，减少医疗费的浪费，促进医疗保险事业的健康发展。

（4）有利于增强企业的凝聚力，稳定职工队伍。建立补充医疗保险，企业行政和工会在资金上给予资助和补贴，有时甚至全部由企业行政出资投保，这就使职工看到企业对自己医疗保险的关心，因而增强了企业的凝聚力，而企业出资的多少，又是根据企业的经济效益情况确定，使职工看到企业效益与个人利益的并存，因而积极地投入企业生产和经营，为提高经济效益而努力。

（5）有利于促进商业医疗保险的发展，为商业医疗保险提供广阔的空间。我国的人寿保险近几年虽有较快的发展，但与商业保险发达的国家相比，还有较大的差距，特别是商业医疗保险尚处于刚起步的阶段。这当然有多方面的原因，但与我国至今仍实行单一层次的医疗保险，由国家、企业把保险包下来的制度不无关系。通过改革，社会医疗保险只保基本医疗需求，而且是低标准、低水平的，同时用发展其他多种形式的医疗保险加以补充，这就为商业医疗保险的发展提供了充分的空间和机会。这是因为，企业补充医疗保险在有的企业单独举办是有困难的，就可以向商业保险公司投保。在个人要支付一定比例的医疗费，且医疗费数额较大，以及有些收入较高的职工要求得到较好的医疗服务的情况下，会促使更多的职工向商业保险公司投保医疗保险。

（一）公务员医疗补助

实行国家公务员医疗补助是在城镇职工基本医疗保险制度基础上对国家公务员的补充医疗保障，是保持国家公务员队伍稳定、廉洁，保证政府高效运行的重要措施。

按现行财政管理体制，医疗补助经费由同级财政列入当年财政预算，具体筹资标准根据原公费医疗的实际支出、基本医疗保险的筹资水平和财政承受能力等情况确定。医疗补助经费专款专用、单独建账、单独管理，与基本医疗保险基金分开核算。医疗补助经费主要用于基本医疗保险统筹基金最高支付限额以上，符合基本医疗保险用药、诊疗范围和医疗服务设施标准的医疗费用补助；在基本医疗保险支付范围内，个人自付超过一定数额的医疗费用补助；中央和省级人民政府规定享受医疗照顾的人员，在就诊、住院时按规定补助的医疗费用。补助经费的具体使用办法和补助标准，由各地按照收支平衡的原则作出规定。

（二）大额医疗保险

大额医疗保险是在参加基本医疗保险的基础上，由用人单位按本单位职工和退休人员缴费基数的1%，职工和退休人员个人每人每月按2元钱缴纳大额医疗保险费。参加基本医疗保险市级统筹的用人单位及职工和退休人员，在参加基本医疗保险的同时，应当参加大额医疗费互助保险。职工和退休人员缴纳了大额医疗保险费的即享受大额医疗保险待遇，发生超过基本医疗保险统筹基金最高支付限额的医疗费用时由大额医疗保险支付其医疗费用。大额医疗保险支付医疗费用的范围同基本医疗保险相同。

（三）城乡居民大病医疗保险

大病医疗保险的保障对象为城乡居民医疗保险（城镇居民医保、新农合）的参保（合）人，保障范围与城镇居民医保、新农合相衔接。城镇居民医保、新农合按政策规定提供基本医疗保障。在此基础上，大病保险主要在参保（合）人患大病发生高额医疗费用的情况下，对城镇居民医保、新农合补偿后需个人负担的合规医疗费用给予保障。

资金来源上，从城镇居民医保基金、新农合基金中划出一定比例或额度作为大病保险资金。城镇居民医保和新农合基金有结余的地区，利用结余筹集大病保险资金；结余不足或没有结余的地区，在城镇居民医保、新农合年度提高筹资时统筹解决资金来源，逐步完善城镇居民医保、新农合多渠道筹资机制。

地方政府制定大病保险的筹资、报销范围、最低补偿比例，以及就医、结算管理等基本政策要求，并通过政府招标选定承办大病保险的商业保险机构。符合基本准入条件的商业保险机构自愿参加投标，中标后以保险合同形式承办大病保险，承担经营风险，自负盈亏。商业保险机构承办大病保险的保费收入，按现行规定免征营业税。

大病医疗保险实施以来，成效显著，例如在 2014 年，我国对参加新农合农民 22 种大病进行保险，在报销基本医疗比例的基础上，进一步进行保障。在全国总共有 97 亿元报销数额，115 万人次受益。实际报销比相对基本的新农合补偿提高了 12 个百分点。

（四）职工互助保障

职工互助保障是由中华全国总工会倡导组织、广大职工自愿参加的一种保费低廉、保障力度较大、手续简便、赔付及时、管理规范、不以赢利为目的的互助互济保障活动。职工只需缴纳 10 元或数十元保费，当出现患病或意外灾害等情况时，将可获得万元到数万元不等的赔付，大大减轻职工的负担。目前开展的主要有在职女职工特殊疾病互助保障、在职职工子女意外伤害互助保障、在职职工重大疾病互助保障、在职职工意外伤害保障和在职职工住院医疗互助保障活动。职工互助保障工作之前主要在国有企业开展，从 2010 年起开始向乡镇街道和非公有企业延伸，将加大向其他企业推广力度。

（五）长期护理保险

随着人口结构老龄化进程的加快，长期护理逐渐被全球社会所熟知。长期护理保险就是通过发挥保险的风险共担、资金互济的功能，对被保险人因接受长期护理服务而产生的费用进行分担补偿的一种制度。长期护理保险有两种形式：商业保险和社会保险。以色列于 1986 年颁布了长期护理社会保险法，开了社会性护理保险立法的先河。奥地利、德国、荷兰、日本和韩国等国也先后颁布了护理保险法规。国际经验证明，建立老年长期护理保险制度是缓解老龄化社会带来的诸多社会问题的一条行之有效的途径。在我国，社保性质的长期护理保险还属于新生事物，只在个别地方试行。青岛市于 2012 年在全国首创长期医疗护理保险制度，从 2015 年 1 月起覆盖范围扩大到农村。同时，青岛市明确了护理服务内容，护理服务机构要根据参保人病情和实际需求，实施以病人为中心的整体医疗和护理，并明确规定了巡诊、治疗、护理等 8 个方面的服务内容，有助于提升护理服务机构的专业性、职业性和规范性。除了青岛、潍坊、长春也在开始相关试点。随着我国老龄化社会的加速发展，长期护理保险必将成为一项基本保障需求。

医疗救助的相关内容，将在"社会救助"章节中予以介绍，在此不再赘述。

案例分析

案例 1："家人冒用医保卡获刑"警示了什么？

有一些家庭由于成员参加的社会医疗保险种类不同，从而一张社保卡"自己用，配偶用，父母用，子女用"，以获得更多的医保报销金额。那么，这种"一张卡全家用"合法吗？会给使用者带来什么样的后果呢？

案例描述：75 岁的邹某家住诸暨市某街道，丈夫老周今年（2015 年）80 岁，患有脑梗塞、冠心病，长期住院治疗。邹某患高血压已有 30 多年，平日里要吃不少药。因邹某只参加了城镇居民医疗保险，药费报销比例较少，而丈夫老周的社保卡能报销不少医药费。为省钱，邹某便让自己 52 岁的小女儿周某拿着老周的社保卡去配药。

从 2011 年 2 月至 2015 年 7 月，周某用她父亲的社保卡，为母亲配药 34 次，报销药费 11376.64 元。老周因长期卧病在床，生活无法自理，虽意识清醒，但已无法说话，故他对妻子女儿使用自己社保卡的事全然不知。

（资料来源：新华网《用父亲社保卡替母买药母女被判诈骗》，http：//news. xinhuanet. com/2015—12/20/c_1117516628. htm）

案发后，诸暨市人民法院以诈骗罪判处邹某和周某刑罚。

案例分析：我国社会医疗保险遵循"权利与义务对等"的原则，如果采取冒用亲属医保卡的方式来骗取医疗费用，那么就可能产生道德风险，严重损害医疗保险制度的正常运转。在现实中，确实有一些人没有参加医保或报销比例较低但又身患重病，这种事情宜用其他方式来解决，比如求助于慈善组织，发动其他人募捐等方式，但绝不允许利用违反法律的方式来解决自身的困难。

案例结论：在我国，用亲属的社保卡治病、买药以获得费用报销，这种行为涉嫌违法，法律并不会因为你是用亲人的社保卡和因为你确实是在治病而法外开恩的。

案例 2：单位不依法为员工缴纳医疗保险被判高额赔偿

现实生活中，许多单位为了降低用工成本，不依法为员工缴纳医疗保险费，那么，这样做会给用人单位带来什么后果，真能"省钱"吗？

案例描述：2015 年 2 月 22 日，河北某建筑公司职工杨某在单位突发疾病住院接受治疗，3 月 18 日，又转至北京某医院抢救，于 4 月 22 日救治无效死亡，共支付各项医疗费用 15 万余元。建筑公司未为张某办理城镇职工基本医疗保险参保手续。

张某病逝后，为医疗费用的赔偿问题，2015 年 9 月，张某的父母向劳动争议仲裁委员会提起仲裁，裁决结果是建筑公司一次性赔偿医疗费 10.9 万元，建筑公司不服仲裁裁决，向法院提起诉讼。

（资料来源：法律快车网《单位未交医疗保险承担高额赔偿》，http：//www. lawtime. cn/lawyer/casecont33253773330471oo48207）

案例分析：按照现有法律法规，用人单位不能通过事后补缴保险费而让员工享受保险待遇。如果用人单位未能依法为员工缴纳医疗保险，导致员工患病后，因无法享受医疗保险待遇而遭受经济损失的，劳动争议仲裁委员会或法院原则上将判令用人单位赔偿员工所遭受的损失，即判令用人单位按当地医疗保险待遇标准，赔偿员工损失。

案例结论：法院判决驳回建筑公司的诉讼请求，即由建筑公司一次性赔偿医疗费近 10.9 万元给张某的父母亲。

关键概念

社会医疗保险；道德风险；起付线法；封顶线法；医疗费用预付制

思考题

（1）简述社会医疗保险当事人及其关系。

（2）社会医疗保险费用支付及其道德风险控制有哪些手段？

（3）我国的社会医疗保险体系包括哪些内容？

（4）我国城镇职工基本医疗保险制度采取的是社会统筹和个人账户相结合的模式，随着改革实践不断进行，这一制度也暴露出许多缺陷，逐渐引发出对个人账户合理性的思考，并升级成为个人账户去留问题的讨论，你对此怎么看？

第七章　工伤社会保障

第一节　工伤保险概述

一、工伤与工伤保险的概念

工伤的含义，有狭义和广义两种。狭义的是指由于工作直接或间接引起的意外伤害，广义上的工伤还包括职业病。职业病是指企业、事业单位和个体经济组织等用人单位的劳动者在职业活动中，因接触粉尘、放射性物质和其他有毒、有害物质等因素而引起的疾病。工伤保险，是劳动者在生产和工作中遭受意外伤害，或因长期接触职业性有毒有害因素引起职业伤害后，由国家和社会给予负伤者、致残者及死亡者生前供养亲属提供必要物质帮助的一种社会保障制度。

二、工伤归责与工伤保险的发展

工伤的产生与发展是与工业化的产生与发展密不可分的。在机器大工业的条件下，工伤事故的发生具有一定的客观必然性。对于工伤责任的认定，随着社会发展，从有利于维护雇主利益到有利于维护劳动者权益，在较长的时间里主要经过了三个阶段。

（一）劳动者个人负责阶段

在资本主义早期，劳动者在工作中受到职业伤害的一切后果都由其本人承担，这就是所谓的劳动者个人责任原则。这种做法的理论依据是"危险自负说"，这是18世纪英国著名经济学家亚当·斯密在"风险承担"理论中提出的观点。他认为雇主在与劳动者签订劳动合同时，其支付的工资中已经包含了对劳动者工作岗位危险性的补偿，因此劳动者在工作过程中因发生工伤事故而蒙受的一切损失应由劳动者本人承担。这一理论风行于早期资本主义时期，成为雇主推卸工伤责任的理论依据。

（二）雇主过错责任阶段

伴随着资本主义工业化的发展进程，大机器所导致的工伤事故和职业病越来越多，给劳动者身心健康及其生活带来了严重的危害。劳动者为了获得工伤赔偿，纷纷起来抗争，要求雇主承担工伤赔偿责任，并取得了一定的胜利，即劳动者受到职业伤害后可以通过法律手段获得一定的赔偿。但这种赔偿是依据民事赔偿法律，通过法院的裁决实现的。劳动者只有证明工伤是由于雇主的过错造成的，法院才能判决雇主给予赔偿，否则后果自付，这就是所谓的"雇主过错赔偿"原则，它以雇主存在着过错为赔偿前提。与此相适应，对工伤事件的保障进入了雇主过错责任保险阶段。例如，1894

年英国通过的《雇主责任法》明确规定，劳动者只有在法庭上证明雇主有过错才能获得赔偿。此后，许多国家也在《工厂法》有关劳动条件的条文中规定了工伤赔偿责任。与劳动者个人负责相比，雇主过错责任赔偿显然是一大进步。然而，实行雇主过错责任赔偿并不能真正解决劳动者遭受工伤后的赔偿问题，主要原因一是劳动者很难提供证据证明工伤是由于雇主的过错造成的；二是法律诉讼费用往往太高，劳动者难以承担；三是劳动者起诉雇主，会带来被解雇的后果。因此，劳动者往往会放弃诉讼，最终得不到合理的补偿。

（三）雇主无过失责任阶段

到 19 世纪末，随着工人阶级斗争的胜利和社会文明的进步，德国、英国、法国等工业化国家普遍确认了"职业危险原则"。该原则认为：工业化给社会创造巨额财富的同时，也容易发生难以抗拒的工伤事故和职业病；凡是利用机器或雇员体力从事经济活动的雇主或机构，均有可能造成雇员受到职业方面的伤害；而劳动者发生职业伤害，无论雇主是否存在过失，只要不是劳动者的故意所为，雇主就应进行赔偿；雇主支付职业伤害赔偿金是一笔"日常开支"，就像修理和维护设备的保养费和支付给工人的工资一样，是企业或雇主应负责的一部分管理费用。在这种"无过失补偿"原则指导下，保障工伤者权益的风险保障机制也开始由雇主责任保险进入到雇主无过失赔偿阶段。

尽管实行雇主无过失赔偿有利于劳动者得到及时的赔偿，但由于雇主无过失赔偿缺乏分散工伤风险的功能，而且待遇多为一次性支付，因此对劳动者的保障性并不强。在这种情况下，一些发达的工业化国家开始寻求更好的制度来解决职业伤害保险问题。1884 年，德国通过了《工人灾害赔偿法》，规定由政府主管部门组织工伤保险，统一筹集资金，通过行业雇主协会进行工伤赔偿。该法同时以法律的形式确立了无过失补偿原则。这是世界上最早建立的工伤社会保险制度。此后，工伤社会保险在世界上被越来越多的国家所采用。

三、工伤保险的原则

（一）无过失补偿原则

无过失补偿原则亦称严格责任或绝对责任原则，它是指劳动者在工作过程中遭遇工伤事故或职业病，无论企业或雇主是否有过错，只要不是劳动者本人故意所为，均按照法律规定的标准支付劳动者相应的工伤保险待遇。无过失补偿原则是工伤保险应遵循的首要原则。无过失补偿原则的确立，有利于劳动者在工伤发生后能够得到及时的治疗和经济补偿。当然，实施无过失补偿原则，并不意味着不追究事故责任；相反，对于事故的发生必须认真调查，分析事故原因，查明事故责任，以便吸取教训，降低事故发生率。

（二）个人不缴费原则

工伤事故属于职业性伤害，是在劳动生产过程中，劳动者为企业或雇主创造物质财富而付出的健康乃至生命的代价，因此，工伤保险待遇带有明显的"劳动力修复与再生产投入"性质，属于企业生产成本的特殊组成部分。工伤事故的这种特殊性和无过失补偿原则，决定了工伤保险的保险费只能由企业或雇主单方承担，这是工伤保险与其他社会保险项目的根本区别。

（三）补偿直接经济损失的原则

劳动者发生工伤后，应给予经济补偿，但这种补偿只是对劳动者直接经济损失的补偿，而不包括间接的经济损失。所谓直接经济损失，是指劳动者工资收入方面的损失。这种损失会直接影响到劳动者本人及其家庭的基本生活保障，也会影响到劳动力的再生产，因此，必须给予及时的、较为优厚的补偿。而间接经济损失是指劳动者直接经济损失以外的其他经济损失，包括兼职收入、业余劳动收入等。这部分收入并非人人都有，是不固定的收入，很难准确核定，不具有普遍性。因此，这一部分收入一般不列入经济补偿的范畴。

（四）因工伤残与非因工伤残区别对待原则

由于职业伤害与工作或职业有着直接的关系，因此，工伤保险待遇水平要明显高于因病或非因工伤亡的医疗待遇，而且享受条件也不受到年龄、性别、缴费期限等条件的限制。对因工和非因工的区分是建立工伤保险的前提和出发点。

（五）补偿与预防、康复相结合的原则

工伤保险主要的任务是工伤补偿，因为劳动力是有价值的，劳动者因工伤残甚至死亡时，会给劳动者及其家庭带来经济上的损失，理应得到赔偿。但这并不是工伤保险唯一的任务，工伤补偿与工伤预防、工伤康复二者是密切关联的。加强安全生产、减少事故发生和发生事故时及时进行抢救治疗，采取有力措施帮助劳动者尽快恢复健康并重新走上工作岗位，比工伤补偿更有意义。把工伤补偿与工伤预防、职业康复有机结合起来，这是目前许多国家工伤社会保险制度所具有的一项重要内容。

四、国外工伤保险

（一）工伤范围

工伤保险操作较为复杂，为了减少纠纷，降低制度成本，各国法律法规在工伤保险方面的规定非常具体而详细。根据国际劳工局 1952 年第 102 号《社会保险最低标准公约》规定，享受工伤待遇的条件是：①因工伤出现病态；②因为这种病态，无能力工作并且失去了收入；③全部或部分丧失劳动能力；④家庭因主要劳动力死亡而失去生活来源。

在工伤保险发展初期，工伤范围只包括企业意外事故，以后发展到包括疾病和职业病，据国际劳工局调查，1925 年只有 7 个国家把上下班通勤事故列为工伤，到 1963 年调查的 101 个国家中 50 个国家把这种事故视为企业事故。工伤保险发展到现在，许多国家工伤的范围进一步扩大。如参与红十字会活动或营救工作、消防、治安、民防等公益活动中的事故也列为工伤。

职业病范围也有扩展。1925 年，时国际劳工局只承认 3 种职业病，即铅中毒、汞中毒和炭疽病。随着化学工业的发展，各类化学品从业人员的危害逐步显露。到 1964 年，国际劳工局公布的第 121 号公约中列出了 15 种职业病，1980 年又增加到 29 种。确认职业病通常有三种方法：第一种是将职业病列成表，确认时只需查表即可；第二种方法是一些国家只规定职业病的起因，凡是在规定的起因范围内出现的疾病都是职

业病；第三种方法是混合式，即开放列表式，经专家认可的与职业相关的疾病可以享受职业病待遇。

（二）工伤保险基金的筹集

如前所述，工伤保险的一个原则和特点是工伤保险费只由雇主缴费，雇员不承担任何费用。对于工伤保险的缴费费率，国际上有三种费率机制：差别费率制、浮动费率制和统一费率制。

1. 差别费率制

不同的行业面临的风险程度各不相同，如果仅采用统一的费率，则会出现参保的都是工伤发生率较高的企业这种情况，即工伤保险领域的逆向选择问题。差别费率制是根据行业风险类别和职业伤害频率划分不同的费率档次，企业缴纳的保险费率与其所在行业的风险类别和职业伤害频率直接挂钩，风险大、事故频率高的企业缴纳的保险费率也高。因而差别费率制有助于解决工伤保险的逆向选择问题。

2. 浮动费率制

浮动费率也称经验费率，将企业的费率与其一段时间的事故发生率挂钩，根据事故发生率上升或下降情况及时调整费率，这在一定程度上解决了工伤保险的道德风险问题。正常情况下，雇员没有故意伤残骗取保险金的动机，因而浮动费率主要是针对雇主的道德风险问题。如果缴费费率不变，雇主进行工伤预防的积极性较低。为了降低成本，雇主会减少工伤预防方面的投入，从而导致工伤事故发生的概率增加。但是如果对一段时间内安全防护措施较好、工伤事故发生率下降的企业降低缴费率以作为奖励，则能够很好地激励和督促企业加大工伤预防的投入、改善安全生产状况，减少工伤事故与职业危害的发生。

3. 统一费率制

统一费率制即所有企业均按照同一费率缴费，这实际上是"一刀切"的模式。统一费率制会导致严重的逆向选择问题，也不利于约束雇主的道德风险，不能激励雇主进行工伤预防，所以世界各国一般采用差别费率制和浮动费率制相结合的方法。

（三）工伤保险待遇的标准

工伤保险待遇主要分为医疗补助金和工伤补助金两大类。其中，工伤补助金主要包括以下三个方面的内容。

1. 暂时伤残津贴和工伤补偿

对暂时伤残津贴和工伤补偿，按照无过失补偿原则一律给付。职工在工伤后 4～6 周内由企业支付工资；此后，由工伤保险部门给付工伤津贴；10～14 周后，按伤残程度给付本人工资收入 20%～100% 的伤残抚恤金。根据 1964 年《职业伤害赔偿公约》的规定，对暂时丧失劳动能力者的最低补偿水平，应达到本人工资收入的 60%。绝大多数国家都达到了这个标准，还有 1/3 国家的工伤补偿水平达到了本人工资收入的 75%。有的国家按照工资收入的 80%～85% 发放暂时伤残津贴，有的国家如卢森堡、马里按照工资收入的 100% 发放暂时伤残津贴。

2. 伤残补助金

根据伤残程度，永久伤残分为完全与部分两大类，但基本上都可以享受定期补助金。完全伤残补助金支付的最低标准一般为平均工资的 60% 以上，部分伤残则与伤残程度或工资收入的损失成正比。享有养老保险待遇的，视其水平，如果低于工伤补偿待遇，则应补足差额，但两者相加不得超过原工资收入的 70%；如果超过了，则一般采取保留伤残待遇、削减养老金的办法。

3. 工伤死亡遗属抚恤金

根据《职业伤害赔偿公约》的规定，有两个孩子的遗属的最低津贴额，应达到其丈夫工资收入的 50%，但所有遗属的津贴相加不能超过死亡者原工资收入的 70%。遗孀获得抚恤金是无条件的，即不管其年龄、是否有工作能力或是否有子女抚养，其津贴水平必须达到其丈夫原工资收入的 30% 以上。未成年子女享受伤遗属抚恤金待遇，一般在 16～18 岁之前，每个子女可领取亡父母原工资的 15%。有些国家甚至将遗属待遇的范围扩大到死者父母和未成年的兄弟姐妹，一般加起来的遗属待遇支付，可达到死者原工资收入的 60%～70%。

（四）工伤保险的管理

虽然各国管理工伤保险的职能机构不同，但通常都是由劳动部（劳工部）或健康与社会保障部负责监督。有些国家由一个公共机关或基金会单独负责征收保险费，并支付补偿金。有些国家规定，雇主无需缴纳工伤保险费，或者可以向私营保险机构为其雇员投保。美国约有半数的州由劳工补偿机构管理工伤保险业务，约有 3/8 的州由州劳工管理局管理工伤保险业务，有 3 个州由法院管理工伤保险业务。阿根廷的工伤保险业务由劳动和社会保障部下设的社会保障秘书处与国家社会保护总署按有关法律共同实施管理，雇主可向私营保险公司或雇员互助会为企业职工投保。法国规定由全国疾病基金会统一管理工伤补助方案，并负责支付补偿金，保险费则由联合征收机构负责征集，社会事务和就业部实施一般监督。

第二节　我国的工伤保险

我国直到 20 世纪 50 年代才开始建立工伤保险制度。1951 年 2 月政务院颁布《中华人民共和国劳动保险条例》，1953 年 1 月又通过了《关于中华人民共和国劳动保险条例若干修正的决定》。同时，国家机关、事业单位的工伤保险制度也以单项法规的形式建立，1950 年 12 月内务部公布《革命工作人员伤亡褒恤暂行条例》。20 世纪 80 年代后，国家开始对传统的工伤保险制度进行了一系列的改革探索。1996 年，劳动部颁发了《企业职工工伤保险试行办法》。2003 年 4 月，国务院颁布《工伤保险条例》，标志着工伤保险改革进入了一个新的发展阶段。2011 年实施的修订后的《工伤保险条例》和《社会保险法》，使得我国的工伤保险制度不断完善。

一、工伤保险基金

工伤保险基金由用人单位缴纳的工伤保险费、工伤保险基金的利息和依法纳入工伤保险基金的其他资金构成。用人单位缴纳工伤保险费的数额为本单位职工工资总额乘以单位缴费率之积。职工个人不缴纳工伤保险费。工伤保险费根据以支定收、收支平衡的原则，确定费率。

国家根据不同行业的工伤风险程度确定行业的差别费率，并根据工伤保险费使用、工伤发生率等情况在各个行业内确定若干费率档次。行业差别费率及行业内费率档次由国务院社会保险行政部门制定，报国务院批准后公布施行。统筹地区经办机构根据用人单位工伤保险费使用、工伤发生率等情况，适用所属行业内相应的费率档次确定单位缴费率。按现行规定，我国将行业工伤风险类别划分为八类，风险程度由低到高。各行业一类至八类工伤风险类别对应的基准费率，分别控制在该行业用人单位职工工资总额的 0.2%、0.4%、0.7%、0.9%、1.1%、1.3%、1.6%、1.9% 左右。不同行业也划分了档次。其中，一类行业分为三个档次，即在基准费率的基础上，可向上浮动至 120%、150%；二类至八类行业分为五个档次，即在基准费率的基础上，可分别向上浮动至 120%、150% 或向下浮动至 80%、50%。

工伤保险基金逐步实行省级统筹。跨地区、生产流动性较大的行业，可以采取相对集中的方式异地参加统筹地区的工伤保险。工伤保险基金存入社会保障基金财政专户，用于工伤保险待遇、劳动能力鉴定、工伤预防的宣传、培训等费用，以及法律、法规规定的用于工伤保险的其他费用的支付。工伤保险基金应当留有一定比例的储备金，用于统筹地区重大事故的工伤保险待遇支付；储备金不足支付的，由统筹地区的人民政府垫付。

二、工伤的认定

(一) 工伤范围

工伤范围最初只限于因工作原因直接造成的伤害。随着职业伤害的增多，工伤事故的范围也在不断扩大。根据新的《工伤保险条例》，职工有下列情形之一的，应当认定为工伤：

(1) 在工作时间和工作场所内，因工作原因受到事故伤害的；

(2) 工作时间前后在工作场所内，从事与工作有关的预备性或者收尾性工作受到事故伤害的；

(3) 在工作时间和工作场所内，因履行工作职责受到暴力等意外伤害的；

(4) 患职业病的；

(5) 因工外出期间，由于工作原因受到伤害或者发生事故下落不明的；

(6) 在上下班途中，受到非本人主要责任的交通事故或者城市轨道交通、客运轮渡、火车事故伤害的；

(7) 法律、行政法规规定应当认定为工伤的其他情形。

职工有下列情形之一的，视同工伤：

(1) 在工作时间和工作岗位，突发疾病死亡或者在 48 小时之内经抢救无效死亡的；

(2) 在抢险救灾等维护国家利益、公共利益活动中受到伤害的；

（3）职工原在军队服役，因战、因公负伤致残，已取得革命伤残军人证，到用人单位后旧伤复发的。

职工虽符合上述规定，但有下列情形之一的，不得认定为工伤或者视同工伤：

（1）故意犯罪的；

（2）醉酒或者吸毒的；

（3）自残或者自杀的。

（二）职业病

在我国，职业病的预防、诊断和治疗等管理主要依据《职业病防治法》和《职业病诊断与鉴定管理办法》等法律法规进行。

职业病的分类和目录由国务院卫生行政部门会同国务院安全生产监督管理部门、劳动保障行政部门制定、调整并公布。最常见的职业病有尘肺、职业中毒、职业性皮肤病等。

对从事接触职业病危害的作业的劳动者，用人单位应当按照国务院安全生产监督管理部门、卫生行政部门的规定组织上岗前、在岗期间和离岗时的职业健康检查，并将检查结果书面告知劳动者。职业健康检查费用由用人单位承担。对遭受或者可能遭受急性职业病危害的劳动者，用人单位应当及时组织救治、进行健康检查和医学观察，所需费用由用人单位承担。

劳动者可以在用人单位所在地、本人户籍所在地或者经常居住地依法承担职业病诊断的医疗卫生机构进行职业病诊断。承担职业病诊断的医疗卫生机构不得拒绝劳动者进行职业病诊断的要求。

当事人对职业病诊断有异议的，可以向作出诊断的医疗卫生机构所在地地方人民政府卫生行政部门申请鉴定。职业病诊断争议由设区的市级以上地方人民政府卫生行政部门根据当事人的申请，组织职业病诊断鉴定委员会进行鉴定。当事人对设区的市级职业病诊断鉴定委员会的鉴定结论不服的，可以向省、自治区、直辖市人民政府卫生行政部门申请再鉴定。

医疗卫生机构发现疑似职业病病人时，应当告知劳动者本人并及时通知用人单位。用人单位应当及时安排对疑似职业病病人进行诊断；在疑似职业病病人诊断或者医学观察期间，不得解除或者终止与其订立的劳动合同。疑似职业病病人在诊断、医学观察期间的费用，由用人单位承担。

用人单位应当保障职业病病人依法享受国家规定的职业病待遇。用人单位应当按照国家有关规定，安排职业病病人进行治疗、康复和定期检查。用人单位对不适宜继续从事原工作的职业病病人，应当调离原岗位，并妥善安置。用人单位对从事接触职业病危害的作业的劳动者，应当给予适当岗位津贴。

职业病病人的诊疗、康复费用，伤残以及丧失劳动能力的职业病病人的社会保障，按照国家有关工伤保险的规定执行。职业病病人除依法享有工伤保险外，依照有关民事法律，尚有获得赔偿的权利的，有权向用人单位提出赔偿要求。劳动者被诊断患有职业病，但用人单位没有依法参加工伤保险的，其医疗和生活保障由该用人单位承担。

（三）工伤认定的程序

工伤认定一般经过申请与受理、调查取证和认定决定三个阶段。

职工发生事故伤害或者按照《职业病防治法》规定被诊断、鉴定为职业病，受伤职工劳动关系所在单位应当自事故伤害发生之日或者被诊断、鉴定为职业病之日起 30 日内，向统筹地区劳动保障行政部门提出工伤认定申请。遇有特殊情况，经报劳动保障行政部门同意，申请时限可以适当延长。

用人单位未在规定的时限内提交工伤认定申请，在此期间发生符合本条例规定的工伤待遇等有关费用由该用人单位负担。单位在申请期限内没有提出申请，职工或其直系亲属、工会组织可以在单位申请期限满后，事故伤害发生之日或者被诊断、鉴定为职业病之日起 1 年内，向统筹地区劳动保障行政部门提出工伤认定申请。

自事故伤害发生之日或者被诊断、鉴定为职业病之日起，时间满 1 年的，劳动保障行政部门不再受理该事故的工伤认定申请。

提出工伤认定申请应当提交下列材料：①工伤认定申请表。工伤认定申请表应当包括事故发生的时间、地点、原因，以及职工伤害程度等基本情况。②与用人单位存在劳动关系（包括事实劳动关系）的证明材料。③医疗诊断证明或者职业病诊断证明书（或者职业病诊断鉴定书）。工伤认定申请人提供材料不完整的，社会保险行政部门应当一次性书面告知工伤认定申请人需要补正的全部材料。

调查取证包括查明工伤事故发生的全过程及原因、核实申请材料内容的真实性、获取存在情况的依据；调查方法可以采取询问调查、现场查看、资料查阅三种方式进行。社会保险行政部门受理工伤认定申请后，根据审核需要可以对事故伤害进行调查核实。对依法取得职业病诊断证明书或者职业病诊断鉴定书的，社会保险行政部门不再进行调查核实。职工或者其近亲属认为是工伤，用人单位不认为是工伤的，由用人单位承担举证责任。

劳动保障行政部门应当自受理工伤认定申请之日起 60 日内作出工伤认定决定。工伤认定决定作出之日起 20 个工作日内，按照《民事诉讼法》有关送达的规定，将《工伤认定决定书》送达工伤认定申请人以及受伤害职工（或其直系亲属）和用人单位，抄送工伤保险经办机构，并告知当事人对决定不服的权利。当事人（用人单位、受伤害职工或其直系亲属）对本工伤认定结论不服的，可以在收到本工伤认定书之日起 60 日内依法向本级人民政府或上一级劳动保障行政部门提出行政复议。对复议不服的，可以提请诉讼。社会保险行政部门对受理的事实清楚、权利义务明确的工伤认定申请，应当在 15 日内作出工伤认定的决定。

三、劳动能力鉴定

职工发生工伤，经治疗伤情相对稳定后存在残疾、影响劳动能力的，应当进行劳动能力鉴定。劳动能力鉴定，又称劳动鉴定、医务劳动鉴定。它是指运用医学技术的方法、手段，依据鉴定标准，对因工或非因工负伤以及患病的劳动者的伤、病、残程度及其劳动功能障碍程度和生活自理障碍程度等进行诊断和鉴定确认的全过程。主要是指劳动功能障碍程度和生活自理障碍程度的等级鉴定。其中，劳动功能障碍分为十个伤残等级，最重的为一级，最轻的为十级；生活自理障碍分为三个等级：生活完全不能自理、生活大部分不能自理和生活部分不能自理。劳动能力鉴定标准由国务院社会保险行政部门会同国务院卫生行政部门等部门制定。

劳动能力鉴定由用人单位、工伤职工或者其近亲属向设区的市级劳动能力鉴定委员会提出申请，并提供工伤认定决定和职工工伤医疗的有关资料。

省、自治区、直辖市劳动能力鉴定委员会和设区的市级劳动能力鉴定委员会分别由省、自治区、直辖市和设区的市级社会保险行政部门、卫生行政部门、工会组织、经办机构代表以及用人单位代表组成。设区的市级劳动能力鉴定委员会收到劳动能力鉴定申请后，应当从其建立的医疗卫生专家库中随机抽取 3 名或者 5 名相关专家组成专家组，由专家组提出鉴定意见。设区的市级劳动能力鉴定委员会根据专家组的鉴定意见作出工伤职工劳动能力鉴定结论；必要时，可以委托具备资格的医疗机构协助进行有关的诊断。设区的市级劳动能力鉴定委员会应当自收到劳动能力鉴定申请之日起60 日内作出劳动能力鉴定结论，必要时，作出劳动能力鉴定结论的期限可以延长 30日。劳动能力鉴定结论应当及时送达申请鉴定的单位和个人。

申请鉴定的单位或者个人对设区的市级劳动能力鉴定委员会作出的鉴定结论不服的，可以在收到该鉴定结论之日起 15 日内向省、自治区、直辖市劳动能力鉴定委员会提出再次鉴定申请。省、自治区、直辖市劳动能力鉴定委员会作出的劳动能力鉴定结论为最终结论。

自劳动能力鉴定结论作出之日起 1 年后，工伤职工或者其近亲属、所在单位或者经办机构认为伤残情况发生变化的，可以申请劳动能力复查鉴定。

四、工伤保险待遇

《中华人民共和国社会保险法》第三十六条第一款规定："职工因工作原因受到事故伤害或者患职业病，且经工伤认定的，享受工伤保险待遇。"工伤保险待遇可以分为医疗待遇、伤残待遇、死亡待遇三类。

（一）医疗待遇

新《条例》规定："职工因工作遭受事故伤害或者患职业病进行治疗，享受工伤医疗待遇"，"治疗工伤所需费用符合工伤保险诊疗项目目录、工伤保险药品目录、工伤保险住院服务标准的，应从工伤保险基金支付"，"职工住院治疗工伤的伙食补助费，以及经医疗机构出具证明，报经办机构同意，工伤职工到统筹地区以外就医所需的交通、食宿费用从工伤保险基金支付"，"职工在停薪留职期满后仍需治疗的，继续享受工伤医疗待遇"。

（二）伤残待遇

职工因工遭受事故伤害或者患职业病的，区别其完全丧失劳动能力、大部分丧失劳动能力和部分丧失能力的不同情况给予不同的伤残待遇。

因工致残被鉴定为一级至四级的伤残职工，退出工作岗位，保留与企业的劳动关系，并享受相应待遇。工伤职工达到退休年龄并办理退休手续后，停发伤残津贴，享受基本养老保险待遇，基本养老保险待遇低于伤残津贴的，由工伤保险基金补足差额，并由用人单位和职工个人以伤残津贴为基数，缴纳基本社会医疗保险费。

因工致残被鉴定为五级至六级的伤残职工，享受相应的待遇。保留与用人单位劳动关系的，由本单位安排适当工作；难以安排工作的，由用人单位按月发给伤残津贴，并由用人单位按照规定为其缴纳应缴纳的各项社会保险费。伤残津贴实际金额低于当地最低工资标准的，由用人单位补足差额。

经工伤职工本人提出，该职工可以与用人单位解除或者终止劳动关系，由工伤保险基金支付一次性工伤医疗补助金，由用人单位支付一次性伤残就业补助金。

因工伤残被鉴定为七级至一级的伤残职工，由工伤保险基金按照伤残等级一次性支付伤残补助金。劳动、聘用合同期满终止，或者职工本人提出解除劳动、聘用合同的，由工伤保险基金支付一次性工伤医疗补助金，由用人单位支付一次性伤残就业补助金。

工伤职工已经评定伤残等级并经劳动能力鉴定委员会确认需要生活护理的，从工伤保险基金按月按照护理等级（分为全部护理依赖、大部分护理依赖和部分护理依赖等三个等级）发给护理费。

（三）死亡待遇

新《条例》第三十九条规定："职工因工死亡，其近亲属按照下列规定从工伤保险基金领取丧葬补助金、供养亲属抚恤金和一次性工亡补助金。"伤残职工在停工留薪期内因工伤导致死亡的，其近亲属享受丧葬补助金规定的待遇；一级至四级伤残职工在停工留薪期满后死亡的，其近亲属可以享受丧葬补助金和供养亲属抚恤金规定的待遇。

伤残待遇与死亡待遇的具体额度见表7-1。

表 7-1　伤残待遇与死亡待遇表

补偿类别			定期补偿	一次性补偿
伤残待遇	完全丧失劳动能力	1 级	本人工资的 90%	27 个月的本人工资
		2 级	本人工资的 85%	25 个月的本人工资
		3 级	本人工资的 80%	23 个月的本人工资
		4 级	本人工资的 75%	21 个月的本人工资
	大部分丧失劳动能力	5 级	难以安排工作的，本人工资的 70%	18 个月的本人工资
		6 级	难以安排工作的，本人工资的 60%	16 个月的本人工资
	部分丧失劳动能力	7 级		13 个月的本人工资
		8 级		11 个月的本人工资
		9 级		9 个月的本人工资
		10 级		7 个月的本人工资
	生活护理费	生活完全不能自理	统筹地区上年度职工月平均工资的 50%	
		生活大部分不能自理	统筹地区上年度职工月平均工资的 40%	
		生活部分不能自理	统筹地区上年度职工月平均工资的 30%	

补偿类别		定期补偿	一次性补偿
死亡待遇	丧葬补助金	6个月的统筹地区上年度职工月平均工资	
	一次性工亡补助金	标准为上一年度全国城镇居民人均可支配收入的20倍	
	供养亲属抚恤金	按照职工本人工资的一定比例发给由因工死亡职工生前提供主要生活来源、无劳动能力的亲属。标准为：配偶每月40%，其他亲属每人每月30%，孤寡老人或者孤儿每人每月在上述标准的基础上增加10%。核定的各供养亲属的抚恤金之和不应高于因工死亡职工生前的工资	

五、工伤保险争议

工伤保险争议是指工伤保险法律关系主体之间因享有工伤保险权利、履行工伤保险义务而发生的争议。

（一）工伤保险争议的分类

（1）按照工伤保险争议性质来分。工伤保险关系因性质不同，可以分为：平等主体之间的工伤保险关系和管理从属的工伤保险关系。前者如用人单位与劳动者之间的工伤保险关系；后者如工伤保险行政管理关系、工伤保险经办管理关系。因两种性质不同的工伤保险关系产生的争议，分别为平等主体之间的工伤保险争议和非平等主体之间的工伤保险争议。

（2）按照工伤保险争议涉及的内容来分。工伤保险争议分为：关于工伤认定而引起的争议；关于工伤待遇核定、给付而引起的争议；关于工伤保险费用结算而引发的争议；关于工伤保险费征收而引发的争议；关于工伤保险违法行为查处而引发的争议等等。

（3）按照产生工伤保险争议是否具有涉外因素来分。工伤保险争议可以分为：国内工伤保险争议和涉外工伤保险争议。

（二）工伤保险争议的处理方法

用人单位与劳动者发生工伤保险争议，当事人可以依法申请调解、仲裁或者提起诉讼，也可以协商解决，因此，工伤保险争议处理的方法有以下四种。

1. 协商

当用人单位与劳动者因是否构成工伤，以及工伤待遇如何结付发生争议时，双方当事人可以通过谈判、磋商，从而达成共识解决争议。协商是在双方当事人自愿、平等的条件下进行的，协商所达成的协议一般都能自动履行。

2. 调解

调解一般是指在第三方的主持下，在查明事实、明辨是非的基础上，规劝说服争议的双方当事人互相谅解，自然协商，达成协议，从而使工伤保险争议得以解决的方式。调解有利于双方对协议的履行，但是，调解不是处理工伤保险争议的必经程序，当双方当事人或一方当事人不愿进行调解时，他们可直接向有管辖权的劳动争议仲裁委员会申请仲裁。

3. 仲裁

仲裁是由第三方对当事人之间发生的工伤保险争议，在尊重事实的情况下，依据法律、法规作出判断，从而解决争议的方式。对劳动争议，仲裁是必经程序，但我国对劳动争议仲裁实行一次裁决制度，因而，当事人对裁决不服的，还可以依法向人民法院提起诉讼。

4. 诉讼

诉讼是由人民法院依法对工伤保险争议案件进行审理和判决的司法活动。诉讼是工伤保险争议得以解决的、最终的、最有效力的方式。

工伤保险关系是整个社会关系的重要组成部分，正确处理工伤保险争议是保持整个社会关系稳定和顺利发展的一个必不可少的环节。正确处理工伤争议，具体来说具有以下几个方面的意义：可以促进工伤保险制度正常运行，贯彻工伤保险立法宗旨；可以提高当事人遵守工伤保险法律法规的自觉性，防止和减少工伤保险争议的发生；可以避免矛盾的激化和恶性事件的发生，促进社会的稳定。

第三节　工伤预防与康复

一、工伤预防

工伤预防是指采用管理和技术等手段事先防范职业伤亡事故以及职业病的发生。事先防范职业伤亡事故以及职业病的发生，使不安全的、有害健康的作业安全化、无害化，减少伤害事故及职业病的隐患。

工伤保险的预防机制是通过工伤保险费的收与支两方面来实现的，前者通过调整企业缴纳保险金的差别费率与浮动费率，激励和督促企业从自身经济效益上考虑必须改善安全生产状况，减少工伤事故和职业危害的发生，达到促进工伤预防的作用；后者则是从工伤保险基金提取工伤预防必要费用，直接支持工伤事故的预防活动。

工伤预防在工伤保险中的作用，一是降低事故和职业病的发生，保障劳动者的安全健康。据有关部门统计，现有的事故 80% 以上是可以通过对安全生产的重视，采取有效的预防措施而避免的。二是控制工伤保险费用支出的有效办法。工伤保险基金的主要支出是工伤补偿，减少事故就减少支出。三是促进企业发展，促进社会稳定。工伤事故不仅造成企业的经济损失，也造成对职工生命和生活的危害。

工伤预防必须采取积极的综合措施。一是法制建设与监督检查。制定、公布劳动保护方面的法律法规、规程与规定，并进行积极严格的监督检查是做好工伤预防工作的前提。通过制度措施，规范行为、监督行为和纠正行为。二是宣传教育与培训考核。通过宣传教育，提高安全生产意识和增强遵章守纪观念和自觉性；通过培训提高操作技能防止误操作及事故应急处理能力；通过考核判定其操作技能水平、适应性和安全意识能否达到岗位的要求。三是技术与管理。通过宣传标语、信号提示等预警措施，提醒劳动者注意安全生产；通过隔断设施、个人防护等措施阻断劳动者与危险源的接触；通过工艺、技术改造或设备更新等措施消除危险源的存在。世界很多国家都从工伤保险基金中提取一定的资金用于工伤预防，如德国1993年提取的工伤预防费用为9.9亿马克。

（一）劳动过程中的不安全因素

1. 物的因素

如对机器的防护不够充分；设备有缺陷；设备结构不安全；存在着危险的生产工艺过程和作业；缺乏作业工具和保护用具等。

2. 人的原因

如不安全的作业方式进行未经许可的作业；拆掉或停用安全设施；不安全的速度；以不安全的方式使用设备等。

3. 环境的原因

如照明不良或不充分；空气流通不良或不充分；噪音；温度不合适等。

4. 管理上的原因

如劳动组织不合理；机器设备的保养管理不善等。

美国著名的安全工程师海因里奇提出过一种"事故相关性理论"。这个理论认为劳动过程中引起伤害的因素相互关联，并按一定的顺序发生作用。

（二）工伤预防的环节

1. 安全技术

不同类型的生产单位有不同的安全技术。如电气安全技术，起重安全技术，交通运输安全技术，锅炉压力容器安全技术，防火防爆安全技术，建筑安全技术等。

（1）改进生产工艺。对可预见到的危险作业，凡技术、经济条件许可的，首先进行工艺改革，提高其自动化、机械化水平，谋求性能可靠，而不依赖操作人员的技术。

（2）设置安全装置。如当危险状况出现时自行运作而消除危险的保险装置；使人体与生产过程中的危险部分相隔离的防护装置；当危险状况即将出现时可以警告预防和及时消除危险的讯号装置识别标志，等等。

（3）预防性试验和检验。机器设备出厂前和使用过程中按照有关安全标准的要求和规定期限，逐项进行检查试验，合格后才准予出厂或继续使用。

2. 职业病预防与劳动卫生

劳动卫生也称为工业卫生或职业卫生，它根据劳动条件对劳动者健康的影响，从医疗卫生、工程技术、组织管理等方面采取措施，消除生产劳动过程中的职业毒害。

（1）预防的措施。①国家对存在放射性及高毒、致畸、致癌、致突变等因素的工作场所实行特殊管理。包括不得将产生职业危害的作业转移给没有职业卫生防护条件的用人单位和个人；②生产、经营、进口可能产生职业危害因素的设备，必须提供中文说明书；③产品包装应当有警示标志和中文警示说明；④新型原材料的使用应当附有由取得相应资格的技术机构出具的毒性鉴定报告书，等等。

（2）防止职业病和减少职业性毒害的综合性措施。①采用先进技术改革旧工艺，用无毒、低毒的原料、燃料、材料取代有毒、高毒的物料；②以机械化、自动化取代在有毒工作环境内的手工操作，改革工艺流程，以防止和减少生产过程中有毒物质的产生和逸出；③按期对劳动者的身体健康状况进行普查和职业病检查，对在有毒有害的职业岗位上的劳动者实行轮换工作制；④制定职业卫生操作规程和职业危害事故应急救援措施。

（三）工伤预防与工伤保险的关系

在工伤保险实施的初期，工伤待遇仅仅作为一种补偿手段，对劳动者发生工伤后的生活给予保障。随着时间的推移，人们逐渐认识到，工伤保险制度应当对工伤事故和职业病的发生进行干预，促使企业或雇主加强劳动保护，改善劳动卫生条件。工伤预防的具体措施主要包括以下几个方面：一是通过缴费手段和费率机制将企业是否重视安全与本企业经济利益相联系；二是通过工伤保险基金中的一小部分，开展预防的研究工作；三是通过各种手段，对工伤预防进行宣传教育和培训工作。

工伤预防与工伤保险之间存在着既相应区别又相互联系的关系。两者的区别表现在：工伤预防侧重于对安全生产过程中工伤事故和职业病的"事先防范"，而工伤保险则侧重于对工伤事故和职业病的"事后处理"。两者的联系表现在：两者是同一事物的两个方面，工伤预防工作搞得好，措施得力，可以减少或避免工伤事故和职业病的发生率，从而减少工伤保险待遇的支付和与之相关的大量善后工作。

二、工伤康复

根据世界卫生组织的定义，康复是指采取一切手段来减轻伤残和障碍对每个伤残个体的影响，使他们能与社会融洽相处。现代意义上的工伤康复，是指综合协调地运用医学的、教育的、职业的、社会的和其他一切措施，对工伤残疾者进行治疗、训练，并运用一切辅助手段尽可能补偿、提高或者恢复其已丧失或削弱的功能，增强其能力，促进其适应或重新适应社会和改善生活质量。

工伤康复的特点：一是将康复学应用在工伤职工这一特定的群体，体现工伤保险对工伤职工利益的有效保护；二是最终目标是使工伤职工全面回归社会和重返工作岗位；三是具有工伤保险的社会性，又有康复学较强的专业技术性；四是具有工伤保险的补偿性和强制性；五是为工伤职工提供康复服务来体现的一种工伤待遇。

（一）工伤康复的内容

现代观念的康复分为医疗康复、职业性康复和社会性康复3大类。

（1）医疗康复主要包括医学上的治疗、运动治疗、语言训练、假肢安装、体能测试等。

（2）职业性康复是指综合运用现代医学、教育学、职业技能训练等措施，对伤残人员进行治疗、训练、教育，并以辅助手段尽可能补偿、恢复伤残人员丧失或削弱的生理功能，使一个残疾人恢复正常人具备的工作能力，以便从事适合其身体状况的劳动。

（3）社会性康复是指为残疾人员做出某些技术性安排，组织他们力所能及地参加各类社会事业，并做好各项服务工作。

（二）我国的康复事业

新中国成立初期所制定的《劳动保险条例》及修订的《实施细则》中，已将工伤保险包含了补偿救治及康复内容。承担部分伤残、职业病疗养、休养任务的疗养、休养院（所）于 20 世纪 50 年代初期建立，数量和规模不断增加、扩大。这对工伤人员的治疗、基本功能恢复以及低水准的康复起到了积极的、重要的作用。

中国对现代康复学的认识和运用是自 20 世纪 80 年代改革开放后重新开始的。工伤保险中预防—补偿—康复"三位一体"的思路已形成，而且在改革中已付诸实践。1983 年 11 月 7 日，经国务院批准，成立了中国肢体伤残康复研究中心，承担起对伤残人员进行功能训练以及康复科学研究工作。1990 年 12 月，我国颁布的《中华人民共和国残疾人保障法》中，专门设立了康复的章节，明确了国家和社会采取康复措施，帮助残疾人恢复或者补偿功能，增强其参与社会生活的能力的发展方向。

我国目前有待进一步完善工伤保障与工伤预防、职业康复有机结合的机制：一是在立法内容上应进一步兼顾工伤保险制度对安全生产和职业康复的互动和促进作用；二是建立健全系统的康复措施和机构。

案例分析

案例 1：夜班打瞌睡恰遇安全事故是否算工伤？

工伤保险之"险"为职业危险，特指生产工作中发生的工伤事故和职业性有害因素对职工健康和生命造成的危险。但是，工伤的认定在现实生活中频频出现许多不易界定的情形。

案例描述：李某是 A 纸业有限公司（以下简称 A 公司）造纸一车间的造纸工，于 2014 年 10 月 20 日 0 时至 8 时上夜班。凌晨 5 时 45 分左右，纸辊架上原有的半成品纸辊突然坍塌，砸向正坐在车间内门边休息打瞌睡的李某，李某躲闪不及，造成右脚踝骨骨折的事故。A 公司向金湖人社局提出工伤认定申请，金湖人社局认为不符合《工伤保险条例》第十四条规定的工伤认定的情形，因此不属于因工受伤。后原告李某不服向 H 市劳保局提起行政复议，H 市人社局作出维持金湖人社局的认定的决定。为此，李某于 2015 年 2 月 5 日向金湖法院提起行政诉讼。

（资料来源：临淄区人力资源和社会保障网《（以案说法）夜班打瞌睡恰遇安全事故是否算工伤？》，http://www.lzrs.gov.cn/HTML/221/ArticleView221_1_6080.html）

被告人社局辩称，李某虽然是在工作时间和工作场所内，但当时李某打瞌睡，而没有直接从事工作，非因工作原因而受伤，不符合《工伤保险条例》第十四条第一款所规定的"在工作时间和工作场所内，因工作原因受到事故伤害"可以认定为工伤的条件。

案例分析：李某是在其当班从事生产经营活动整个过程中受伤，其夜班工作期间，因生理原因打瞌睡违反劳动纪律，并不是排除其工作原因受伤的法律依据；其次，A公司存在着生产上的不安全隐患是导致原告受伤的内在原因，工作场所中纸辊坍塌才是导致原告受伤的直接原因。故应认定原告是在工作时间、工作场所内，因工作原因受伤，应当认定为工伤。

案例结论：①李某受伤应当被认定为工伤，享受相关待遇；②金湖人社局做出的具体行政行为应予以撤销。

案例2：超龄农民工受伤能否算工伤？

现实中，许多高龄农民工（50岁以上）从事着门卫、保洁等工作，高龄农民工如果超过了法定退休年龄（男60岁、女55岁），受伤后算不算工伤？

案例描述：李某之夫许某系K县明集乡玉皇庙村农民，1942年9月15日出生。许某自2008年6月2日至2008年9月29日在东营市A石业有限责任公司从事门卫工作。2008年9月29日19时左右，许某由北向南推人力三轮车过公路时，与一机动车相撞，发生交通事故，许某死亡。李某于2008年12月30日向K县人社局申报许某工伤认定申请，K县人社局以受害者许某受伤之日时年龄已经超过60周岁为由，根据《工伤保险条例》规定对申请人的申请决定不予受理。李某不服，向法院提起行政诉讼。

（资料来源：社保网《超退休年龄工伤认定问题详解》，http://shebao.southmoney.com/yang-lao/chaxun/201607/63629.html）

案例分析：法律并未禁止使用超过法定退休年龄的农民工，超过60周岁继续在城市务工的农民比较多，有些与用工单位形成劳动关系，依法应当保护这些务工人员的合法权益，给予其平等对待。从《工伤保险条例》的规定来看，也没有将这些人排除出去，既然用人单位已经实际用工，职工在工作时间受伤的，应适用《工伤保险条例》的规定进行工伤认定。

案例结论：许某受伤应被认定为工伤。家属李某应享受相关因工死亡待遇。

关键概念

工伤；无过失补偿原则；职业病；工伤保险争议；工伤预防；工伤康复

思考题

（1）简述工伤保险实施的原则。
（2）我国对工伤认定的范围包括哪些类别？
（3）我国规定的工伤保险待遇有哪些？
（4）工伤保险争议的处理方法有哪些？

第八章 生育社会保障制度

人类种族的繁衍生息，是社会存在与发展的必然规律。女性担负着孕育后代的重要职责，在漫长的农业社会中，这一责任被更多地看作家庭内部事务。妇女在生育期间的需求主要由家庭提供。随着工业化进程的加速，广大女性投身到社会中来，妇女孕育后代的家庭事务就日益成为社会事务，并关系着国家和社会的将来。生育社会保障制度应运而生。

第一节 生育社会保障概述

生育保障是社会化大生产特别是市场经济发展的客观需要，是经济发展和社会进步到一定阶段的必然结果。在整个社会保险体系中，生育保险就待遇支付而言是"短险"，就基金规模而言是"小险"，就保护对象而言则是"重险"。生育保险肩负着保障劳动力简单再生产和扩大再生产的正常进行的使命，因其"一手托两命"的特性受到各国政府的普遍重视。时至今日，生育的社会价值已被广泛认同，特别是随着现代社会保障制度的建立和完善，女性的生育保障走上了社会化的道路。

一、生育社会保障的概念界定

生育社会保障是指国家通过立法规定，以社会保险的方式做出制度安排，在女性劳动者因怀孕、分娩而暂时丧失劳动能力，因无法从事正常的生产劳动导致经济来源中断时，由国家和社会及时提供必要的收入补偿、医疗服务和生育休假的一种社会保障制度。它是一项专门保护职业女性的社会保险，生育保障制度是否完善，直接反映了社会的进行程度。

妇女生育是社会发展的需要，其付出的代价理应由社会加以补偿，各国需要制定专门的法律法规对女性的生育行为予以特别保护。生育保险的建立是对女性及其所生子女基本生活的保障，有利于家庭的稳定和劳动力的再生产，也是社会继续发展的保障，应当通过制度安排来补偿妇女由于生育过程暂时中断劳动而失去的收入。生育过程存在一定的风险，生育保险提供的各种产前、产中和产后的医疗服务，有利于优生优育，实施生育保险是保护生育妇女健康和提高人口素质的需要。女性承担着人类繁殖的重任，关系到人类的生存和发展，生育社会保险的实行，体现了国家对妇女权益的基本保障。

二、生育社会保障的特点

生育保障与其他社会保障项目相比，有自身鲜明的特点。

（一）保障对象的限定性

与其他社会保障项目相比，享受生育社会保障的对象主要是女性职工，并且是已婚的即将生育的女性劳动者，覆盖人群相对比较窄。虽然每位女性都有可能要生育子女，但并不是所有生育子女的女性都能够享受到生育保障。一般情况下，生育保障的对象主要是参加生育保险的女性劳动者，不包括所有的妇女。虽然各个国家情况不同，但是对生育保障对象都有明确的限制。在我国，享受生育保障的资格条件不仅只适用于达到法定结婚年龄的已婚职业女性，而且还要符合国家的计划生育政策，不符合生育年龄、非婚生育的女性劳动者、不执行计划生育政策者、不但不能享受生育保障待遇，而且还要受到相应的处罚。随着社会的进行和经济的发展，一些国家已经将生育保障的对象扩展到了男职工供养的配偶，甚至是所有妇女。还有一些国家和地区的生育保险规定男职工在配偶生育后也可享受一定的带薪休假，以负责照顾生育后的妻子和婴儿。如瑞典政府就规定婴儿的父母均可享受生育现金补助。

（二）保障项目的特殊性

生育虽然有一定的风险，但却是女性一生中正常的自然现象和生理现象，在正常的情况下，生育过程一般不需要特殊的治疗，住院生育的妇女也不应该被看作"病人"。因此，与医疗保险提供的医疗服务以治疗为主有所不同，女性生育期间的医疗服务主要是以保健、咨询、检查为主，侧重于指导孕妇处理好工作与休息，保健与锻炼的关系，给予生育妇女足够的休养时间和物质帮助，在每个阶段（孕期、分娩、产后）提供相应的营养补充、咨询、检查、护理、医疗等一系列的保健服务，使她们顺利度过生育期，保障母婴的平安和健康。

（三）保障期限的确定性

怀孕女职工在分娩前后都享有休假时间，以保证其身体健康，在临产分娩前的一段时间，因为行动不方便，女职工已经不能工作或不宜工作，分娩以后，又需要一段时间来恢复健康和照顾婴儿。妇女生育行为的这种特殊性决定了生育保障的假期应包括产前和产后两个阶段。因此，根据生育期安排，产假是有固定要求的。产假分为产前和产后。产前假期不能提前和推迟使用。产假也必须在生育期间享受，不能积存到其他时间享用。各国规定的产假时间不同。例如，我国正式实施的产假标准依据2012年4月18日国务院常务会议审议并原则通过的《女职工劳动保护特别规定（草案）》。草案将女职工生育享受的产假由90天延长至98天，并规范了相关待遇。

（四）保障待遇享受的暂时性

生育是一种正常的生理现象，是女性由于生育行为而暂时失去劳动能力，这种现象只在一定的时间内发生，并不伴随女性的一生。与年老、伤残、疾病等引起的病理变化不同，生育行为一般不需要特殊治疗，只要营养和休息得以保证，就可以自然恢复体力并投入到工作中去。由于生育而导致的妇女劳动能力丧失和经济收入的损失都是暂时的,因此,生育保障的待遇享受也就相应地具有一定的暂时性和阶段性特征。在生育保障项目中,医疗服务、生育津贴、产假等待遇都有明确的时间规定,若超出规定的期限,就不能再享受相关的待遇了。

(五)保障结果的福利性

女性生育履行着繁衍后代的重要职责,为了保证新一代劳动力有较高的先天素质,同时又保护妇女的身体健康,世界上大多数国家的生育保障待遇标准比较高。生育期间的收入补偿高于养老、医疗等保险项目。生育保险提供的生育津贴,一般为生育职工的原工资水平,也高于其他保险项目。另外,女性劳动者在休产假期间,用人单位不得降低其工资、辞退或者以其他形式解除劳动合同。生育社会保险由用人单位按照国家规定缴纳生育保险费,职工不缴纳生育保险费。这是生育保险区别于医疗保险的又一个特点。

三、生育社会保障的一般构成

早在1919年,国际劳工组织就在第一届国家劳工大会上通过了《妇女产前产后就业公约》(第3号公约),这是关于生育保障的第一个国家公约。其目的是为了保证女工在分娩期间能够供养和照顾自己及其婴儿。1952年,国际劳工大会在第3号公约的基础上,通过了名为《保护生育公约》的第103号公约,对1919年的第3号公约进行了修改,特别是关于提供产假期间津贴的水平,规定津贴不应低于原有收入的2/3。在2000年新修订的《保护生育公约》(第183号公约)中,明文规定妇女须有权享受时间不少于14周的产假。

(一)生育保障的基本内容

从世界各国的生育保障制度来看,生育社会保障的内容包括生育保障的待遇项目和享受生育保障的条件两个方面。

1. 生育保障的待遇项目

(1)带薪产假。产假是指女职工在分娩前后的一定时间内所享受的有薪假期,其宗旨在于恢复和增进产妇的身体健康、工作能力及料理个人生活的能力,并使婴儿得到母亲的精心照顾和哺育。按照1919年《保护生育公约》(第3号)的要求,产假至少为12周。2000年《保护生育公约》(第183号)又提出,妇女有权享受时间不少于14周的产假。现在我国正式实施的产假标准依据2012年4月18日国务院常务会议审议并原则通过的《女职工劳动保护特别规定(草案)》。草案将女职工生育享受的产假由90天延长至98天,并规范了相关待遇。

(2)生育津贴。生育津贴是对女职工因生育而离开工作岗位、不再从事有报酬的工作以至收入中断时,给予定期的现金补助,以维护和保障妇女及婴儿的正常生活。1919年《保护生育公约》(第3号)第一次对生育津贴作出了通用性的国际规范,1952年在对该公约的修订中,明确这一项属于与收入相关的社会保障制度津贴不应低于原有收入的2/3。2000年《保护生育建议书》(第191号)又提出,生育津贴应提高到妇女原先收入的全额。生育津贴按收入的一定百分比支付。在制定生育津贴标准时,一般都采取较优惠的政策。虽然生育津贴的标准收益人是职业女性，但有的国家还包括男职工的未就业配偶，有的国家（如芬兰、丹麦、挪威等国家）还规定了其他受益人，如果产妇返回工作岗位，生育津贴可以支付给在家看护婴儿的职业父亲。

（3）医疗待遇。这是为女职工提供医疗帮助，包括孕期保健、分娩和产后母婴保健等一系列医疗服务和费用，以保障母婴的健康平安。各国生育保险提供的医疗待遇一般根据本国的经济实力和社会保障基金的承受能力而定。我国《企业职工生育保险试行办法》规定，女职工生育期间的检查费、接生费、手术费、住院费和药费由生育保险基金支付，女职工流产按照规定享受有关生育保险待遇。出院后，因生育引起疾病的医疗费也由生育保险基金支付。

（4）生育补助。这是为补助由生育带来的开支，又称为子女补助。在一些国家，生育保险可以为新生儿提供一定的现金和实物补助，如法国、葡萄牙、玻利维亚的"护理津贴"和"育儿津贴"，墨西哥、以色列提供的"婴儿用品津贴"等。

（5）育儿假期。这是为母亲或父亲任何一方在产假期满后能继续休假照顾婴儿而提供的。目前，育儿假期只在少数国家实行，且假期长短不一，相差较大，从六个月到3年不等，有些国家在育儿假期时还发给标准低于生育津贴的育儿津贴，成为"母亲工资"或"父亲工资"，如意大利的"母亲工资"是原工资的30%，匈牙利是低收入女工平均工资的50%左右。有的国家则不对育儿假期时的收入损失进行补偿，只为休假者保留职位，计算工龄。

2. 享受生育保障的条件

生育保障的待遇享受者，除了在少数国家覆盖一切妇女外，大多数国家都是面向职业女性的，在享受条件方面，绝大多数国家对生育保障的待遇享受做了一定的限制，只有芬兰等少数国家规定凡是本国公民均有资格享受生育保障待遇。具体而言，各国的规定不尽相同，大致有以下几种。

（1）投保的限制。如意大利、日本、波兰、丹麦等国家规定，只有参加生育保险的职工才能享受生育保险待遇。

（2）投保时间和受雇时间都达到规定的标准。如法国规定，投保人必须在产前投保满10个月，并在产前1年的最后3个月内受雇满200小时，才能享受生育保险待遇。

（3）投保时间的限制。缴纳保险费且达到规定的最低期限，如墨西哥规定，妇女生育前1年内必须投保满30周才能享受生育保险。一般规定投保期限为产前最近的6个月，到生育后即终止。

（4）居住全限制。如冰岛规定只有拥有该国常住权的母亲才可以享受生育保险金，卢森堡规定投保人需要在国内居住满12个月且夫妻两人必须在该国居住3年才能享受生育保险待遇。

（5）不规定具体的投保时间。凡符合国家公民资格和财产调查手续的妇女，一律可以享受生育保险待遇，如澳大利亚、新西兰等国。

（二）生育社会保险的基本原则

1. 强制性原则

由国家法律、法规规定参加生育保险的项目和实施范围，并以国家强制力加以实施。劳动者或用人单位必须依法参加生育保险，依法缴纳生育保险费，并享受相应的保险待遇。制定相关的法律法规，为劳动者的合法权益提供法律保障，做到有法可依，通过法律法规的强制力，保证生育保险制度的实施，覆盖范围内的所有用人单位和个人必须参加。2011 年 7 月通过的《中华人民共和国社会保险法》第六章第五十三条规定：职工应当参加生育保险，由用人单位按照国家规定缴纳生育保险费，职工不缴纳生育保险费。

2. 社会性原则

生育保险是社会保险的一个组成部分，其基金来源遵循社会保险的"大数法则"，集合社会力量，在较大的社会范围内筹集基金。通过扩大生育保险的覆盖范围，起到分散风险的作用，使城镇各类企业和用人单位的女职工在因生育而暂时不能劳动时，依法享受社会保险待遇。生育保险的待遇标准和水平要与经济发展和社会生产力水平以及社会各方面的承受能力相适应。

3. 互济性原则

通过用人单位缴纳生育保险建立生育保险基金，实行社会互济，把单个企业的负担转化为均衡的社会负担，为企业平等地参加市场竞争创造条件。对于女职工较多的企业以及破产、停产半停产企业的女职工起到保障和支持作用。通过互济作用，达到维护妇女合法权益，缓解妇女就业困难的目的。

第二节　我国生育社会保险制度

一、新中国成立以来生育保险的历史演变

（一）生育保险制度的初步建立时期（1949 年～1965 年）

新中国成立初期的生育保险制度是于 1951 年 2 月 26 日《中华人民共和国劳动保险条例（草案）》（以下简称《条例》）的颁布而建立起来的。《条例》是我国第一部全国统一的劳动保险法规，是中国社会保险制度建立的标志，确立了包括生育保险在内的多种保险项目。根据实施情况以及全国经济形势的变化，政务院于 1953 年 1 月颁布了《条例实施细则（修正草案）》，并分别于 1953 年、1956 年进行了修订。综合以上法案，这一时期生育保险制度的基本内容如下。

1. 覆盖范围

《条例》最初规定保险的覆盖范围是有职工 100 人以上的厂矿及其附属单位。在其后的修订中，覆盖范围不断扩大，增加了工、矿、交通事业的基本建设单位和国营建筑公司以及商业、外贸、金融、地质、国有农牧场等 13 个产业和部门。

2. 基金来源

生育保险金是劳动保险金的一部分，全部由企业负担，按月缴纳该企业全部职工

工资总额 3％作为劳动保险金，每月一次向指定代收劳动保险金的银行缴纳。所筹资金分作两个户头：一是劳动保险总基金，源于企业开始缴纳的头两个月内所缴资金，加上第三个月起每月缴费的 30％存于全国总工会户内，实行全国统筹，调剂使用；二是劳动保险基金，即参保单位每月缴费的 70％存于各企业工会基层委员会户内，用于支付职工按照条例规定应得的保险费。

3. 保险待遇

①产假及生育津贴。正常产假 56 天，怀孕不满 7 个月小产时，可以给假 20 至 30 天，难产或双生时，增加假期 14 天。产假期间，工资照发。②生育补助。女职工或男职工之妻生育时，由劳动保险基金项下发给生育补助 5 市尺红布，按当地零售价给付。多生子女时补助加倍。③医疗服务。女职工怀孕，在该企业医疗所、医院或特约医院检查或分娩时，其费用均由企业承担。

4. 管理机构

当时全国总工会是全国劳动保险的最高领导机构，劳动部是全国劳动保险工作的最高监督机构。

与此同时，机关事业单位工作人员的生育保险制度也随之建立起来。1952 年《关于全国各级人民政府、党派、团体及所属事业单位的国家工作人员实行公费医疗预防的指示》、《国家工作人员公费医疗预防实施办法》及 1955 年的《关于女工作人员生育假期的通知》。这些规定同企业的《劳动保险条例》比较，内容基本相同。

（1）覆盖范围。全国各级人民政府、党派、团体在编制的人员；全国各级文化、教育、卫生、经济建设事业单位工作人员；受长期抚恤的在乡革命残废军人和住荣军院、校的革命残废军人。

（2）资金来源。机关事业单位的生育保险金作为公费医疗经费的一部分由各级人民政府列入财政预算，统一拨给各级卫生主管部门统筹统支，专款专用。

（3）保险待遇。与企业职工相同。①产假及生育津贴。正常产假 56 天，怀孕不满 7 个月小产时，可以给假 20 至 30 天，难产或双生时，增加假期 14 天。产假期间，工资照发。②生育补助。女职工或男职工之妻生育时，由劳动保险基金项下发给生育补助 5 市尺红布，按当地零售价给付。多生子女时补助加倍。③医疗服务。女职工怀孕，在该企业医疗所、医院或特约医院检查或分娩时，其费用均由企业承担。

（4）管理机构。从中央到地方都应成立由各相关单位组成的卫生部门负主要责任的公费医疗预防管理委员会。在党和各级政府的齐心努力下，至 1956 年年末，我国生育保险制度的奠基阶段基本完成。极大地调动了人民群众的工作积极性，安定了人民的生活，为社会主义制度的巩固打下了坚实的基础。

（二）生育保险制度的停滞和倒退时期（1966 年～1977 年）

"文革"对生育保险造成了严重的破坏，在此时期处于停滞乃至倒退状态，但仍然在艰难维持运转。

一是新中国成立以来建立的各种生育保险法规和制度实际上已经被废止，生育保险无章可循，原有的制度框架受到了严重冲击。

二是各管理机构被撤销。当时专门管理企业职工劳动保险业务的各级工会组织被解散，负责劳动保险行政管理的劳动部、卫生部和人事部长期处于瘫痪状态，工作人员被调离，相关资料散失，政令不畅通，生育保险工作基本上无人管理。

三是生育保险费用的社会统筹被取消。1969 年 2 月，财政部的《关于国营企业财务工作中几项制度的改革意见（草案）》规定国营企业一律停止提取劳动保险金。企业的劳保开支，改在营业外列支。这一规定轻易地否定了《劳动保险条例》中的有关规定，取消了劳动保险金的社会统筹，从而使社会性的生育保险转变成了实质上的企业保险。同年 11 月 18 日，财政部在《关于做好 1969 年决算编审工作的通知》中又规定中央国营企业原按工资总额 2.5% 提取的福利费、3% 提取的奖励基金和 5.5% 提取的医疗卫生费实行合并，统一按照工资总额的 11% 提取为职工福利基金，直接计入成本；如果 11% 提取的福利基金仍不敷使用，企业可以从税后留利中提取职工福利基金进行弥补。

从此，生育保险基本失去了应有的社会性和互济性，并且完全地蜕变成企业保险，这是"文革"对生育保险制度造成的最大危害。生育保险金的统筹调剂工作停止，生育保险的统筹调剂职能无法发挥作用，各企业只对本企业的职工负责，各类企业生育保险费用负担不均衡。如棉纺类企业女性人员多，生育保险金开支大，负担重，从而造成企业效益下滑，影响了企业的正常生存和发展。

（三）生育保险制度的恢复和探索时期（1978 年～1991 年）

"文革"结束后，我国社会经济建设重新步入正轨，1988 年 7 月 21 日国家颁布了《女职工劳动保护规定》，统一了企业和机关事业单位生育保险待遇，1953 年《劳动保险条例》中有关生育保险待遇的规定和 1955 年《关于女工作人员生育假期的通知》同时废止），同年 9 月又颁布了《关于女职工生育待遇若干问题的通知》，主要规定如下。

1. 覆盖范围

中国境内一切国家机关、人民团体、企业、事业单位的女职工。

2. 保险待遇

①产假。由之前的 56 天延长为正常产假 90 天；难产的增加 15 天。多胞胎生育，每多生育一个婴儿增加 15 天。怀孕不满 4 个月流产时，给假 15 天至 30 天；满 4 个月的，给假 42 天。产假期间，工资照发。②医疗服务。女职工怀孕，在本单位或指定的医疗机构检查和分娩时，其费用由所在单位负担。

3. 管理机构

各级劳动部门负责对本规定的执行进行检查。各级卫生部门和工、妇联组织有权对本规定的执行进行监督。

尽管社会主义市场经济体制改革要求我们应该对生育保险金进行社会统筹，但《女职工劳动保护规定》在这方面却是相对滞后的。因此全国各地探索了多种形式的生育保险制度以解决这一问题。

（四）生育保险制度的改革和完善时期（1992 年至今）

为了解决 1988 年建立的生育保险制度存在的诸多问题，结合各地探索的经验以及专家调研，我国政府不断地进行生育保险制度的改革和完善。

1. 相继通过多种相关法律来共同推进生育保险制度的改革

1992 年 4 月通过的《妇女权益保障法》（2005 年 8 月通过《〈妇女权益保障法〉修正案》）相关规定如下：妇女在孕期、产期、哺乳期受特殊保护。国家要推行生育保险制度，建立健全与生育相关的其他保障制度。1994 年颁布的《劳动法》和《母婴保健法》也在相关的条款中对生育保险进行了规定。

2. 企业职工生育保险制度的完善

在通过上述法律的基础上，1994 年 12 月劳动部颁布了《企业职工生育保险试行办法》。其核心内容是适应社会主义市场经济体制和现代企业制度的需要，实行生育保险费用社会统筹，以促进企业公平竞争和妇女平等就业。具体规定如下。

（1）覆盖范围：城镇企业及其职工。

（2）基金筹集及管理：根据"以支定收，收支基本平衡"的原则筹集资金，由企业按照其工资总额的一定比例向社会保险经办机构缴纳生育保险费（职工个人不缴纳）来建立生育保险基金。其提取比例由当地人民政府根据计划内生育人数和生育津贴、生育医疗费等各项费用确定，并可根据费用支出情况适时调整，但最高不得超过工资总额的 1%。基金由社会保险经办机构负责收缴和管理，存入生育保险基金专户。基金的筹集和使用要接受财政、审计监督。市（县）社会保险监督机构定期监督基金管理工作。

（3）保险待遇。①产假。女职工生育时按照法律、法规的规定享受产假。②生育津贴。产假期间的生育津贴按照本企业上年度职工月平均工资计发，由生育保险基金支付。③医疗服务。女职工生育的相关费用由生育保险基金支付。女职工因生育引起疾病的医疗费，由生育保险基金支付。

实践证明，在市场经济条件下，实行生育费用社会统筹和社会化管理服务，对于均衡企业负担、改善妇女就业环境、切实保障女职工生育期间的基本权益，都发挥了重要作用。

为了更好地维护妇女权益，提高妇女生活质量，发挥广大妇女在社会主义现代化建设中的重要作用，我国政府 2001 年 5 月发布的《中国妇女发展纲要（2001—2010年）》中规定：有关部门应该普遍建立城镇职工生育保险制度，其覆盖面达到 90% 以上。2004 年 9 月，劳动和社会保障部在《关于进一步加强生育保险工作的指导意见》中要求：各级劳动和社会保障部门要逐步建立和完善与本地区经济发展相适应的生育保险制度；各地要以生育津贴社会化发放和生育医疗费用社会统筹为目标，加快推进生育保险制度建设，要合理确定生育津贴标准并及时支付，逐步实现直接向生育职工发放生育津贴。

为了实现人口与经济、社会、资源、环境的协调发展，推行计划生育，维护公民的合法权益，促进家庭幸福、民族繁荣与社会进步，《全国人民代表大会常务委员会关于修改〈中华人民共和国人口与计划生育法〉的决定》已由中华人民共和国第十二届全国人民代表大会常务委员会第十八次会议于 2015 年 12 月 27 日通过，最新的《中华人民共和国人口与计划生育法》自 2016 年 1 月 1 日起施行，其中最显著的变化是国家提倡一对夫妻生育两个子女，这也意味着我国全面"二孩"政策正式落地。如果生育的二孩符合国家计划生育政策并办理了准生证，生育保险正常参保且满足最低缴费期限的，享受同样的产假期限和生育保险相关待遇。符合法律、法规规定条件的，可以要求安排再生育子女。具体办法由省、自治区、直辖市人民代表大会或者其常务委员会规定。

随着我国修订后《人口与计划生育法》的实施，各地方案也逐步明朗。2016 年至少已有 20 个省份的卫计委就全面二孩政策落地的相关情况表态，其中，安徽、广西等六地已出台相关条例。例如安徽省规定无论是一孩夫妻还是二孩夫妻，都能享受假期奖励，安徽省还明确规定男方享受 10 天护理假，并规定夫妻异地生活的，护理假为 20 天，最长产假可达 158 天。在丈夫的陪产假方面，广西区将把陪产假由 10 天增加至 25 天，陪产假天数最多。

二、我国的生育保险制度

我国生育保险的现状是实行两种制度并存：第一种生育保险制度是由女性职工所在单位负担生育女性职工的产假工资和生育医疗费。根据国务院颁布的《女职工劳动保护规定》以及劳动部颁布的《关于女职工生育待遇若干问题的通知》，女性职工怀孕期间的检查费、接生费、手术费、住院费和药费由所在单位负担。产假期间工资照发。第二种生育保险制度是生育社会保险。根据劳动部的《企业职工生育保险试行办法》规定，参加生育保险社会统筹的单位，应向当地社保经办机构缴纳生育保险费；生育保险费的缴费比例由当地人民政府根据计划内生育女职工的生育津贴、生育医疗费支出情况等确定，最高不得超过工资总额的 1%，职工个人不缴费。

（一）覆盖范围

生育保险的覆盖范围是我国一切国家机关、企业、事业单位、人民团体的女职工。

（二）基金筹集和管理

生育保险根据"以支定收，收支平衡"的原则筹集资金，实行生育保险费用社会统筹，按照属地原则组织。由参加统筹的企业按照其职工工资总额的一定比例向指定的社会保险经办机构缴纳生育保险费，形成生育保险基金。

（三）享受条件

我国明确规定了享受生育保险的条件，必须是达到法定结婚年龄、已婚，并遵守国家有关计划生育政策规定而进行生育的女职工。不符合生育年龄、非婚生育，不执行计划生育政策的，不仅不能享受生育保险待遇，还要受到行政处罚和经济处罚。在上述条件下，有些地区或单位也给男职工 15 天全薪"产假"以照顾生育后的妻子。2011 年《中华人民共和国社会保险法》中生育保险单列一章，并且规定单位已经缴纳生育保险费的，其男职工未就业的配偶享受生育保险待遇。

(四) 生育保险待遇

1. 产假

产假是在职妇女产期前后的休假待遇，一般从分娩前半个月至产后两个半月，晚婚晚育者可前后长至 4 个月，女职工生育享受不少于 30 天的产假。职业女性在休产假期间，用人单位不得降低其工资、辞退或者以其他形式解除劳动合同。职业女性休产假享受生育保险待遇，由社保统筹基金报销相关医疗费和发放生育津贴；职业女性没有参加生育保险的，由用人单位承担。我国正式实施的产假标准依据 2012 年 4 月 18 日国务院常务会议审议并原则通过的《女职工劳动保护特别规定（草案）》。草案将女职工生育享受的产假由 90 天延长至 98 天，并规范了相关待遇。

按目前的法律规定，我国的所有女性劳动者在劳动关系存续期间，都享受产假待遇。2012 年 4 月 18 日，国务院颁布了《女职工劳动保护特别规定》，删除了"女职工违反计划生育规定的，其劳动保护应当按有关计划生育规定办理，不适用本规定"的条文，意味着职业女性有未婚生育、超生等违反计划生育相关法律法规的情形，也不剥夺其享受产假的权利，但是在国家机关、事业单位及国有企业等单位工作的职业女性除外。

《女职工劳动保护特别规定》第七条规定女职工生育享受 98 天产假，其中产前可以休假 15 天；难产的，增加产假 15 天；生育多胞胎的，每多生育 1 个婴儿，增加产假 15 天。女职工怀孕未满 4 个月流产的，享受 15 天产假；怀孕满 4 个月流产的，享受 42 天产假。但是各地的具体规定略有不同。

2. 生育津贴

国家法律、法规规定对职业妇女因生育而离开工作岗位期间，给予的生活费用。有的国家又叫生育现金补助。我国生育津贴的支付方式和支付标准分两种情况：一是在实行生育保险社会统筹的地区，支付标准按本企业上年度职工月平均工资的标准支付，期限不少于 98 天；二是在没有开展生育保险社会统筹的地区，生育津贴由本企业或单位支付，标准为女职工生育之前的基本工资和物价补贴，期限一般为 98 天。部分地区对晚婚、晚育的职业妇女实行适当延长生育津贴支付期限的鼓励政策。

生育津贴是用于保障女职工产假期间的基本生活需要，应在女职工分娩后 3 个月内向相关主管部门办理生育津贴申领手续。计算公式为：女职工本人生育当月的缴费基数÷30（天）×假期天数。其中，生育津贴低于本人工资标准的，差额部分由企业补足。

3. 医疗服务

生育医疗服务是由医院、开业医生或合格的助产士向职业妇女和男工之妻提供的妊娠、分娩和产后的医疗照顾以及必须的住院治疗。生育医疗服务是生育保险待遇之一。生育医疗待遇用于保障女职工怀孕、分娩期间以及职工实施计划生育手术时的基本医疗保健需要。各国的生育保险提供给怀孕妇女的医疗服务项目不同，一般是根据本国的经济实力和社会保障基金的承受能力，制定相应的服务范围。大多数国家为女职工提供从怀孕到产后的医疗保健及治疗。我国生育保险医疗服务项目主要包括检查、接生、手术、住院、药品、计划生育手术费用等。

我国劳动部在 1995 年颁布的《企业职工生育保险试行办法》中规定，生育保险根据"以支定收，收支基本平衡"的原则筹集资金，由企业按照其工资总额的一定比例向社会保险经办机构缴纳生育保险费，建立生育保险基金，职工不缴纳生育保险费。以北京市生育保险缴费比例为例：企业每月按照其缴费总基数的 0.8% 缴纳，职工个人不缴纳。

4. 生育期间特殊劳动保护

女职工生育期间的特殊劳动保护，是指女职工孕期由于生理变化而在工作中可能遇到特殊困难，为保证女职工的基本收入和母子生命安全而制定的一项特殊政策。2012 年 4 月 18 日国务院第 200 次常务会议通过的《女职工劳动保护特别规定》中，对生育期的女职工进行专门的劳动保护规定。

用人单位不得因女职工怀孕、生育、哺乳降低其工资、予以辞退、与其解除劳动或者聘用合同。对怀孕 7 个月以上的女职工，用人单位不得延长劳动时间或者安排夜班劳动，并应当在劳动时间内安排一定的休息时间。怀孕女职工在劳动时间内进行产前检查，所需时间计入劳动时间。对哺乳未满 1 周岁婴儿的女职工，用人单位不得延长劳动时间或者安排夜班劳动。用人单位应当在每天的劳动时间内为哺乳期女职工安排 1 小时哺乳时间；女职工生育多胞胎的，每多哺乳 1 个婴儿每天增加 1 小时哺乳时间。女职工比较多的用人单位应当根据女职工的需要，建立女职工卫生室、孕妇休息室、哺乳室等设施，妥善解决女职工在生理卫生、哺乳方面的困难。

三、我国生育保险制度亟待解决的问题与改革

近年来，我国生育保险制度由于覆盖面窄、积累率高、立法层次低、地区发展不平衡等问题导致企业负担较重、妇女合法权益难以得到保护。对此，有关专家建议逐步扩大生育保险的覆盖范围、建立企业参与生育保险的激励机制。

2010 年 10 月 28 日，十一届全国人大第十七次会议通过了《中华人民共和国社会保险法》，其中以专门章节的形式将生育保险明确作为我国社会保险制度的基本内容和重要组成部分，为女职工和职工未就业配偶依法享有生育保险权益提供了法律保障，为广大妇女带来了福音。

（一）生育保险制度存在的问题

目前，我国实行的生育保险制度，主要是 1994 年颁布、至今仍处于"试行"地位的《企业职工生育保险试行办法》。该办法在当时经济社会条件下为保障女职工的生育权益发挥了重要作用。但是，随着我国改革的不断深入，该办法的有关规定已经不能适应经济社会发展的需要，暴露出不少问题。

1. 生育保险覆盖面较窄，基金积累率过高

《企业职工生育保险试行办法》（1994）规定：生育保险的对象为城镇企业已婚女职工。当前，我国存在非正规就业、自由职业、个体工商户等多元化就业方式，已经成为城镇就业人员的又一个主要渠道。而生育保险参保范围一直没有扩大到这些就业

领域，而且对其他经济类型的企业覆盖面不够，生育保险政策研究也没有适时与新的就业形式相联系。

据人力资源和社会保障部发布的 2013 年全国社会保险情况来看，截至 2013 年年底，全国参加生育保险人数为 16392 万人，比上年末增加 963 万人。2013 年全国有 522 万人次享受了各项生育保险待遇，人均生育待遇 13455 元，比上年增加 2168 元。其中为 205 万人支付生育医疗费，人均 3857 元，比上年增加 260 元；有 164 万人领取女职工生育津贴，人均 11962 元，比上年增加 1582 元。

由上述数据可以看出，2013 年，全国仅有 522 万人次享受了各项生育保险待遇，与当年全国参加生育保险的 16392 万人数相比，仅占大约 3.2%；与 2013 年全国 1640 万出生人口相比，占 31.8% 左右。由于生育保险覆盖面过小，导致了多年来我国生育保险基金累计结余逐年增加，甚至超过当年基金收入。同样以 2013 年为例，当年全国生育保险基金收入 368 亿元，比上年增加 64 亿元。基金支出 283 亿元，比上年增加 63 亿元。年末基金累计结存 515 亿元，比上年增加 87 亿元。

2. 生育保险立法层次低，社会保障功能无完全体现

目前，由于全国没有统一规范的生育保险法律，生育保险处在两种制度并存的状态。没有参保的企业，大多数仍然维持着劳动保险的模式。女职工的生育待遇，完全取决于企业的经营效果，一旦出现亏损或倒闭，就起不到保障的作用。参保的企业，生育保险基金实行的是市县一级统筹，与失业、工伤等社会保险制度相比，立法层次和法律效力明显偏低。由于统筹层次低，缺乏全国统一的规范和约束，各地区经济、政治、文化环境各不相同，也使得各地区生育保险制度差异比较大，比如在支付范围、覆盖对象、待遇标准等方面都存在较大的差异，导致生育保险待遇水平全国各地标准不一，妇女在生育保险的待遇标准和保障程度上差别较大。这在一定程度上损害了部分育龄妇女的合法权益。

3. 生育保障待遇较低

首先，由于我国工资制度始终没有明确和理顺，使得有关基本工资的组成结构一直含混不清，进而使生育妇女在生育期间的薪酬利益无法在实际中获得保障。其次，由于大部分企业实行岗位技能工资、计件工资、岗位效益工资制等工资计算方式，这就使得基本工资部分在总工资中所占的比例越来越小，从而间接影响到生育妇女的可得工资利益。最后，根据《企业职工生育保险试行办法》的规定，生育保险待遇标准是企业上年度职工平均工资。在亏损企业较多的地区，职工工资普遍较低，因此也会使生育妇女的收入相应减少。另外，由于在部分地区实际上实行了生育保险与医疗保险的并轨制，结果可能导致生育妇女的保险待遇变相地被医疗保险待遇标准替代，从而使实际享受待遇下降。

当前，我国经济社会发展已经进入一个新的阶段，健全和完善各项社会保障制度，已成为促进我国经济发展、解决我国民生问题、实现社会和谐进步的重要支撑点。抓住《社会保险法》颁布实施的重大契机，加快完善生育保险制度的进程势在必行。

（二）生育保险制度改革方向

1. 抓紧时间对企业职工生育保险试行办法进行修改

我国将生育保险纳入新颁布的社会保险法，标志着完善生育保险制度迈出了十分关键的一步。建议下一步要抓紧时间乘势而上，进一步加强在"二胎政策"全面背景下对生育保险制度的研究和完善，适时对《企业职工生育保险试行办法》进行修改，改变生育保险两种制度的现状，实施并轨，统一规范标准，提高保障水平，使之能够适应经济社会发展的需要，将职工生育保险权益落到实处。生育期间的待遇保障水平与经济发展速度相适应需要用法律的形式确定下来，享受生育社会保险是劳动者的基本权益，应由国家通过立法在制度上予以保障，加快修订和完善生育保险管理方面的法规，规范生育保险管理机构的行为和职责。

2. 逐步扩大生育保险的覆盖范围，提高统筹层次

生育保险作为对女性为主承担的人口再生产社会价值的社会补偿机制，理应具有普惠性和均衡性，理应体现社会保险法覆盖全民的基本原则。因此，有必要分层次稳步推进，扩大生育社会保险的覆盖范围，将机关、企事业单位、外商投资企业、私营企业、乡镇企业、城镇个体劳动者和广大农村地区劳动者等纳入生育保险的享受范围，从而扩大生育保险的覆盖面。同时，逐步提高生育保险的统筹层次，将生育保险基金的统筹层次由目前的县、市级水平逐步提高到省、自治区、直辖市的层次和水平，要让所有的育龄妇女及其相关人员都能享受到该保险。

3. 建立企业参与生育保险的激励机制

企业作为生育保险的缴费主体，其参与生育保险的积极性是这项社会政策成功的关键。建议对女性就业达到一定比例、继续使用产后女性的企业，给予经济补偿，从而彰显生育保险制度减轻企业生育负担、促进女性平等就业的政策成效，为推动我国经济社会发展、造福人民作出新的贡献。

案例分析

案例 1：女职工休产假问题

女职工 A 某被一家公司录用。双方签订劳动合同期限为 4 年。签订合同的第 3 年 A 某开始休产假。原公司合同规定："女职工符合计划生育规定生育的，产假为 56 天"。A 某没有按照公司的规定休产假，而是按照国家规定休息了 90 天。当 A 某上班时，公司根据内部规定，认定超出 56 天的假期为旷工，并给予除名处理。A 某认为旷工一事不是事实，向有关部门提出申述。

（资料来源：http://www.laodong66.com/shengyubaoxian/86678.html）

案例分析：《劳动法》第六十二条和《女职工劳动保护规定》第七条分别规定"女职工生育享受不少于 98 天产假"。该公司与 A 某签订的劳动合同中关于女职工产假为 56 天的规定，违反了《劳动法》和《女职工劳动保护规定》，属于无效合同，A 某有权利享受 98 天的产假，不应视为旷工。

案例结论：①撤销该公司对 A 某的除名处理决定；②补发按照旷工处理期间的有关待遇。

案例 2：女职工哺乳期合同期限问题

合肥市某中学 2011 年 7 月招收合同制人员，B 某是其中之一，并签合同期 3 年。2014 年 5 月 20 日 B 某生育后休产假 3 个月，2014 年 8 月该校以劳动合同期满为由，与 B 某终止劳动合同。B 某不服，于 9 月 15 日向劳动争议仲裁委员会提出申述。B 某认为：其尚在哺乳期，校方终止合同后本人不好找工作，会给生活带来困难。要求延长合同期限。

（资料来源：http://www.zgylbx.com/2015/0311/83060.html）

案例分析：虽然校方与 B 某签订的劳动合同期限已经到期，但是《中华人民共和国劳动法》第二十九和《劳动合同法》第四十二条规定，用人单位不得在女职工孕期、产期、哺乳期解除劳动合同。根据法律规定，校方不得在女职工哺乳期解除劳动合同。

案例结论：校方应撤销与 B 某终止劳动合同的决定；合同延长至哺乳期满。

案例 3：未婚生育能否享受生育保险待遇

25 岁的蒋小姐是合肥市某保险公司销售顾问，在未与男友办理结婚登记手续、未取得《准生证》的情况下，于 2014 年 8 月生育一子。2014 年 9 月，公司派蒋小姐去外地学习，蒋小姐要求公司批准其休产假并支付其生育津贴。公司回复称，因她违反了计划生育政策，不准休产假，也不能享受生育保险待遇。蒋小姐认为自己参加了生育保险，就该享受生育保险待遇，于是向劳动人事争议调解仲裁委员会提交仲裁申请，要求公司批准其休产假并支付其生育津贴。

蒋小姐询问，未婚先孕能否享受 98 天的产假和生育保险待遇？

（资料来源：http://shebao.yjbys.com/shengyu/163238.html）

案例分析：蒋小姐可以享受产假，但不能享受产假期间的相关待遇。产假与产假待遇是两个不同的概念。劳动法规定：产假为 98 天，目的是为保障产妇恢复身体健康，享受产假不以是否符合计划生育政策为前提条件，只要有生育事实就应当享受产假。但由于是她在未办理结婚登记手续、未取得《准生证》的情况下生育，违反了我国的计划生育政策，因此不能享受产假期间的生育津贴等相关待遇。

案例结论：劳动仲裁委员会经审理，依法裁决保险公司批准蒋小姐休 98 天的产假，驳回了蒋小姐要求支付生育津贴的请求。

关键概念

生育社会保险；产假；生育津贴；生育补助；育儿假；女工劳动保护

思 考 题

（1）生育保险的定义与特征。

（2）生育保险的基本原则。

（3）简述生育保险制度的具体内容。

（4）论述我国生育保险制度的历史变迁。

（5）试述我国生育保险制度存在的问题。

（6）讨论：未婚先孕享受生育保险待遇吗？

第九章　社会福利制度

第一节　社会福利制度概述

一、社会福利的概念、特点和内容

（一）社会福利的概念

国内外学术界对社会福利的定义都包括广义和狭义两个方面，一般认为社会福利具有服务、行为、事业、责任、状态与制度等性质。

1. 国外学者的观点

在西方国家，社会福利具有广义与狭义的定义，同时具有服务、制度、责任与状态四种性质。

（1）社会福利是一种服务。狭义社会福利往往被具体化为"社会福利服务"或"社会福利事业"，其服务对象是社会成员中的弱者，其标准是保障最低生活。罗曼尼斯克因、费德瑞考等认为，狭义的社会福利是指为帮助特殊的社会群体、治疗社会病态而提供的服务，又称福利服务（Welfare Services），主要提供最基本的生活需要。在英国，社会福利被定义为"为了保障全体国民的物质的、精神的社会最低生活水准而由政府和民间提供的各项社会服务的总和"。在美国、日本等国，社会福利通常是指专为弱者所提供的带有福利性的社会服务与保障，如儿童福利、老人福利、残疾人福利，等等。日本的康子认为，社会福利是对于存在生活问题的社会成员提供个别的或者特殊性措施。这些都是对社会福利的狭义理解。

（2）社会福利是一种制度。从制度的角度，社会福利具有狭义与广义两种定义。在实行剩余型社会福利的美国，社会福利被视为保证个人以及集团成员拥有平均的生活水准和身体健康而提供的各项社会服务和有关制度的组织体系。美国 1999 年出版的《社会工作词典》对"社会福利"的第一种定义为："一种国家的项目、待遇和服务制度，它帮助人们满足社会的、经济的、教育的和医疗的需要，这些需要对维持一个社会来说是最基本的。"

主张实行发展型社会福利的米基利（J. Midgley）与费德瑞考（Ronald Federico）扩展了社会福利的概念，认为社会福利是一种旨在促进和实现人类共同福利的制度。这一概念多用于社会政策的国际比较研究和对福利国家的研究中。

（3）社会福利是一种责任。社会福利可以被理解为一种"制度化的集体责任"，即一个社会为达到一定的社会福利目标所承担的集体责任。在现代国家成为社会福利的责任主体后，社会福利便成为"制度化的政府责任"，即一个政府为达到一定的社会福利目标所承担的责任。

（4）社会福利是一种状态。状态意义上的社会福利相当于广义社会福利。从词源上讲，日本的一些辞典常将"福利"解释为"幸福"。《韦伯斯特新世界学院词典》（《*Webster's New World College Dictionary*》）指出，"福利（Welfare）是一种健康、幸福和舒适的良好状态"。米基利将社会福利定义为："在社会问题得到控制、人类需求得到满足和社会机会最大化时，人类正常存在的一种状态。"美国1999年出版的《社会工作词典》对"社会福利"的第二种定义为："一个社会共同体的集体的幸福和正常的存在状态。"社会福利状态不仅要求满足社会基本需要，而且要求实现人类幸福。可见，广义社会福利的层次高于狭义社会福利。

2. 国内学者的观点

（1）狭义社会福利。在国内社会工作专业领域，社会福利具有狭义与广义两种含义，其区别在于对象、标准与范围的不同。

狭义社会福利实际上是指社会福利事业，是由政府（主要是各级政府中的民政部门）举办的各种福利院、福利工厂等，是特指对一些无家可归、无依无靠、无生活来源、没有劳动能力的孤老残幼在生活上实行的保障措施，同时为家庭无力照顾的离退休老人、残疾儿童和精神病人提供服务。王梦奎等也指出，狭义的社会福利是指对社会弱势群体的社会照顾和社会服务。

在狭义社会福利范畴内，社会福利的对象是因年老、疾病、生理或心理缺陷而丧失劳动能力从而出现生活困难的特殊人群；社会福利的标准是维持其最基本的生活需求；社会福利的范围小于社会保障，是社会保障体系的有机组成部分和基本手段之一，这一点已为官方、学术界与国民所接纳。

（2）广义社会福利。广义社会福利也具有服务、制度、状态三层含义。《中国大百科全书：社会学卷》指出，广义社会福利是指"为了改善和提高全体社会成员的物质生活和精神生活的各种社会服务措施"。社会福利是指国家依法为所有公民普遍提供旨在保证一定生活水平和尽可能提高生活质量的资金和服务的社会制度安排。"社会福利状态实际涉及人类社会生活非常广泛的方面，包括社会问题的调控，社会需要的满足和实现人的发展潜能，收入安全只是其中的一个方面"。

在广义社会福利范畴内，社会福利的对象是全体社会成员。例如，按照《保险与社会保障大全》的解释，社会福利是国家、地方或社会团体举办的以社会全体成员为对象的福利事业，为城乡居民支付的救济金和各项补贴，以及为残疾人和丧失劳动能力的人举办的各项社会福利设施及服务和保险事业。

广义社会福利的标准是不断满足人们日益增长的物质文化生活需求，提高人们的生活质量，促进人的全面发展，这也是社会福利与社会保险和社会救济等其他社会保障制度最大的不同点。社会福利是国家和社会通过立法和各项方针政策，为提高公民的物质和精神生活而提供各种福利补贴和福利服务。郭崇德、侯文若、陈良瑾也具有近似的观点。

广义社会福利的范围相对宽广。《保险与社会保障大全》将社会福利定义为"国家、地方或社会团体举办的以社会全体成员为对象的福利事业，如教育、科学、环境保护、文化、体育、卫生设施"。靳利飞认为广义社会福利包括占主体部分的社会保障、关于妇女儿童保护、职工劳动保护、残疾人保护、老人保护、消费者保护、环境保护等在内的社会立法。在中国的台湾、香港地区，社会福利亦是一个大概念。我国台湾的于宗先就认为广义社会福利应当包括医疗保健、国民就业、社会保险、福利服务、社会救助、国民住宅、环境保护等体系。我国香港也将综合援助、社会服务等均纳入社会福利范畴。

3. 中央文件的界定

按照中央文件的观点，我国的社会福利是狭义的剩余型社会福利。中共十七届三中全会将社会福利界定为"扶老、助残、救孤、济困、赈灾"。我国民政部门认为："社会福利是专为社会弱者或特殊人群服务的，为其提供基本的生活保障"；"民政部门主管的社会福利，工作内容大致包括社会福利事业、残疾人就业和社区服务"。这类似于西方学者所定义的剩余型社会福利，不同的是，它主要是对孤老残幼等有特殊困难的社会成员实行基本的生活保障，提供有关的工作和服务。

（二）社会福利的特点

1. 社会福利待遇的公平性

由于社会福利项目中的各种开支，绝大部分是由国家和社会提供的，对享受对象既不要求事先缴纳款项，也不需要对享受者的家庭经济状况进行调查，只要是社会成员都毫无例外地可以享受到相应的社会福利待遇，并且是只要符合条件的，不管原来收入多少，人人都享有公平的社会福利待遇。

2. 保障对象的广泛性

社会福利是从社会意义进行的福利事业，相对其他社会保障项目，它的覆盖对象更为广泛，它是一种对社会普遍提供的物质利益。社会是政府向社会成员普遍提供的福利，不管社会成员的身份、职业、地位和其他个人状况如何，都可以享受社会福利待遇，不同的只是社会福利在客观上给个人带来的效用，即在一般情况下，由于收入效用递减规律的作用，社会福利给低收入者带来的效用会大于高收入者。

3. 社会福利基金筹集渠道的多样性

在现代社会保障体制中，社会福利事业的经费筹集除了政府依据相关政策进行财政预算拨款外，还要依靠民间捐助和发行各种募捐奖券来筹集更多的福利款项，以保障有足够的社会福利资金投入到各种各样的福利补贴、福利设施和福利服务上。

4. 保障目标的高层次性

社会福利是为提高社会成员的物质文化生活水平而进行的社会保障事业，是社会保障的最高纲领，政府和社会通过向社会成员提供社会福利设施和服务，发放一些福利性的津贴等都是在社会成员个人收入的基础上进行的，其目的是改善其生活状况，提高其社会水平。因此，相对其他社会保障制度，社会福利要实现的目标是较高层次的目标。

5. 福利标准的不确定性

社会福利一般没有法定的统一标准，这也是社会福利与其他生活保障制度相区别的一个重要特点。

（三）社会福利的内容

1. 职工社会福利

职工福利是政府和社会为劳动者提供的各种工资以外的津贴、物资和设施服务等。比如住房补贴、物价补贴、季节性取暖或消暑补贴，以及供劳动者享用的福利设施等。

2. 公共社会福利

公共社会福利是指由国家兴办的为提高社会成员物质和文化生活水平的社会性事业，是一种让社会成员共同受益的社会性事业。它的主要形式是提供公益性的福利设施，为社会成员共同享有和使用，并使其在这些事业的发展中得到物质和文化生活的满足和提高，目前我国的社会福利制度只要是教育事业、卫生事业、文化事业等，它们通过提供教育设施和服务、医疗卫生设施和服务，以及公园、博物馆、体育和文化娱乐场所等来满足公共需求。

3. 特殊人群社会福利

（1）残疾人社会福利。残疾人福利是政府和社会以资金、设施和服务等形式为身有残疾的社会成员提供的生产和生活福利，其目的是使残疾人享有与正常人同样的工作和生活条件。

（2）妇女儿童社会福利。包括妇女社会福利和儿童社会福利。妇女社会福利是国家和社会为保障妇女生理和职业的特殊需要、特殊利益而制定的各项福利政策和开展的社会福利事业。儿童社会福利是指由国家或社会为立法范围内的所有儿童普遍提供的旨在保证正常生活和尽可能全面健康发展的资金与服务的社会政策和社会事业。

（3）老年人社会福利。老年人社会福利是根据老年人的特殊需求和老年人自身特点，以改善老年人物质生活和精神生活为目的，由政府和其他各种社会组织所提供的福利项目、实施和服务的总称。

二、我国社会福利制度的发展

我国社会福利制度的发展，可以划分为五个阶段。

第一阶段为计划经济时期，从 1956 年到 1978 年。这一阶段我们建立起的是低水平的全民福利制度。在城市，我们依托单位制，建立起包括养老、住房、医疗及多种待遇的综合福利制度。在农村，我们依托人民公社制度，建立起按照人口和劳动工分统一分配粮食和资金的最低生活保障制度，建立了合作医疗制度和五保户制度。此外，其他的福利制度还包括对高校学生实行助学金制度，工人实行八级工资制度等。

第二阶段为包产到户与生产扶贫时期，从 1978 年到 1992 年。在农村，由于经济体制改革的推行，人民公社制度被废除，原有公社体制中包含的最低生活保障制度也被废除了；公积金、公益金也逐步减少；五保户费用的承担变得日益困难；合作医疗制度日益荒废；农村公共养老制度基本回归到家庭赡养为主的历史传统。为此，国家于 1986 年成立了国务院贫困地区经济开发领导小组（后于 1993 年改称国务院扶贫开发领导小组），并建立了农村贫困人口指标体系，确定了 592 个贫困县，实行生产扶贫。各个机关和部门均被动员起来，实行对口机制开展扶贫，其目标就是为了彻底消除贫困。在城市，效率主导型的国企改革砸烂了工人的铁饭碗，城市就业制度逐步放开，无保险体系的农民工制度开始兴起。

第三阶段为全面进入市场经济时期，从 1992 年到 2001 年。市场经济全面推开后，我们国家的各个领域都以市场为导向来开展改革。国有企业推行股份制和私有化，1995 年国有单位就业人员最高为 11261 万人，到 2007 年已减少至 6424 万人。高等教育废除了助学金制度，学校开始收费；就业自由化，大学生不再包分配。医疗卫生领域逐步废除了公费医疗制度。1993 年，中共十四届三中全会决定：城镇职工养老和医疗保险金由单位和个人共同负担，实行社会统筹和个人账户相结合；1998 年，国务院下发了《关于建立城镇职工基本医疗保险制度的决定》。城市和农村的社会保障试点也开始推开，1993 年上海建立城镇贫困线制度以后，民政部开始推广；1996 年，民政部推广农村最低生活保障制度建设。但当时所有救济制度的试验都由地方承担费用，覆盖人口相当少。

第四阶段为普及城乡最低保障时期，从 2001 年到 2008 年。从 2001 年 9 月开始的全面普及最低生活保障制度大行动，要求社会救济要变阳光雨露型为社会责任型，全面普及城市最低生活保障制度。当年低保人口从 400 万增到了 1170 万，中央财政投入 23 亿元。2002 年又开展应保尽保工作，当年城市低保人口达到 2300 万，中央财政投入 46 亿元；2003 年中央财政投入达到 92 亿元。2003 年，民政部开展农村特困户全面排查，确定建立农村特困户和最低生活保障两项制度，客观上用冬令春荒救灾款将 1972 万特困人口纳入救助。2007 年，国务院正式决定建立农村居民最低生活保障制度，中央财政投入 30 亿元，2008 年投入达到 90 亿元。与此同时，其他福利制度也开始转型。在救灾方面，我们在 2002 年建立了应急救助制度，这些年不断提高救灾标准；同时，建立了四个级别的救灾响应制度。2006 年，国务院制定了新的《农村五保供养条例》，农村五保供养由农村集体内部互助开始向政府供养转变。新型农村合作医疗制度与城乡医疗救助制度也开始建立起来。

第五阶段为普惠型教育福利和医疗卫生制度建设时期，从 2008 年至今。这一阶段，义务教育开始免费，大学教育开始增加对贫困生的资助。2009 年，公共卫生制度开始转型，医疗改革的方向得到根本调整，强调公益性。2008 年 1 月 1 日开始实行的《中华人民共和国劳动合同法》对劳动者的利益进行保护。2009 年 6 月 24 日，国务院决定在全国 10% 的县（市、区）开展新型农村养老保险试点。2010 年 10 月，国务院常务会议审议并原则通过《关于加强孤儿保障工作的意见》。

第二节　职工社会福利

一、职工社会福利的概念、特点及意义

（一）职工社会福利的概念

职工社会福利，是企业、事业、国家机关等单位，通过举办集体生活和服务设施、建立各种补贴制度，向职工提供的各种集体福利设施和补贴的总称。由于其内容多涉及生活领域，所以通常又称为职工生活福利。

（二）职工社会福利的特点

我国的职工社会福利，具有如下特点。

1. 身份性

由于我国的职工福利只面向城镇国营和集体企业的劳动者，以及国家机关、事业单位、人民团体、学校中的劳动者，而农村的劳动者和城镇的非企事业单位的人员都没有权利享受职工福利。同时，在大型企业之间、中央企业与地方企业之间、干部与群众之间的福利待遇也有较大的差别。

2. 普遍性

凡是在举办职工福利事业单位工作的职工，都有享受职工福利的权利。对于同一单位的每个职工来说，享受单位分配的福利补贴和所举办的各种福利服务的机会是均等的。

3. 分散性

中国的职工福利是由国家制定社会福利政策和确定福利项目，然后由各个企业和单位组织福利。也就是说，中央政府只承担政策性的工作，而大量的特殊福利项目，包括住房、抚育子女、济贫工作等具体性的服务工作则转嫁给基层的企业和单位。这样，原本由国家与社区集中办理的有关社会福利，就必然分散到各个企业和单位。

4. 差别性

职工福利在同一单位内部实行均等和共同分享的原则，但在不同单位之间却存在着差别。不仅在不同所有制单位之间存在差别，即使在全民所有制、集体所有制内部也有差别，甚至某一单位在不同时期的职工福利也可能不一样。职工福利的这种差别性是一种客观存在。职工福利与单位的经济效益挂钩，单位经济效益的好坏，决定职工福利待遇的高低。只有这样，才能发挥职工福利促进生产和调动职工劳动积极性的作用。

5. 封闭性

由于中国的职工福利是分散到各个企业和单位举办的，因而受益的仅仅局限于本企业和本单位的职工，不对外服务。每一个单位都会建有为本单位职工服务的"小而

全"的福利设施和福利项目，这种企业或单位办社会福利的做法是一种典型的封闭性的自我福利。

（三）职工社会福利的意义

1. 吸引优秀员工

优秀员工是组织发展的顶梁柱。以前一直认为，组织主要靠高工资来吸引优秀员工，现今许多企业家认识到，良好的福利有时比高工资更能吸引优秀员工。

2. 提高员工的士气

良好的福利使员工无后顾之忧，使员工有与组织共荣辱之感，士气必然会高涨。

3. 降低员工辞职率

员工过高的辞职率必然会使组织的工作受到一定损失，而良好的福利会使很多可能流动的员工打消辞职的念头。

4. 激励员工

良好的福利会使员工产生由衷的工作满意感，进而激发员工自觉为组织目标而奋斗的动力。

5. 凝聚员工

组织的凝聚力由许多的因素组成，但良好的福利无疑是一个重要因素，因为良好的福利体现了组织的高层管理者以人为本的经营思想。

6. 提高企业经济效益

良好的福利一方面可以使员工得到更多的实惠，另一方面用在员工身上的投资会产生更多的回报。

二、职工社会福利的分类

中国现有的职工福利，大体有三类。

（1）为职工生活提供方便，减轻家务劳动而举办的集体福利设施，如食堂、托儿所、幼儿园、浴室等。

（2）为解决职工不同需要，减轻其生活费用开支而建立的各种福利补贴制度，如生活困难补助制度、部分地区职工宿舍冬季取暖补贴制度、职工探亲假制度、上下班交通费补贴制度等。

（3）为活跃职工文化娱乐生活而建立的各种文化体育设施，如文化宫、俱乐部、图书馆、球场等。

三、职工社会福利的内容

福利的内容很多，现行职工福利的内容大体可以分为四个部分。

（1）为减轻职工生活负担和保证职工基本生活而建立的各种补贴制度。如职工生活困难补贴、冬季职工宿舍取暖补贴、独生子女费、托儿费、探亲假路费、婚丧嫁待遇、职工丧葬补助费、供养直系亲属抚恤费、职工病伤假期间救济费、职工住房补贴等。

（2）为职工生活提供方便而建立的集体福利设施。如职工食堂、托儿所、理发室、浴室等。

（3）为活跃职工文化生活而建立的各种文化、体育设施。如图书馆、阅览室、体育活动场所等。

四、职工社会福利基金

职工福利基金的筹集来源于以下渠道。

1. 国家的基建投入

国家在各个单位提供的基本建设投资，就包括了与职工基本生活有关的必要的非生产性建设投资费用。对食堂、托儿所、幼儿园、文化宫、俱乐部、职工住宅的投资，都是国家给各个单位提供的基本建设投资费用的一部分。

2. 福利专项费

这是国家机关、事业单位专门用于职工福利的专项基金，是国家消费基金的一部分，属于国民收入再分配的范畴。

3. 职工福利基金

我国国有企业的职工福利资金采取基金制，按工资总额的一定比例和核定的利润留成比例提取用于福利的专用资金。职工福利基金是职工共同拥有的财富。职工福利基金主要来自国民收入的初次分配，部分来自国民收入的再分配。

4. 事业费和管理费提取

这主要是从机关的行政经费、企业的管理费和事业单位的事业费中开支一部分福利费，用于机关、事业单位的食堂、托儿所等费用，职工上下班交通费补助，房租补贴，水电费补贴等。

5. 其他经费

即各单位举办的职工福利设施的收入。这主要包括各企事业单位的文化宫、俱乐部、浴池等福利设施所收取的服务费用。

第三节　公共社会福利

一、公共社会福利的定义

公共社会福利是国家和社会为满足全社会成员的物质及精神生活基本需要而兴办的公益性设施和提供的相关服务。

二、公共社会福利的内容

公共社会福利主要包括住房福利、教育福利、公共福利、文化康乐福利等。

（一）住房福利

1. 住房福利的含义

目前的住房福利性质主要有两种：一是政府对住房的直接或间接支付，即以多种形式提供住房补贴；二是国家做出政策性规定，要求住房建设机构必须划出一定数量的住房以低于市场价格售给低收入家庭，或政府直接新建经济房屋定向出售给低收入家庭。我国目前的主要政策是：取消福利分房制度，实行住房公积金制度，政府提供经济适用房。

2. 住房福利遵循的原则

（1）居民住房福利普遍性原则。居民住房福利的普遍性，来自于生存权利的普遍性。在这一问题上，坚持以人为本，就是坚持以人的普遍生存权利为本。经过这些年的改革，目前中国也初步建立了以住房公积金为核心内容的住房福利制度。

（2）住房消费需求优先原则。住房本质上是消费品，但在市场运行中，又可以成为投资品。那么，在住房的消费需求与投资需求之间，政策的天秤应当倾向于哪一边呢？显然应当是前者。

（3）存款购房优先原则。在住房消费上，应当是存款消费优先还是贷款消费优先？显然，无论在何种情况下，都应当是前者。然而，由于我们没有相应的制度安排，居民用存款购房不仅没有享受到任何政策优惠，而且实际上是被征税的。因为购买住房需要的资金量很大，居民为此要进行长期储蓄，但在目前的存款制度下，所有的储蓄存款必须交纳利息税，因此，居民用自己存款购房的同时交纳利息税，实际上就等于交纳了住房消费税。

（4）低收入者优先原则。对低收入者采取更加倾斜的政策，是许多国家的普遍做法。在中国，近几年来各地也根据不同情况，对低收入者的住房问题给予了关照。

（5）资源占用补偿原则。

住房消费要占用土地资源和环境资源，这些资源都是不可再生的。在资源有限的情况下，以产权所有方式购买的住房越多，面积越大，就意味着全社会为其付出的资源成本越高。所以，尽管富有者购买大面积房屋或多套房屋支付了较高的价格，其社会资源成本却还是由全体社会成员为其分担的。为体现全体居民在土地和环境资源方面的平等权利，对于在基本生存之上多消费或多购买的住房，应通过征税等手段，让住大房子和拥有多套住房的人进行相应的补偿，承担一定的社会资源成本。

（二）教育福利

1. 基本概念

教育福利政策的宗旨在于维护和保障公民的受教育权利，促进教育公平进而深刻影响社会生活的其他领域，推动社会协调全面发展。温家宝总理在2007年《政府工作报告》中曾强调指出："教育是国家发展的基石，教育公平是重要的社会公平。"

社会转型时期，我国的教育公平问题日益凸显。教育福利政策在政治、经济、社会和文化各个领域发挥着重要的调节和整合功能，是促进教育公平、提升教育福祉、落实科教兴国战略的重要举措，体现了政府发展公共教育服务的责任担当。顺应政府强调服务职能的角色转型，教育福利政策坚持公平正义的价值取向和演变趋势日渐清晰。

所谓教育福利，是指以促进和保障教育权利公平为目标，通过各种途径为扶持和发展教育事业所做出的努力，从而达到提高国民素质、推动个人和社会全面发展的整体效用。

作为社会福利重要组成的教育福利亦可分为两种类型：一是"普惠型"教育福利，强调所有社会成员都有权享有一定年限或某种类型的教育，并通过一定的制度设计维护其受教育权利或机会，如向适龄儿童提供"免费义务教育"；二是"选择型"教育福利，基于事实上的教育不公平状态和促进教育的整体效用考虑，倾斜性地为弱势群体提供福利服务，保障其受教育权利落到实处。社会学理论一般认为，所谓弱势群体是由于某些自身障碍或缺乏经济、政治、社会机会而在社会上处于不利地位的人群，多指社会中需要给予特殊关爱和照顾的人群共同体。

  2. 教育福利的功能

（1）政治功能：保障受教育权利，促进教育公平。教育公平是教育福利政策的合法性基础，教育福利政策是促进教育公平的重要手段。教育公平包括入学机会公平、受教育过程公平和教育结果公平三个层面。与此相呼应需确立三项基本原则：机会均等原则，即不论种族、肤色、性别、语言、宗教、政治或其他观点、民族或社会出身、经济条件或家庭背景，所有人均有相同的机会升入教育系统某个特定学习阶段；过程公正原则，即学习者在大致相当的环境和条件下接受教育，并且基于公正的规则要求开展竞争；结果补偿原则，即对处于相对弱势的受教育群体予以必要支持，保障其平等参与学习和竞争，共享教育发展成果。

在现代社会，受教育已经是一个人生存、发展的必要条件。没有受过教育的公民难以融入现代社会，其个性、尊严和基本需求也得不到充分的发展和实现。通过制定和落实教育福利政策，尤其是借助各种途径对教育资源进行调节和再分配，为贫困学生、残疾学生、流动人口、女性群体等常常处于教育困境的人们提供必要补偿，可以有效地维系和保障公民的受教育权利。在市场经济条件下，教育公平问题变得更加复杂，比如随着教育主体多元化，公立、私立学校以及不同等级学校之间在法律地位上存在微妙差异，在不同教育机构接受教育，往往会导致教育福利的待遇迥然，民办学校学生助学贷款难即是一例。从更深层次分析，社会资本进入教育领域后，如何均衡资本逐利本性与教育公益属性二者之间的摩擦和冲突，需要不断完善教育福利政策来加以润滑和统筹发展。

（2）经济功能：提高个人收入水平，促进国民经济增长。现代人力资本理论认为，推动经济长期增长最主要的动力来自知识（人力资本），这些知识一方面可以转化为新技术和新产品，直接推动经济增长；一方面会通过溢出效应增加社会的知识总量，长期推动经济增长。随着我国劳动力市场化程度的提高，教育与人们的收入水平、生活水平之间的共变关系越来越密切。个人的受教育程度，将直接决定其工作机会的选择和工作报酬的水平。

作为一种特殊的公共支出，教育投入对经济增长的贡献将大大高于诸如资本品的其他要素投入对经济增长的贡献，尤其是在知识经济的形态下，这种趋势更加明显。

（3）社会功能：促进社会流动，建设和谐社会。结构功能主义理论认为，学校教育的社会功能有二：一是社会化，二是社会选拔。柯林斯曾尖锐地指出：教育是限制经济领域中具有优厚报酬职位的竞争者数量的筛选工具，帮助那些接受过较高层次教育的人占据这些职位。在现代社会，教育对于社会分层的影响更加深远和广泛。在社会差别不可避免的前提下，如果能赋予处于社会底层而往往成为弱势群体的人们以更多的教育机会和必要的救济支持，他们就有可能通过自身的努力和奋斗，顺利流动到经济、政治、社会地位更高的阶层，从而改善不合理的社会结构现状。反之，若缺乏必要的教育福利，贫困家庭"缺乏知识和技能"的素质缺陷就会如同疾病基因一样代际相传，世代沉沦于社会的底层。

（4）文化功能：消除"贫困文化"，促进社会融合。哈夫曼和沃尔夫认为，教育具有积极的外溢作用：教育可以改善穷人的知识贫困状态，改变观念、行为、意识与精神面貌，增加与主流文化接触的意愿和机会，增强社会参与能力，扩大其人际交往的范围，从而提高穷人的社会资本存量，切断贫困代际传递的纽带；教育可以增加医疗卫生知识，改善配偶和家庭成员的健康状况，降低因病致贫的风险；教育可以降低生育率，减轻家庭抚养子女的负担，等等。诚如郑杭生教授所主张："要消灭贫困，首先必须改造贫困文化……而要摆脱贫困文化的束缚，就应当增加他们及其后代与主流文化接触的机会及其被主流文化接纳的技能。而要做到这一点，关键在于教育，即促进教育机会的均等。"

（三）社区服务

社区服务，就是一个社区为满足其成员物质生活与精神生活需要而进行的社会性福利服务活动。

社区服务是公共社会福利的重要形式。20世纪80年代中期开始，在国家民政部的倡导下，全国各大中城市都开展了不同形式的社区服务活动。1993年，民政部会同13个部委联合颁发了《关于加快发展社区服务的意见》，使社区服务步入了社会经济发展的历史舞台。主要包括下面内容。

1. 集体兴办敬老院

这类敬老院一般规模较小，地点设在本社区。敬老院属社区中的公益事业，可以得到社区内的单位和居民的赞助。院里的生活设施比较齐全，并有专人做护理工作。目前，我国的敬老院将有偿性服务与福利性服务结合起来，对社会救济孤老实行优先收养和义务服务，对其他老人实行自费收养。

2. 老年人活动中心

随着我国人民生活水平的提高，城市老年的服务需求不仅表现在物质生活上，而且越来越多地表现在精神生活上。许多老年人离开工作岗位后，往往产生一种失落感、孤独感和空虚感。社区服务在这方面为老年人创造条件，使其建立新的社交圈子，继续参加社会活动，在新的生活环境中重新塑造自我，重新实现心理平衡。

3. 老年人综合服务站

这是为满足老年人的某些特殊需要而设立的服务。具体内容分为老年人生活服务、老年人保护服务和老年人婚姻介绍服务。

4. 为残疾人和精神患者提供的服务

目前，残疾人社区服务工作已经成为各国政府社区发展计划的一个重要组成部分，也是社会工作、慈善事业的一项重要内容。我国在这方面的工作主要有残疾人康复、精神病人疗和伤残儿童寄托和弱智儿童启智等。

5. 便民利民服务

随着家务劳动的社会化，形式多样的便民利民服务项目在社区服务活动中应运而生。社区服务组织兴建大批便民服务网点，本着"方便居民、收费低廉"的原则，代居民家庭买米、买煤、买菜，接送孩子入托、雇保姆、拆洗衣被、开展社区医疗活动、开办小学生饭桌等措施。

6. 文化活动和社会心理咨询服务

社区服务机构组织居民开展文娱活动、体育活动、文化学习、职业培训、家长学校、婚姻介绍、职业介绍、心理咨询等。

（四）文化康乐福利

文化康乐福利是指由国家和社会为满足人们的文化康乐的精神需要而兴办的具有福利性质的文体活动设施和相应的服务设施，包括公园、图书馆、博物馆、群众艺术馆、文化康乐中心等场馆以及群众性体育运动设施等。

成为文化康乐福利必须符合下列条件：①国家或集体兴办和实施管理，并给予资金支付；②为满足社会大众的精神需要而兴办的，不以赢利为目的；③实行免费或低偿的服务；④向社会开放，广大群众能普遍、平等地享用。

（五）公共卫生福利

一般来说，由于公共卫生涉及群体健康，因此公共卫生经费主要依靠政府或社会筹集，私人筹集是辅助的。在市场经济条件下，公共卫生归纳为由政府及公共部门向社会群体提供的卫生服务方面的公共产品。公共卫生是以预防医学观念、理论和技能为基础，针对预防疾病、促进人群健康所采取的社会性实践的总称，是卫生执法监督的载体。公共卫生福利是指国家和社会以保障公民身体健康为目的所提供的以医疗和保健为内容的公共福利。公共卫生一般可分为以下几类：第一是传染病的控制，第二是食品的安全，第三是烟草的控制，第四是药品和疫苗的可得性，第五是环境卫生，第六是健康教育与促进，第七是食品与营养，最后是卫生服务。在不同国家，每年都有新的传染病发生，传染病是公共卫生防治的重点之一。

第四节　特殊人群社会福利

工业化之前的社会救助体系主要关注特定人群的保障问题。现代社会福利体系仍然把特定人群的保障作为关注的重点。特殊人群福利主要是指残疾人、老年人、儿童和妇女四类特定人群的社会福利。

一、残疾人社会福利

中国残疾人是一个十分庞大的特殊人群，总数达8300多万人，直接涉及2.6亿家庭人口。为了保障残疾人的基本生活和一些特殊需求，中国逐步发展了一些面向残疾人的社会福利事业，残疾人生活、教育、就业状况不断改善。残疾人福利是政府和社会以资金、设施和服务等形式为身有残疾的社会成员提供的生产和生活福利，其目的是使残疾人享有与正常人同样的工作和生活条件。残疾人社会福利主要包括以下内容。

（一）基本生活保障与救助

由于残疾人人数众多、情况各异，中国根据不同情况采取不同措施，以保障他们的基本生活和特殊需要。对于完全或基本丧失劳动能力、不适合参加劳动、无法定扶养义务人或法定扶养义务人无扶养能力、生活来源无保障的重度残疾人，政府将其纳入城乡最低生活保障制度或有关救助制度之中，予以供养、救助。

（二）就业扶持与福利服务

对于那些具有一定劳动能力的残疾人提供就业扶持，是世界各国普遍采取的政策。在中国，就业促进与保护的优惠政策，主要包括按比例安排就业和减免税优惠政策及其他扶持保护措施，通过多种渠道、多种形式促进残疾人就业。政府有关部门利用社会力量兴办了一些残疾人福利企业、盲人按摩机构和其他福利性单位，集中安排残疾人就业。对集中使用残疾人的用人单位（残疾人职工占单位在职职工总数的25%以上），国家依法给予税收优惠，在生产、经营、技术、资金、物资、场地使用等方面给予扶持。国家鼓励扶持残疾人自主择业、自主创业。对残疾人从事个体经营的，政府依法给予减免税优惠，在经营场地、小额信贷等方面给予照顾和扶持。国家鼓励和扶持公共就业服务机构为残疾人免费提供政策咨询、岗位信息、职业指导和职业介绍等针对性的就业服务，对就业困难的残疾人实行优先扶持和重点帮助。

对于残疾人基本生活和社会活动中的一些特殊需要，中国一方面兴办福利服务设施和康复机构，为残疾人康复提供基本服务；另一方面，对符合条件的残疾人家庭，帮助他们落实医疗、廉租住房、教育、就业、司法等方面的专项救助。中国建立的残疾人专门养护机构包括社会福利院、儿童福利院、精神病福利院、农村养老机构等，养护对象主要是生活无依的重度残疾人。中国残疾人康复服务康复工作遵循实用、易行、受益广的原则，逐步形成了以专业康复机构为骨干、社区康复为基础、残疾人家庭为依托的社会化康复服务体系。残疾人康复项目已从肢残矫治手术、聋儿听力语言训练以及白内障复明手术为主的"三项康复"，扩展到特需人群补碘、低视力康复、精神病防治康复、智力残疾康复、社区康复工作以及残疾人用品用具供应服务等方面。

在残疾人教育培训方面，中国重点抓残疾儿童少年九年义务教育，将残疾儿童少年教育全面纳入国家和各地区义务教育体系。国家规定30万人口以上且适龄残疾儿童少年较多的县（市），要建立1所九年义务教育特殊教育学校。

对于生活在农村的残疾人（占全国残疾人总数的75%），重点实施扶贫开发计划，扶助农村残疾人摆脱贫困，这也是中国扶贫开发战略的重要组成部分。在重点贫困县，将残疾人扶贫开发纳入当地政府扶贫工作的总体规划，在扶贫资金中予以优先考虑和安排；在一般性贫困县，主要通过国家康复扶贫贷款等专项资金给予扶持。

二、老年人社会福利

老年人社会福利是根据老年人的特殊需求和老年人自身特点，以改善老年人物质生活和精神生活为目的，由政府和其他各种社会组织所提供的福利项目、实施和服务的总称。

（一）老年人福利的内容

1. 老年人福利津贴

老年人福利津贴是一种普遍养老金计划，这些计划为所有超过规定年龄的社会成员提供养老金，而不管他们的收入、就业状况或者经济来源如何。这种发放方式使获得养老金成为公民的一种平等权利。老年人福利津贴的发放对象适宜从高龄老人开始，先发放高龄津贴，有条件时再逐步扩大发放范围以至所有退休老人。随着我国社会经济的不断发展，老年人福利津贴应当作为一种全民性的制度建立起来，并不断扩大覆盖范围，提高津贴标准。

2. 社会养老

老年人能否按照自己的意愿选择他们认为合适的生活方式，是衡量老年人生活质量的一个重要指标；养老方式主要有两种，即家庭养老和社会养老。随着人口老龄化的加剧，再加上家庭的日益小型化和核心化，传统的家庭养老方式越来越不足以承担起养老的重任，因此，家庭养老必然向社会养老过渡。而社会养老则是由国家和社会为所有老年人提供生活保障以及必要的福利设施和服务，承担起养老的主要责任。

3. 老年人保健

国家和社会有责任为老年人提供健康照顾，使其健康长寿。老年人保健是一个系统工程，涉及多个方面的内容，例如，建立医疗机构为老年人提供医疗服务；建立老年公寓、疗养院、日间护理中心等，改善老年人的生活环境；建立适合老年人活动的体育设施，组织老年人体育活动，增强老年人的体质。

4. 老年福利机构

国家鼓励和扶持社会组织或者个人兴办各种老年福利设施，如老年福利院、敬老院、老年公寓、老年医疗康复中心、老年人俱乐部、老年人文化活动中心等。这些福利机构的设立，为老年人陶冶情趣、驱除孤独、促进身心健康，发挥了重大作用，满足了老年人的各种生理和精神需要，使他们能够愉快地安享晚年。

（二）老年人福利的形式

我国的老年人福利主要有3种形式。

1. 收养性福利

收养性福利的主要职能是收养无家可归、无依无靠、无生活来源的孤寡老人。在经济条件比较好的地区，也开始出现了自费收养，主要收养一些由其单位或亲属承担费用的老人。收养性的福利设施包括养老院、托老院、老年公寓和福利院等。

2. 娱乐学习性福利

娱乐学习性福利的主要职能是为老年人提供各种文化娱乐性服务，面向所有老年人开放。主要包括老年人大学、老年人活动中心等。同时，根据不同地区的不同情况，可以组织老年人郊游等休闲娱乐活动。

3. 保健服务性福利

保健服务性福利主要是为老年人提供一些生活和健康方面的服务，面向全社会的老年人，这类设施主要包括老年人康复中心、老年医院、老年人咨询中心、老年人交友中心等。

三、妇女社会福利

妇女社会福利是国家和社会为保障妇女生理和职业的特殊需要、特殊利益而制定的各项福利政策和开展的社会福利事业。

中国政府始终把消除就业性别歧视、妇女享有与男子平等社会保障权利、保障女职工享有特殊劳动保护作为义不容辞的责任。早在 1953 年政务院修正发布的《中华人民共和国劳动保险条例》中，就有有关女工人、女职员生育待遇的规定。1988 年，国务院颁布施行了《女职工劳动保护规定》，1994 年劳动部发布了《城镇职工生育保险试行办法》。根据上述规定和办法，国家对女职工采取了比较全面的劳动保护措施。比如，禁止安排女职工从事矿山井下等女职工禁忌从事的劳动。规定了女职工在月经、怀孕、哺乳期间相应的保护措施，并且总体上得到执行。有关调查显示，76％以上的女职工与用人单位签订了劳动合同，90％以上的用人单位能遵守女职工劳动保护措施和产假规定，94％以上的怀孕女职工能够定期进行产前检查。随着劳动就业制度的改革，单位女工保护制度逐步向社会保险方向发展，实行生育保险制度。生育保险费用由企业按照其工资总额的一定比例（一般不超过企业工资总额的 1％）向社会保险经办机构缴纳生育保险费。女职工生育按照法律、法规享受产假，生育后领取生育津贴和报销生育医疗费。

四、儿童社会福利

儿童社会福利是指由国家或社会为立法范围内的所有儿童普遍提供的旨在保证儿童正常生活和尽可能全面健康发展的资金与服务的社会政策和社会事业。

目前，中国儿童社会福利主要针对孤儿和流浪未成年人两大类。中国政府历来高度重视孤儿的生活和服务保障。新中国成立之初，各级政府通过举办福利机构收养无依无靠、无家可归、无生活来源的孤儿和弃婴，努力保障孤儿的生活权益。改革开放以来，特别是最近几年，我国政府出台了一系列政策措施，发展孤儿社会福利事业。

2006年出台的《关于加强孤儿救助工作的意见》和《关于加强流浪未成年人工作的意见》，使孤儿社会福利由养育向教育、医疗、康复、成年后的住房和就业拓展；特别是在基础设施建设上，中国启动实施了《"十一五"儿童福利机构建设规划》、《"十一五"流浪未成年人救助保护体系建设规划》和《"十一五"社区服务体系建设规划》，把儿童福利机构、流浪未成年人救助保护机构、社区服务机构建设明确列入中央支持的公共服务重点工程，推动了儿童社会福利的大发展。

在孤儿基本保障方面，中国实行家庭养育和集中供养相结合的保障方式。孤儿家庭有法定监护人、抚养人的应在家庭抚养。由法定监护人抚养的社会散居孤儿，农村散居孤儿依法纳入"五保"供养、农村居民最低生活保障和农村特困户救济范围，城市散居孤儿依法纳入城市居民最低生活保障范围，给予重点保障。孤儿家庭无法定监护人、抚养人或监护人、抚养人没有抚养能力的，民政部门指定社会福利机构集中供养，并建立了集中收养孤儿、弃婴的儿童福利设施。为帮助残疾儿童解除疾患的折磨，增强生活自理能力，中国实施了力所能及的康复服务。2004年5月，民政部启动了"残疾孤儿手术康复明天计划"，对全国1109家福利机构的3.5万余名孤残儿童进行了手术治疗和康复矫治。国家鼓励孤儿的亲属和社会收养孤儿，成为孤儿的养父母，负责孤儿的生活和教育费用。对无法收养和寄养的孤儿尤其是艾滋病致孤儿童，由当地政府在社区中建立单元式家庭设施，采取小家庭照料模式，为孤儿提供必要的生活、教育条件。

在未成年人保护方面，中国对流浪未成年人实施社会救助。中国流浪未成年人数量在100万～150万人，对流浪未成年人的主要政策有：对于能够说明家庭情况的受助未成年人，民政部门或者其他部门及时联系其父母或者其他监护责任人，安排返家事宜；暂时无法查明其父母或者其他监护责任人的，由民政部门设立的流浪未成年人救助保护机构抚养、教育。对于长期滞留在流浪未成年人救助保护机构内的无家可归或者无法查明家庭情况的受助未成年人，根据有关规定将其长期安排在社会福利机构抚养、教育。对于不满6周岁且无法查明家庭情况的未成年人，报请有关部门送社会福利机构安置。流浪未成年人救助保护机构包括流浪未成年人救助保护中心、流浪未成年人救助保护分中心、街头服务点、社区服务点等。流浪未成年人救助保护机构为流浪未成年人提供全面的服务，采取多种措施保障受助未成年人的生活、教育、管理、返乡和安置。

✏️ **案例分析**

社会福利企业能享受税收优惠政策吗？

滨海骏伟针织厂，成立于2006年5月25日，座落在县城阜东北路219号，法人代表是金雄伟，企业性质是个人独资企业，企业所得税在地税征收。主要进行服装、手套加工销售。现有职工总数36人，安置六残人员10人，六残人员占职工总人数的27.8%。经企业申请，2007年10月19日被盐城市民政局批准为"社会福利企业"，根据财政部、国家税务总局财税〔2007〕第 92 号关于促进残疾人就业税收优惠政策的通知精神，我们对该企业多次进行巡查、核查，该企业符合下列条件：①是生产销售货物取得的收入；②六残人员占职工总人数的 25％以上；③企业同残疾人签订一年以上的劳动合同；④企业残疾人上岗人员公司工资不低于当地最低生活保障线的基础上划卡发放；⑤企业按月为残疾人缴纳养老、医疗、伤残、失业、计划生育等五项保险。符合享受相关税收优惠政策。2007 年 10 至 2008 年 9 月，累计实现销售收入 206 万元，应纳增值税 18.9 万元，已享受即征即退税收 18.9 万元。该企业在享受税收优惠条件下，残疾人就业政策得到了更好落实，也不断扩大残疾人的就业面，促进了民政福利企业健康发展，也给企业增强了后劲，生产能力不断扩大，2009 年该企业计划再增加缝纫机 20 台，增加工人 30 人，增加残疾人就业 7 名。力争在近两年内力争产值突破500 万元，税收 45 万元。落实残疾人就业、再就业的税收优惠政策，也给地方带来了活力，仅东坎镇就成立了 10 家社会福利企业，安排残疾人 215 人，为稳定社会，带动当地二、三产业的发展起到了积极作用。

（资料来源：www. wendangku. net/doc/687aa809aaea998fc220ed4. html）

分析解读： 享受税收优惠政策单位的条件

安置残疾人就业的单位（包括福利企业、盲人按摩机构、工疗机构和其他单位），同时符合以下条件并经过有关部门的认定后，均可申请享受相关税收优惠政策。

（一）依法与安置的每位残疾人签订了一年以上（含一年）的劳动合同或服务协议，并且安置的每位残疾人在单位实际上岗工作。

（二）月平均实际安置的残疾人占单位在职职工总数的比例应高于 25％（含25％），并且实际安置的残疾人人数多于 10 人（含 10 人）。

月平均实际安置的残疾人占单位在职职工总数的比例低于 25％（不含 25％）但高于 1.5％（含 1.5％），并且实际安置的残疾人人数多于 5 人（含 5 人）的单位，可以享受相关规定的企业所得税优惠政策。

（三）为安置的每位残疾人按月足额缴纳了单位所在区县人民政府根据国家政策规定的基本养老保险、基本医疗保险、失业保险和工伤保险等社会保险。

（四）通过银行等金融机构向安置的每位残疾人实际支付了不低于单位所在区县适用的经省级人民政府批准的最低工资标准的工资。

（五）具备安置残疾人上岗工作的基本设施。

根据该企业情况完全可以被批准为"社会福利企业"，可以享受相关税收优惠政策。

关键概念

社会福利；职工社会福利；公共社会福利；住房福利；教育福利；社区服务；残疾人社会福利；老年人社会福利；妇女社会福利；儿童社会福利

思考题

(1) 社会福利包括哪些主要内容?

(2) 我国社会福利经历了哪几个阶段?

(3) 职工社会福利的意义是什么?

(4) 职工社会福利的内容有哪些?

(5) 教育福利的功能是什么?

(6) 社区服务包括哪些主要内容?

第十章　社会救助制度

第一节　我国社会救助制度的发展与改革

一、我国社会救助制度的历史演进

社会救助是指由政府承担责任，为城乡贫困家庭提供物质帮助，使这些家庭能够抵御生存危机，从而维持他们基本生活的一种社会保障制度。中国类似发达国家"国家济贫制度"的社会救济制度形成于20个世纪中叶。新中国成立初期的社会救助主要通过紧急救助的形式，为战后大量贫民提供临时性救助，帮助他们渡过难关。进入全面建设社会主义时期后，单位体制成为我国最主要、最基本的社会组织方式，社会救助的主体转变为孤老病残、无单位人员以及一些具有特殊社会身份的困难人员，拾遗补缺的作用明显。改革开放前期，我国的社会救助先是恢复计划经济时期的救助模式，维持城乡分野的救助格局，并在救助范围、救助方式、救助资金投入等方面有所发展。

（一）新中国成立初期到社会主义改造时期的社会救济（1949年~1955年）

由于连年战乱，民生凋敝，新中国成立初期的社会经济面临崩溃。新生的人民政权在积极发展生产、强化社会调控能力的同时，迫切需要安抚贫民，解决他们最为紧迫的生存问题，维护基层社会稳定。加之从1949年到1952年接连发生全国性的水、旱、风暴等自然灾害，造成这一时期城乡贫困人口众多，需要救济的人群包括灾民、难民、贫民、散兵游勇、失业人员和无依无靠的孤老残幼等十余种。据统计，1949年年底全国有灾民4550多万人、数百万孤老病残人员，全国急需救济的群众总数在5000万人以上，占当时全国总人口的10％。此外，大量失业人员生活也陷入困境。据1950年9月底的不完全统计，"全国失业工人共有1220231人，失业知识分子188261人，共计1408492人。此外，尚有半失业者255769人，将失业者120472人"。解决这部分群众的生活困难，保障他们的基本生活，对解放战争的彻底胜利和新生人民政权的巩固具有重要意义。

新成立的中央政府对困难群众救济工作十分重视。1950年4月，中央人民政府组织召开中国人民救济代表会议，会议确定了"在政府领导下，以人民自救自助为基础开展人民大众的救济福利事业"的基本救济原则。会后成立中国人民救济总会，并确立救灾救济的工作方针是"在自力更生原则下，动员与组织人民实行劳动互助，实行自救、自助、助人"。1950年7月，第一次全国民政会议将救灾救济确定为内务部的重点工作之一，并设立社会司主管全国社会救济工作。1953年7月，内务部增设救济司，主管农村救灾和社会救济事务。各级政府也相应设立了专门的职能机构，社会救济工作随之在全国范围内广泛展开。这一时期的社会救济具有明显的突击性紧急救助特征，针对不同人群采取不同救助政策，主要救济形式：一是为困难群众发放救济款物。1950 年到 1954 年，国家共发放 10 亿元农村救灾救济款，同时还发放了大量的救济物资。针对城市无依无靠的孤老病残人员以及其他生活困难人员，主要通过经常性救济或临时性救济方式保障其基本生活。据不完全统计，从 1954 年到 1957 年国家共支出城市社会救济费 1 亿多元，救济了 1000 多万人。二是发动慈善募捐，组织群众互助互济。通过开展捐赠"一把米"、"一件衣"、"一元钱"等群众互助活动，维持困难群众基本生活。1956 年 9 月，内政部谢觉哉部长专门向中央提出募捐寒衣救济灾民的请示，经中央批准后，部分省份在县级以上机关、团体、企业干部等中间开展募捐工作，对化解自然灾害对农村困难群众的影响发挥了重要作用。一些地方还组织互助组、合作社等合作组织，展开生产自救。三是通过遣散、教育、改造等方式，解决游民、娼妓等问题。对于流散在大小城市的国民党军队散兵游勇，除一小部分经短期集训教育后安置到厂矿就业外，大部分发给路费钱粮资遣回乡。全国共资遣俘虏和散兵游勇约 400 万人。对一般流氓分子和娼妓则采取教育和救济相结合的方式，成立专门的生产教养院、妇女教养院和新人习艺所等机构进行教育改造。截至 1953 年 11 月，全国共创立 920 所生产教养院，收容改造妓女、乞丐、小偷、游民等 44.8 万人。四是妥善安置农村流入城市的难民、灾民和贫民。采取的安置措施主要是疏散、收容、遣送等。据南京、上海、武汉、广州等 8 个城市的粗略统计，到 1950 年年底，共遣送回乡 110 多万人。这对于稳定城市社会起到了重要作用。五是解决失业人员基本生活问题。一方面，积极发展生产，吸引就业；另一方面，"以以工代赈为主，而以生产自救、转业训练、还乡生产、发给救济金等为补助办法"，进行救济和安置。截至 1950 年 9 月底，以工代赈 78955 人，生产自救 74798 人，还乡生产 62922 人，发放救济金 405775 人，转业训练 23157 人，介绍就业 81458 人，共计 726635 人，即有半数以上的失业工人已经得到救济。

新中国成立初期大规模的紧急救济，不仅使数千万挨冻受饿、挣扎在死亡线上的人员有吃有住有衣穿，摆脱了死亡威胁，而且对于妥善解决旧社会的遗留问题，恢复发展国民经济，巩固新建立的人民政权起到了至关重要的作用。这一时期确立的社会救济方针、原则和方式，成为我国社会救助制度的雏形，同时也为今后我国社会救助事业的发展奠定了基础。

（二）全面建设社会主义时期的社会救济（1957 年～1977 年）

1957 年，随着"三大改造"任务的基本完成，我国进入全面建设社会主义时期。此时，战争创伤已经医治，国民经济全面恢复，公有制主导地位确立，人民的物质生活有了明显改善，城乡困难人员大量减少，社会救济的对象、内容和方式都发生了新的变化，救助模式由紧急性救济转向经常性救济，城乡救济也开始呈现二元经济结构特征。

在农村，五保供养制度初步建立，集体经济组织开始承担社会救济责任。1956 年，一届全国人大三次会议通过的《高级农业生产合作社示范章程》中首次提出，"农业生产合作社对于缺乏劳动力或者完全丧失劳动力、生活没有依靠的老、弱、孤、寡、残疾的社员，在生产上和生活上给以适当的安排和照顾，保证他们的吃、穿和柴火的供应，保证年幼的受到教育和年老的死后安葬，使他们生养死葬都有依靠"；1958 年 12 月，中共八届中央委员会六次会议通过的《关于人民公社若干问题的决议》中提出，"要办好敬老院，为那些无子女依靠的老年人（五保户）提供一个较好的生活场所"。农村人民公社体制建立后，贫困以及丧失劳动能力的农户，其生老病死都由生产队负责。1960 年 4 月，二届全国人大二次会议通过的《1956 年到 1967 年全国农业发展纲要》，明确要求农村集体经济组织要对缺乏劳动力、生活没有依靠的鳏寡孤独社员在生活上给以适当的照顾，使他们的生养死葬都有指望和依靠。农村五保供养制度的建立和发展是这一时期最突出的制度创新。对其他农村困难户的救济，则主要采取农村集体经济组织为主、国家保障为辅的救济方式。20 世纪 60 年代初期，受自然灾害影响农村贫困户大增。国家一方面组织农民生产自救，另一方面加大了农村救济力度。从 1960 年到 1963 年，国家共拨付农村社会救济款和灾民生活救济款 23 亿元，超过了 1950 年到 1959 年农村救灾救济款的总和。

　　在城市，伴随着计划经济体制的实施，我国建立了一整套就业与社会保障一体化的单位保障制度。社会救助在整个国家社会保障体系中的作用大大削弱，主要发挥"拾遗补缺"的作用。从救助对象上看，主要可分为孤老病残人员救济和特殊人员救济两类；从救助形式上看，可分为定期定量救济和临时救济两种。孤老病残人员是指无固定收入、无生活来源、无劳动能力，基本生活发生困难，需要依靠国家和集体给予救济的居民家庭，对他们的救助主要采取定期定量的经常性救济。此外，国家还对一些特殊救济对象采取按规定标准进行定期定量救助的政策。在 1953 年召开的第三次全国社会救济工作会议上，内务部公布了城市社会救济标准：以户为单位，按人口递增，大城市每户每月一般不超过 5～12 元，中小城市每户每月一般不超过 3～9 元。1956 年内务部提出应以能够维持基本生活为原则，不再规定统一的救济标准。享受定期定量救济的特殊救济对象主要包括原国民党起义投诚人员、错判当事人家属、归侨侨眷侨生、工商业者遗属、特赦释放战犯、外逃回归人员、摘帽右派人员、下乡返城知青、麻风病人、外国侨民、企业职工遗属、因计划生育手术事故造成死亡和丧失劳动能力人员，等等。临时救济主要针对遭遇临时性、突发性变故致使生活出现暂时困难的居民家庭，是一种非定期、非定量的生活救济。20 世纪 60 年代初期，国民经济再次出现严重困难，城市中生活困难需要救助的人数显著增加。为应对这一局面，政府通过生产自救、收容遣送、安置闲散劳动力、增加财政投入等方法不断加大社会救济力度。据统计，1961 年全国城市救济 51.7 万人次，1962 年增加到 266.8 万人次，1963 年进一步上升到 332.5 万人次。据北京、天津、广州、包头、安阳等 14 个城市统计，1961 年平均每月救济 3.2 万人，比 1960 年增加 60.5％，1963 年需要救济的人数继续上升，仅 6 月一个月就救济 24.1 万人，比 1962 年同期增加 1.2 倍。另据沈阳、天津、杭州、重庆等 59 个城市统计，1963 年上半年有 21 万人参加了生产自救，占可生产自救人数的 50％。

（三）改革开放前期的社会救济制度（1978年～1992年）

中共十一届三中全会以后，我国社会主义现代化建设事业进入新的历史时期，同其他民政工作一样，对困难群众的社会救济得到党和政府的高度重视。1978年5月，民政部正式恢复成立，在设置的7个司局级单位中，农村社会救济司主管农村社会救济工作，城市社会福利司主管城市社会救济工作。各级民政部门也迅速建立了社会救济专门工作机构，这为社会救济各项政策的制定和实施提供了组织保障。1983年4月召开的第八次全国民政会议明确新时期我国社会救济工作的基本方针是"依靠群众、依靠集体，生产自救，互助互济，辅之以国家必要的救济和扶持"。

农村贫困救济是这一时期社会救济工作的重点。随着家庭联产承包责任制的推行，集体经济组织的统筹保障功能日益弱化，迫切需要政府改革救济方式。针对改革开放初期农村贫困面较大的情况，农村救济采取的主要措施：一是探索定期定量救济。救济对象主要是农村常年生活困难的特困户、孤老病残人员和精减退职老职工，一般按照一定周期（按季节或按月）给予固定数额的救济金或救济粮等实物，以保障其基本生活；对其他贫困人口，则通过灾民荒情救济的方式给予临时救济。1985年，农村享受国家定期救济的人数达到百余万人，临时救济的人数更多。二是继续完善农村五保供养救助。中央明确从村提留和乡统筹（即"三提五统"）经费中列支资金用于农村五保供养。1985年起，全国逐步推行乡镇统筹解决五保供养经费的办法，以保证五保对象的基本生活来源。1994年国务院颁布的《农村五保供养工作条例》，再次明确五保供养经费由"村提留或乡统筹"中列支。据不完全统计，从1978年到1996年，农村集体用于五保供养和贫困户补助的资金总计达200多亿元。三是通过开发式扶贫改善农村贫困状况。针对农村绝对贫困人口主要集中在"老、少、边、穷"地区的现状，国家开展了有计划、有组织、大规模的农村扶贫开发。扶贫工作的深入开展使农村绝对贫困人口逐年减少，到1994年，我国农村没有解决温饱的贫困人口由1978年的2.5亿人减少到7000万人，贫困人口占农业总人口的比例下降到7.6%左右，基本实现了到20世纪末解决农村贫困人口温饱问题的战略目标。

城市社会救助工作也得到快速恢复和发展。1979年11月，民政部召开全国城市社会救济福利工作会议，明确城镇救济对象主要是"无依无靠、无生活来源的孤老残幼和无固定职业、无固定收入、生活有困难的居民。对中央明文规定给予救济的人员，按规定办理"。从救济对象看，享受社会救济的特殊人员范围扩大到"文革"受迫害人员、平反释放人员、返城知青、台胞台属以及宽大释放的原国民党县团级以下人员等，之后又将错定成份人员、被解散文艺剧团生活无着人员、高校毕业生有病人员、解除劳动教养人员、刑事罪犯家属等纳入特殊救济范围。到20世纪80年代中期，全国特殊救济对象有20多种。从救济标准看，从80年代初开始，各地民政部门在深入调查的基础上，根据当地经济发展和物价上涨情况分别调整了定期救济标准。从资金投入看，国家不断增加城市社会救济费的支出额度。据不完全统计，1979年全国城市享受定期救济的人数24万人，支出社会救济费1785万元，平均每人每年75元；1989年全国城市享受定期救济的人数为31万人，支出社会救济费8450万元，平均每人每年273元。1992年城镇困难户得到救济和补助的人数是908万人，和1985年的376.9万人相比，增加了 2.4 倍多。

这一时期的社会救济工作虽然得到比较快的恢复和发展，但并未突破原有体制和框架，城乡社会救济分别按各自路径发展。救助经费的投入缺乏必要的保障机制；救助工作的随意性较大，救助对象认定、救助标准和救助程序有待进一步完善等。从总体上看，这一时期的社会救济制度具有过渡性特征，无论是制度设计、具体操作，还是资金投入都与困难群众的救助需求存在较大差距，城乡贫困问题依然十分突出。

二、我国社会救助制度的改革

20 世纪 90 年代以来，在激烈的经济转轨、社会转型的"两个转变"的影响下，城市中下岗、失业愈演愈烈，贫富差距越拉越大。到 90 年代中期，国内外专家学者的诸多研究将中国的城市贫困人口的规模定格在 1500 万～3000 万人。

按照国际经验，对付因社会—经济结构调整而导致的较大规模的贫困问题，最有效的社会保障制度是社会救助。然而，处于非常边缘地位的传统的城市社会救济制度却难以承担此重任。也正因为如此，在中国城市贫困问题发展的初期，中国政府并没有考虑创建一种制度性的社会政策作为长久的应对措施，而是习惯地采用了"搞群众运动"的临时补救措施，如在全国搞"社会帮困"活动、搞"送温暖"工程，等等。这些活动成本不菲，收效却甚微。要使社会救助制度真正成为与市场经济配套的最后的安全网，必须动大手术，进行制度改革与创新。中国社会救助制度的改革与创新以建立城市居民最低生活保障制度的方式于 1993 年在上海登台亮相。

（一）居民最低生活保障与新型社会救助体系的确立与发展

居民最低生活保障是改革开放以来我国政府在社会救助事业上最重大的制度创新，它突破了传统社会救济资源分散、效率不高、缺乏公平、水平较低等弱点。基于家庭收入调查的现金转移支付救助模式不仅符合国际通行的社会救助理念，而且体现了政府在保障困难群众基本生活问题上所承担的责任，满足了我国建立健全社会主义市场经济体制的现实需要，为我国新型社会救助体系建设奠定了基础。

1. 最低生活保障制度建立的经济社会背景

改革传统社会救济政策，建立居民低保制度有着深刻的经济社会背景。一是市场经济体制的确立，导致大量失业下岗人员生活无着，城市贫困人口迅速增加。1986 年我国登记失业人数 264 万人，1990 年达到 383 万人，1996 年上升到 553 万人，2001 年剧升到 680 万人。另据 1998 年 3 月劳动和社会保障部等部门对国有企业下岗职工情况进行的专项调查统计，1998 年第一季度国有企业下岗职工数量达到 655.7 万人。下岗失业人员剧增，从根本上改变了城市贫困群体的构成。二是收入差距拉大，相对贫困问题日益突出。据《1996 年社会蓝皮书》提供的数据，东部地区城镇居民收入比中、西部地区高 40％以上；非国有制企业职工收入比国有制企业高 1/3。1997 年中国城镇 10％最高收入户与 5％最低收入户家庭平均人均收入之比为 4.71：1。基尼系数也由 1978 年的 0.180 上升到 2000 年的 0.467。中国社会科学院社会形势课题组 1998 年对 50 个城市的抽样调查显示，贫富之间收入差距为 9.6 倍，比 8 年前扩大了 5 倍。相对贫困问题因收入差距的拉大日益突出，严重影响低收入家庭的生活质量。三是传统社会救济方式不能满足困难群众日益增长的救助需求。据专家估算，20 世纪 90 年代中期，全国城市贫困人口的规模在 1500 万～3100 万人之间，占城镇人口总数的比重为 4％～8％。而 1992 年，全国城镇社会救济费用（包括临时救济）总共才 1.2 亿元，仅占当年国内生产总值的 0.005％，不到国家财政收入的 0.03％；得到国家定期定量救济的城镇困难户人数只有 19 万人，占城镇人口的 0.06％；救济对象人均月救济金额为 38 元，仅为当年城市居民人均生活费收入的 25％。因此，传统社会救济制度已不能适应经济体制改革和社会发展的需要，也无法维持困难居民最起码的生活权益，居民低保制度正是在这样的社会背景下，首先在城市产生，而后扩大到农村地区。

2. 最低生活保障制度的建立过程

居民最低生活保障制度最先在上海启动。经市政府同意，1993 年上海市民政局、财政局等部门联合下发《关于本市城镇居民最低生活保障线的通知》，并于当年 6 月 1 日开始实行。这个通知的下发标志着我国社会救济制度改革拉开了序幕。当时，上海市的低保标准为月人均 120 元，保障人口仅有 7680 人。对于家庭收入调查、资格认定、标准测算、资金发放等程序都还处于摸索中。民政部高度肯定上海市改革社会救助制度的经验，并积极推广。1994 年 5 月，第十次全国民政工作会议明确把"对城市社会救济对象逐步实行按当地最低生活保障线标准进行救济"列入"民政工作今后五年乃至本世纪末的发展目标"，并部署在东南沿海地区进行试点。几个月后，厦门市在全国率先发布《厦门市最低生活保障暂行办法》。武汉、重庆、兰州、沈阳等城市也开始着手调研并制定政策。随后几年，在民政部的努力推动下，建立城市低保制度的地区越来越多。到 1997 年 8 月底，全国建立城市低保制度的城市总数已达 206 个，占全国建制市的 1/3。

1997 年 9 月 2 日，《国务院关于在全国建立城市居民最低生活保障制度的通知》（国发〔1997〕29 号）下发。这个通知是从 1997 年年初开始，在总结各地经验的基础上起草的。期间李鹏总理作过两次重要指示，他在八届人大五次会议上指出："现在全国有 100 多个城市建立了最低生活保障制度，这是保障居民基本生活需要的重要措施，也是符合中国国情的一种社会保障方法，要逐步加以完善。"同时，建立城市低保制度也写进了《中华人民共和国国民经济和社会发展"九五"计划和 2010 年远景目标纲要》，成为"九五"期间国家重点推进的一项工作。国务院的这个通知不仅规定了城市低保制度的救助范围、救助标准、救助资金来源等政策界限，而且明确提出在全国建立这一制度的时限要求，即在 1999 年底之前，全国所有城市和县政府所在地的城镇，都要建立这一制度。在此后两年里，各级党政领导和民政部门对这项工作高度重视，积极推进，有效地保证城市低保制度的不断推广。至 1999 年 9 月底，全国所有 667 个城市、1638 个县政府所在地的镇，全部建立了城市低保制度。

1999 年 9 月 28 日，国务院正式颁布《城市居民最低生活保障条例》。条例的颁布和实施，标志着我国城市低保制度正式走上法制化轨道，也标志着这项工作取得突破性重大进展。城市低保工作在经历了各地的探索创新和完善推广后，终于进入全面实施和规范管理的新阶段。从 1999 年起，中央财政开始对中西部地区和老工业基地实施城市低保资金专项转移支付，当年安排4亿元，这一举措缓解了经济欠发达地区低保金紧张的局面，有力促进应保尽保目标的实现。2001年11月，国务院办公厅下发《关于进一步加强城市居民最低生活保障的通知》（国办发〔2001〕187号），明确要求"尽快把所有符合条件的城镇贫苦人口纳入最低生活保障范围"。至2002年第三季度，全国享受城市低保的人数达到1960万，占当时全国非农业人口总数的5.6%，基本实现了应保尽保的目标。

在启动城市低保的同时，农村低保制度也开始在一些地区探索建立。1996年12月，民政部办公厅印发《关于加快农村社会保障体系建设的意见》（民办发〔1996〕28号），明确提出"凡开展农村社会保障体系建设的地方，都应该把建立最低生活保障制度作为重点，即使标准低一点，也要把这项制度建立起来"。1996至1997年间，吉林、广西、甘肃、河南、青海等省先后以省政府名义出台相关文件，规定资金主要从村提留和乡统筹中列支，推进农村低保工作。2001年，农村低保建制县市曾达到2037个。到2002年，全国绝大多数省份都不同程度地实施了农村低保，全国救助对象达到404万人，年支出资金13.6亿元，其中地方政府投入9.53亿元，农村集体投入4.07亿元。对于尚无法建立农村低保制度的地区，2003年4月，民政部下发《关于进一步做好农村特困户救济工作的通知》（民办发〔2003〕6号），要求按"政府救济、社会互助、子女赡养、稳定土地政策"的原则，继续实行农村特困户救助制度，即对达不到"五保"条件但生活极为困难的鳏寡孤独人员、丧失劳动能力的重残家庭及患有大病而又缺乏自救能力的困难家庭，按照一定数额的资金或实物标准，定期发放救济物资。2006年10月，中共中央十六届六中全会第一次提出在全国"逐步建立农村最低生活保障制度"的要求。当年5月23日，国务院常务会议专题研究农村最低生活保障问题；6月26日，国务院召开"在全国建立农村最低生活保障制度工作会议"，研究完善有关政策措施，对在全国建立农村最低生活保障制度进行部署；7月11日，国务院印发《关于在全国建立农村最低生活保障制度的通知》（国发〔2007〕19号），对农村低保标准、救助对象、规范管理、资金落实等内容作出了明确规定，要求在年内全面建立农村低保制度并保证低保金按时足额发放到户。中央财政当年安排30亿元农村低保专项补助资金。至此，农村低保进入全面实施的新阶段。到2007年9月底，全国31个省（自治区、直辖市），2777个涉农县（市、区）已全部建立农村低保制度。

（二）新型社会救助体系建设及其完善

城乡低保制度的实施初步解决了困难家庭吃饭、穿衣等日常生活问题，但仍无法满足他们在就医、就学以及住房方面的专门需求。为此，民政部适时提出以低保为核心建设新型社会救助体系，在城乡低保之外，努力推动五保供养、医疗救助、住房救助、教育救助、临时救助等救助制度的发展，着力为困难群众打造一张能够保障其基本生活的社会安全网。

——新型农村五保供养制度。为适应农村税费改革形势，切实保障五保对象的合法权益，新修订的《农村五保供养工作条例》于2006年3月实施。新条例把农村五保供养资金纳入财政预算，规定五保供养标准不得低于当地村民平均生活水平，并将五保供养服务机构建设纳入当地经济社会发展规划，从而建立起以财政供养为基础的新型农村五保供养制度，实现了农村五保由农村集体供养向国家财政供养的根本性转型。

——城乡医疗救助制度。2003 年 11 月，民政部、卫生部、财政部联合下发《关于实施农村医疗救助的意见》（民发〔2003〕158 号），揭开了医疗救助制度建设的序幕。2005 年 3 月，国务院办公厅转发民政部、财政部等《关于建立城市医疗救助制度试点工作的意见》（国办发〔2005〕10 号），计划用 2 年时间进行试点，之后再用 2～3 年时间在全国建立起管理制度化、操作规范化的城市医疗救助制度。城乡医疗救助主要采取两种方法：一是资助城乡低保对象及其他特殊困难群众参加新型农村合作医疗或城镇居民医疗保险；二是对新农合或城镇医保报销后，自付医疗费仍然困难的家庭，民政部门给予报销部分费用的二次救助。

——廉租住房救助制度。廉租住房是一种低租金或免租金的保障性住房，是住房救助的主要形式。1999 年 4 月，建设部发布《城镇廉租住房管理办法》，初步规范、明确了城镇廉租住房的来源、供给、管理、审批和监督等有关问题。2003 年 12 月，建设部、财政部、民政部等联合发布《城镇最低收入家庭廉租住房管理办法》，进一步明确和细化了城镇廉租住房制度的操作程序。这一时期的廉租住房主要提供给城镇低保家庭。为彻底解决城市低收入家庭住房困难，国务院于 2007 年 8 月发布《关于解决城市低收入家庭住房困难的若干意见》，将住房救助的范围扩大到城市低收入家庭，将住房救助的形式由单纯的实物配租扩大到发放租赁补贴和实物配租相结合。2008 年 10 月，民政部等部委又联合发布《城市低收入家庭认定办法》（民发〔2008〕156 号），从而为住房救助的实施奠定了基础。

——教育救助制度。教育救助主要是指国家对义务教育阶段的家庭经济困难学生提供必要的学习、生活帮助；对家庭经济困难的寄宿生补助生活费。同时，各级政府还按照有关规定，对接受普通高中教育、普通高等教育和职业教育的家庭经济困难学生，通过减免学费、发放助学金、提供助学贷款、发放特殊困难补助、组织勤工助学等形式给予救助。

——临时救助制度。临时救助旨在解决低收入家庭遇到的临时性、突发性困难。2007 年 6 月，民政部下发《关于进一步建立健全临时救助制度的通知》（民发〔2007〕92 号），对临时救助的对象、标准、程序等进行了规范。目前，北京、天津、内蒙古、黑龙江、浙江、江苏、江西、湖南、湖北、重庆、陕西等省（区、市）已建立这项制度，临时救助正发展为新型社会救助体系的重要内容。

（三）《社会救助暂行办法》的颁布实施

中共十八大以来，以习近平同志为总书记的党中央提出了"守住底线、突出重点、完善制度、引导舆论"的民生工作思路。习近平同志指出，凡属重大改革都要于法有据。社会救助是一项保民生、促公平的托底性、基础性制度安排，需要以法治方式不断推进。我国在社会救助方面作了许多有益探索，取得了积极成效，但也存在保障不完善、体系不完整、制度"碎片化"等问题，必须加大改革力度，有针对性地破解难题。国务院颁布施行《社会救助暂行办法》（以下简称《办法》），就是顺应形势发展需要，以法治方式推进社会救助科学化、制度化、规范化的重要举措。《办法》的出台，将为社会救助工作提供强有力的保障和支撑，是我国社会救助新的里程碑。《办法》首次对社会救助进行了全面系统的顶层设计，明确了以最低生活保障、特困人员供养、受灾人员救助、医疗救助、教育救助、住房救助、就业救助、临时救助为主体，以社会力量参与为补充的社会救助制度体系，为困难群众编织了基本生活托底保障安全网，确立了社会救助制度新格局。

第二节 我国现行社会救助制度的基本内容

一、我国城乡最低生活保障制度

（一）基本原则

坚持应保尽保。把保障困难群众基本生活放到更加突出的位置，落实政府责任，加大政府投入，加强部门协作，强化监督问责，确保把所有符合条件的困难群众全部纳入最低生活保障范围。

坚持公平公正。健全最低生活保障法规制度，完善程序规定，畅通城乡居民的参与渠道，加大政策信息公开力度，做到审批过程公开透明，审批结果公平公正。

坚持动态管理。采取最低生活保障对象定期报告和管理审批机关分类复核相结合等方法，加强对最低生活保障对象的日常管理和服务，切实做到保障对象有进有出、补助水平有升有降。

坚持统筹兼顾。统筹城乡、区域和经济社会发展，做到最低生活保障标准与经济社会发展水平相适应，最低生活保障制度与其他社会保障制度相衔接，有效保障困难群众基本生活。

（二）最低生活保障对象的认定

2014年5月1日实施的《社会救助暂行办法》提出国家对共同生活的家庭成员人均收入低于当地最低生活保障标准，且符合当地最低生活保障家庭财产状况规定的家庭，给予最低生活保障。《社会救助暂行办法》首次提出把家庭财产作为认定低保对象的户籍状况、家庭收入和家庭财产三个基本要件之一，所以除了核实申请人户籍状况和家庭收入外，还要求核查家庭财产。这三个基本条件相辅相成，缺一不可。持有非农业户口的居民，可以申请城市低保。持有农业户口的居民，可以申请农村低保。取消农业和非农业户口划分的地区，原则上可以将申请人户籍所在地为城镇且居住超过一定期限、无承包土地、不参加农村集体经济收益分配等作为申请城市低保的户籍条件。

1. 户籍状况

低保工作实行属地管理，城乡居民根据其户籍状况可以申请并享受城市低保或农村低保。申请城乡低保待遇，由户主在户籍地以家庭为单位提出，共同生活的家庭成员所有收入和财产一并计算。持有当地常住户口的居民，凡共同生活的家庭成员人均收入低于当地低保标准，且家庭财产状况符合当地人民政府规定条件的，可以申请低保。

2. 家庭收入

家庭收入，是指共同生活的家庭成员在一定时期内拥有的全部可支配收入，包括扣除按规定应缴纳的个人所得税和基本社会保障支出后的工资性收入、经营性净收入、财产性收入、转移性收入及其他可支配收入。①工资性收入。指因任职或者受雇而取得的工资、薪金、奖金、劳动分红、津贴、补贴以及与任职或者受雇有关的其他所得等。②家庭经营净（纯）收入。指从事生产、经营及有偿服务活动所得。包括从事种植、养殖、采集及加工等农林牧渔业的生产收入，从事工业、建筑业、手工业、交通运输业、批发和零售贸易业、餐饮业、文教卫生业和社会服务业等经营及有偿服务活动的收入等。③财产性收入。包括动产收入和不动产收入。动产收入是指出让无形资产、特许权等收入，储蓄存款利息、有价证券红利、储蓄性保险投资以及其他股息和红利等收入，集体财产收入分红和其他动产收入等。不动产收入是指转租承包土地经营权、出租或者出让房产以及其他不动产收入等。④转移性收入。指国家、单位、社会团体对居民家庭的各种转移支付和居民家庭间的收入转移。包括赡养费、扶养费、抚养费，离退休金、失业保险金，社会救济金、遗属补助金、赔偿收入，接受遗产收入、接受捐赠（赠送）收入等。⑤其他应当计入家庭收入的项目。

下列项目不计入家庭收入：①优抚对象享受的抚恤金、优待金；②对国家、社会和人民作出特殊贡献，由政府给予的奖金及市级以上劳动模范享受的荣誉津贴；③奖学金、助学金、勤工俭学收入及由政府和社会给予困难学生的救助金；④因工（公）负伤和意外伤害的医疗费、误工费、营养费、护理费及死亡人员的丧葬费和一次性抚恤金等；⑤独生子女费、农村计划生育政策奖励扶助金；⑥政府下拨的救灾、扶贫、移民扶持款物；⑦新型农村合作医疗报销的医疗费；⑧农村贫困家庭成员因病享受的医疗救助费；⑨政府、社会或个人给予的临时性生活抚慰金；⑩政府给予的良种补贴以及其他强农惠农资金；⑪见义勇为奖励资金；⑫"十二五"期间内城乡居民社会基础养老金；⑬县级以上政府规定的不应计入的其他收入。

3. 家庭财产

把家庭财产列入认定低保对象的三大基本条件，这是一大亮点，是对过去低保政策的重大调整。简单地解释，家庭财产是指共同生活的家庭成员拥有的全部货币财产和实物财产。家庭财产主要包括：①银行存款和有价证券；②机动车辆（残疾人功能性补偿代步机动车辆除外）、船舶；③房屋；④债权；⑤其他财产。

这里共同生活的家庭成员包括：①配偶；②父母和未成年子女；③已成年但不能独立生活的子女，包括在校接受本科及其以下学历教育的成年子女；④其他具有法定赡养、扶养、抚养义务关系并长期共同居住的人员。下列人员不计入共同生活的家庭成员：①连续三年以上（含三年）脱离家庭独立生活的宗教教职人员；②在监狱、劳动教养场所内服刑、劳动教养的人员；③省级人民政府民政部门根据本条原则和有关程序认定的其他人员。

（三）最低生活保障标准

1. 城乡最低生活保障标准确定的基本原则

城乡最低生活保障标准确定的基本原则包括：①坚持结合实际的原则，进一步规范城乡低保标准制定和调整工作，必须结合当地社会救助事业发展实际，不断完善和创新机制；②坚持科学性原则，以维持当地居民基本生活所必需的消费品支出数据为基础，科学测算，充分论证；③坚持合理性原则，统筹考虑困难群众基本生活保障需要、当地经济社会发展水平和财力状况，使城乡低保标准与失业保险、最低工资、扶贫开发等政策标准合理衔接；④坚持动态性原则，建立和完善城乡低保标准与物价上涨挂钩的联动机制，并随着当地居民生活必需品价格变化和人民生活水平的提高定期调整城乡低保标准；⑤坚持规范性原则，制定和调整城乡低保标准要严格遵循有关政策规定和程序规范，确保公开、公正和透明。

2. 城乡最低生活保障标准制定和调整的方法

各地在制定和调整城乡低保标准时，可以采用基本生活费用支出法、恩格尔系数法或消费支出比例法。

（1）基本生活费用支出法。城乡低保标准根据当地居民基本生活费用支出确定，包括必需食品消费支出和非食品类生活必需品支出两部分。用公式表示为

城乡低保标准＝必需食品消费支出＋非食品类生活必需品支出

其中，必需食品消费支出通过市场调查确定当地食品必需品消费清单（即标准食物清单）、根据中国营养学会推荐的能量摄入量、相应食物摄入量以及食物的市场价格计算得出；非食品类生活必需品支出根据调查数据确定维持基本生活所必需的衣物、水电、燃煤（燃气）、公共交通、日用品等消费清单测算支出数额。

为确保城乡低保标准的制定和调整符合当地实际，各地可以参考当地上年度城乡居民人均消费支出、城镇居民人均可支配收入、农民人均纯收入、城乡低收入居民基本生活费用，以及经济发展水平、财政状况等因素对测算得出的低保标准予以适当调整。

（2）恩格尔系数法。城乡低保标准根据当地居民必需食品消费支出和上年度最低收入家庭恩格尔系数确定。用公式表示为

城乡低保标准＝必需食品消费支出/上年度最低收入家庭恩格尔系数

其中，必需食品消费支出的确定方法同基本生活费用支出法，即通过市场调查确定当地食品必需品消费清单（即标准食物清单）、根据中国营养学会推荐的能量摄入量、相应食物摄入量以及食物的市场价格计算得出。

为确保城乡低保标准的制定和调整符合当地实际，各地可以参考当地上年度城乡居民人均消费支出、城镇居民人均可支配收入、农民人均纯收入、城乡低收入居民基本生活费用，以及经济发展水平、财政状况等因素对测算得出的低保标准予以适当调整。

（3）消费支出比例法。已按基本生活费用支出法或恩格尔系数法测算出城乡低保标准的地区，可将此数据与当地上年度城乡居民人均消费支出进行比较，得出低保标

准占上年度城乡居民人均消费支出的比例。在今后一定时期内再次计算城乡低保标准时，可直接用当地上年度城乡居民人均消费支出乘以此比例。用公式表示为

城乡低保标准＝当地上年度城乡居民人均消费支出×低保标准占上年度城乡居民人均消费支出的比例

（四）最低生活保障的资金筹集

城乡低保资金是指按照国家有关规定用于保障城乡低保对象基本生活的专项资金，包括城乡低保金和城乡低保对象价格补贴、节日补贴等临时或一次性的生活补助资金。

城乡低保资金的筹集渠道包括各级财政预算安排的资金、社会捐赠收入等。

各级财政部门应将城乡低保资金纳入同级财政预算。各级民政部门应按照预算编制要求，根据低保对象人数、低保标准、补助水平和滚存结余等有关数据，认真测算下年度城乡低保资金需求报同级财政部门。经同级财政部门审核后，列入预算草案报本级人民代表大会批准。上级财政部门应按规定及时下达城乡低保补助资金预算指标，以提高下级财政部门预算编制的完整性。各级民政、财政部门应规范城乡低保基础管理工作，加强基础数据的搜集和整理，确保相关数据的准确性和真实性，为城乡低保资金预算的编制提供可靠依据。在年度预算执行过程中，如需调整城乡低保资金预算，应由各级民政部门根据实际情况向同级财政部门提出申请，经财政部门审核并按规定程序报批后实施。城乡低保资金年终如有结余，可结转下一年度继续使用。城市低保资金和农村低保资金年终滚存结余一般均不得超过其当年支出总额的10％。各级财政部门应当将城乡低保工作经费纳入财政预算，综合考虑城乡低保工作量等因素予以合理安排。基层城乡低保工作经费不足的地区，省市级财政给予适当补助。城乡低保工作经费不得从城乡低保资金中列支。同时，通过财税优惠政策，鼓励和引导社会力量提供捐赠和资助，多渠道筹集城乡低保资金。

（五）最低生活保障资金的监督检查

各级财政、民政部门和经办人员应严格按规定使用城乡低保资金，不得擅自扩大支出范围，不得以任何形式挤占、截留、滞留和挪用，不得向低保对象收取任何管理费用。对违规使用低保资金的，按有关规定严肃处理。

各级财政、民政部门应当建立健全财务管理制度，健全城乡低保资金发放台账，做好与金融机构的定期对账工作。

各级财政、民政部门应建立健全城乡低保资金信息公开制度，对资金的管理办法、分配因素和使用情况等，积极主动向社会公开并接受监督。

各级财政、民政部门应建立健全对资金安排、预算执行、资金管理、保障措施、组织实施和实际效果等的资金监督检查制度，定期或不定期地进行检查，及时发现和纠正有关问题。

财政部驻各地财政监察专员办事处在规定的职权范围内，依法对城乡低保资金的使用管理进行监督检查。各级财政、民政部门应自觉接受审计、监察等部门和社会的监督。

（六）申请最低生活保障的办理程序

1. 提出申请

（1）资格条件。持有本地户口的居民，其家庭成员、家庭收入、家庭财产和消费支出符合本地最低生活保障条件认定规定的，可以按程序申请低保。持有非农业户口的居民可以申请城市低保，持有农业户口的居民可以申请农村低保。

（2）书面申请。申请低保以家庭为单位，由户主或者其代理人以户主的名义向居住地乡镇人民政府（街道办事处）低保服务窗口提出书面申请，也可委托居住地村（居）民委员会代为递交申请。居住地应当是有固定居所且连续居住3个月（含）以上的住地。连续居住不到3个月的在户籍所在地提出申请。共同生活的家庭成员因特殊原因未居住在一起的，其家庭可选择在户主或者其主要家庭成员的居住地提出申请；共同生活的家庭成员分别持有非农业户口和农业户口的，按户籍类别分别申请城市低保和农村低保；家庭月人均收入在当地月最低生活保障标准3倍以内、已成年且丧失劳动能力的残疾人或长期卧床不起的重病人员可与其父母、兄弟姐妹分户计算；脱离家庭、在宗教场所居住一年（含）以上的生活困难的宗教教职人员可单独提出申请。

（3）申请材料。申请人应当按规定提交相关材料，书面申明家庭收入和财产状况并签字确认，履行授权核查家庭经济状况的相关手续，承诺所提供的信息真实、完整。申请人应当提供的申请材料包括：①最低生活保障申请书；②居民户口簿、居民身份证复印件；③家庭经济状况核查授权书；④家庭收入相关有效证明材料；⑤家庭财产相关有效证明材料；⑥家庭生活支出相关有效证明材料：家庭水电燃料费、通讯费或物业管理服务费缴费凭据；缴纳社会保险的，应当提供缴纳社会保险凭证复印件；⑦其他相关有效证明材料：残疾人应提供残疾证复印件；因患严重疾病失去（或暂时失去）劳动能力的，应当提供县级以上医疗机构出具的疾病诊断报告；夫妻离异的，应当提供离婚证、离婚协议、离婚判决书或调解书复印件以及民政部门出具的当前婚姻状况证明；居住地与户籍所在地不一致的，应当提供租（住）房相关证明；区县（自治县）民政部门认为需要提供的证明材料。

2. 审查受理

乡镇人民政府（街道办事处）低保服务窗口应当对申请人提交的申请材料进行审查，材料齐备的，予以受理并登记；材料不齐备的，应当一次性告知申请人或者其代理人补齐所有规定材料。申请人及其家庭成员与低保经办人员和村（居）民委员会成员有近亲属关系的，应当如实申明，乡镇人民政府（街道办事处）进行备案登记。低保经办人员是指涉及具体办理和分管低保受理、审核（包括家庭经济状况调查）、审批等事项的区县（自治县）民政局及乡镇人民政府（街道办事处）工作人员。近亲属包括配偶、父母、子女、兄弟姐妹、祖父母、外祖父母、孙子女、外孙子女。

3. 调查核实

城市低保实行每月集中办理上月受理的申请，农村低保在每季度第一个月集中办理上季度受理的申请。家庭成员中分别持有非农业户口和农业户口的，按城市低保集中办理时限同时办理城市低保和农村低保。集中办理月10日前，乡镇人民政府（街道办事处）应当在村（居）民委员会协助下，组织驻村（居）干部和村（居）社会救助工作人员等对申请人家庭经济状况（家庭成员拥有的全部可支配收入和家庭财产）和实际生活情况逐一进行调查核实。每组调查人员不得少于2人，调查过程中应佩戴标明低保调查人员身份的标识。调查采取以下方式。

（1）信息核对。乡镇人民政府（街道办事处）通过区县（自治县）民政局对申请人的家庭成员户籍、住房、就业、社会保险、养老金、存款、证券、车辆、个体经营、住房公积金等收入和财产信息与公安、人力社保、国土房管、税务、金融、工商等部门和机构的信息进行核对。有条件的乡镇人民政府（街道办事处）也可自行组织核对。经家庭经济状况信息核对，乡镇人民政府（街道办事处）对符合条件的低保申请，应当依程序开展入户调查；不符合条件的，应当书面通知申请人并说明理由。申请人对家庭经济状况信息核对结果有异议的，应当提供相关证明材料。乡镇人民政府（街道办事处）应当对申请人提供的家庭经济状况证明材料进行审核，并组织复查。

（2）入户调查。调查人员到申请人家中了解其居住环境、房屋装修、家庭收入、财产情况、日常开支等家庭实际生活状况。

（3）邻里访问。调查人员到申请人所在村（居）走访了解其家庭人员情况、就业及收入情况、财产情况和日常实际生活状况。

（4）信函索证。调查人员以信函方式向相关单位或部门索取相关证明材料。

4. 民主评议

家庭经济状况调查结束后，乡镇人民政府（街道办事处）应当根据申请家庭的多少和分布情况，采取乡镇（街道）集中、分片组织、逐村逐居等方式，在集中办理月15日前组织开展民主评议，对申请人家庭收入、财产和消费支出情况的真实性进行评议认定。

（1）会前准备。①材料准备。主要包括：申请人提交的相关材料，调查核实材料，民主评议表决票，其他需准备的材料。②场地设置。民主评议场地按照就近、便利，能容纳适量居民旁听的要求设置。③会前通知。提前3天公示民主评议会议时间、地点以及申请人家庭基本情况，并通知申请人。

（2）参加人员。①评议小组成员。由村（居）民委员会成员、辖区人大代表和政协委员、驻村（居）干部、村（居）民代表等9～15人组成。参与评议人员实行候选制，由乡镇人民政府（街道办事处）在每个村（居）选择确定20～30名民主评议候选人员，民主评议小组成员在每次民主评议前1天从候选人员中随机抽选。②低保申请人。申请人无特殊情况不参加民主评议的，视为自动放弃。因特殊情况不能到会的，可委托其家庭18周岁以上成员或书面委托其代理人参会。③调查人员。包括参与低保申请家庭经济状况调查核实的乡镇人民政府（街道办事处）低保工作人员、驻村（居）干部和村（居）社会救助工作人员。④其他旁听人员。民主评议应当有适量的群众参与。

（3）会议程序。①宣讲低保政策。会议由乡镇人民政府（街道办事处）工作人员主持，宣讲低保资格条件、当地低保标准、补差发放、动态管理等政策规定，介绍民主评议小组人员，宣布评议规则和会议纪律。评议小组人员与申请人有亲属关系或其他利益、利害关系的，应当予以回避。②申请人陈述。申请人陈述家庭基本情况和申请理由，若申请人为无行为能力或因病、重残行动不方便人员，可由其代理人陈述。③介绍调查情况。调查人员介绍申请人家庭人员构成、家庭成员收入、家庭财产以及日常生活状况等调查核实情况。④评议人员询问。评议小组成员向申请人和调查人员询问相关情况。⑤现场评议表决。评议小组成员对调查人员介绍的调查结果是否认可进行无记名投票，对调查结果不认可的应注明原因和理由。⑥公布结果。即时汇总投票表决情况，现场公布评议结果。⑦签字确认。民主评议情况和评议结果应当即时形成评议记录，评议小组成员在评议记录上签字。

（4）结果运用。评议小组成员全部认可的，视为调查结果真实有效。评议小组成员有不认可的，应当针对不认可原因进行调查核实。申请人对评议结果无异议的，在家庭经济状况核查表上签字确认；有异议的，须提供新的证明材料，乡镇人民政府（街道办事处）应当再次调查核实。

5. 乡镇（街道）审核

乡镇人民政府（街道办事处）应当成立低保审核小组，在民主评议结束后，及时召开审核会议集体研究审定，于集中办理月20日前完成审核上报工作。

（1）审核小组成员。由乡镇人民政府（街道办事处）低保工作分管领导、纪检干部、驻村（居）干部、民政办主任和参与调查人员等7～9人组成。每次审核到会人员不得少于5人。

（2）集体研究审核。乡镇人民政府（街道办事处）低保工作分管领导主持召开审核会议，由民政办主任或低保工作人员逐一介绍申请人家庭经济状况调查情况和民主评议结果，并提出是否纳入保障及保障金额的建议，经参会人员集体讨论，形成审核意见，并签字确认。确定保障金额应当按照核定的申请人家庭人均收入与当地低保标准的差额乘以共同生活的家庭成员人数计算，家庭成员中有重点保障人员的还应计算重点保障金额。

（3）上报审批。根据审核结果填写审核审批表，按拟纳入和不纳入两类整理申请人相关材料，报送区县（自治县）民政局审批。报送的材料包括：①申请审批材料（审核审批表、家庭经济状况核查表、民主评议结果以及申请人提供的所有材料等）；②乡镇人民政府（街道办事处）低保申请审核结果；③近亲属备案登记表。

6. 区县（自治县）民政局审批

区县（自治县）民政局收到乡镇人民政府（街道办事处）上报的材料后，应当在集中办理月的次月7日前作出审批决定。

（1）材料审查。区县（自治县）民政局应当全面审查乡镇人民政府（街道办事处）上报的申请材料、调查材料、民主评议结果和审核意见。材料不完备的应及时退回乡镇人民政府（街道办事处）补齐后重新上报。

（2）入户抽查。区县（自治县）民政局应当以乡镇（街道）为单位，对上报的申请材料按照不低于30％的比例进行入户抽查，对有近亲属备案登记的低保申请要全部入户逐一核实。入户抽查合格率低于85％的，应当责成乡镇人民政府（街道办事处）

对上报的申请材料全部重新调查审核。

（3）评审会审议。区县（自治县）民政局应当根据材料审查和入户抽查情况，召开由分管局长主持，低保科（中心）科长（主任）和低保经办人员参加的评审会讨论审定，形成审批意见，并由参加评审的人员签字确认。审批中有疑问、有举报或需重点调查的，区县（自治县）民政局应当会同乡镇人民政府（街道办事处）和村（居）民委员会进行调查核实。有条件的区县（自治县）可采取部门联审或邀请乡镇人民政府（街道办事处）、村（居）民委员会经办人员参与审批。

（4）审批前公示。区县（自治县）民政局做出书面审批前，应当根据评审会形成的审批意见，将拟纳入和不纳入保障的家庭相关信息通过乡镇人民政府（街道办事处）和村（居）民委员会在政务公开栏进行公示，公示期为 7 天。公示有异议的，应会同乡镇人民政府（街道办事处）再次调查核实。

（5）作出审批决定。对符合条件的在审批表上签字盖章，下发低保审批结果通知书；对不符合条件的，下发低保审批决定书，通过乡镇人民政府（街道办事处）书面告知申请人并说明理由。有疑问或有异议组织再次调查核实的，可延长 30 日作出审批决定。申请审批材料（包括不予纳入的）应当及时返回乡镇人民政府（街道办事处）存档。乡镇人民政府（街道办事处）将批准的低保对象纳入长期公示范围予以公示。

7. 发放低保证和低保金

（1）发放低保证。区县（自治县）民政局按 A、B、C 三类分别填写城乡居民最低生活保障金领取证及有效期，并加盖印章，通过乡镇人民政府（街道办事处）发放到低保户。

（2）发放低保金。低保金从批准的当月起按月发放，于每月 10 日前发放到户。对批准获得最低生活保障的家庭，县级人民政府民政部门按照共同生活的家庭成员人均收入低于当地最低生活保障标准的差额，按月发给最低生活保障金。对已审批符合低保条件的家庭，财政部门通过银行将低保金打入低保家庭银行账户，低保对象凭银行卡或存折直接到银行领取。低保金＝（低保标准－家庭人均收入）×家庭人数。比如，2014 年某地公布的最低生活保障标准为每人每月 340 元，某家庭人口 2 人，人均月收入 200 元，那该家庭每月实际得到的低保金＝（340－200）×2＝280 元。同时，对获得最低生活保障后生活仍有困难的老年人、未成年人、重度残疾人和重病患者，县级以上地方人民政府应当采取必要措施给予生活保障。

（七）最低生活保障的动态管理

1. 分类管理

城乡低保家庭，根据共同生活的家庭成员身体状况、就业能力和收入状况，分为 A、B、C 三类，实行分类管理。

A 类家庭：即有重病、重残人员且共同生活的家庭成员收入基本无变化的家庭。

B 类家庭：即共同生活的家庭成员和收入状况相对稳定的家庭。

C 类家庭：即共同生活的家庭成员有在法定就业年龄内且有劳动能力尚未就业或灵活就业，收入可变性大的家庭。

2. 定期复核

（1）复核期限。对A类家庭每年复核一次；对B类家庭每半年复核一次；对C类家庭每季度复核一次。乡镇人民政府（街道办事处）或村（居）民委员会应当向城乡低保家庭告知其管理类别和复核期限。

（2）续保申请。复核期限到期当月为续保复核办理月。城乡低保家庭应当在复核期限到期月的上一个月由户主或其代理人向乡镇人民政府（街道办事处）书面提出续保申请，也可委托村（居）民委员会代为递交。无特殊情况未提出续保申请的，视为自动退出低保。乡镇人民政府（街道办事处）低保服务窗口应当对接收的续保申请做好登记。

（3）调查核实。对提出续保申请的低保家庭，乡镇人民政府（街道办事处）应当在复核办理月10日前对家庭经济变化状况进行调查核实。

①信息核对。乡镇人民政府（街道办事处）应当通过区县（自治县）民政局会同公安、人力社保、国土房管、税务、金融、工商等部门和机构，对续保申请家庭的户籍、住房、社会保险、养老金、存款、证券、车辆、个体经营、住房公积金等收入和财产信息进行核对。有条件的，乡镇人民政府（街道办事处）也可自行组织核对。

②重点核查。乡镇人民政府（街道办事处）对续保申请家庭经济状况有疑问的，应当会同村（居）民委员会进行入户调查。对低保经办人员和村（居）民委员会成员近亲属享受低保的，应当逐一核查。

（4）分类办理。乡镇人民政府（街道办事处）应当根据调查情况，及时办理续保、调整、迁移等相关手续。

①续保。对家庭成员、家庭收入和家庭财产均无变化的家庭，由乡镇人民政府（街道办事处）在续保申请书上签章确认，按原审批金额继续发放低保金。

②调整。对家庭成员、家庭收入和家庭财产等情况发生变化的，乡镇人民政府（街道办事处）应当填写家庭经济状况核查表和低保金调整审批表，提出低保金调增、调减或停发意见，在复核办理月20日前报区县（自治县）民政局审批。区县（自治县）民政局应当在复核办理月的次月7日前作出调增、调减或停发的审批决定。对低保金调增或调减的，从批准的当月起，按调整后的金额发放低保金；对停发低保金的，填写停发通知书，通过乡镇人民政府（街道办事处）书面告知，从批准的当月起停发低保金。

③迁移。对居住地发生变化，已迁移居住3个月以上的低保家庭，乡镇人民政府（街道办事处）应当填写低保家庭管辖迁移申报表，整理低保家庭档案资料，在复核办理月20日前一同上报区县（自治县）民政局办理低保管辖迁移手续；对离开本辖区居住3个月以上，且无法确认现居住地的，作停发处理。区县（自治县）民政局对本辖区跨乡镇（街道）管辖迁移的，应当在复核办理月的次月7日前下发低保家庭管辖迁移通知书，移交低保家庭档案资料，从通知的当月起交由接收乡镇（街道）管理；对跨区县（自治县）管辖迁移的，应当在复核办理月25日前向居住地所在的区县（自治县）民政局发出低保家庭管辖迁移函，并移交低保家庭档案资料。居住地所在的区县（自治县）民政局应当在复核办理月的次月7日前回复接收意见。对符合移交条件的，

从接收的当月起按原核定的家庭收入和本地低保标准核发低保金，并纳入当地低保动态管理，移交的区县（自治县）民政局应当书面通知管辖移交的低保家庭；对不同意接收的，应当说明理由，并退回低保档案资料，由移交的区县（自治县）继续发放低保金。

（5）张榜公示。区县（自治县）民政局应将调增、调减或者停发低保金的审批结果通知乡镇人民政府（街道办事处），由乡镇人民政府（街道办事处）和村（居）民委员会进行张榜公示（包括低保对象家庭人口、保障金额的调整变化情况，停发低保金的理由等），公示期不少于7天。

3. 监督检查

（1）长期公示。乡镇人民政府（街道办事处）和村（居）民委员会应将辖区内低保家庭情况（包括家庭成员、收入情况、保障金额等信息）在固定公示栏长期公示，并完善面向公众的低保对象信息查询网络，接受群众监督。低保家庭有变化的，要及时更新长期公示名单。有条件的，可采取以村（居）为单位，定期将辖区享受低保名单公示到户，增强公示实效。公示中要注意保护低保对象的个人隐私，严禁公开与享受低保待遇无关的信息。

（2）举报核查。区县（自治县）民政局、乡镇人民政府（街道办事处）应当设立并公开低保监督咨询电话，畅通投诉举报渠道，健全投诉举报核查制度，按照国家信访政策相关规定，认真、及时地做好涉及低保的来信来访调查处理工作。对接到的实名举报，应当逐一核查，并及时向举报人反馈核查处理结果。

（3）定期检查。区县（自治县）民政局、乡镇人民政府（街道办事处）应定期对低保工作进行督促检查，发现问题及时纠正。村（居）民委员会对低保家庭人口、收入和财产等情况发生变化的，应及时向乡镇人民政府（街道办事处）报告。

4. 资料管理

（1）档案管理。乡镇人民政府（街道办事处）应加强低保档案管理，以户为单位整理归档相关材料，形成一户一档。无变化的低保家庭档案应当有续保申请书；调增、调减、停发的低保家庭档案应有家庭经济状况核查表和低保金调整审批表。

（2）证件管理。《城乡居民最低生活保障金领取证》按照A、B、C类保障家庭确定复核期限，审核工作可由区县（自治县）民政局进行，也可由区县（自治县）民政局委托乡镇人民政府（街道办事处）审核。对A类家庭每年审核一次，对B类家庭每半年审核一次，对C类家庭每季度审核一次。审核时应根据低保家庭人口和保障金调整变化情况及时更新相关信息，填写有效期，并加盖印章。超过有效期的低保证自动失效。

二、特困人员供养

（一）特困人员供养的对象

无劳动能力、无生活来源且无法定赡养、抚养、扶养义务人，或者其法定赡养、抚养、扶养义务人无赡养、抚养、扶养能力的老年人、残疾人以及未满16周岁的未成年人，由当地政府给予特困人员供养。

（二）申请特困人员供养的办理程序

1. 申请

申请特困人员供养的，由本人向户籍所在地乡镇人民政府（街道办事处）提出书面申请，并提交居民身份证、户口本、残疾证等相关证明的复印件。本人申请有困难的，可以委托村或社区居民委员会代为提出申请。委托村或社区居民委员会提交申请的，需提供申请人书面委托书。

2. 审查受理和调查核实

乡镇人民政府（街道办事处）是审核特困人员供养申请的责任主体，应当自受理特困人员供养申请之日起 10 个工作日内，在村或社区居民委员会的协助下，对申请人的家庭收入状况和财产状况进行调查核实。

3. 民主评议

家庭经济状况调查结束后，乡镇人民政府（街道办事处）应当在 5 个工作日内，在村或社区居民委员会的协助下，组织居民委员会成员、熟悉居民情况的党员代表和居民代表，对申请人家庭经济状况进行民主评议。

4. 公示

民主评议结束后，应当在 3 个工作日内，将申请人家庭情况和民主评议结果在其居住地进行公示，公示期为 5 个工作日。公示期满无异议的，乡镇人民政府（街道办事处）根据调查结果、民主评议和公示情况，在 5 个工作日内提出初审意见上报区（县）民政部门。乡镇人民政府（街道办事处）应当及时了解掌握本行政区域内居民的生活情况，发现符合特困人员供养条件的，应当主动为其办理供养手续。

5. 审批

区（县）民政部门是审批特困人员供养申请的责任主体，应当自收到乡镇人民政府（街道办事处）上报的相关材料和初审意见之日起 10 个工作日内作出审批决定。在作出审批决定 5 个工作日内，对于符合条件的，批准享受特困人员供养待遇，并发给特困人员供养证；对于不符合条件的，通过乡镇人民政府（街道办事处）书面告知申请人或代理人并说明理由。

需要注意的是特困人员不再符合供养条件的，供养人本人、村或社区居民委员会，以及承担特困人员供养服务职能的公办养老机构、儿童福利院（下称供养服务机构）应当告知乡镇人民政府（街道办事处），由乡镇人民政府（街道办事处）审核并报区（县）民政部门批准后终止其供养待遇并予以公示。特困人员死亡，村或社区居民委员会或供养服务机构应当向乡镇人民政府（街道办事处）报告。丧葬事宜办理完毕，由乡镇人民政府（街道办事处）报请区（县）民政部门批准后，核销其特困人员供养证。

（三）供养内容

特困人员供养内容：①提供基本生活条件，具体包括：符合基本居住条件的住房，供给粮油、副食品、生活用燃料、服装、被褥等生活用品和零用钱；②对生活不能自理的给予照料；③提供疾病治疗；④办理丧葬事宜。特困人员的疾病治疗，应当与城乡居民基本医疗保险制度相衔接。政府资助特困人员参加城乡居民基本医疗保险。医疗费用在经过基本医疗保险报销后，政策范围内个人负担部分由区（县）民政部门实报实销，所需资金由区（县）财政全额负担。已经享受老年保障待遇或参加且符合领取城乡居民养老保险待遇条件的城市特困人员，可按月领取城乡居民养老保险金。特困人员在接受各类教育期间，按照当地教育救助有关规定保障其顺利完成学业。分散供养且住房困难的城镇特困人员，可优先享受配租公共租赁住房和住房租赁补贴等住房救助政策。

（四）供养方式

特困人员供养可以在当地供养服务机构集中供养，也可以在家分散供养。特困人员可以自行选择供养方式。集中供养的特困人员，应当优先由户籍所在地区（县）的供养服务机构提供供养服务。区（县）民政部门、乡镇人民政府（街道办事处）举办的福利机构，应优先为集中供养的特困人员提供供养服务。分散供养的特困人员，由户籍所在地乡镇人民政府（街道办事处）委托社区居民委员会或供养服务机构提供日常照料服务。乡镇人民政府（街道办事处）应当与提供集中供养服务的供养机构签订供养服务协议，保证供养人员享受符合要求的供养。

（五）供养标准

特困人员供养标准不得低于当地居民平均生活水平，并应根据当地居民平均生活水平的提高适时调整。特困人员供养最低标准按照当地公布的各区县上年度居民人均消费性支出确定。每年第二季度，各区（县）民政、财政部门根据当地公布的数据，制定本区（县）当年特困人员供养标准，报本级人民政府批准后于当年7月1日实施。

（六）资金保障

特困人员供养资金纳入区（县）财政部门预算管理。集中供养的特困人员，其供养资金在扣除10％的医疗救助预留资金后，由区（县）民政或财政部门按照相关规定拨付至供养服务机构。分散供养的特困人员，由户籍所在地区（县）民政部门按照本地城乡低保分类救助政策按月为其发放生活费。分散供养人员的日常照料经费由区（县）财政部门予以保障。因生活必需支出突然增加导致基本生活暂时出现严重困难的特困人员，由户籍所在地区（县）民政部门给予救助，所需资金由当地财政负担。

（七）监督管理

区（县）人民政府应当依法加强对特困人员供养工作的监督管理。各级民政部门应当将特困人员供养待遇的申请条件、审核程序、供养标准和资金使用等情况向社会公布，接受社会监督。区（县）财政部门应当按照当地特困人员供养标准，足额编制资金预算并确保资金及时拨付到位。审计部门应当依法加强对特困人员供养资金使用的监督审计。特困人员供养服务机构应当遵守国家和当地有关规定，建立健全内部管理规定和服务制度。供养服务机构中从事供养服务的工作人员应当经过岗前培训，掌握与岗位要求相适应的知识技能。

三、受灾人员救助

我国自然灾害多发、频发，是世界上受自然灾害影响最为严重的国家之一，几乎每年都发生多次重特大自然灾害，严重危害了人民群众生命财产安全和生产生活秩序。

特别是 2008 年汶川特大地震，死亡和失踪人数达 8.8 万余人。党中央、国务院历来高度重视自然灾害救助工作，中央每年安排自然灾害救助资金 50 多亿元，专门用于受灾群众紧急转移安置、因灾倒塌民房恢复重建、冬春救助以及临时生活救助，平均每年救助 6000 万到 8000 万人次。

（一）受灾人员救助的对象

国家建立健全自然灾害救助制度，对基本生活受到自然灾害严重影响的人员，提供生活救助。

（二）受灾人员救助的组织保障

自然灾害救助实行属地管理，分级负责。自然灾害救助工作实行各级人民政府行政领导负责制。国家减灾委员会负责组织、领导全国的自然灾害救助工作，协调开展重大自然灾害救助活动。国务院民政部门负责全国的自然灾害救助工作，承担国家减灾委员会的具体工作。国务院有关部门按照各自职责做好全国的自然灾害救助相关工作。县级以上地方人民政府或者人民政府的自然灾害救助应急综合协调机构，组织、协调本行政区域的自然灾害救助工作。县级以上地方人民政府民政部门负责本行政区域的自然灾害救助工作。县级以上地方人民政府有关部门按照各自职责做好本行政区域的自然灾害救助相关工作。

（三）受灾人员救助准备

县级以上地方人民政府及其有关部门应当根据有关法律、法规、规章，上级人民政府及其有关部门的应急预案以及本行政区域的自然灾害风险调查情况，制订相应的自然灾害救助应急预案。

自然灾害救助应急预案应当包括下列内容：①自然灾害救助应急组织指挥体系及其职责；②自然灾害救助应急队伍；③自然灾害救助应急资金、物资、设备；④自然灾害的预警预报和灾情信息的报告、处理；⑤自然灾害救助应急响应的等级和相应措施；⑥灾后应急救助和居民住房恢复重建措施。

县级以上人民政府应当建立健全自然灾害救助应急指挥技术支撑系统，并为自然灾害救助工作提供必要的交通、通信等装备。

国家建立自然灾害救助物资储备制度，由国务院民政部门分别会同国务院财政部门、发展改革部门制定全国自然灾害救助物资储备规划和储备库规划，并组织实施。

设区的市级以上人民政府和自然灾害多发、易发地区的县级人民政府应当根据自然灾害特点、居民人口数量和分布等情况，按照布局合理、规模适度的原则，设立自然灾害救助物资储备库。

县级以上地方人民政府应当根据当地居民人口数量和分布等情况，利用公园、广场、体育场馆等公共设施，统筹规划设立应急避难场所，并设置明显标志。

　　启动自然灾害预警响应或者应急响应，需要告知居民前往应急避难场所的，县级以上地方人民政府或者人民政府的自然灾害救助应急综合协调机构应当通过广播、电视、手机短信、电子显示屏、互联网等方式，及时公告应急避难场所的具体地址和到达路径。

　　县级以上地方人民政府应当加强自然灾害救助人员的队伍建设和业务培训，村民委员会、居民委员会和企业事业单位应当设立专职或者兼职的自然灾害信息员。

（四）受灾人员应急救助

　　县级以上人民政府或者人民政府的自然灾害救助应急综合协调机构应当根据自然灾害预警预报启动预警响应，采取下列一项或者多项措施：

　　（1）向社会发布规避自然灾害风险的警告，宣传避险常识和技能，提示公众做好自救互救准备；

　　（2）开放应急避难场所，疏散、转移易受自然灾害危害的人员和财产，情况紧急时，实行有组织的避险转移；

　　（3）加强对易受自然灾害危害的乡村、社区以及公共场所的安全保障；

　　（4）责成民政等部门做好基本生活救助的准备。

　　自然灾害发生并达到自然灾害救助应急预案启动条件的，县级以上人民政府或者人民政府的自然灾害救助应急综合协调机构应当及时启动自然灾害救助应急响应，采取下列一项或者多项措施：

　　（1）立即向社会发布政府应对措施和公众防范措施；

　　（2）紧急转移安置受灾人员；

　　（3）紧急调拨、运输自然灾害救助应急资金和物资，及时向受灾人员提供食品、饮用水、衣被、取暖、临时住所、医疗防疫等应急救助，保障受灾人员基本生活；

　　（4）抚慰受灾人员，处理遇难人员善后事宜；

　　（5）组织受灾人员开展自救互救；

　　（6）分析评估灾情趋势和灾区需求，采取相应的自然灾害救助措施；

　　（7）组织自然灾害救助捐赠活动。

　　对应急救助物资，各交通运输主管部门应当组织优先运输。

　　在自然灾害救助应急期间，县级以上地方人民政府或者人民政府的自然灾害救助应急综合协调机构可以在本行政区域内紧急征用物资、设备、交通运输工具和场地，自然灾害救助应急工作结束后应当及时归还，并按照国家有关规定给予补偿。

　　自然灾害造成人员伤亡或者较大财产损失的，受灾地区县级人民政府民政部门应当立即向本级人民政府和上一级人民政府民政部门报告。

　　自然灾害造成特别重大或者重大人员伤亡、财产损失的，受灾地区县级人民政府民政部门应当按照有关法律、行政法规和国务院应急预案规定的程序及时报告，必要时可以直接报告国务院。

　　灾情稳定前，受灾地区人民政府民政部门应当每日逐级上报自然灾害造成的人员伤亡、财产损失和自然灾害救助工作动态等情况，并及时向社会发布。

　　灾情稳定后，受灾地区县级以上人民政府或者人民政府的自然灾害救助应急综合协调机构应当评估、核定并发布自然灾害损失情况。

（五）受灾人员灾后救助

受灾地区人民政府应当在确保安全的前提下，采取就地安置与异地安置、政府安置与自行安置相结合的方式，对受灾人员进行过渡性安置。

就地安置应当选择在交通便利、便于恢复生产和生活的地点，并避开可能发生次生自然灾害的区域，尽量不占用或者少占用耕地。

受灾地区人民政府应当鼓励并组织受灾群众自救互救，恢复重建。

自然灾害危险消除后，受灾地区人民政府应当统筹研究制订居民住房恢复重建规划和优惠政策，组织重建或者修缮因灾损毁的居民住房，对恢复重建确有困难的家庭予以重点帮扶。

居民住房恢复重建应当因地制宜、经济实用，确保房屋建设质量符合防灾减灾要求。

受灾地区人民政府民政等部门应当向经审核确认的居民住房恢复重建补助对象发放补助资金和物资，住房城乡建设等部门应当为受灾人员重建或者修缮因灾损毁的居民住房提供必要的技术支持。

居民住房恢复重建补助对象由受灾人员本人申请或者由村民小组、居民小组提名。经村民委员会、居民委员会民主评议，符合救助条件的，在自然村、社区范围内公示；无异议或者经村民委员会、居民委员会民主评议异议不成立的，由村民委员会、居民委员会将评议意见和有关材料提交乡镇人民政府、街道办事处审核，报县级人民政府民政等部门审批。

自然灾害发生后的当年冬季、次年春季，受灾地区人民政府应当为生活困难的受灾人员提供基本生活救助。

受灾地区县级人民政府民政部门应当在每年 10 月底前统计、评估本行政区域受灾人员当年冬季、次年春季的基本生活困难和需求，核实救助对象，编制工作台账，制订救助工作方案，经本级人民政府批准后组织实施，并报上一级人民政府民政部门备案。

（六）救助款物管理

县级以上人民政府财政部门、民政部门负责自然灾害救助资金的分配、管理并监督使用情况。县级以上人民政府民政部门负责调拨、分配、管理自然灾害救助物资。

人民政府采购用于自然灾害救助准备和灾后恢复重建的货物、工程和服务，依照有关政府采购和招标投标的法律规定组织实施。自然灾害应急救助和灾后恢复重建中涉及紧急抢救、紧急转移安置和临时性救助的紧急采购活动，按照国家有关规定执行。

自然灾害救助款物专款（物）专用，无偿使用。

定向捐赠的款物，应当按照捐赠人的意愿使用。政府部门接受的捐赠人无指定意向的款物，由县级以上人民政府民政部门统筹安排用于自然灾害救助；社会组织接受的捐赠人无指定意向的款物，由社会组织按照有关规定用于自然灾害救助。

自然灾害救助款物应当用于受灾人员的紧急转移安置，基本生活救助，医疗救助，教育、医疗等公共服务设施和住房的恢复重建，自然灾害救助物资的采购、储存和运输，以及因灾遇难人员亲属的抚慰等项支出。

受灾地区人民政府民政、财政等部门和有关社会组织应当通过报刊、广播、电视、互联网，主动向社会公开所接受的自然灾害救助款物和捐赠款物的来源、数量及其使用情况。

受灾地区村民委员会、居民委员会应当公布救助对象及其接受救助款物数额和使用情况。

各级人民政府应当建立健全自然灾害救助款物和捐赠款物的监督检查制度，并及时受理投诉和举报。

县级以上人民政府监察机关、审计机关应当依法对自然灾害救助款物和捐赠款物的管理使用情况进行监督检查，民政、财政等部门和有关社会组织应当予以配合。

(七) 受灾人员救助法律责任

行政机关工作人员违反本条例规定，有下列行为之一的，由任免机关或者监察机关依照法律法规给予处分；构成犯罪的，依法追究刑事责任：①迟报、谎报、瞒报自然灾害损失情况，造成后果的；②未及时组织受灾人员转移安置，或者在提供基本生活救助、组织恢复重建过程中工作不力，造成后果的；③截留、挪用、私分自然灾害救助款物或者捐赠款物；④不及时归还征用的财产，或者不按照规定给予补偿的；⑤有滥用职权、玩忽职守、徇私舞弊的其他行为的。

采取虚报、隐瞒、伪造等手段，骗取自然灾害救助款物或者捐赠款物的，由县级以上人民政府民政部门责令限期退回违法所得的款物；构成犯罪的，依法追究刑事责任。

抢夺或者聚众哄抢自然灾害救助款物或者捐赠款物的，由县级以上人民政府民政部门责令停止违法行为。

以暴力、威胁方法阻碍自然灾害救助工作人员依法执行职务，构成违反治安管理行为的，由公安机关依法给予治安管理处罚；构成犯罪的，依法追究刑事责任。

四、医疗救助

(一) 医疗救助的对象

下列人员可以申请相关医疗救助：

(1) 最低生活保障家庭成员；

(2) 特困供养人员；

(3) 县级以上人民政府规定的其他特殊困难人员。主要有：在乡重点优抚对象（不含 1—6 级残疾军人）；城乡重度（一、二级）残疾人员；民政部门建档的其他特殊困难人员（包括城镇低收入家庭 60 周岁以上的老年人）；家庭经济困难的在校大学生，即辖区内各类全日制普通高等学校（包括民办高校）、科研院所（以下统称高校）中接受普通高等学历教育的全日制本专科生、全日制研究生中的城乡低保等困难家庭大学生，以及其他享受国家助学金的大学生，重度（一、二级）残疾大学生。

（二）医疗救助方式

（1）对救助对象参加城镇居民基本医疗保险或者新型农村合作医疗的个人缴费部分，给予补贴。资助城乡低保对象、特困供养人员、符合医疗救助条件的重点优抚对象和城乡低收入家庭大病患者、重度残疾人、低收入家庭老年人，参加当地合作医疗和医疗保险，其中，对特困供养人员代其缴纳个人应负担的全部参合（保）资金；对其他救助对象，可视财力代其缴纳个人应负担的部分或全部参合（保）资金。

（2）对救助对象经基本医疗保险、大病保险和其他补充医疗保险支付后，个人及其家庭难以承担的符合规定的基本医疗自负费用，给予补助。主要有：①实施住院救助。对救助对象中的大病及重症慢性病患者，视情实施医前、医中或医后救助。②实施门诊救助。对特困供养人员，可给予小额门诊医疗救助。

（三）医疗救助标准

医疗救助标准，由县级以上人民政府按照经济社会发展水平和医疗救助资金情况确定、公布。

（四）救助程序

1. 提出申请

由本人向户口所在地提出申请，填写医疗救助申报审批表，并如实提供市级以上医疗机构技术性疾病诊断证明、医疗费用收据、病史资料、户口本或身份证、低保证、五保证、百岁老人及其他特殊困难证等材料复印件。已参合参保的需提供医疗保险的补助报销凭证，由村（居）居委员会签署意见报乡镇人民政府或街道办事处。

2. 乡镇、街道审核

乡（镇）、街道办事处对医疗救助申请人上报的材料进行逐项审核，采取入户调查、邻里访问以及信函索证等方式，对申请人的医疗费支出和家庭经济状况等有关材料进行调查核实。对符合条件的，在申请审批表中填写救助意见，报市民政局审批。对不符合条件的退回村（居）民委员会书面通知申请人。

3. 审批

县级民政局对乡（镇）、街道办事处上报的医疗救助申请人的相关材料进行复查审定，对符合参合参保或医疗救助条件的，按规定程序审批；对不符合条件的，将有关资料退回乡镇办事处，由乡镇办事处书面通知村（居）居委员会及申请人。

需要指出的是：最低生活保障家庭成员和特困供养人员的医疗救助，由县级人民政府民政部门直接办理；申请参合参保程序由乡、镇办民政所根据县级民政局审批核定的对象名单与乡镇相关部门衔接，按照县相关部门的规定在年度参合参保时间内统一由县民政局集中缴纳。

五、教育救助

（一）教育救助对象

（1）国家对在义务教育阶段就学的最低生活保障家庭成员、特困供养人员，给予教育救助。义务教育阶段救助的对象包括：城乡低保家庭的学生；国有企业特困职工家庭学生；烈士子女、孤儿；困难家庭残疾学生；社会福利机构监护的学生；残疾人特困家庭子女；没有经济来源的单亲家庭子女；因受灾、疾病等导致不能维持基本生活家庭的子女。

（2）对在高中教育（含中等职业教育）、普通高等教育阶段就学的最低生活保障家庭成员、特困供养人员，以及不能入学接受义务教育的残疾儿童，根据实际情况给予适当教育救助。中等职业教育阶段教育救助的对象包括：经市（州）及以上教育行政部门或劳动保障行政部门注册、取得中等职业教育正式学籍的中等职业学校全日制在校一、二年级所有农村户籍的学生和县（含县级市、农业区）镇非农户口的学生以及城市家庭经济困难学生（含城市残疾学生）。高等教育阶段教育救助的对象包括：城镇低保特困家庭以及无收入来源和能力支付首次入学费用的家庭子女；农村家庭人均年收入在贫困线以下以及无收入来源和能力支付首次入学费用的家庭子女；因天灾人祸，家庭丧失劳动能力，失去生活来源的学生；家庭困难的烈属子女及没有经济来源的孤儿；残疾人特困家庭子女。

（二）教育救助内容

对于符合上面条件的义务教育阶段的救助对象，对其中特困家庭学生免费提供教科书。对特殊教育学校的学生免费提供教科书，对特困家庭住宿学生补助生活费。对于符合上面条件的高中教育阶段的救助对象，由学校根据实际情况对符合上述条件的学生进行资助，对特殊困难的学生可适当补助生活费。

对于非义务教育阶段也就是普通本科高校、高等职业学校和中等职业学校家庭经济困难学生的救助，目前，形成了以国家奖学金、国家励志奖学金、国家助学金、国家助学贷款、师范生免费教育、勤工助学、学费减免等多种形式并存的高校家庭经济困难学生资助政策体系。如，国家助学金由中央和地方政府共同出资设立，主要资助学生的生活费开支，资助标准全国平均为每生每年 2000 元。

（三）救助资金

补助资金由中央财政和地方财政共同承担。中央和地方分担比例分别为：西部地区 8：2，中部地区 6：4，东部地区除直辖市外，按照地方财力状况，分省确定中央和地方分担比例。对贫困学生提供免费教科书资金，中西部地区由中央财政全额承担；东部地区由地方自行承担；对贫困寄宿学生的生活费补助，由地方承担。

（四）办理程序

（1）申请人向就读学校提交申请；

（2）学校向提出申请的学生发放学生申请表，学生持经家庭所在地民政部门签署审核意见的申请表，到学校申请救助。

六、住房救助

国家对符合规定标准的住房困难的最低生活保障家庭、分散供养的特困人员，给予住房救助。

（一）住房救助对象

国家对符合规定标准的住房困难的最低生活保障家庭、分散供养的特困人员，给予住房救助。

（二）救助方式

住房救助通过配租公共租赁住房、发放住房租赁补贴、农村危房改造等方式实施。

（三）救助标准

住房困难标准和救助标准，由县级以上地方人民政府根据本行政区域经济社会发展水平、住房价格水平等因素确定、公布。

（四）申请程序

1. 提交申请

由户主作为申请人。户主不具有完全民事行为能力，申请家庭推举具有完全民事行为能力的家庭成员作为申请人，此时，需要出具其他具有完全行为能力家庭成员共同签名的书面委托书。

申请人向户口所在地的街道办事处、乡镇人民政府或者直接向县级人民政府住房保障部门提出申请并提供材料，所要提供的材料包括：民政部门最低生活保障、救助证明或政府认定有关部门或有关单位出具的收入证明；申请家庭成员所在单位或居住地街道办事处出具的现住房证明；申请家庭成员的身份证和户口簿；地方政府或房地产行政主管部门规定需要提交的其他证明材料。

2. 受理

申请人向户口所在地的街道办事处、乡镇人民政府或者直接向县级人民政府住房保障部门收到材料后应及时作出是否受理的决定，并出具书面凭证。申请资料不齐全或不符合法定形式的，应在 5 日内书面告知申请人需要补正的全部内容。申请时间从收到补正材料的次日计算。逾期不告知的，自收到申请材料之日起即为受理。

3. 审核

县级人民政府民政部门审核家庭收入、财产状况和县级人民政府住房保障部门审核家庭住房状况。房地产部门应自收到申请材料之日起 15 日内向申请人出具审核决定。符合条件的，县级人民政府住房保障部门应在申请人户口所在地、居住地或工作单位公示，期限为 15 日。公示无异议或异议不成立的，县级人民政府住房保障部门予以登记，并书面通知申请人。公示有异议的，县级人民政府住房保障部门应在 15 日内审核，不成立的登记，异议成立的，不予登记，并书面通知，说明理由。对符合申请条件的申请人，由县级人民政府住房保障部门优先给予保障。不符合的，应书面通知，说明理由。

（五）待遇的享受

（1）租赁住房补贴的家庭，应当与房地产行政主管签订《廉租房租赁补贴协议》。家庭根据协议和需要选择住房，与出租人达成意向后，报对符合申请条件的申请人，由县级人民政府住房保障部门优先给予保障审查，同意后签订房屋租赁合同，并报对符合申请条件的申请人，由县级人民政府住房保障部门优先给予保障备案。协议内容：补贴标准、停止补贴的规定及违约责任。

（2）已准予配租公共租赁住房家庭，应与产权人签订廉租住房租赁合同。如确定配租公共租赁住房最低收入家庭不接受配租方案的，原则上不再享受实物配房资格。县级人民政府住房保障部门可视情况采取发放租赁补贴或其他保障形式对其实施住房保障。租赁合同的内容：廉租房情况、租金标准、腾退住房方式及违约责任等。

七、就业救助

（一）概念

国家对最低生活保障家庭中有劳动能力并处于失业状态的成员，通过贷款贴息、社会保险补贴、岗位补贴、培训补贴、费用减免、公益性岗位安置等办法，给予就业救助。

（二）救助对象

最低生活保障家庭中有劳动能力并处于失业状态的成员。

（三）救助方式

贷款贴息、社会保险补贴、岗位补贴、培训补贴、费用减免、公益性岗位安置等。

（四）申请程序

申请就业救助的，应当向住所地街道、社区公共就业服务机构提出，公共就业服务机构核实后予以登记，并免费提供就业岗位信息、职业介绍、职业指导等就业服务。

需要特别指出的是最低生活保障家庭中有劳动能力但未就业的成员，应当接受人力资源社会保障等有关部门介绍的工作；无正当理由，连续3次拒绝接受介绍与其健康状况、劳动能力等相适应的工作的，县级人民政府民政部门应当决定减发或者停发其本人的最低生活保障金。吸纳就业救助对象的用人单位，按照国家有关规定享受社会保险补贴、税收优惠、小额担保贷款等就业扶持政策。

八、临时救助

（一）临时救助的范围

国家对因火灾、交通事故等意外事件，家庭成员突发重大疾病等原因，导致基本生活暂时出现严重困难的家庭，或者因生活必需支出突然增加超出家庭承受能力，导致基本生活暂时出现严重困难的最低生活保障家庭，以及遭遇其他特殊困难的家庭，给予临时救助。

（1）家庭成员患危重疾病，在扣除各种医疗保险、新型农村合作医疗保险、城镇居民基本医疗保险、医疗救助报销部分和其他社会帮困救助资金后，因个人负担的医疗费数额较大，直接导致家庭基本生活难以维持的。

（2）家庭成员遭遇人身意外伤害，在获得各种赔偿、保险、救助等资金后，个人负担仍然较重，导致家庭基本生活难以维持的。

（3）因火灾等突发性意外事件，造成家庭财产重大损失，导致家庭基本生活难以维持的。

（4）贫困家庭子女在高中阶段，经各种救助措施帮扶后，仍然无力支付教育费用的，或被国家国民教育正式录取的应届大学生，家庭无力支付入学报到费用的。

（5）其他特殊原因造成生活特别困难的家庭，经其他救助措施帮扶后，基本生活仍然难以维持的。

（二）救助标准

临时救助的标准，由县级以上地方人民政府确定、公布。下列标准可参考实行。

（1）因遭受意外事故致使家庭成员死亡，或导致伤残、家庭无力救治的，一般救助 3000～5000 元，特别困难的救助 5000～10000 元；

（2）因遭受火灾和飓风、雹灾、雷击等自然灾害，导致居民家庭重大财产损失，自身无力解决，造成家庭生活困难的，一般救助 3000～5000 元，特别困难的救助 5000～10000 元；

（3）家庭成员因患慢性肾衰竭（尿毒症）、恶性肿瘤、再生障碍性贫血和白血病、中晚期慢性重型肝炎及并发症等大病，医疗支出较大，造成家庭生活困难的，一般救助 3000～5000 元，特别困难的救助 5000～10000 元；

（4）因其他突发原因造成家庭生活特别困难的，经其他救助措施帮扶后，基本生活仍难以维持的，救助 1000～5000 元。

临时救助一般为一次性救助，申请人不得以同一事由重复申请，同一家庭一年内享受临时救助的次数一般不超过两次。

（三）救助申请程序

在申请审核审批过程中要做到救助政策、救助对象、救助标准、救助金额"四公开"，申请原因、审核意见、审批结果"三公布"，接受社会监督。

1. 申请人提出申请

申请人申请临时救助时，应向户籍所在地的社区居委会（村委会）提出书面申请，并如实提供户口本、身份证件及其复印件和其他相关证明材料。户籍与居住地不一致且在现居住地连续居住 1 年以上的，申请人应当提供相关证明材料，到实际居住地社区居委会（村委会）申请办理。

2. 社区居委会（村委会）调查

社区居委会（村委会）受街道办事处（乡镇人民政府）委托，对申请人家庭造成实际生活困难的原因进行调查核实并张榜公布，公示期不少于三天。符合条件无异议的，填写《济南市城乡居民临时救助申请审批表》，连同其他证明材料报街道办事处（乡镇人民政府）审核。

3. 街道办事处（乡镇人民政府）审核

街道办事处（乡镇人民政府）对接到的申请审批表和证明材料逐一认真审核，并及时进行会审，符合救助条件的，报县（市）区民政部门审批；不符合条件的，委托社区居委会（村委会）以适当形式通知申请人，并说明理由。

4. 县（市）区民政部门审批

各县（市）区民政部门对街道办事处（乡镇人民政府）上报的申请审批表和证明材料及时进行复核，并签署审批意见，审批结果通过社区居委会（村委会）张榜公布。市民政、财政部门对审批结果进行调查监督并提出意见。

（四）资金来源、管理和发放

城乡居民临时救助资金由市、县（市）区级财政列入预算，并按照 7：3 的比例分担。临时救助资金由各县（市）区财政部门垫支并先行拨付同级民政部门。每季度末，县（市）区民政部门将救助汇总情况报同级财政部门。市级财政按照县（市）区救助情况每半年拨付一次临时救助资金。临时救助资金要专账管理、专款专用。临时救助金由各县（市）区民政部门发放，原则上实行金融机构社会化发放。

九、农村扶贫开发

按照农民年人均纯收入 2300 元这一绝对贫困线来推算，中国日前仍有 7000 万左右的农村贫困人口。农村贫困问题的存在，会构成全面建成小康社会的"短板效应"，影响社会发展的整体水平。"十三五"期间要让 7000 万农村贫困人口摆脱贫困，扶贫对象规模大，相对贫困问题凸显，返贫现象时有发生，而我国仍处于并将长期处于社会主义初级阶段，经济社会发展总体水平不高，区域发展不平衡问题突出，制约贫困地区发展的深层次矛盾依然存在。贫困地区特别是集中连片特殊困难地区发展相对滞后，扶贫开发任务仍十分艰巨。

（一）基本原则

1. 政府主导，分级负责

各级政府对本行政区域内扶贫开发工作负总责，把扶贫开发纳入经济社会发展战略及总体规划。实行扶贫开发目标责任制和考核评价制度。

2. 突出重点，分类指导

中央重点支持连片特困地区。加大对革命老区、民族地区、边疆地区扶持力度。根据不同地区经济社会发展水平，因地制宜制定扶贫政策，实行有差异的扶持措施。

3. 部门协作，合力推进

各相关部门要根据国家扶贫开发战略部署，结合各自职能，在制定政策、编制规划、分配资金、安排项目时向贫困地区倾斜，形成扶贫开发合力。

4. 自力更生，艰苦奋斗

加强引导，更新观念，充分发挥贫困地区、扶贫对象的主动性和创造性，尊重扶贫对象的主体地位，提高其自我管理水平和发展能力，立足自身实现脱贫致富。

5. 社会帮扶，共同致富

广泛动员社会各界参与扶贫开发，完善机制，拓展领域，注重实效，提高水平。

强化政策措施，鼓励先富帮后富，实现共同富裕。

6. 统筹兼顾，科学发展

坚持扶贫开发与推进城镇化、建设社会主义新农村相结合，与生态建设、环境保护相结合，充分发挥贫困地区资源优势，发展环境友好型产业，增强防灾减灾能力，提倡健康科学生活方式，促进经济社会发展与人口资源环境相协调。

7. 改革创新，扩大开放

适应社会主义市场经济要求，创新扶贫工作机制。扩大对内对外开放，共享减贫经验和资源。继续办好扶贫改革试验区，积极探索开放式扶贫新途径。

（二）对象范围

1. 扶贫对象

在扶贫标准以下具备劳动能力的农村人口为扶贫工作主要对象。

2. 连片特困地区

六盘山区、秦巴山区、武陵山区、乌蒙山区、滇桂黔石漠化区、滇西边境山区、大兴安岭南麓山区、燕山－太行山区、吕梁山区、大别山区、罗霄山区等区域的连片特困地区和已明确实施特殊政策的西藏、四省藏区、新疆南疆三地州是扶贫攻坚主战场。加大投入和支持力度，加强对跨省片区规划的指导和协调，集中力量，分批实施。各省（自治区、直辖市）对所属连片特困地区负总责，在国家指导下，以县为基础制定和实施扶贫攻坚工程规划。

3. 重点县和贫困村

要做好连片特困地区以外重点县和贫困村的扶贫工作。

（三）扶贫开发的方式和方法

1. 专项扶贫

（1）易地扶贫搬迁。坚持自愿原则，对生存条件恶劣地区扶贫对象实行易地扶贫搬迁。

（2）以工代赈。大力实施以工代赈，有效改善贫困地区耕地（草场）质量，稳步增加有效灌溉面积。

（3）产业扶贫。充分发挥贫困地区生态环境和自然资源优势，推广先进实用技术，培植壮大特色支柱产业，大力推进旅游扶贫。促进产业结构调整，通过扶贫龙头企业、农民专业合作社和互助资金组织，带动和帮助贫困农户发展生产。引导和支持企业到贫困地区投资兴业，带动贫困农户增收。

（4）就业促进。完善雨露计划。以促进扶贫对象稳定就业为核心，对农村贫困家庭未继续升学的应届初、高中毕业生参加劳动预备制培训，给予一定的生活费补贴；对农村贫困家庭新成长劳动力接受中等职业教育给予生活费、交通费等特殊补贴。对农村贫困劳动力开展实用技术培训。加大对农村贫困残疾人就业的扶持力度。

2. 行业扶贫

（1）发展特色产业。加强农、林、牧、渔产业指导，发展各类专业合作组织，完善农村社会化服务体系。围绕主导产品、名牌产品、优势产品，大力扶持建设各类批发市场和边贸市场。

（2）开展科技扶贫。积极推广良种良法。围绕特色产业发展，加大科技攻关和科技成果转化力度，推动产业升级和结构优化。培育一批科技型扶贫龙头企业。建立完善符合贫困地区实际的新型科技服务体系，加快科技扶贫示范村和示范户建设。继续选派科技扶贫团、科技副县（市）长和科技副乡（镇）长、科技特派员到重点县工作。

3. 社会扶贫

（1）加强定点扶贫。中央和国家机关各部门各单位、人民团体、参照公务员法管理的事业单位和国有大型骨干企业、国有控股金融机构、国家重点科研院校、军队和武警部队，要积极参加定点扶贫，承担相应的定点扶贫任务。支持各民主党派中央、全国工商联参与定点扶贫工作。积极鼓励、引导、支持和帮助各类非公有制企业、社会组织承担定点扶贫任务。

（2）推进东西部扶贫协作。东西部扶贫协作双方要制定规划，在资金支持、产业发展、干部交流、人员培训以及劳动力转移就业等方面积极配合，发挥贫困地区自然资源和劳动力资源优势，做好对口帮扶工作。国家有关部门组织的行业对口帮扶，应与东西部扶贫协作结对关系相衔接。积极推进东中部地区支援西藏、新疆经济社会发展，继续完善对口帮扶的制度和措施。

（3）发挥军队和武警部队的作用。坚持把地方扶贫开发所需与部队所能结合起来。部队应本着就地就近、量力而行、有所作为的原则，充分发挥组织严密、突击力强和人才、科技、装备等优势，积极参与地方扶贫开发，实现军地优势互补。

（4）动员企业和社会各界参与扶贫。大力倡导企业社会责任，鼓励企业采取多种方式，推进集体经济发展和农民增收。加强规划引导，鼓励社会组织和个人通过多种方式参与扶贫开发。积极倡导扶贫志愿者行动，构建扶贫志愿者服务网络。鼓励工会、共青团、妇联、科协、侨联等群众组织以及海外华人华侨参与扶贫。

4. 精准扶贫

精准扶贫是粗放扶贫的对称，是指针对不同贫困区域环境、不同贫困农户状况，运用科学有效的程序对扶贫对象实施精确识别、精确帮扶、精确管理的治贫方式。一般来说，精准扶贫主要是就贫困居民而言的，谁贫困就扶持谁。精准扶贫的措施是：

（1）精确识别，这是精准扶贫的前提。通过有效、合规的程序，把谁是贫困居民识别出来。

（2）精确帮扶，这是精准扶贫的关键。贫困居民识别出来以后，针对扶贫对象的贫困情况定责任人和帮扶措施，确保帮扶效果。

（3）精确管理，这是精准扶贫的保证。

一是农户信息管理。要建立起贫困户的信息网络系统，将扶贫对象的基本资料、动态情况录入系统，实施动态管理。二是阳光操作管理。按照国家《财政专项扶贫资金管理办法》，对扶贫资金建立完善严格的管理制度，建立扶贫资金信息披露制度以及扶贫对象、扶贫项目公告公示公开制度，将筛选确立扶贫对象的全过程公开，避免暗箱操作导致的应扶未扶，保证财政专项扶贫资金在阳光下进行。三是扶贫事权管理。对扶贫工作，省、市两级政府主要负责扶贫资金和项目监管，扶贫项目审批管理权限原则上下放到县，实行目标、任务、资金和权责"四到县"制度，各级都要按照自身事权推进工作。

5. 国际合作

开展国际交流合作。通过走出去、引进来等多种方式，创新机制，拓宽渠道，加强国际反贫困领域交流。借鉴国际社会减贫理论和实践，开展减贫项目合作，共享减贫经验，共同促进减贫事业发展。

案例分析

案例 1：居民提起行政诉讼，享受城市居民最低生活保障如何认定家庭成员和人均收入？

一、事由

诉人（原审原告）：赵某某

被上诉人（原审被告）：某区民政局

案由：不服取消最低生活保障资格决定

赵某某同李某某于 1987 年 6 月 3 日登记结婚，李某某为再婚，带有婚生子李甲，时年 10 周岁。1999 年 4 月 28 日的第 130042 号常住人口登记卡表明，原告家庭成员为四人，李甲为长子。某公司回迁安置统计一览表表明，李某某名下安置有两套回迁房，分别是 7 号楼 4 单元 16 号、17 号。在其后的安置证中，17 号房受安置人为李甲。2002 年 7 月 2 日，中国残疾人联合会颁发的残疾人证注明李某某为盲残疾人。赵某某从 2001 年第三季度至 2003 年第一季度经申请按季度享受城市居民最低生活保障。此后，赵某某提供的家庭收入证明与某区民政局工作人员调查核实的数据不一致。2003 年 1 月 8 日，李甲从编号为 130042 号常住人口登记卡户中分户，分户后的常住人口登记卡编号为 130061。2003 年 3 月 3 日，赵某某申报 2003 年第二季度低保时，不再提供其长子收入证明，家庭成员不再填写李甲。2003 年 3 月 17 日，某区某街道办事处以赵某某不如实申报家庭人、不如实申报房产、不如实申报收入为由，向被告书面作出《关于取消赵某某家庭享受城市居民最低生活保障的报告》，某区民政局于 3 月 18 日核准该报告，并由某街道办事处于 3 月 20 日以《最低生活保障申报审批意见通知书》对赵某某作出未审批决定，于当日送达赵某某。赵某某不服，于 2003 年 6 月 23 日以某区民政局为被告提起行政诉讼，诉称：本人是特困企业下岗职工，1995 年起停发工资，2001 年 7 月停发生活补助，长期患腰椎病，丈夫是一级盲残，无业，丧失劳动能力，共同生活家庭成员共三人，该子未成年上初一。2001 年 7 月至 2003 年 3 月，家庭一直靠政府给的低保金生活。从 2003 年第二季度起被某区民政局脱保。民政局停止低保的决定缺乏事实依据，是错误的，请求撤销该决定并责令补发低保金。被告某区民政局辩称：我局对原告申请城市居民最低生活保障作出不予审批的决定符合法律规定，原告在申报时虚报、瞒报家庭收入，不如实申报房产。对原告申请低保作出不予审批，是经过大量核实取证，并按照有关行政法规依法办事的，请求驳回原告诉讼请求。

二、处理

一审法院经审理认为：城市居民最低生活保障制度是国务院自1997年在全国建立的社会保障机制，目的是从制度上保障城市贫困人口基本生活，以体现社会主义制度的优越性和全心全意为人民服务的根本宗旨。国务院为此颁布了《城市居民最低生活保障条例》，某市人民政府也印发了《某市城市居民最低生活保障办法》。某市民政局根据《某市城市居民最低生活保障办法》的规定制定了《关于进一步加强和规范城市居民最低生活保障工作的若干意见》。行政法规、地方人民政府规章及规范性文件，都对城市居民最低生活保障的实施作了详尽的规范。原告作为下岗职工，在申请城市居民最低生活保障时提交的有关家庭成员收入的证明与实际明显不符，其长子李甲虽已分户，但并不能以此否认其家庭成员的人身关系，家庭成员不申报长子及其收入不符合低保规定。根据《城市居民最低生活保障条例》、《某市城市居民最低生活保障办法》及《关于进一步加强和规范城市居民最低生活保障工作的若干意见》的规定，原告未如实申报家庭成员、家庭收入及两套住房的实际情况，属于虚报、瞒报行为。被告某区民政局据此作出的不予审批低保决定，符合《城市居民最低生活保障条例》的规定。依照《最高人民法院关于执行〈中华人民共和国行政诉讼法〉若干问题的解释》第五十六条第二项的规定，一审法院判决驳回原告赵某某的诉讼请求。原告不服一审判决，向二审法院提起上诉。二审法院经审理，判决驳回上诉，维持原判。

（资料来源：民政部政策法规司．民政行政复议和诉讼典型案例分析［M］．北京：中国社会出版社，2016.）

三、分析

本案的焦点是共同生活的家庭成员的确定和收入的核定。《城镇居民最低生活保障条例》（以下简称《条例》）第二条第一款规定："持有非农业户口的城市居民，凡共同生活的家庭成员人均收入低于当地城市居民最低生活保障标准的，均有从当地人民政府获得基本生活物质帮助的权利。"据此，是否享受居民最低生活保障的资格，应当从共同生活的家庭成员数量和家庭人均收入两个方面来认定。

（一）共同生活的家庭成员的确定

《条例》明确规定以家庭为单位给予最低生活保障待遇，条件为"共同生活的家庭成员人均收入低于当地城市居民最低生活保障标准"，但未就"共同生活的家庭成员"的界定作详细规定。各地根据《条例》第十六条关于"省、自治区、直辖市人民政府可以根据本条例，结合本行政区域城市居民最低生活保障工作的实际情况，规定实施办法和步骤"的规定，都制定了相关地方规定，对"共同生活的家庭成员"予以明确。本案中，《某市城市居民最低生活保障办法》明了家庭成员是指家庭中具有法定赡养、扶养或抚养关系的人员。主要包括下列人员：①配偶和未成年子女；②已成年但不能独立生活的子女；③与父母户口所在地相同的未婚子女；④父母双亡且由祖父母或外祖父母作为监护人的未成年，或已成年但不能独立生活的孙子女或外孙子女；⑤民政部门根据有关原则、程序认定的其他人员。本案中，李甲是否属于赵某某与李某某的家庭成员之一是关键问题。李甲属于前述与父母户口所在地相同的未婚子女，虽然从常住人口登记卡上已经从赵某某、李某某处分出，但仍然共同生活，属于与父母共同生活的家庭成员。赵某某在申报低保时，应当将李甲作为家庭成员，并申报其收入。

（二）家庭人均收入的确定

家庭人均收入是指家庭收入与家庭人口（以户口簿和实际的法定赡养、扶养或抚养人口为准）之比的值。根据《城镇居民最低生活保障条例》，收入是指共同生活的家庭成员的全部货币收入和实物收入，包括法定赡养人、扶养人或者抚养人应当给付的赡养费、扶养费或者抚养费，不包括优抚对象按照国家规定享受的抚恤金、补助金。实践中，各地一般将以下收入认定为家庭收入：①工资、奖金、津贴、补贴和其他劳动收入；②离退休金、基本养老金、下岗职工基本生活费、失业保险金、赡养费、扶养费、抚养费；③继承、接受赠予、利息、有价证券、股票收入；④出租或变卖家庭财产获得的收入；⑤其他应当计入的合法收入。一般将以下收入不计入家庭收入：①奖学金、助学金、科技成果奖、见义勇为奖、独生子女奖励金；②交通补贴、住房公积金、住房补贴、儿童托费补贴、书报费、洗理费；③丧葬费、抚恤金、补助金、保险金；④不应计入的其他家庭收入。本案中，李甲应当认定为原告共同生活的家庭成员，其房产、收入都应当申报为家庭收入。

（三）隐瞒家庭收入的法律责任

《条例》第十四条规定了县级人民政府民政部门可以对"采取虚报、隐瞒、伪造等手段，骗取享受城市居民最低生活保障待遇的"给予批评教育或者警告，追回其冒领的城市居民最低生活保障款物；情节恶劣的，处冒领金额 1 倍以上 3 倍以下的罚款。本案中，一审法院认定原告未如实申报家庭成员、家庭收入及两套住房的实际情况，属于虚报、瞒报行为。

案例 2：自然灾害救助的主要内容是什么？

据人民网报道，2008 年 1 月 10 日以来，受冷暖空气共同影响，我国中东部地区连续出现两次大范围的雨雪天气。此次雨雪天气过程影响范围广，导致安徽、河南、湖南、湖北、重庆、四川、贵州、陕西、新疆等 9 省（区、市）遭受雪灾，部分地区受灾严重，群众的生产、生活受到较大影响，尤其是给灾区交通造成极大困难，部分高速公路、铁路和航空路线一度中断，部分地区供电、供暖、供水等基础设施受损。据统计，此次雪灾已造成省（区、市）2487.0 万人受灾，因灾死亡 6 人，紧急转移安置 15.5 万人；农作物受灾面积 1036.6 千公顷；倒塌房屋 2.2 万间，损坏房屋 8.5 万间；因灾直接经济损失 31.1 亿元。

（资料来源：《领导决策信息》，2008 年第 0 卷第 4 期 27—27 页，共 1 页）

本案例反映的是民政部门进行的自然灾害的救助，其主要内容包括 3 个方面。

（1）灾害应急救助。它主要是指应急救援、受灾群众转移安置、救灾资金与物资拨付等方面的工作，也包括社会秩序维护和受灾群众的心理疏导工作。

（2）灾后社区恢复重建。它是灾害救助的重要内容，主要是与基本生活息息相关的基础设施建设，如能源、交通和设施建设等，最终恢复社区正常的生活和经济秩序。

（3）社区减灾。它是灾害管理的重要内容，对于提高社会预防灾害能力和减少灾害的损失至关重要。在社区减灾工作中，社会工作者可以配合政府有关部门和专业减灾机构开展社区灾害风险分析、减灾宣传和知识普及教育等方面发挥重要作用。

关键概念

社会救助；最低生活保障制度；特困人员供养；受灾人员救助；医疗救助；教育救助；住房救助；就业救助；临时救助

思考题

（1）我国社会救助制度发展有哪几个阶段？
（2）我国城乡居民最低生活保障制度的主要内容。
（3）特困人员供养的对象、供养内容。
（4）如何对受灾人员进行灾后救助？
（5）教育救助的内容是什么？
（6）临时救助的范围是什么？

第十一章 社会优抚

第一节 社会优抚概述

一、社会优抚的概念

社会优抚制度是社会保障制度中的一个重要组成部分。它是国家以法定的形式，通过政府行为，对社会有特殊贡献者及其家属实行的具有褒扬和优待抚恤性质的社会保障措施。社会优抚制度与其他社会保障制度的不同之处，是其保障对象的特殊性，它是针对特殊社会成员所实行的优待抚恤。具体地说，社会优抚制度有以下几层含义。

（一）社会优抚对象是社会上具有特殊贡献的那一部分人

包括有贡献者本人，也包括有贡献者的家属。这种贡献，主要是对国家和民族而言的。这些对象是指维护国家民族利益，保护国家和民族的安全，牺牲个人利益，影响个人需求或利益发展，为国家和民族作出贡献的那部分人。主要是军人及其亲属，这类也被称为军人保障；也包含对社会中非军人因作出对社会积极贡献而伤残或死亡所进行的褒扬与优待。社会优抚主要是军人保障，在法律规定中，目前军人保障的具体对象包括以下几类人员：现役军人及武警官兵；革命伤残军人；复员退伍军人；军人家属，也就是现役军人、武警官兵、复员退伍军人、革命烈士、因公牺牲军人和病故军人的家属，包括其父母、配偶、子女以及依靠军人生活的18周岁以下的弟妹、军人自幼曾依靠其抚养长大现在必须依靠军人生活的其他家属；离退休军人等，此外，因战伤亡的民兵，民工和因参加军事训练伤亡的民兵以及其他人员，亦可参照国家《军人抚恤优待条例》享受有关抚恤待遇。

（二）社会优抚工作是国家维护自身利益需要，其主要责任者是国家和社会

因为优抚对象是为国家作出特殊贡献者，国家和社会有责任保障他们及其家属的生活，这是国家为维护其统治的必要手段。在一些国家的社会保障制度项目中，社会优抚对象作为特殊的对象来享有各种保障，社会优抚是政府社会保障工作的重要组成部分。保障的主体是政府、军队与社会。对军人实施社会保障是国家的一种当然义务，必须通过立法对军人保障做出正式的、规范的制度安排，充分协调好政府、社会、军队等多方利益相关者，使军人保障的诸多项目在既定的轨道上运作。由于军人职业的特殊性，本人在履行职责时的付出和损失要大大高于从事一般职业的社会公民，因此有必要适当提高其保障待遇水平。军人职业的特殊性决定了政府在分担军人职业风险

时应该担负主要责任，国家财政拨款是军人社会保障资金的主要来源；军队也要利用国防费用的再分配，依照军事法规对军人实施生活保障；社会提供保障资金主要是通过社会团体或公民个人自觉或自发地对军人及其家属给予的援助，具有非规范性、民间性，是政府和军队保障的一种补充形式。在我国，军人保障分成以下情况：其中中国人民解放军军人保险主管部门负责全军的军人保险工作。国务院社会保险行政部门、财政部门和军队其他有关部门在各自职责范围内负责有关的军人保险工作。此外，社会优抚工作也是各级政府的一项日常工作，属于各级民政部门的业务。

（三）社会优抚的保障水平较高

社会优抚是优惠性保障措施，相对于其他保障对象而言，优抚对象对国家和社会的贡献和牺牲较大，因此，国家对他们所实施的保障标准比较高，保障其生活水平略高于一般保障对象的平均水平。

（四）社会优抚具有赞颂和表彰的含义，是一种荣誉性的社会保障措施

除了有现金补贴和服务帮助以外，国家和社会还通过各种优抚活动，在全社会宣传有贡献者的特殊功绩和高尚品德，增加他们的荣誉感，提高他们的社会地位，使其成为社会尊敬和效仿的楷模和榜样。

二、社会优抚的主要形式及内容

（一）主要形式

现代社会优抚事业是在社会保障制度不断完善的过程中形成的，是现代社会保障体系中的特殊部分。但是，社会优抚保障并不是一种与其他社会保障截然不同的、独立于其他保障措施之外的特殊形式，而是与其他保障形式互相结合、交叉发展的一种保障形式。综合考虑当代优抚事业，其发展形式大致可分为三类。

1. 社会保障式的优抚保障

这种社会优抚是以社会保险方式实施作为保障措施，将社会优抚纳入社会保险系列。如美国政府在实行职业军人特殊退休制度的同时，从 1957 年开始，对所有的军事人员实行"老残遗属及健康保险"的投保制度。我国自 2012 年《中华人民共和国军人保险法》正式生效后，对所有军人及其家属实行军人伤亡保险、退役养老保险、退役医疗保险、随军未就业的军人配偶保险。

2. 社会救助式的优抚保障

这一社会优抚是指由政府对退役人员或对现役者的家属提供救济和帮助。日本和我国的优抚工作中有此类措施，美国的优抚政策中也有此项内容。日本的退役军人在患病就医期间，可给予生活津贴。我国对优抚对象，特别是对农村退伍军人及现役人员的家属实行救助性措施，如定期补助、临时性补助、可优惠得到发展生产的资金或贷款及物资等，美国的退役军人可以得到"农场贷款"和其他生产性贷款。

3. 社会福利褒扬性的优抚保障

由于优抚对象在社会保障中具有特殊地位，因而采取福利褒扬性的措施较多。福

利性也是现代优抚活动的主要方式，包括资金保障和服务保障。资金保障是由政府对死亡军人家属或伤残军人提供抚恤金，对退役军人发放复员费或安家费。另外，政府对优抚对象减免税收、减免交通费、实行免费医疗等，也构成资金保障的内容。服务保障是指对优抚对象优先安排就业和就学，优先安排就业前的职业培训，如我国培养军地两用人才的工作。对伤残军人则实行福利性收养，如我国的荣复军人光荣院、疗养院等。此外，对于在社会中作出特殊贡献而导致的伤残与死亡的非军人国民，各地政府给予一定的政策优待与物质奖励，如保护公共与他人财产免受侵害，见义勇为等行为所给予物质奖励，追认烈士后其家庭成员所享有的一切措施等都属于社会褒扬性的优抚保障。

以上这些优抚形式往往是综合发挥作用的。在一个国家内，政府可以采用多种优抚形式实现优抚保障。目前，由于社会保障整体水平的提高，优抚对象的社会福利保障也有了更大的发展，福利性优抚已成为当代社会优抚的主要形式。

（二）主要内容

优抚工作的目标是使优抚对象达到社会平均的生活水准，国家针对可能影响优抚对象的死亡、伤残、退役等因素，通过优抚保障设立了死亡抚恤、伤残抚恤、社会优待和退役安置以及社会褒扬等方面的内容。

1. 死亡抚恤

死亡抚恤是优抚保障制度中的最基本的内容。军人或警察为国捐躯，必然使其家属尤其是被赡养人蒙受巨大的损失。因此，国家有责任抚慰其家属，保障其生活，提供既有褒扬意义、又有物质补偿性的抚恤金。

死亡抚恤是政府按规定向遗属提供的。根据现役军人死亡的性质不同（战时牺牲、平时牺牲、因病去世），生前是否立功和被授予荣誉称号，以及生前收入和级别情况，确定不同的抚恤金待遇标准。

根据抚恤的内容和性质不同，死亡抚恤分为一次性给付和定期给付两种形式。一次性给付是具有褒扬和社会补偿性质的社会津贴。定期给付则是具有救助性质的国家补助。

2. 伤残抚恤

伤残抚恤也是优抚保障制度中最基本的内容之一。军人在服役期受伤致残或患病致残的情况出现以后，将会对其本人及其家属的生活带来很大困难。因此，国家应当通过保障措施，对他们本人及其家属的生活进行保障，以体现国家对他们所作贡献的褒扬和抚恤。

从概念上说，伤残抚恤是国家依法对现役伤残军人及其家属提供保障其生活的资金和服务性的特殊保障项目。这说明：①伤残抚恤是在现役军人负伤或致残后，由国家按照规定向其本人和家属提供的；②伤残抚恤是在现役军人致残后保障他们及其家属的生活达到当时社会的一定水平；③伤残抚恤对保障对象既提供资金保障，又提供服务保障。

3. 社会优待

社会优待是国家和社会按照立法规定和社会习俗对优抚对象提供资金和服务的优待性保障制度。社会优待手段既包括资金保障，也包括服务保障。资金保障，通常是向优抚对象提供各种生活津贴；服务保障，主要是由社会各界（包括工作单位、社区组织或社会团体）提供，既有生活服务，又有生产服务。以保证为国家作出贡献的人员及其家属维持一定的生活水平。根据我国的有关规定，社会优待更多地体现在革命伤残军人的优待措施中，如荣军院、伤残军人疗养院等。

4. 退役安置

退役安置是国家和社会依法向退出现役的军人提供资金和服务保障，使之重返并适应社会的一种优抚保障制度。

退役安置包括资金保障和服务保障。资金保障主要有退役安置费，各种生活津贴及贷款；服务保障包括就业安置、就学安置、落户安置、职业培训、技术等项目。

5. 社会褒扬

社会褒扬是指政府和社会各界为优抚对象提供的各种优惠照顾措施以及授予优抚对象的各种荣誉称号，节日的慰问和表彰，表达人们对优抚对象的敬意，提高优抚对象的荣誉感和自豪感。

三、社会优抚的作用

社会优抚，是由国家及其政府出面对有特殊贡献的人员实行的一种保障制度。在不同国家都有对军人及对国家有功人员及其家属的优待抚恤保障，有的国家将其单列，有的国家对符合优抚条件的人员在整体社会保障制度中给予优待。优抚保障的基本特征是直接与国家的政治利益需要相联系，具有明显的政治色彩。社会优抚的主要作用是：

（一）社会优抚是国家稳定与发展的保证

社会优抚是和国家的军事活动紧密相联的，它的地位和作用与军队的地位和作用紧密相关。军队是国家政权的重要组成部分，只要有国家存在，就必然有军队存在。同样，要使军队存在并正常发挥作用，就必须建立优抚事业。支持军队建设，加强军政、军民团结，做好优抚工作，是国家长治久安、社会稳定发展的重要保证。

（二）社会优抚是社会经济繁荣发展的重要保证

优抚制度与政治、军事一样，同属上层建筑，是为社会经济基础服务的。国家通过优抚事业促进军队建设，安定军心，可以使军队在保卫国家，维护和平，为社会经济建设创造和谐、安定的环境中充分发挥作用，从而促进经济和社会的发展。同时，国家通过优抚工作，可以增强军队实力，融洽军政、军民关系，可以使军队在和平时期直接参与地方建设，为社会经济发展作贡献。

（三）社会优抚是鼓舞士气、焕发民族精神的重要环节

国家通过优抚工作，可以鼓舞和调动军事人员的民族献身精神。同时，在群众性

的优抚活动中，可以使军人的献身精神得到弘扬，使民众和各界人士的爱国热情得到鼓舞，从而使国家的精神文明建设得到进一步发展。

（四）优抚制度具有稳定社会的作用

优抚对象在生活和工作上得不到合理安排和必要保障时，必然会造成他们物质和精神上的损害，从而形成社会上的不稳定因素。优抚项目的实施，不但可以解除优抚对象的困难，而且可以解除正在服役者的后顾之忧，使他们安心服役，尽心尽力，完成军队的任务。

优抚保障在新中国开展的比较早，在各级人民政府的领导和重视下，我国优抚保障工作坚持"思想教育，扶持生产，社会优待，国家抚恤，依法保障"方针，服从经济建设这个国家工作中心，服务于国防和军队建设需要，紧紧把握经济和社会发展的脉搏，经过60多年的不断探索和实践，现在已经形成了标准有别、层次不同、项目较为齐备的优抚保障制度。

四、我国社会优抚制度的形成及发展

（一）我国社会优抚制度的形成

历史上优抚活动是和国家一同产生的。早在奴隶社会，奴隶主之间用暴力手段争夺财富和奴隶，社会上出现了大规模有组织的军事冲突，国家机器不断强化。在中国西周时代，军队组织日益强大，战争规模也不断扩大，战争必然产生将士伤亡的后果。国家统治者为鼓舞士气、慰勉部队、稳定军心、巩固国防建立了优抚制度，做出一些对军事人员的优待抚恤规定。我国从奴隶社会到封建社会历经几千年，战事不断。由于战争的需要，统治阶级建立并不断完善各自的军事制度，与之相配套的优抚制度也不断发展起来。据史料记载，三国时的"禀食恤抚"、汉武帝时的"瘗遗骸"或"殡殓"、宋神宗时的"蠲除缓贷"、明朝的"设坛临祭"与"免役赐复"、清朝的八旗优待制等优抚措施，都与当时的兵役制度有关。我国古代著名政治家、军事家诸葛亮把对军队的优抚当作治军之道和军队所向必捷的重要保证。只要有军队存在，就必然要实行优抚措施。

中国共产党领导下的革命政府也把优抚活动作为一项重要工作。从20世纪20年代末至30年代初，中国共产党领导建立军队之日起，即伴随着革命的优抚活动。例如，1931年，中央苏区第一次全国苏维埃代表大会通过了《红军优待条例》，接着又颁布了《红军优抚条例》、《优待红军家属条例》等。在抗日战争、解放战争期间，中国共产党领导下的革命民主政权，组织群众开展了大量的优抚活动，对于中国革命的胜利发挥了巨大的历史作用。新中国成立后，1950年12月，原国家内务部颁布了《革命烈士家属、革命军人家属优待条例》、《革命残废军人优待抚恤暂行条例》和《革命军人牺牲、病故褒恤暂行条例》。这些条例对社会优抚作了一些相应的调整。1960年后，对一些老、病、残优抚对象实行定量、定期补助，并相应适当安排军烈属参与生产劳动，对牺牲、病故抚恤工作先后也进行了四次调整，由当时的发抚恤粮改为一次性发放抚恤金。在军人退役安置方面，1950年，政务院颁布了《关于人民解放军1950年复原工作决定》，以后相继颁布《复原军人安置暂行办法》、《国务院关于安置复原军人的决议》、《关于正确处理义务兵退伍的暂行规定》、《关于现役军官退休处理的暂行规定》、《总政治部关于高级干部离职修养的待遇和管理问题的规定》，这些法规和政策的出台，大大丰富了中国社会优抚安置的内容，推动了我国优抚安置事业的发展。虽然在"文革"期间，社会优抚制度处于停滞状态，但由于优抚工作的群众基础较好，人民群众的热情较高，尽管社会优抚没有发挥有效的功能，但还是作为一个光荣的传统得以继承和发扬。随着改革开放的进行和发展，社会优抚制度也随着中国现代化建设的发展而不断发展。1980年，国务院颁布了《革命烈士褒扬条例》，对革命战争时期牺牲的革命烈士和社会主义建设时期为保卫国家安全献身的革命烈士等作了有关抚恤的规定。1982年，新宪法规定，国家和社会要保障残疾军人的生活，抚恤烈士的家属，优待军人家属。1983年，国务院、中央军委发布了《中国人民解放军志愿兵退出现役安置暂行办法》；1984年，颁布《中华人民共和国兵役法》；1987年，颁布《退伍义务兵安置条例》；1988年，颁布《军人优待抚恤条例》，对社会优抚工作作了相应的规范。而随着市场经济体制的逐步深入，建立在计划经济基础上的传统的社会优抚制度已不适合新情况的要求。因此，进一步改革和完善社会优抚制度，建立一套与市场经济相适应的优抚安置制度成为现实和必然的选择。1995年在上海召开了全国拥军优属保障基金研讨会，开始探讨动员社会力量为烈士军属、伤残军人、复原退伍军人等优抚对象提供抚恤以外的社会优待。着重通过建立抚恤、安置、伤残医疗、住房等保障基金，走军人优抚社会化的道路。随后，1998年，中国建立了军人保险制度。这一制度与军人抚恤优待、退役安置紧密结合，确保了军队官员复员、转业、退休后享有国家规定的保险待遇。对于传统的优抚制度而言，这一制度的改革是一种完善和突破。在随后的几次党的重要决议中已明确今后优抚制度改革的总体目标：以完善优抚制度为核心，以落实国家保障水平，扩大社会化途径，逐步健全优抚管理抚恤体系，加强法制建设，依法保障和维护优抚对象的合法权益，逐步建立与社会主义市场经济体制相适应、有利于国防和军队现代化建设的优抚制度。这种改革目标的确立，标志着我国优抚制度逐步走向规范化和法制化。对建设国防、加快社会主义建设步伐和建设有中国特色的社会主义现代化事业，将起到巨大的促进作用。随后于2012年4月27日由中华人民共和国第十一届全国人民代表大会常务委员会第二十六次会议通过的《中华人民共和国军人保险法》，并于2012年7月1日起施行，标志着我国优抚制度的规范化和法制化的形成。

（二）社会优抚工作面临的问题

虽然，我国的优抚工作取得了一定的成效，但是依然存在以下问题。

（1）资金投入不足，优抚经费没有建立正常的增长机制。一个时期以来，国家优抚保障经费的增长落后于经济和社会的发展速度，致使部分优抚对象家庭的生活水平没有达到社会平均水平。在优抚保障方面几乎没有其他的资金来源渠道，只有国家财政拨款。

（2）社会化参与程度不高，这在一定程度上制约了我国优抚保障事业的发展。目前，社会力量参与优抚保障的途径还不是很多，作为社会化实质性标志的社会中介组织和民间机构尚未真正参与到优抚保障中来，致使优抚保障仅限于来自国家有限的经济资助，服务保障没有落到实处。

（3）对象自身竞争力不强。由于历史、个人以及主客观等多方面的原因，我国部分优抚对象家庭特别是伤残军人、在乡老复员军人、带病回乡退伍军人家庭人口素质低、劳动力匮乏、年老体弱，参与社会竞争的能力先天不足，"等靠要"思想严重，从而使得部分优抚对象家庭自我保障、自我发展的能力十分薄弱。

（4）在一些地区不同程度的出现了退伍专业干部安置难的问题。在过去的计划经济体制下，安置工作可以通过各级政府逐级指定来完成。在市场经济体制下，计划经济体制下的那一套模式根本行不通，企业有用人自主权，各级政府机关事业单位定编定岗、精简机构，这些都给安置工作带来了很大的困难。

这些问题的存在给优抚安置工作带来了很大的影响，社会优抚关系到国家的稳定大局，与计划经济体制相适应的社会优抚制度在经济体制改革中也面临改革问题。

（三）社会优抚的改革与发展

在新形势下，优抚制度如何适应市场经济的变化依然是一个有待解决的问题，可以从以下几方面入手对社会优抚制度进行改革。

1. 在财政承担抚恤资金的前提下，发动社会各方参与社会优抚保障

1988 年，国务院颁布《军人抚恤优待条例》第 4 条规定"军人抚恤优待工作实行国家、社会、群众三结合的制度，保障军人的抚恤优待与国民经济的发展相适应，使抚恤优待标准与人民生活水平同步提高"。"三结合"原则是我国优抚制度在长期的实践中总结出来的经验，虽然，优抚对象只涉及一部分社会成员，但是从社会优抚的内容来看，社会优抚不仅有现金补贴，还有服务保障以及褒扬奖励，没有社会各界和群众的积极参与是不行的。国家财政承担优抚资金，即国家发挥主导作用的前提下，引导和鼓励社会各方面参加社会优抚活动，利用志愿者等形式为优抚对象提供多种服务，以解除优抚对象的后顾之忧，做好社会优抚工作以维护国家安全和社会稳定。

2. 建立健全优抚保障制度的相关法规制度

法规制度对社会优抚制度的改革和发展有重要的作用，法规制度不健全，社会优抚制度便无法可依，不利于社会优抚制度的改革和发展，不利于维护社会优抚对象的合法权益。在市场经济条件下，过去可以用行政命令解决的问题，现在仅靠行政手段已行不通了，法律手段不健全，加大了基层社会优抚工作的难度，影响了社会优抚制度的发展。

3. 深化优抚事业单位的改革

优抚事业单位是国家为优抚对象而建立的休养院、疗养院和光荣院等机构，在市场经济条件下，这些由国家全额拨款的事业单位普遍存在经费不足的问题，影响了优抚对象的生活。在新形势下，这些优抚单位可充分利用自身优势，为社会提供一些医疗、康复等服务，弥补经费不足，进一步减员增效，加大改革力度。

同时，培育和发展民间非盈利组织参与优抚工作，有学者对此提出了具体的建议。"可从现有的 260 万基层群众性优抚服务组织中，引导一批经济实力强、管理规范、制

度健全、有一定专业水平的组织，转变为具有独立法人资格的社会团体或民间机构，使其实体化、专业化，成为职业化的从事优抚保障的社会团体或民间机构，为优抚对象提供医疗、康复、保健、供养以及社会公益服务。这样，既能切实履行政府职能，又能充分利用社会财力、人力、物力以及管理服务的优势，为广大优抚对象服务，以减轻政府的负担，分担国家的责任"。

4. 改革退伍军人安置办法

退伍军人安置不能沿袭计划经济的老路，在市场经济条件下，劳动力的配制以市场为主要手段，在这一大背景下，再用行政手段来安置退伍军人必然要遇到重重阻力。转变退伍人员的传统观念，加强教育培训投入力度，增强退伍军人的竞争能力，提高竞争意识，鼓励其自谋出路。对自谋出路的安置对象给予一定的经济补偿，充分利用高校招生改革的契机，加强安置对象的教育和培训，包括正规学历教育。

5. 做好社会优抚保障与城乡社会保障体系的衔接工作

在城乡社会保障制度改革的背景下，尤其是社会保险制度改革后，强调权利与义务的对等关系，享受保障权利与缴费时间和多少有关联，可能使优抚对象的利益受损。所以，应该建立健全军人保险制度，同时做好军人保险和社会保险的衔接工作，以维护优抚对象的合法权益。

第二节　我国现行社会优抚制度

一、我国现行社会优抚制度的资金来源及运行

（一）社会优抚资金的来源

目前，各国社会优抚资金的来源渠道主要有三条：一是国家财政拨款，优抚资金的主要来源是国家财政拨款。属于国家预算安排的优抚事业费，是国民收入再分配用于消费基金的一部分，是国家实行优抚方针政策的主要财力保证，由民政部门负责管理和使用。二是社会募集统筹，除国家财政拨款之外，优抚资金的另一个来源是社会募集统筹，即从社会集团、企业以及个人捐助取得优抚资金，例如近年来我国各级福利企业创收留利中用于补贴优抚事业的经费，城镇街道、居民委员会创办"第三产业"收益中用于开展军优属活动的支出，社会福利基金或社会各界直接捐献的钱物用于优抚事业的支出或补贴。我国由集体筹集优待军烈属资金。这是优抚资金的重要补充来源，随着社会经济水平的不断增长，这部分资金呈现出增长的势头。三是个人投保。在优抚保险项目中，优抚对象个人以投保的方式投入一部分优抚保障金，如医疗保险金、养老保险金、人寿保险金等。在我国经济发展水平较高的地区，已开始出现优抚对象自己向社会保险机构投保，以备医疗和养老等需要的做法。

优抚保障资金的来源和筹集是多渠道和多层次的。随着社会经济的发展，国家法定的财政拨款方式将不断改革和完善，社会筹集资金的规模将不断增加，个人投保方

式也将不断发展。

（二）社会优抚资金的运行

社会优抚资金分为抚恤、安置和补助三大类，抚恤安置费直接发放到优抚对象手中，补助分为国家补助和社会优待两部分，国家补助采用社会救助的方式由民政部门提供给生活有困难的优抚对象，具体的补助方式有定期补助和临时补助两种。

二、我国现行社会优抚制度的主要内容

根据现行法规，社会优抚制度面向的对象是中国人民解放军和中国人民武装警察部队的现役军人（以下简称现役军人）、服役或者退出现役的残疾军人以及复原军人、退伍军人、烈士遗属、因公牺牲军人遗属、病故军人遗属、现役军人家属，上述人员可以享受社会优抚。同时，现行法规还规定了因参战伤亡的民兵、民工的抚恤，因参加军事演习、军事训练和执行军事勤务伤亡的预备役人员、民兵、民工以及其他人员的抚恤也参照军人优待抚恤的有关规定处理。主要内容包括以下三个方面。

（一）社会保障式的优抚保障方面

主要是军人保险制度。所谓军人保险制度是为了满足军人对养老、医疗保障等需求而新建的社会保障项目。主要包括以下几个方面。

1. 伤亡保险

主要是针对军人因战、因公伤亡而设置的，保险对象为全体现役军人。所需资金由国家承担，军人个人不需要缴纳保险费。保险享受方面：军人因战、因公死亡的，按照认定的死亡性质和相应的保险金标准，给付军人死亡保险金；军人因战、因公、因病致残的，按照评定的残疾等级和相应的保险金标准，给付军人残疾保险金。而军人因下列情形之一死亡或者致残的，不享受军人伤亡保险待遇，包括故意犯罪的，醉酒或者吸毒的，自残或者自杀的，法律、行政法规和军事法规规定的其他情形。此外，军人退役后，已经评定残疾等级的因战、因公致残的军人退出现役参加工作后旧伤复发的，依法享受相应的工伤待遇。伤亡保险主要体现军人职业风险性、牺牲性的特点，使军人因战、因公发生伤亡时，在享受抚恤金的基础上，得到相应的经济补偿，以解除军人的后顾之忧，激励军人安心服役、献身国防。

2. 退役养老保险

军人退役养老保险是指国家和军队依法设立退役养老保险基金，使军人在达到退休年龄后，从政府和社会得到一定的经济补偿、物质帮助和服务，或者在军人退役到地方后，能够享受国家规定的养老保险待遇的军人保险制度。

退役养老保险管理有以下几种情形：第一，军人退出现役参加基本养老保险的，国家给予退役养老保险补助。军人退役养老保险补助标准，由中国人民解放军总后勤部会同国务院有关部门，按照国家规定的基本养老保险缴费标准、军人工资水平等因素拟订，报国务院、中央军事委员会批准。军人入伍前已经参加基本养老保险的，由地方社会保险经办机构和军队后勤（联勤）机关财务部门办理基本养老保险关系转移接续手续。第二，军人入伍前已经参加基本养老保险的，由地方社会保险经办机构和

军队后勤（联勤）机关财务部门办理基本养老保险关系转移接续手续。第三，军人退出现役后参加职工基本养老保险的，由军队后勤（联勤）机关财务部门将军人退役养老保险关系和相应资金转入地方社会保险经办机构，地方社会保险经办机构办理相应的转移接续手续。军人服现役年限与入伍前和退出现役后参加职工基本养老保险的缴费年限合并计算。第四，军人退出现役后参加新型农村社会养老保险或者城镇居民社会养老保险的，按照国家有关规定办理转移接续手续。第五，军人退出现役到公务员岗位或者参照公务员法管理的工作人员岗位的，以及现役军官、文职干部退出现役自主择业的，其养老保险办法按照国家有关规定执行。第六，军人退出现役采取退休方式安置的，其养老办法按照国务院和中央军事委员会的有关规定执行。

3. 退役医疗保险

即为军人建立个人账户，保障其退出现役后享有国家规定的医疗保险待遇。军人退役医疗保险，主要是为了解决军人退出现役后与地方基本医疗保险制度接轨而设置的，保险对象为师职以下现役军官和全体士兵。军官和士官每人每月按工资收入的一定比例缴纳保险费，国家给予同等数额的补助，逐月计入个人账户。军人退出现役后时，这笔保险金就转到安置地的社会保险机构，与地方医疗保险制度接轨。如果不能参加城镇职工基本医疗保险，就把保险金发给本人。如果军人牺牲或者病故，保险金可以由亲属依法继承。参加军人退役医疗保险的军官、文职干部和士官应当缴纳军人退役医疗保险费，国家按照个人缴纳的军人退役医疗保险费的同等数额给予补助。义务兵和供给制学员不缴纳军人退役医疗保险费，国家按照规定的标准给予军人退役医疗保险补助。军人退役医疗保险个人缴费标准和国家补助标准，由中国人民解放军总后勤部会同国务院有关部门，按照国家规定的缴费比例、军人工资水平等因素确定。

退役医疗保险管理有以下几种情形：第一，军人入伍前已经参加基本医疗保险的，由地方社会保险经办机构和军队后勤（联勤）机关财务部门办理基本医疗保险关系转移接续手续；第二，军人退出现役后参加职工基本医疗保险的，由军队后勤（联勤）机关财务部门将军人退役医疗保险关系和相应资金转入地方社会保险经办机构，地方社会保险经办机构办理相应的转移接续手续；第三，军人退出现役后参加新型农村合作医疗或者城镇居民基本医疗保险的，按照国家有关规定办理。军人服现役年限视同职工基本医疗保险缴费年限，与入伍前和退出现役后参加职工基本医疗保险的缴费年限合并计算。

4. 随军未就业军人配偶保险

国家为随军未就业的军人配偶建立养老保险、医疗保险等。随军未就业的军人配偶参加保险，应当缴纳养老保险费和医疗保险费，国家给予相应的补助。这一制度包括军人配偶随军未就业期间养老、医疗保险个人账户，并给予个人账户补贴。随军未就业的军人配偶保险主要内容如下：第一，随军未就业的军人配偶随军前已经参加社会保险的，由地方社会保险经办机构和军队后勤（联勤）机关财务部门办理保险关系转移接续手续；第二，随军未就业的军人配偶实现就业或者军人退出现役时，由军队后勤（联勤）机关财务部门将其养老保险、医疗保险关系和相应资金转入地方社会保险经办机构，地方社会保险经办机构办理相应的转移接续手续；第三，随军未就业的军人配偶达到国家规定的退休年龄时，按照国家有关规定确定退休地，由军队后勤（联勤）机关财务部门将其养老保险关系和相应资金转入退休地社会保险经办机构，享受相应的基本养老保险待遇。军人配偶在随军未就业期间的养老保险、医疗保险缴费年限与其在地方参加职工基本养老保险、职工基本医疗保险的缴费年限合并计算。此外，地方人民政府和有关部门应当为随军未就业的军人配偶提供就业指导、培训等方面的服务。

（二）社会救助式的优抚保障方面

此类优抚保障主要针对退役和现役的军人家属，提供相关的救济与帮助。对于随军配偶的基本生活补贴在其中具有代表性。其主要内容如下：根据军人驻地艰苦程度，每月给予其配偶随军未就业期间基本生活补贴。同时为鼓励再就业，实行领取基本生活补贴递减制度。除特殊地区外，领取补贴标准全额的最长期限分别为 5 年或 3 年，期满后按补贴标准的 8% 的比例递减。其目的在于解除军人后顾之忧，激励军人安心服役。

（三）社会福利褒扬性的优抚保障

此类的社会优抚制度强调国家和社会相结合的方针，坚持优抚保障与国民经济和社会发展相适应、保障优抚对象的生活水平不低于当地平均生活水平的原则。国家要求全社会应当关怀、尊重优抚对象，开展各种形式的拥军优属活动，同时鼓励社会组织和个人对优抚事业提供捐助。这类优抚保障的经费，由国务院和地方各级政府分级负担。中央和地方财政安排的军人优待经费，专款专用，并接受财政、审计部门的监督。各级政府中的民政部门是优抚工作的主管机关，其他国家机关、社会团体、企业事业单位则依法履行各自的军人优抚责任和义务。其主要包括以下方面。

1. 死亡抚恤

死亡抚恤是指政府按规定向遗属提供抚恤金，一般根据现役军人死亡的性质不同（因战、因公或因病）、生前的表现及生前收入和级别等情况确定不同的抚恤金待遇标准。其中，烈士的抚恤金待遇最高。如果要被批准为烈士的，主要情形包括：①对敌作战死亡，或者对敌作战负伤在医疗终结前因伤死亡的；②因执行任务遭敌人或者犯罪分子杀害，或者被俘、被捕后不屈遭敌人杀害或者被折磨致死的；③为抢救和保护国家财产、人民生命财产或者参加处置突发事件死亡的；④因执行军事演习、战备航行飞行、空降和导弹发射训练、试航试飞任务以及参加武器装备科研实验死亡的；⑤其他死难情节特别突出，堪为后人楷模的。

而现役军人可以被确定为因公牺牲的情形包括：①在执行任务中或者在上下班途中，由于意外事件死亡的；②被认定为因战、因公致残后因旧病复发死亡的；③因患职业病死亡的；④在执行任务中或者在工作岗位上因病猝然死亡，或者因医疗事故死亡的；⑤其他因公死亡的。若现役军人在执行对敌作战、边海防执勤或者抢救救灾意外的其他任务中失踪，经法定程序宣告死亡的，按照因公牺牲对待。当因其他疾病死亡的可以确认为病故。包括现役军人在非执行任务死亡或者失踪，经法定程序宣告死亡的，按病故对待。

死亡抚恤作为社会优抚的最基本内容。根据抚恤的内容和性质，死亡抚恤又可分为一次性给付和定期给付两种形式。一次性给付具有褒扬和社会补偿性质，而定期给付具有社会救助性质。对于一次性发放给死亡军人的抚恤金，要根据其死亡性质和死亡时的月工资标准，由县级人民政府民政部门发给其遗属一次性抚恤金，标准是：烈士，80 个月工资；因公牺牲，40 个月工资；病故，20 个月工资。而获得荣誉称号或者立功的烈士、因公牺牲军人、病故军人，其遗属在应当享受一次性抚恤金的基础上，由县级人民政府民政部门按照下列比例增发一次性抚恤金，标准如下：①获得中央军事委员会授予荣誉称号的，增发 35％；②获得军队局处级单位授予荣誉称号的，增发 30％；③立一等功的，增发 25％；④立二等功的。增发 15％；⑤立三等功的，增发 5％。

同时对于符合下列条件之一的烈士遗属、因公牺牲军人遗属、病故军人遗属，发给定期抚恤金：①父母（抚养人）、配偶无劳动能力、无生活来源，或者收入水平低于当地居民平均生活水平的；②子女未满 18 周岁或者已满 18 周岁但因上学或者残疾无生活费来源的；③兄弟姐妹未满 18 周岁或者已满 18 周岁但因上学无生活费来源且由该军人生前供养的。

2. 伤残抚恤

伤残抚恤，是指国家依法对现役伤残军人及其家属提供保证其生活的资金和服务的特殊保障项目。伤残抚恤一般分为三种类型：因战、因公或因病致残。致残的类型和等级要有专门的审批机构在医疗终结后予以评定。伤残抚恤的标准一般是根据致残的性质、类型、劳动能力丧失的程度及生活能力受影响的程度等因素确定。根据有关规定，现役军人残疾的等级，是依据劳动功能障碍的程度和生活自理障碍程度确定，由重到轻分为一级到十级。因战、因公致残，残疾等级被评定为一级至十级的享受抚恤；因病致残，残疾等级被评定为一级至六级的，享受抚恤。

而对于各种致残性质的认定和残疾等级的评定权限分属不同的部门，分别是：①义务兵和初级士官的残疾，由军队军级以上单位卫生部门认定和评定；②现役军官、文职干部和中级以上士官的残疾，由军队军区级以上单位卫生部门认定和评定；③退出现役的军人和移交政府安置的军队离休、退休干部需要认定残疾性质和评定残疾等级的，由省级人民政府民政部门认定和评定。

通常情况下，残疾军人的抚恤金标准，是参照全国职工平均工资水平确定，并根据残疾军人残疾等级享受残疾抚恤金。同时，县级以上地方人民政府对依靠残疾抚恤金生活仍有困难的残疾军人，可以增发残疾抚恤金或者采取其他方式予以补助，保障其生活不低于当地的平均生活水平。大致的情况如下：①退出现役的因战、因公致残的军人因旧病复发死亡的，由县级人民政府民政部门按照因公牺牲军人的抚恤金标准发给其遗属一次性抚恤金，其遗属享受因公牺牲军人遗属抚恤待遇。②退出现役因战、因公、因病致残的残疾军人因病死亡的，对其遗属增发 12 个月的残疾抚恤金，作为丧葬补助费。其中因战、因公致残的一级至四级残疾军人因病死亡的，其遗属享受病故军人遗属抚恤对待。③退出现役的一级至四级残疾军人，由国家供养终身。其中，对需要长年医疗或者独身一人不便分散安置的，经省级人民政府民政部门批准，可以集中供养。对分散安置的一级至四级残疾军人发给护理费，其标准是：因战、因公一级和二级残疾的，为当地职工月平均工资的 50%；因战、因公三级和四级残疾的，为当地职工月平均工资的 40%；因病一级至四级残疾的，为当地职工月平均工资的 30%。

3. 社会优待

社会优待是国家和社会依法对优抚对象提供资金和服务的优待性保障项目，其目的是保证现役军人及家属维持一定的生活水平，并随着社会的发展不断提高其生活质量。社会优待的主要有生活优待、医疗优待、交通优待。

首先，生活优待方面，根据现行规定，对义务兵的优待具体为：①义务兵服役期间，其家庭由当地人民政府发给优待金或者给予其他优待，优待标准不低于当地平均生活水平。②义务兵和初级士官入伍前是国家机关、社会团体、企事业单位职工（含合同制）的，退出现役后，允许复工复职，并享受不低于本单位同岗位（工种）、同龄职工的各项待遇。服现役期间，其家属继续享受该单位职工家属的有关福利待遇。③义务兵和初级士官入伍前的承包地（山、林）等，应当保留。服现役期间，除依照国家有关规定和承包合同的约定缴纳有关税费外，免除其他负担。④义务兵从部队发出的平信，免费邮寄。⑤复员军人生活困难的，按照规定的条件，由当地人民政府民政部门给予定期定量补助，逐步改善其生活条件。

其次，医疗优待方面，国家对一级至六级残疾军人的医疗费用按照规定予以保障，由所在医疗保险统筹地区社会保险经办机构单独列账管理。具体办法由国务院民政部门会同国务院劳动保障部门、财政部门规定。七级至十级残疾军人旧病复发的医疗费用，已经参加工伤保险的，由工伤保险基金支付，未参加工伤保险的，有工作的由工作单位解决，没有工作的由当地县级以上地方人民政府负责解决。七级至十级残疾军人旧病复发以外的医疗费用，未参加医疗保险且本人支付有困难的，由当地县级以上人民政府酌情给予补助。残疾军人、复员军人、带病回乡退伍军人，以及烈士遗属、因公牺牲军人遗属、病故军人遗属享受医疗优惠待遇。具体办法由省级人民政府规定。中央财政对优待对象较多的困难地区给予适当补助，用于帮助解决抚恤优待对象的医疗费用困难问题。另外，在国家机关、社会团体、企事业单位工作的残疾军人，享受与所在单位工伤人员同等的生活福利和医疗待遇。所在单位不得因其残疾将其辞退、解聘或者解除劳动关系。

再次，交通优待方面。现役军人凭有效证件、残疾军人凭《中华人民共和国残疾军人证》优先购票乘坐境内运行的火车、轮船、长途公共汽车，以及民航班机；残疾军人享受减收正常票价 50% 的优待。而对于乘坐市内公共汽车、电车和轨道交通工具享受的优待，残疾军人凭证免费，现役军人则不同，需要根据当地城市人民政府规定优待享受优待。

最后，其他优待方面。现役军人、残疾军人凭有效证件参观游览公园、博物馆、名胜古迹享受优待。具体办法由公园、博物馆、名胜古迹管理单位所在地的县级以上地方人民政府规定。此外，优抚对象还享受优先批准参军、优先录取公务员或升学、优先享受各种助学政策、优先进入各类福利机构，以及享受有关税费减免等优惠。国家还兴办优抚医院、光荣院，治疗或者集中供养孤老和生活不能自理的抚恤优待对象。

案例分析

案例一：钱某是某军区某部士官，他原本是一位长相英俊的小伙子，但在一次救灾行动中，身受重伤，导致左腿和右腿都被截去。对于身体的残废，钱学茂还没有完全接受，但随之而来的打击更大，与他交往了五年的女友提出分手。对于日后的生活安排，钱学茂觉得能找到一份力所能及的工作和一位可以相伴终生的爱人，他就知足了。在民政部门的帮助下，钱学茂被安置就业了，在某事业单位从事保安工作，工作一段时间后，据同事反映，他干得还不错，可他觉得自己不能完全胜任这项工作，缺少成就感，想就此放弃，且他一直没有遇到知心爱人，内心越来越沮丧。现在，他向社会工作寻求帮助。

案例二：葛某，男，43岁，身材矮小，年轻的时候服过两年兵役，初中文化，河北人。从部队退伍后，葛海被分配到某国营单位做操作工。他在工作中勤奋努力，多次被单位评为先进个人。然而，单位改制后，他下岗了。之后的六年间，葛海尝试过下海经商、打零工、摆小摊等，但都没有成功，却沾染了一些不良习气，最后落得靠老父亲的退休金生活。去年，父亲去世，葛海失去了主要的经济来源，生活极为艰难，他感到身心疲惫，常常闷在家中喝酒，醉酒后就去邻居家寻衅滋事，造成邻里关系一度紧张。社区居委会也先后为葛海介绍过几份工作，但都没有成功。现在，葛海经常到社区居委会吵闹，要求救济和补助。

案例三：张伯伯是优抚对象、革命伤残军人，无儿无女，独自居住在老房子里。随着年龄的增加，张伯伯身体越来越差，还患上了关节炎，行动非常困难。加之房屋长年失修，漏水情况严重，多雨季节"屋外下大雨，家里下小雨"是经常现象，导致张伯伯的关节炎更加严重。张伯伯为了不给社区干部添麻烦，一直没有提任何要求，硬是凭着自己坚忍的毅力，独自在恶劣的环境中艰难地生活。后来，细心的社会工作者发现了张伯伯的实际困难。

（案例来源：http://blog. sina. com. cn/s/blog _ a0c01b890102vhj3. html）

【问题】

（1）针对这些案例中的情况，各自存在的困境主要有哪些方面？

（2）结合案例，从社会优抚制度建设角度分析，指出社会优抚存在不足与改进的措施。

关键概念

社会优抚；死亡抚恤；伤残抚恤；军人保险制度

思考题

（1）移动互联时代，如何更好地开展社会优抚工作。

（2）作为一名在校大学生，你认为社会优抚还应关注哪些方面，从而更加有利于吸引大学生参军。

第十二章 其他社会保障制度

除了基本社会保障制度之外，还有一些其他的重要社会保障制度，它们分别从不同层面保障社会成员的生活水平和质量，并与基本社会保障制度一起，共同构建我国多层次的社会保障制度框架。本章主要介绍住房社会保障、补充养老保险和慈善事业三种社会保障形式。

第一节 住房社会保障

住房社会保障是一个包含范围很广的概念。广义地说，"宅基地"、"福利分房"都是住房社会保障制度的一种具体形式。它们是低生产力水平下保障"人人有房住"的制度。依靠市场配置住房资源，并不等于说人人都只能依靠自己的收入买房子住，也不等于说人人都只能靠市场化竞争、自主分散决策来获取住房。在市场经济条件下，为了保障每个人都有房子住，政府要实施一些特殊的政策措施，帮助单纯依靠市场解决住房有困难的群体。这个政策体系的总称就叫作住房社会保障。住房社会保障和失业保障、养老保障、医疗保障等都是社会保障体系的组成部分。

一、住房社会保障概述

（一）住房社会保障的含义

住房是社会公民的一项基本权利，也是一种基本的社会保障。但是，在任何一个国家和地区，除了高收入和部分中等收入家庭有能力依靠自身的力量解决住房问题外，其余的大部分中低收入家庭必须借助于政府和社会的帮助，去解决住房问题或改善其居住条件。当然，保障社会成员的居住权，也是任何一个国家政府的义不容辞的责任。

住房社会保障是指运用国家和社会的力量，帮助社会成员获得基本的居住条件的一种制度安排。其主要目的在于保障社会成员的生存权、居住权等基本人权，维护社会稳定和促进社会公平，它是社会保障的一个重要内容。住房既是一种商品，也是人类生存和发展的必要物质条件。

（二）住房社会保障的基本形式

根据不同的分类标准，住房社会保障可分为不同的表现形式。

1. 根据政府对住房的干预程度划分

依据住房商品化程度的逐渐减弱和政府福利政策逐渐增强，可以将住房保障分为以下4种形式。

（1）商品化为主的住房保障形式。这是住房供给以商品化为主、政府参与为辅的住房保障形式。此种形式住宅商品化程度较高，私人拥有住宅的比例较大。如美国就是实行这种政策的典型代表。

（2）商品化兼福利政策的住房保障形式。这种形式是国家既发展住宅商品化，也加强政府的干预，实行一系列住房福利政策。我国香港为解决居民住房问题，采取私人开发商和政府部门共同发展的双轨制。另外，加拿大和新加坡也实行这种保障形式。

（3）福利政策兼商品化的住房保障形式。主要是处于转型时期的原计划经济体制的前东欧国家和一些发展中国家，在住宅方面由于长期实行由国家统一分配的低租金住房福利制度。进入 20 世纪 90 年代后，这些国家先后进行了经济体制改革，改变住房由国家通报统揽的政策，调动了个人、集体的作用，住房商品化政策加快。代表国家有波兰、匈牙利等。

（4）福利政策为主的住房保障形式。实行以福利政策为主的国家，把解决住房问题作为福利纲领，住房主要依靠政府提供，住房分配成为社会的一项基本福利制度。前民主德国、苏联、朝鲜的住房保障基本上属于这种形式。

从以上四种不同住房保障形式可以看出，虽然各国经济发展水平不同，政治制度各异，但是在住房保障的目标上却有相似之处。

2. 根据住房社会保障的基本性质划分

（1）社会救助性的住房保障形式。这是政府对社会最底层的特困群体实行住房救助，对无家可归的人或无力达到社会最低住房保障标准的人由政府"包起来"的一种形式。廉租房形式的公共住房便是这类保障的典型形式。

（2）社会保险性的住房保障形式。这是政府通过强制雇主和雇员按照一定的比例定期缴纳住房公积金等形式，提高社会中等阶层的购房能力，以帮助其解决住房问题。住房公积金、住房储蓄账户等是这类保障的典型形式。

（3）社会福利性的住房保障形式。这是国家为解决社会成员的住房问题而提供一定利益的措施。比如给买房者以优惠，诸如降低贷款利率和对用来还本付息而对个人收入免征所得税；向低收入家庭提供福利贷款、住房津贴，并允许租住低租金的公共住房，或由政府给私人建房提供一定比例的补贴；国家直接修建福利性住房，或规定住房开发商划出一定比例的住房，定向低价出售给特定的住户；国家作为所有人向住户提供低租金的住房。

（4）社会优抚性住房保障形式。这是为促进军队建设，维护转业军人的切身利益而实施的住房保障。一般通过采取购买经济适用房、现有住房或租住周转住房，以及修建自有住房等方式解决。我国根据《国务院关于进一步深化城镇住房制度改革加快住房建设的通知》（国发〔1998〕23 号）和《中央军委进一步深化连队住房制度改革方案》（〔1999〕19 号）的有关规定，于 2000 年出台了《军队转业干部住房保障办法》（国办发〔2000〕62 号）。

二、外国住房保障制度

无论社会经济发展到何种程度，总是存在少部分人群无法通过自身的能力解决住房问题，需要政府给以一定程度的援助。因此，各国普遍重视住房社会保障。纵观世界各国政府住房保障制度，主要存在以下几种模式。

（一）以住房抵押贷款为核心的多元模式

此模式主要产生和发展于以美国为代表的英国、加拿大、法国、意大利、荷兰、澳大利亚、新西兰、德国等西方发达市场经济国家，代表了世界公共住房保障政策发展的主要方向。目前，世界上绝大多数国家都参照或采用了这一政策。以美国为例，政府为保障中低收入阶层买得起住房，采取了金融信贷支持政策，在住房保障政策的实施中发挥着重要的作用，成为美国公共住房社会保障的核心。金融信贷支持政策主要包括两类：住房抵押贷款和住房抵押贷款证券。在公共住房一级市场中，1932年，美国成立"联邦住宅银行抵押贷款系统"，居民可以以住房等不动产作为偿还债务的担保而获得足够的购买住房贷款。1934年，美国政府成立了"联邦储蓄贷款保险公司"，负责对中低收入家庭提供抵押贷款保险，使住房抵押贷款尽量向中低收入家庭倾斜，并防止利用政府保险的抵押贷款购买过于奢侈的住房。在公共住房二级市场中，20世纪30年代，美国国会成立了获得政府信用支持的抵押贷款机构房利美和房地美，其主要职能是购买抵押贷款资产，然后将其重新打包为债券，出售给投资者。20世纪60年代末70年代初，美国政府为摆脱住房金融机构陷入流动性危机，以提高住房抵押贷款的流动性和扩大住房借贷资金的来源为目的，大力推行住房抵押贷款证券化。

为了减轻政府筹建公共住房的财政压力，调动私营经济建设公共住房的积极性，为了使国家公共住房信贷资金向中低收入者和需要特殊照顾的人群倾斜，同时也为了满足城市流动人口或不愿购房者的租房需求，美国政府1937、1949、1954、1968、1971、1974、1990年等的住房法案针对不同人群实行了分类供应的财政补助政策，成为美国公共住房社会保障的有益补充。其一是对建设者的财政补助。主要通过对建设"社会住宅"提供贴息贷款，减免开发商的有关税费等措施以降低房价，可称其为住房建设补贴。其二是对中低收入阶层提供税收减免优惠、租金控制等措施作了规定。近年来，美国政府大大扩展了租金优惠券计划的实施，将传统的住房计划彻底私有化，以使低收入者能自由选择住所和房租水平，成为美国公共住房财政补助政策的主流。此外，美国政府还针对不同的中低收入阶层，比如1944年的《士兵福利法案》、1987年的《无家可归者补助法》等分别为退伍军人、老年人和单亲家庭提供低息贷款和保险等。

（二）以储蓄资金贷款为来源的互助模式

住宅储蓄制度是德国独具特色的住房金融制度，是为实现购、建房筹资而形成的互助合作的融资体系。其主要运作方式是，根据《住房储蓄银行法》，通过先由储户根据自己住房需要及储蓄能力，与住房储蓄银行签订储贷合同，储户每月按照合同约定存钱，当存满储贷金融的一定比例后，即可取得贷款权来进行。德国住房储蓄银行、住宅互助储金信贷社、住宅信贷协会、私人建筑协会和公营建筑协会都是在吸收个人存款基础上，发放房地产贷款，为个人买房、建房筹集资金。其中，住房储蓄银行属于国家银行，安全性高，吸收了德国一半以上的居民存款；住宅互助储金信贷社是一种民间住宅金融机构，凡入社居民，只有当储蓄额达到所需贷款额的 40%～50% 时，才有资格获得所需贷款；如想获得私人建筑协会和公营建筑协会的贷款，则须先签订一个建筑储蓄合同，当储蓄额达到合同金额的 33%～40% 时，才有资格得到一笔建筑贷款。住宅储蓄制度是一种固定利率、低息互助的封闭运转的融资系统，独立于德国资本市场，存贷款利率不受资本市场供求关系、不受通货膨胀等利率变动因素的影响。同时，参加住房储蓄可以得到政府不同的储蓄奖励和购房奖励。此外，政府对住宅价格的有效调控以及相应的住宅价格稳定，保证储蓄的住宅购买力不发生大的变化（贬值）。

为了便于工作的变动和城市之间的流动性生活，也由于住房价格昂贵、为了减少偿还巨额贷款风险，大部分德国市民仍习惯以租房为主。为此，德国采取了以下公共住房保障政策。其一是房租限制。德国的房租很贵，并且随行就市，租金经常上涨。为了防止漫天要价，从"二战"后开始执行租金管制制度，到 20 世纪 60 年代政府提出有条件取消，除汉堡和慕尼黑等一些大城市外，缺房率在 3% 以上的城市和乡镇仍实行房租限制。同时，为了增加房租价格的透明度，德国许多城市都制定了一个房租价目表，列出了该城市各种房产的大致租价。虽然房主和租房者可以就具体租金讨价还价，但是最后价格必须限定在这个价目表所规定的浮动范围内。其二是建房补贴。政府对非营利性建房企业所兴建的福利性社会住宅给予资助。同时，还鼓励一些大型厂矿企业主为本企业的职工建造福利性住宅，并通过减免税和其他奖励措施对私人建房予以鼓励。其三是购房补贴。凡德国公民购房者，可以得到住房补贴，有子女的家庭买房还可以另外得到儿童购房补贴。另外，一些企业还给将要购房的职工提供比较优惠的购房贷款，以缓解职工购房的压力。其四是福利性房屋补贴。针对多子女家庭、残疾人、低收入者，以及养老金少或领救济金的居民等，在租金及供应面积等方面政府都有明确的限制。

（三）以政府资金控制为目的的计划模式

以新加坡、日本、韩国等新兴国家为代表，其政策理念是，住房不同于一般商品，不能把住宅作为完全的商品推向市场，政府必须拟定和依照有关法律，制定和执行有效的住房政策，充分发挥政府的主导作用，调动各方面的积极性。其最重要的特征在于，政府主要通过控制公共住房保障资金为中低收入者提供可靠的公共住房保障。

新加坡是以中央公积金为主的公共住房保障模式。1955 年，新加坡开始实行中央公积金制度，经过多年的发展和完善，已涉及养老、医疗、住房、投资等社会生活的各个方面。新加坡法律规定，所有就业人员都必须成为公积金会员，并与其雇主按本人月薪的一定比例缴交公积金，由中央公积金局负责公积金的归集和管理，普通户口的主要用于购房、投资或买商业保险、求学等，约占公积金总积累的 75%。1968 年，为推动"居者有其屋"计划的实施，新加坡政府开始允许低收入雇员动用公积金存款购买组屋，1975 年后政府对中等收入雇员也取消了限制。公积金逐步成为新加坡公共住房建设、城市发展建设、中低收入者购房的主要资金来源。

日本是以住宅金融公库为主的公共住房保障模式。1950 年，日本设立了住宅金融公库，属于政府全额出资的政策性金融机构，目标客户群主要是中等收入阶层，平均贷款利率比商业银行低 30％左右，贴息由财政部门承担。从住宅供给方式来看，有以国家为主导建设的公营住宅、公团住宅、公库住宅三种方式，政府主要通过利息补贴、低息贷款、国库补助、税收优惠、融资、旧城改建等手段来建造，以减少建房成本。对贫穷而无法购买住宅的低收入者，由接受国家补助的地方公共团体建造并提供低租金公营住宅，对大城市区域的中低收入阶层，由住宅都市整备公团提供租赁及出售两种形式的公团住宅。另外，还根据区域住宅情况，由地方住宅供给公社提供公社住宅。

韩国政府 1981 年 4 月设置了"国民住宅基金"，支援小型商品房和公共租赁住房的建设及土地建设事业。为了降低土地成本，由大韩住宅公社或土地开发公社等公共机构开发公共住房用地，一律都以比市场价低廉的价格供给，尤其租赁住房建设用地及 60 平方米以下住宅用地都以比成本价低廉得多的价格提供给住宅事业者。为了尽量减少低收入阶层购买住宅所面临的经济负担，对建设和购买小型住宅、租赁住房者进行相当大幅度的税收优惠。

（四）以互助合作援助为主的公共住房保障模式

以瑞典、挪威等北欧国家为代表，尽管这些国家在公共住房保障方面与大多数发达国家一样，主要通过经济和法律的手段来调控住房发展和住房建设，通过国家住房银行发放贷款和提供拨款来刺激住房建设以便保证供需平衡、价格合理，为低收入的老人和多子女家庭提供住房保障，为城市改造和保护提供资金支持等，并且有很大一部分公共住房为公共非盈利企业拥有住房。但是，这些国家在公共住房保障方面的一个鲜明特色就是采取了互助合作援助政策，建立了公共住房合作社，其在公共住房保障中占有较大比重。

瑞典的合作住房共有 683 万套，约占全社会住房的 1/6（17％）。合作社住宅由委员会拥有，这些委员会是民主机构，由合作社的社员组成，每个社员都有投票权。由每年的社员大会选举社员组成执委会，一般由 5 人组成。执委会负责日常工作并作出某些决定，如增加房屋的月物业管理费等，社员通过参加委员会间接拥有住房产权，其拥有的份额与其住房面积相对应。住房合作社在法律上是非营利的合作住房组织，向社员收取的房价不含利润但包含一定的合作社发展费用，社员进住后日常的运行维护费用自行根据需要和实际发生额决定收缴标准，低于商品房。

挪威的第一个住宅合作社成立于 1851 年，后逐渐在全国发展起来。但大部分住宅合作社是在"二战"以后成立的。NBBL 住房合作社联盟是挪威最大的住房组织，有 106 个城市合作住宅建筑协会的 3884 个住宅合作社，拥有 23 万套住宅。1960 年，挪威议会通过了"合作住宅建筑联合会法"，从而从法律上协调和明确了住宅合作社的权力、作用，促进了住宅合作社的发展，保证了政府对住房补贴政策的推行。到 20 世纪 80 年代，随着政府强调市场机制的作用，住宅合作社的发展也得面向市场，根据市场对住房的需求建造住宅。如同瑞典一样，住宅合作社社员新购住宅的产权关系也是一种股权关系。社员购房以后，除了要支付建房造价的投资，还要每月支付房租。

三、我国住房社会保障制度

随着我国市场经济体制的确立，国家对于住房制度改革的方向确定为实行住房商品化、社会化，在市场经济条件下，在收入水平存在一定差距的社会里，要实现"居者有其屋"，还必须建立多方位的、适度的住房保障制度，这一制度的补缺无疑是由地方各级政府来承担，这也是政府履行"社会管理、公共服务"职能的具体体现。

（一）我国住房社会保障制度的历史演变

1949 年新中国成立后，在计划经济体制下，我国的住房保障实施的是二元体制。农村居民的住房主要是通过自建的方式解决；城镇居民的住房主要是由政府和企业事业单位提供。我国在城镇实行福利化的住房政策，包括政府机关和事业单位同包住房建设，对职工实行福利分房，整个住房制度具有明显的福利保障特征。但这种制度也逐步暴露出诸多弊端，如排斥市场机制，资金得不到良性运行；加重了政府和企事业单位的经济负担，助长了平均主义但又难以保证公平；各个管理环节之间缺乏合理的协调机制，管理效率低下。

为了消除改革前福利分房的弊端，在实行改革开放政策的初期，邓小平同志针对城镇居民住房日渐困难的情况提出了住房制度改革的设想，1980 年 4 月邓小平关于住房问题的重要讲话，成为我国住房社会保障制度改革的起点。但由于当时受到多方面的约束，城镇住房体制改革尚无法深化。1988 年，国务院召开了第一次城镇住房制度改革工作会议，此后多次发布相关通知及文件，要求逐步进行住房制度改革。这一时期，我国初步建立了向不同收入家庭提供商品房及经济适用房的住房供应体系并全面推行住房公积金制。

1994 年 7 月，国务院下发了《关于深化城镇住房制度改革的决定》，在全国范围内确立了住房社会化、商品化的改革方向，标志着我国全面推进住房市场化改革制度的确立。并首次提出建立以中低收入家庭为对象、具有社会保障性质的经济适用房供应体系。

1995 年 3 月，国家建设部出台了《实施安居工程的意见》，这是党和政府为推动房改，加快城市住宅建设及解危、解困和建立住房新制度的又一重大举措。1998 年，国务院发布《关于进一步深化城镇住房制度改革加快住房建设的通知》，在制度上确立了市场化住房体制，全国停止住房实物分配，在此前的商品房及经济适用房的基础上，适当增加由政府或企事业单位提供的廉租房，逐步建立以经济适用房为主体的多层次住房供应体系。

2000 年以后，国民经济和社会发展的"十五"规划又提出了要加快解决低收入群众的住房困难问题，尽快建立、健全最低收入家庭住房保障体系，以保障公民的基本居住权利，确保社会的安定团结。2004 年，建设部、财政部、民政部、国土资源部、国家税务总局等部门联合，先后发布《城镇最低收入家庭廉租住房管理办法》和《经济适用住房管理办法》，我国开始着手建立和完善新形势下的住房保障制度。

此后，国务院针对全国房价大幅上涨的态势，先后出台了《稳定房价八条意见》及《关于促进房地产业健康发展的六点意见》，提出要高度重视稳定住房价格，大力调整住房供应结构，重点发展中低价位、中小套型的普通商品住房、经济适用住房和廉租住房，并要求各地制定和实施住房建设规划，国务院九部委还对新建住房的面积提出了具体的比例要求。

2007 年 8 月，国务院又颁发了《关于解决城市低收入家庭住房困难的若干意见》，勾勒了我国市场经济体制下住房制度的总体框架，确立了把解决城市低收入家庭住房困难作为维护群众利益的重要工作和住房制度改革的重要内容作为政府公共服务的一项重要职责，加快建立健全以廉租住房制度为重点、多渠道解决城市低收入家庭住房困难政策体系的指导思想，提出到"十一五"期末，廉租房建设应保尽保的分年度目标，表明我国的住房保障制度有了重大调整，保障制度的重心将由经济适用住房转向廉租住房。据此，2007 年年末，建设部等部门修订了《廉租住房保障办法》和《经济适用住房管理办法》，财政部发布了《廉租住房保障资金管理办法》。2008 年年初，国家发改委发布了《中央预算内投资对中西部财政困难地区新建廉租住房项目的支持办法》。廉租住房保障制度的建立，政策框架的构建，为实现"人人享有适当住房"奠定了制度保障和政策基础。为了加强城乡建设规划统筹，我国于 2008 年 3 月在建设部的基础上新组建住房和城乡建设部。

从我国住房保障制度的历史演进看，政府在住房保障方面确实是花费了较大的精力，根据我国社会主义市场经济的发展，完成了住房保障制度的 3 大转变：从完全福利性向部分福利性转变；从非商品化向商品化转变；从以财政政策为主向财政政策、金融政策综合运用转变等。这项政策的推行在实践中取得了一定的成绩，解决了部分群众的实际困难，维护了社会的稳定与和谐发展。

（二）我国住房社会保障制度的主要内容

1. 住房公积金制度

住房公积金制度是一种社会性、互助性、政策性的住房社会保障制度，有利于筹集、融通住房资金，大大提高了职工的商品房购买能力。发展住房金融是深化城镇住房制度改革的目标之一，也是城镇住房制度改革得以进一步推行的动力。从国务院作出《关于深化城镇住房制度改革的决定》及《关于进一步深化城镇住房制度改革加快住房建设的通知》到 1998 年下半年开始停止住房实物分配，逐步实行住房分配货币化，我国城镇已开始全面推行和不断完善住房公积金制度。

《住房公积金管理条例》规定，住房公积金是指国家机关、国有企业、城镇集体企业、外商投资企业、城镇私营企业和其他城镇企业、事业单位、民办非企业单位、社会团体（以下统称单位），以及其在职职工缴存的长期住房储金。职工个人缴存的住房公积金和职工所在单位为职工缴存的住房公积金，属于职工个人所有。住房公积金应当用于职工购买、建造、翻建、大修自住住房，任何单位和个人不得挪作他用。职工住房公积金的月缴存额为职工本人上一年度月平均工资乘以职工住房公积金缴存比例。单位为职工缴存的住房公积金的月缴存额为职工本人上一年度月平均工资乘以单位住房公积金缴存比例。职工和单位住房公积金的缴存比例均不得低于职工上一年度月平均工资的 5%；有条件的城市，可以适当提高缴存比例。单位为职工缴存的住房公积金的月缴存额为职工本人上一年度月平均工资乘以单位住房公积金缴存比例。

作为一项社会福利保障制度，住房公积金的设计初衷是"高收入者不补贴，中低收入者较少补贴，最低收入者较多补贴"，让普通职工特别是中低收入家庭买得起房、住得上房。但从目前情况看，住房公积金却陷入了"济富不济贫"的怪圈。根据住建部内部统计显示，截至2011年住房公积金缴存覆盖面约为全国城镇职工的78%，但缴存覆盖主要集中在党政机关、事业单位和国有企业，在非公有制企业中，住房公积金缴存的覆盖面约为20%，这意味着近80%的民营企业职工未有住房公积金覆盖。因"所有制"身份不同而导致的住房公积金"保障差距"，正在形成一种新的因"所有制"而造就的"不公平"。我国各行业职工住房公积金的缴存数额存在很大差别，最高与最低之间的比例超过30倍，银行、电力、烟草等垄断行业缴存数额最高。

十八届三中全会审议通过的《决定》提出，要建立公开规范的住房公积金制度，改进住房公积金提取、使用、监管机制。住房公积金本是解决住房问题的重要手段之一，如何在公积金制度设计上体现公平正义是一个现实命题。然而，当下住房公积金带来的各种困扰有悖其本意。人们希望，在住房公积金的制度设计上，应该更多地考虑弱势群体的需求，缩小差距，体现公平，甚至在可能的情况下，使住房公积金的利益天平更加倾向于弱势群体。如此，住房公积金才能无愧一个"公"字。

2. 经济适用房制度

经济适用房在别的国家和地区一般被称为公共房屋，中国香港称为居者有其屋，中国澳门称为经济房屋，中国台湾称为国民住宅，新加坡称为组屋。在我国大陆地区，经济适用住房是指已经列入国家计划，由城市政府组织房地产开发企业或者集资建房单位建造，以微利价向城市中低收入家庭出售的具有社会保障性质的商品住宅。经济适用住房具有经济性和适用性的特点，经济性是指住宅价格相对于市场价格比较适中，能够适应中低收入家庭的承受能力；适用性是指在住房设计及其建筑标准上强调住房的使用效果，而非建筑标准。

根据2007年建设部出台的《经济适用住房管理办法》规定，国家对经济适用住房提供政策优惠，建设用地以划拨方式供应，限定套型面积和销售价格，按照合理标准建设，面向城市低收入住房困难家庭供应，是具有保障性质的政策性住房。经济适用住房购房人拥有有限产权。购买经济适用住房不满5年，不得直接上市交易；购买经济适用住房满5年，购房人上市转让经济适用住房的，应按照届时同地段普通商品住房与经济适用住房差价的一定比例向政府交纳土地收益等相关价款。

1998年国务院在《关于进一步深化城镇住房制度改革加快住房建设的通知》中明确提出"建立和完善以经济适用住房为主的住房供应体系"，将经济适用住房建设作为经济增长点和解决城镇住房问题以国家政策的形式被确立下来。该政策的初衷是为了强调房屋公共产品特性和政府的责任，确保城市中的大部分家庭都由政府为他们提供经济适用住房，开发商所建造的商品房占供应总量的10%～20%。

但是发展到今天，经济适用住房的房屋供给比例和目的与初衷已经相距甚远了。据调查，近几年经济适用住房的运行出现了很多不"经济"现象。比如，经济适用住房价格合理，但是地理位置大多在城乡结合部，交通很不便利；房屋面积失控，户型过大，豪华而不适用的大面积住房使得一般工薪阶层望"房"兴叹；某些经济适用住房还存在质量安全隐患；对购房人资质审查不严格，部分高收入者却"意外"进入了购房者行列。在宁夏银川竟出现公开叫卖经适房的情况，而经济适用住房自购买未满5

年是严禁上市交易的。

经济适用住房政策和价格的合理性关系到能否解决大多数家庭住房问题的关键。建立和完善以经济适用住房为主体的多层次城镇住房供给体系，也是我国深化城镇住房制度改革的目标之一。

3. 廉租住房制度

廉租住房制度是针对住房困难的最低收入家庭实施的一项社会救助，是中国住房社会保障体系的重要组成部分。廉租房是指政府以租金补贴或实物配租的方式，向符合城镇居民最低生活保障标准且住房困难的家庭提供社会保障性质的住房。廉租房是解决低收入家庭住房问题的一种制度安排。廉租房的分配形式以租金补贴为主，实物配租和租金减免为辅。我国的廉租房只租不售，出租给城镇居民中最低收入者。享受廉租住房保障的对象，需要具备两个基本条件，一是城镇最低收入家庭，二是住房困难。

廉租房制度保障的是社会成员的居住权而不是产权。其保障方式实行货币补贴和实物配租等相结合。实施廉租住房保障，主要通过发放租赁补贴，增强城市低收入住房困难家庭承租住房的能力。廉租住房紧缺的城市，应当通过新建和收购等方式，增加廉租住房实物配租的房源。采取货币补贴方式的，补贴额度按照城市低收入住房困难家庭现住房面积与保障面积标准的差额、每平方米租赁住房补贴标准确定。每平方米租赁住房补贴标准由市、县人民政府根据当地经济发展水平、市场平均租金、城市低收入住房困难家庭的经济承受能力等因素确定。其中对城市居民最低生活保障家庭，可以按照当地市场平均租金确定租赁住房补贴标准；对其他城市低收入住房困难家庭，可以根据收入情况等分类确定租赁住房补贴标准。

采取实物配租方式的，配租面积为城市低收入住房困难家庭现住房面积与保障面积标准的差额。实物配租的住房租金标准实行政府定价。实物配租住房的租金，按照配租面积和市、县人民政府规定的租金标准确定。有条件的地区，对城市居民最低生活保障家庭，可以免收实物配租住房中住房保障面积标准内的租金。实物配租的廉租住房来源主要包括：政府新建、收购的住房；腾退的公有住房；社会捐赠的住房；其他渠道筹集的住房。

早在1998年住房商品化改革之时，国务院曾经下文要求各级政府尽快建立起以经济适用房为主和租售并举的住房供应体系。但廉租房制度建设由于责任不清、资金来源缺乏等问题一直没有实质进展。对于地方政府而言，廉租房建设无益于财政和政绩。特别是在土地出让招卖的今天，廉租房建设会减少土地出让金收入，该收入在某些经济落后地区政府的财政收入中，甚至占了一半以上。对于房地产开发商而言，由于无利可图，故反应冷淡。现有的廉租房数量未能覆盖所有符合标准人群。廉租住房覆盖范围极其有限。

在中共十七大报告的第八部分中，胡锦涛总书记提出："努力使全体人民学有所教、劳有所得、病有所医、老有所养、住有所居"。同时还提出："健全廉租住房制度，加快解决城市低收入家庭住房困难。"这是党代会报告中第一次专门提及住房保障制度，更是第一次谈到保障方式和保障对象。这一表述表明：我国的住房社会保障制度已经有了重大调整。这一政策调整在《国务院关于解决城市低收入家庭住房困难的若干意见》中初见端倪。在这个《意见》中，廉租房已经成为住房保障方式的首选，经济适用房则退居第二位，住房保障的对象也开始收缩为"低收入住房困难家庭"。现在，廉租房制度建设已经明确为政府的一项公共职责，这使得廉租住房的执行有了坚强的制度保证。同时，2007年，《廉租住房保障办法》的出台也使其具有可操作性，其中，困扰地方政府的资金投入问题在里面得到了较好的规定。此外，根据住房和城乡建设部、财政部、国家发展和改革委员会联合印发的《关于公共租赁住房和廉租住房并轨运行的通知》（建保〔2013〕178号）的规定，从2014年起，各地公共租赁住房和廉租住房并轨运行，并轨后统称为公共租赁住房。

4.政策性租赁住房

政策性租赁住房是以低于市场的租金，给既不符合廉租住房和经济适用住房政策范围且家庭收入低于当地城镇居民平均工资水平的城镇中低收入住房困难家庭、城镇房屋拆迁户、引进的高级技术人员、异地调动的机关干部，解决其过渡性居住问题。目前，政策性租赁房在国内处于试点阶段，北京、上海和广州、深圳、惠州等地都是试点城市。试点地区广东将着力解决既不符合廉租房和经济适用房享受条件、又买不起商品房的"夹心层"群体的住房问题。

第二节　补充养老保险

补充养老保险是社会养老保险制度的重要组成部分，与社会基本养老保险一起构筑了我国多层次的社会养老保障体系。补充养老保险主要是指在社会基本养老保险之外，非强制性建立的为满足社会成员多层次需要的、旨在提高人们年老时生活水平和质量的各种保障措施的总和。补充养老保险主要包括企业年金、职业年金和个人储蓄性养老保险三个方面的内容。

一、企业年金

（一）企业年金基本理论分析

从20世纪70年代开始，世界多数国家的社会养老保障制度出现了严重的财务危机，在这种背景下，为了保证职工退休后的生活水平，许多国家都在积极寻求改革的办法。支持和发展第二支柱——企业年金就是其中之一。

1.企业年金的内涵

20世纪90年代以来，世界银行、国家经济合作与发展组织（OECD）等国际组织将养老保障概括为三个支柱。

第一支柱是指基本养老保险，主要是指政府强制实施的国家养老保险计划，一般采用现收现付制度，目标是为了实现社会公平，保障社会成员或一定范围内的退休者的基本生活。

第二支柱是指企业年金，总体上是指企业雇主对雇员实施的企业年金计划，一般与就业相关联，企业年金待遇与缴费和投资回报率相联系，更多地体现为效率机制。

第三支柱是指个人自愿养老计划，一般为自愿储蓄型，是对第一支柱、第二支柱养老金的补充。基本包括个人的养老金银行储蓄、商业养老保险、个人养老金基金投资等。

企业年金，国外又称为职业年金、超级年金、雇主年金计划等，源自于西方社会早期举办的企业退休金制度或退休给付制度，最主要的特征就是年金由企业举办，缴费的大部分由雇主负责并承担给付责任的一种退休收入保障制度。

企业年金是在政府强制实施的基本社会养老保险制度之外，企业在国家政策的指导下，根据自身的经济实力和经济状况建立的，目的是为本企业的职工提供一定程度退休收入保障的补充性养老金制度。企业年金不同于社会养老保险制度，也不同于商业保险，是现代多支柱养老社会保障体系的重要组成部分。从社会的角度理解，企业年金是对基本养老保险制度的重要补充，直接目的是提高退休职工的养老金待遇水平；从企业的角度理解，企业年金计划一般被企业视为人力资源管理战略的重要组成部分，是雇主为了吸引和留住优秀雇员长期为本企业服务和提高劳动生产率，向职工提供的一笔退休年金。

2. 企业年金与基本养老保险和商业保险的区别

作为对社会基本养老保险的补充，企业年金既不同于基本养老保险，也不同于商业保险。

(1) 企业年金与基本养老保险的区别。基本养老保险是国家强制实施的，保险费的征收标准由政府规定并强制征缴；保障的是退休职工的基本生活；政府要对基本养老保险承担最终责任，既要保证基本养老保险金的按时足额发放，又要根据物价和社会生活水平总体提高的情况调整基本养老金的给付待遇，必要时由财政予以补贴。而企业年金是企业或职工个人根据自身的承受能力决定是否投保，保险费自愿交纳；保障的是超过基本生活水平以上的需求；政府对企业年金不承担责任，经办机构按其投保企业订立的合同履行给付责任，财政不予补贴。但政府对于企业年金在税收上要给予一定的优惠政策。

同时企业年金在缴费形式、保障待遇、政府责任等方面都与基本养老保险截然不同。在缴费形式上，企业年金是由企业年金计划受托人或受托人制定的基本托管人等专业机构负责，而基本社会保险是由社会保险经办机构或地方税务部门征收；从保障待遇来看，基本养老保险的目标是保障公民的基本生活水平，体现国家的责任，而企业年金的目标是对社会基本养老保险的补充，保障的是职工较高的生活水准；从政府责任来看，基本社会养老保险由政府财政兜底，而企业年金出现基金积累不足时，或者有职工个人承担，或者由雇主（年金计划）受托人承担。

(2) 企业年金与商业保险的区别。商业保险是由保险公司经办的，以盈利为目的，没有税收优惠政策。企业年金则是政府制定政策并实施监督，采取多元经办方式，不以盈利为目的的一项以改善退休职工生活质量和维持社会稳定的社会政策。

虽然企业年金在运营方式上与商业保险很接近，但在其他方面却存在诸多差别。

在性质上，企业年金具有福利性，通常被纳入社会保障实施范围而能够享受税收方面的优惠，而商业保险属于非福利性质的商业交易行为，商业保险的费用负担只能由投保人和保险企业承担，而且商业保险公司必须承担向国家缴纳税收的义务；在保障水平上，企业年金是企业或行业的团体行为，考虑的是团体的公平与企业的承受力，其保证水平一般有限。而商业保险通常属于社会成员个人的行为，保险关系也只存在于保险公司与投保者个人之间，一般是多投多保、少投少保，体现的是个体的差异性，客观上商业保险的保障水平是无限制性的。

总之，企业年金制度属于养老保障体系的范畴，但是它只是一项企业福利制度，是企业人力资源战略的重要组成部分。

3. 企业年金的特点

(1) 体现了强制性与灵活性的统一。企业年金是社会基本养老保险的有力补充，体现了强制性和灵活性的统一。为了保证企业建立企业年金制度，许多国家制定并颁布了有关法规，或是作为国家强制企业为其雇员建立企业年金的法律依据，或是作为国家鼓励企业为其雇员建立企业年金制度的引导和优惠措施，当然这种强制措施是有条件的。企业年金是随着企业的发展而发生变化的，企业年金收益水平与企业的经济效益成正比，经济效益好时多补充，经济效益差时少补充或不补充，分配的水平与方案也由企业自主决定，允许待遇之间存在差别。另外，对实施企业年金制度之前已经退休的人员是否追加企业年金，给付的标准如何，也要有企业根据条件决定。

(2) 实施中有较强的决策自主权。基本养老保险在保险费征缴方式和标准、待遇支付、经办机构等方面均由政府作出统一的决定，企业和个人没有决策自主权。而在企业年金制度的实施过程中，企业和雇员有较大的自主权。企业可以就企业年金是由企业负担还是个人负担、缴费标准如何、基金管理机构的选择，以及年金基金的投资运营方式等方面作出决定。但是，企业年金制度的决策并不是企业管理者的独自决策，往往是企业管理者与雇员集体协商谈判决定的。

(3) 贯彻"效率优先"的原则。企业年金实施中，首先要体现效率原则，应根据雇员的贡献大小、在本企业服务年限的长短、劳动态度等方面的情况决定其年金待遇。对于那些有特殊贡献或表现突出的雇员，可以给予较高的年金待遇；而对于那些不遵守劳动纪律的雇员，则给予较低的年金待遇，甚至不给予。通过效率优先的原则，能够调动雇员的积极性，增强凝聚力。当然，这并不是说在实施企业年金制度时，要放弃公平原则，毕竟企业年金也是为雇员退休生活提供保障的一种重要形式。所以，若利益共享体现公平，则能够使企业雇员的老年生活普遍得到较好的保障。

(4) 采取个人账户管理方式。企业年金制度是企业为其雇员提供的退休保障，无论采用待遇确定型还是缴费确定型企业年金计划，企业年金基金的所有权应归属于雇员本身，而不是企业或者国家。企业年金基金一般都采用个人账户的方式进行管理。企业和雇员本人缴纳的供款部分都计入个人账户，雇员退休后，按照其个人账户积累的总额及投资收益的多少，一次性或定期发放给雇员。如果雇员在退休前死亡，其个人账户的余额应该按照《继承法》中的规定由其指定的受益人或者法定的继承人一次性领取。雇员在跨地区流动时可以将其个人账户中的企业年金基金积累随同转移到其他企业年金计划。

（5）宏观调控和市场选择相结合。与基本养老保险基金相比，企业年金的基金管理具有较强的市场选择倾向。企业可以根据经济效益的不同而在规定的限度内选择不同的补充水平，企业还可以自主选择企业年金基金管理机构，企业还可以与这些管理机构共同商定企业年金基金的战略资产配置和投资政策。企业年金的这些优点可以促进资本市场的繁荣，减少对基本养老保险制度的财政压力。但是，同时企业年金的基金管理也需要国家的宏观调控，最基本的一个理由在于政府采用宽松的税收优惠待遇促进企业年金的增长，是以相当的财政支出作为代价的，政府必须通过调控，要求企业年金计划有广泛的信息披露，充足的基金资产、破产保证等来确保企业年金基金的安全性。

4. 企业年金计划的组织形式

企业年金计划通常分为两类，一类是待遇确定型，另一类是缴费确定型。

（1）待遇确定型企业年金计划。待遇确定型企业年金计划，又称以支定收型计划，是企业首先确定职工在满足一定条件基础上退休时，所能够享受的待遇，然后根据事先职工当时的工资水平、工作年限、企业预期人员变动、工资增长率、死亡率、预定利率等的预测，依照精算原理确定各年的缴费水平，即企业根据将来需要支出的养老金来确定企业现在应该缴纳的企业年金费用。该企业年金计划的缴费并不确定，无论缴费多少，雇员退休时的待遇是确定的。雇员退休时，按照在该企业工作年限的长短和退休时的工资水平，从经办机构领取相当于其在业期间工资收入一定比例的养老金。参加 DB 计划的雇员退休时，领取的养老金待遇与雇员的工资收入高低和雇员工作年限有关。

具体计算公式：雇员养老金＝若干年的平均工资×系数×工作年限。（若干年的平均工资是计发养老金的基数，可以是退休前 1 年的工资，也可以是 2～5 年的平均工资；系数是根据工作年限的长短来确定的）。

DB 计划基本特征：①通过确定一定的收入替代率，根据对所有员工未来年金支付额的预测，确定各年的筹资额，保障职工获得稳定的企业年金；②为企业内参加计划的所有员工设立一个统一账户，基金的积累规模和水平随工资增长幅度进行调整；③企业（雇主）承担因无法预测的社会经济变化引起的企业年金收入波动风险；④一般规定雇员享有企业年金待遇的资格和条件，大部分规定工作必须满 10 年，达不到则不能享受，达到条件的，每年享受到的养老金额还有最低限额和最高限额的规定；⑤该计划中的养老金，雇员退休前不能支取，流动后也不能转移，通常支付到退休员工死亡为止。退休前或退休后死亡的，不再向家属提供，但给付家属一定数额的一次性抚恤金。

（2）缴费确定型企业年金计划。缴费确定型企业年金计划，又称为收定支型计划，是企业首先确定缴费水平，由企业和职工按规定比例出资，计入个人账户。企业年金缴费可以交给某一金融机构，如投资基金或单位信托基金，由该机构向职工提供投资工具，由职工决定如何在各种基金中分布投资组合；也可以购买已建立个人账户的团体年金保险，由人寿保险公司提供不同风格的投资账户，由职工决定在不同投资风格账户中的基金单位数。在 DC 计划下，雇员退休时是根据个人账户基金积累值领取退休金，投资风险全部由职工个人承担。如果退休时个人账户基金累积不能提供足够的退休金，企业一般也不会另行缴费。

通过建立个人账户的方式，由企业和职工定期按一定比例缴纳保险费（其中职工个人少缴或不缴费），职工退休时的企业年金水平取决于资金积累规模及其投资收益。该年金计划的基本特征是：①为职工设立个人账户，企业和员工缴费均存入个人账户，年金根据员工退休时个人账户的积累额发放；②缴费水平可以根据企业经济状况作适当调整；③员工退休时可以一次性领取、也可以分期领取，直至个人账户余额为零；④职工个人承担有关投资风险，企业原则上不负担超过定期缴费以外的保险金给付义务。

DC 计划的优点在于：①简便灵活，雇主不承担将来提供确定数额的养老金义务，只需按预先测算的养老金数额规定 定的缴费率，也不承担精算的责任，这项工作可以由人寿保险公司承担；②养老金计入个人账户，对雇员有很强的吸引力，一旦参加者在退休前终止养老金计划时，可以对其账户余额处置具有广泛选择权。当然，DC 计划也有其自身的缺陷：①雇员退休时的养老金取决于其个人账户中的养老金数额，参加养老金计划的不同年龄的雇员退休后得到的养老金水平相差比较大；②个人账户中的养老金受投资环境和通货膨胀的影响比较大，在持续通货膨胀、投资收益不佳的情况下，养老金难以保值增值；③DC 计划鼓励雇员在退休时一次性领取养老金，终止养老保险关系，但因为一次领取数额比较大，退休者往往不得不忍受较高的所得税率；④此外，DC 计划的养老金与社会保障计划的养老金完全脱钩，容易出现不同人员的养老金替代率偏高或偏低。

（二）我国的企业年金制度

目前，企业年金制度已经引起世界各国的高度重视，并且日益成为各国养老社会保障体系改革的关注焦点。我国也正处于建立和完善有中国特色的养老社会保障体系的阶段，如何建立一个与我国国情相适应的企业年金制度对于建立一个完善的社会养老保障体系具有举足轻重的作用。

1. 我国企业年金制度的总体特征

从 1991 年开始建立企业补充养老保险到现在，经过十几年的改革探索，我国企业年金制度的框架已基本建立。

（1）个人账户、完全积累。我国企业年金是参加基本养老保险之外自愿建立的一种补充性养老保险。是企业和职工在集体协商的前提下建立的，采取个人账户的完全积累方式，由企业和职工个人共同缴费。企业缴费按照企业年金方案规定的比例计算，计入职工企业年金个人账户；职工个人缴费额计入本人企业年金个人账户。企业年金基金投资运营收益，按净收益率计入企业年金个人账户。职工在达到国家规定的退休年龄时，可以从本人企业年金个人账户中一次或定期领取企业年金。职工未达到国家规定的退休年龄时，不得从个人账户中提前提取资金。出境定居人员的企业年金个人账户资金，可根据本人要求一次性支付给本人。

（2）信托制的基金管理模式。企业年金基金不能由企业或职工自己管理，必须交由符合资格的企业年金基金受托人管理。企业和职工作为委托人将企业年金基金财产委托给受托人管理运行，是一种信托行为。确立了企业年金基金是独立信托财产的法律地位。我国企业年金制度是一个以受托人为中心的信托模式，其中包含了多层和复杂的委托代理关系。企业年金委托人与受托人之间表现为信托关系，首先是企业年金委托人（企业和职工）将其资产交给受托人管理，形成信托关系；其次是受托人与投资管理人、托管人以及账户管理人之间的委托代理关系。企业年金运用信托模式，通过四个资格人之间的相互监督，最大限度地保证企业年金基金的安全。

（3）分权制衡的基金治理结构。企业年金治理是企业年金计划运行的保障，是企业年金基金安全的基石。我国的企业年金管理包括六个主体和两层法律关系。六个主体是：委托人、受托人、受益人、账户管理人、基金托管人、投资管理人；两层法律关系为信托关系和委托代理关系。新的企业年金治理结构主要包含三方面内容：一是受益人保护和权利限制制度；二是受托人责任主体制度；三是不同管理服务机构相互制衡的制度。

企业年金基金所有权属于企业年金计划参与人以及受益人，与企业财产、运营机构财产分离。"运营以受托人为核心"，受托人在企业年金运营环节中，一方面连接委托人、受益人；另一方面接连托管人、账户管理人、投资管理人，受托人处于企业年金运营管理的中心，协调运营机构，为企业和职工利益服务。"企业年金运营角色分离"的原则，即账户管理人、投资管理人，托管人分开，分别由不同的专业机构进行管理。受托人对企业年金基金财产负全责，账户管理人、投资管理人，托管人仅对委托合同中确立的义务和责任负责。

（4）税收优惠，政府监管。借鉴世界各国企业年金的发展经验，企业年金的税收优惠，成为企业年金发展的原动力。我国政府监管部门对企业年金采取税收优惠政策，企业年金计划当中企业缴费按照一定的比例进入企业成本，在企业税前列支。同时，我国不断扩大企业缴费的税收优惠比例，并明确个人缴费的税收优惠措施。财政部、人力资源和社会保障部及国家税务总局联合下发通知，自2014年起实施企业年金、职业年金个人所得税递延纳税优惠政策。《通知》规定，对单位和个人不超过规定标准的企业年金或职业年金缴费，准予在个人所得税前扣除；而对个人从企业年金或职业年金基金取得的投资收益免征个人所得税。

为了保证企业年金基金得到安全高效的管理和优质服务，我国对企业年金基金管理机构不仅加以资格条件限制，还实行严格的市场准入制度，通过资格认证遴选出合格的管理机构。企业年金基金管理机构在开展企业年金基金管理相关业务时，应当建立真实充分、持续动态的信息披露机制，按照规定向监管部门报告企业年金基金管理情况，向委托人或受托人提交基金管理报告。监管部门逐步建立对企业年金基金管理机构的日常监管、持续监管的制度。

2. 我国企业年金发展面临的困境

（1）认识上的局限性。我国企业和职工对企业年金缺乏必要的了解，有的甚至把年金和年薪混为一谈。从政府的角度看，现阶段我国发展企业年金制度的性质依旧不清，定位依旧不明，政策界限比较模糊。从企业的角度来讲，企业管理人员对企业年金的认识也存在偏差，他们担心建立企业年金制度加大企业支出，影响利润，而且看不到企业年金所产生的经济效应和社会效应；有的还认为社会基本养老、医疗等保险企业已付出很多，建立企业年金将进一步增加企业负担，企业没有责任支付这笔"额外"的费用；有的认为与其让员工未来才能享受到企业年金的福利，还不如直接向员工发放住房公积金或者奖金等当期福利，后者的激励效果更明显。从职工的角度来说，长期以来，我国员工信奉"养儿防老"、"储蓄养老"，普遍缺乏对制度性养老的基本认识。年金费用的缴纳引起员工每月工资收入减少，缺乏对未来养老保障进行投资的长远观念，故参与企业年金的积极性不高。

(2) 法律的滞后性。对于企业年金的发展，国家政策指向还不明确。目前，《企业年金试行办法》、《企业年金基金管理机构资格认定暂行办法》、《企业年金基金管理试行办法》、《关于进一步加强社会保障基金管理监督工作的通知》、《关于做好原有企业年金移交工作的意见》等共同搭建起我国企业年金制度的基本框架。但是，所有这些规章、文件还都处在部委一级，没有一个相关的行政法规和法律可以遵循。作为我国首部关于社会保险的"基本大法"，《社会保险法》中也并没有包括企业年金的内容。这种法律规定的缺失，使得企业年金的法律地位不明确，滞后于当前企业年金发展的实践需求。

(3) 税收优惠政策不到位。由于相关优惠政策，特别是税收优惠尚未落实或力度不够，许多有实力、有条件建立企业年金的企业尚处于观望态度。国外实践经验证明，对企业年金缴费实行免税或推迟征税，是推动企业年金发展的最主要因素之一。大多数国家（如美、英、日等国）一般在企业和职工缴纳年金费用及年金基金投资这两个环节免税，只在退休职工领取企业年金时进行征税。在这种情况下，企业和职工都享受到税收优惠，有利于企业年金的发展。建立企业年金制度，源头上应以税收优惠政策拉动，资产运作中应以风险控制，但目前我国的企业需求没有释放，全国统一的税收优惠政策没有出台，投资环境不理想，监管体系尚未建立，配套法规缺失。

(4) 地区差异显著。我国区域经济发展水平差异较大，发达地区与欠发达地区的企业年金参保比例、基金规模相差悬殊。发达地区如上海、深圳和大连由于经济基础好、增长速度快，企业年金的发展有良好的社会经济环境，参保企业、参保员工以及基金累积数量都较大。而欠发达地区企业年金的发展因受制于经济的发展水平而呈现波动起伏势态，数量水平低，大多数尚处于不规范的状态，还有许多企业因经济效益不好而停止了已实行的企业年金计划。

3. 构建企业年金良性发展的策略

(1) 加大宣传力度。尽管企业年金制度已实行了十余年，但仍然有相当部分员工对此知之甚微。所以，要想使企业年金的大多数主体积极参与到行动中来，就必须先从企业年金的基础工作、宣传培训抓起。通过宣传培训，让职工们从感性上知晓、了解，从思想上认同、接受该制度，从而转化为行动上的自觉参与。要通过多种形式，促进企业和职工以及社会各方面共同了解、关心企业年金制度的建立，为发展企业年金制度创造良好的社会氛围。

（2）出台企业年金管理条例。企业年金主要是弥补基本养老保险的不足，在目前基本养老保险替代率下降的条件下，这是一个必要机制，也是完善养老保险制度发展的趋势。所以，应当在《社会保险法》中对企业年金的法律地位有适当的定性，明确把它定为职业福利范畴内的有相关政策支持的补充保险，做出基本的法律定位。同时，应当由国务院出台专门的企业年金管理条例，对企业年金制度进行系统性的规定，将我国企业年金的法律组织形式及主要问题确定下来，以确保企业年金资产的安全性和独立性。

（3）建立激励性的税收优惠政策。企业年金的税收优惠政策是从制度层面调动企业、建立企业年金的积极性。建立企业年金，宏观上旨在减少国家财政的负担，微观上旨在帮助一个企业解决其职工养老问题，从而激发职工的工作热情，这对企业的发展也是至关重要的。因此，政府应当从税收层面上给予企业年金优惠政策，鼓励企业和职工个人共同缴费。尽快研究出台企业年金税收优惠政策，并完善相关法规，促进企业年金和个人自愿性养老保险发展，并鼓励其通过专业化的投资机构投资资本市场，实现养老金保值增值。同时，用财政手段进一步降低企业年金管理运营的成本费用，鼓励各类年金专业管理机构加快发展年金市场，提升年金管理水平。

（4）采取区域推进式发展战略。作为对基本养老保险的补充，企业年金要走各地区均衡发展的道路，绝不能因为经济水平落后就放弃建立与发展企业年金制度，否则当基本养老保险替代率下降后人们将失去养老的第二重保障。由于现实状况的约束，我国企业年金制度的全国实施不可能一蹴而就。为此，应当首先选择经济效益好、具有长期发展能力的企业作为试点先建立，然后再逐步发展到大部分企业。可以首先选择石油、石化、电力、航空等大型企业作为试点先行，这类企业不仅规模大、效益好，有建立企业年金的能力，而且具有广阔的发展前景，职工对企业的信赖程度高，具有建立企业年金的需求，有利于企业年金的顺利建立和运行。其次，在此基础上再推广到中小型企业，在经济发达地区以及中小企业较为密集的地区，将符合条件的中小企业联合起来举办企业年金计划。由于这些参与联合的中小企业是通过地域联系起来，受相同地理环境的共同影响，对企业年金计划的需求具有一定的一致性，而且相同的地理环境有助于各个企业在建立联合年金计划以后，保持密切的联系，并根据当地的环境特点和职工需求，制定适合当地情况的联合企业年金计划。然后，再逐步发展到大部分企业，这样可以有计划、有步骤地逐步扩大企业年金在我国的覆盖率。

二、职业年金

20世纪90年代，我国开始构建以三大支柱为支撑的多层次养老保险体系：第一支柱为基本养老保险，第二支柱为补充养老保险，第三支柱为个人储蓄性养老保险。其中，补充养老保险包括企业年金和职业年金。

（一）职业年金的基本内容

为建立多层次养老保险体系，保障机关事业单位工作人员退休后的生活水平，促进人力资源合理流动，根据《国务院关于机关事业单位工作人员养老保险制度改革的决定》（国发〔2015〕2号）等相关规定，国务院办公厅于2015年4月6日印发关于

《机关事业单位职业年金办法》(国办发〔2015〕18号)的通知,我国开始正式建立职业年金制度。

1. 职业年金的内涵

职业年金是指机关事业单位及其工作人员在参加机关事业单位基本养老保险的基础上,建立的补充养老保险制度。

职业年金基金由单位缴费、个人缴费、职业年金基金投资运营收益和国家规定的其他收入组成。单位缴费按照个人缴费基数的8%计入本人职业年金个人账户,个人缴费直接计入本人职业年金个人账户。职业年金基金投资运营收益,按规定计入职业年金个人账户。

2. 职业年金的特点

根据上述职业年金内涵的界定,我国的职业年金具有以下的特点。

(1)职业年金参与人。职业年金的参与人范围与参加机关事业单位基本养老保险的范围一致。

(2)职业年金的资金来源。职业年金的资金筹集由单位和工作人员个人共同承担。单位缴纳职业年金费用的比例为本单位工资总额的8%,个人缴费比例为本人缴费工资的4%,由单位代扣。单位和个人缴费基数与机关事业单位工作人员基本养老保险缴费基数一致。根据经济社会发展状况,国家适时调整单位和个人职业年金缴费的比例。

(3)职业年金的管理模式。职业年金基金采用个人账户方式管理,个人缴费实行实账积累。对财政全额供款的单位,单位缴费根据单位提供的信息采取记账方式,每年按照国家统一公布的记账利率计算利息,工作人员退休前,本人职业年金账户的累计储存额由同级财政拨付资金记实;对非财政全额供款的单位,单位缴费实行实账积累。实账积累形成的职业年金基金,实行市场化投资运营,按实际收益计息。职业年金基金投资管理应当遵循谨慎、分散风险的原则,保证职业年金基金的安全性、收益性和流动性。

(4)职业年金的经办机构。职业年金的经办管理工作,由各级社会保险经办机构负责。职业年金基金应当委托具有资格的投资运营机构作为投资管理人,负责职业年金基金的投资运营,应当选择具有资格的商业银行作为托管人,负责托管职业年金基金。委托关系确定后,应当签订书面合同。职业年金基金必须与投资管理人和托管人的自有资产或其他资产分开管理,保证职业年金财产独立性,不得挪作其他用途。

(5)职业年金的待遇支付。工作人员在达到国家规定的退休条件并依法办理退休手续后,由本人选择职业年金的领取方式。可一次性用于购买商业养老保险产品,依据保险契约领取待遇并享受相应的继承权,可选择按照本人退休时对应的计发月数计发职业年金月待遇标准,发完为止。出国(境)定居人员的职业年金个人账户资金,可根据本人要求一次性支付给本人。同时职业年金个人账户余额享有继承权,工作人员在职期间死亡的,其职业年金个人账户余额可以继承。

(二)职业年金发展历程

机关事业单位和企业的养老待遇"双轨制"被热议已久,并轨呼声渐高。而随着事业单位养老保险制度改革的推进，作为事业单位的补充养老保险、用于弥补改革后事业单位人员退休收入落差的职业年金越来越频繁地被人所提及。

2008 年 3 月，国发〔2008〕10 号文《关于印发事业单位工作人员养老保险制度改革试点方案的通知》下发，要求山西、上海、浙江、广东、重庆五省市开展试点。试点的主要内容就包括：养老保险费用由单位和个人共同负担，建立职业年金制度。2011 年 7 月 24 日，国务院办公厅出台了《关于印发分类推进事业单位改革配套文件的通知》（国办发〔2011〕37 号），印发相关的配套文件。其中，《事业单位职业年金试行办法》作为配套文件之一出台，适用于上述 5 个试点省市。作为事业单位补充养老的职业年金制度在很大程度上比照了现有企业补充养老保险——企业年金的制度模式，在事业单位的养老保险制度改革方面迈出了极为重要的一步。

2014 年 12 月 23 日，第十二届全国人民代表大会常务委员会第十二次会议审议了国务院关于统筹推进城乡社会保障体系建设工作情况的报告。报告指出，我国将推进机关事业单位养老保险制度改革，建立与城镇职工统一的养老保险制度。改革的基本思路简化为"一个统一、五个同步"。其中，"一个统一"是党政机关、事业单位建立与企业相同基本养老保险制度，实行单位和个人缴费，改革退休费计发办法；"五个同步"是机关与事业单位同步改革，职业年金与基本养老保险制度同步建立，养老保险制度改革与完善工资制度同步推进，待遇调整机制与计发办法同步改革，改革在全国范围同步实施。为了加快推进我国养老保险制度并轨的旅程，国务院于 2015 年 1 月 14 日发布了《关于机关事业单位工作人员养老保险制度改革的决定》（国发〔2015〕2 号）。此项改革意味着职业年金制度将在我国机关事业单位中普遍建立。机关事业单位自 2014 年 10 月 1 日起开始实施职业年金制度，《国务院办公厅关于印发机关事业单位职业年金办法的通知》文件也于 2015 年 4 月 6 日正式公布。

目前，职业年金制度的建立是机关事业单位养老保险改革的一个组成部分，从已经出台的《机关事业单位职业年金办法》来看，职业年金的参与人只包括拥有编制的机关事业单位的正式员工，机关事业单位中的编制外人员将不能参加职业年金制度。对于他们来说，这种政策安排和制度设计又将会产生一种新的不公平局面。如何建立机关事业单位中非编制员工的补充养老保险制度，其发展方向是延续职业年金，还是实施企业年金，可能是未来摆在我们面前的一个重大问题。

三、个人储蓄性养老保险

个人储蓄性养老保险是我国多层次养老保险体系的一个组成部分，是由职工自愿参加、自愿选择经办机构的一种补充保险形式。

（一）发展现状

由社会保险机构经办的职工个人储蓄性养老保险，是由社会保险主管部门制定具体办法，职工个人根据自己的工资收入情况，按规定缴纳个人储蓄性养老保险费，记入当地社会保险机构在有关银行开设的养老保险个人账户，并应按不低于或高于同期城乡居民储蓄存款利率计息，以提倡和鼓励职工个人参加储蓄性养老保险，所得利息记入个人账户，本息一并归职工个人所有。职工达到法定退休年龄经批准退休后，凭个人账户将储蓄性养老保险金一次总付或分次支付给本人。职工跨地区流动，个人账户的储蓄性养老保险金应随之转移。职工未到退休年龄而死亡，记入个人账户的储蓄性养老保险金应由其指定人或法定继承人继承。实行职工个人储蓄性养老保险的目的，在于扩大养老保险经费来源，多渠道筹集养老保险基金，减轻国家和企业的负担，增强职工的自我保障意识和参与社会保险的主动性，同时也能够促进职工对社会保险工作实行广泛的群众监督。

实际上，在许多国家以个人为主体责任的个人储蓄性养老保险一直发挥着很重要的作用。新加坡就是个人储蓄性养老保险的典型代表国家，它实行的是以个人账户为基础，政府强制雇主和雇员共同供款，实行集中管理的个人储蓄制度，在社会保障体系中主要强调个人的责任。在美国，个人储蓄养老也是十分重要的一种养老方式，2014年，美国养老保障基金总额高达23万亿美元，排在第一位的是个人退休储蓄账户资产，总额为6.5万亿美元，占退休资产总额的28.2%。而大多数国家，包括我国，养老保障首先强调的是政府的责任，其次是企业、个人。近几年，我国社会基本养老保险稳步前进，企业年金制度作为我国养老保障的第二支柱，也逐步地步入发展正轨，而个人储蓄性养老保险的发展较慢，其养老保险的补充地位并未显现。个人储蓄性养老保险在我国的发展仍然滞后，甚至很多人并不了解这种养老保险。

（二）发展趋势

1. 在立法上出台实施细则

经过十几年的发展，社会统筹与个人账户相结合的养老保险已步入正轨，需要更多的途径进一步强化养老保险的第三支柱，这符合效率与公平兼顾的原则。虽然各地相继出台了一些政策，但对于个人储蓄性养老保险的实施都没有具体的方案，导致大多数人对个人储蓄性养老保险的认识只局限于个人的银行存款或购买商业养老保险。因此，国家应制定整体的、宏观的指导方案，而对于缴费基数、领取条件、税收优惠等方面在考虑行业、地域经济水平的基础上可作灵活处理。

2. 拓宽个人储蓄性养老保险渠道

随着社会保障制度改革的深入，人们对养老问题日渐关注，开办个人储蓄性养老保险的时机已经成熟。个人储蓄性养老保险不依赖于企业行为，完全是个人自愿选择，具有很大的可操作性。因此，我国可以借鉴强制储蓄性养老保险模式，开办长期定向养老储蓄业务，即要求退休前任何年龄段的人，每月将其收入的一定比例或者一定上限和下限的金额存入社会保险经办机构在银行开设的专门的个人养老储蓄账户。政府可给予相应的税收优惠，可以将这笔资金用于风险低、回报率高的政府项目，对国家和个人两方面实现双赢。

3. 加大宣传力度鼓励更多人参与

在巨大的养老压力下，培养个人的自我保障意识显得尤为重要。实行个人储蓄性养老保险的目的，不仅在于扩大养老保险经费来源，减轻国家和企业的负担，更在于能逐步消除长期形成的保险费用完全由国家"包下来"的观念，增强个人的自我保障意识和参与社会保险的主动性。为鼓励更多人参与个人储蓄性养老保险，可采取报刊、电视、广播等多种形式，扩大宣传，增强个人对养老保障制度及个人储蓄性养老的认识与信任感，稳定对未来的预期。中国居民有勤俭节约的良好习惯，在目前的投资心态下，一定会有很多人选择这种储蓄养老方式，因为每个人都会面临养老问题，也相信每个人都会有积极性去解决自己的养老问题。

4. 大力发展商业养老保险

从 1980 年中国恢复保险业务至今，商业人寿保险市场有了迅猛的发展，但仍然存在很多问题，如竞争秩序混乱、管理运营水平不高、监管力度不够等。但经过不断的整顿，从应付老龄化危机的角度出发，商业养老保险应有更大的作为，政府应提供一定的政策优惠条件鼓励商业养老保险的发展。按照国际惯例，商业养老保险提供的养老金额度应占到全部养老保障需求的 25%～40%，而我国远低于这一标准。商业养老保险可以在保证一定收益的情况下，适当降低参保门槛，并尝试向城镇和农村居民全面推开，充分发挥其规模经济的优势。另外，随着我国基金管理公司等金融机构的不断发展和完善，可以考虑允许其在保值增值的前提下，参与个人储蓄性养老保险，并逐步形成有规模的保险或养老保险基金管理行业。

5. 明确政府职责，加强宏观管理

一方面，我国政府为鼓励开展个人储蓄性养老保险，应承担让利、让税的义务。如果能允许参加个人储蓄性养老保险缴费额在个人所得税的应纳税额中全部或按某百分比部分扣除，在领取环节也无须缴税，那么将引导和鼓励广大居民通过个人储蓄性养老保险获得风险保障。另一方面，政府应负责对个人储蓄性养老保险经办机构的监督和管理工作。在具体的实施过程中，做好相对集中的管理体制与分散化管理体制的选择。同时，在政府监管的具体工作环节上，应做好社会保险与商业保险的有机结合。虽然政府对个人储蓄性养老保险不承担最终的财政兜底，但作为第三方，政府有责任、有义务做好整个流程的宏观管理与监督。

第三节　慈善事业

关于慈善的概念，古已有之。在中国传统文化典籍中，"慈"是"爱"的意思。《左传》有云，"慈者爱，出于心，恩被于业"；许慎的《说文解字》中也有解释道："慈，爱也。"它尤指长辈对晚辈的爱抚，即所谓"上爱下曰慈"。"善"的本义是"吉祥，美好"。《北史·崔光传》中所讲："光宽和慈善。"慈善一词翻译成英文为"Philanthropy"，源于古希腊语，本意为"人的爱"，大约从公元 18 世纪开始使用。还有一词"Charity"也是慈善的意思，该词出现的历史较为久远，可以追溯到公元前，其本意为"爱"的意思。简而言之，怀有仁爱之心谓之慈；广行济困之举谓之善，慈善是仁德与善行的统一。

一、慈善事业概述

中华慈善总会创始人崔乃夫有极为精辟的概括：什么叫慈呢？父母对子女的爱为

慈。讲的是纵向关系，如"慈母手中线，游子身上衣"。什么是善呢？人与人之间的关爱为善。讲的是横向的关系。什么是慈善呢？慈善是有同情心的人们之间的互助行为。崔乃夫会长以纵横的关系，深刻地勾画出了慈善事业的全部活动和真谛。

（一）慈善事业的内涵

慈善事业是一种有益于社会与公众的社会公益事业，是政府主导下的社会保障体系的一种必要的补充。慈善事业是在政府的倡导或扶持下，社会广泛参与，慈善组织运作，由民间的团体和个人自愿组织与开展活动，对社会中遇到灾难或不幸的人，不求回报地实施救助的一种无私的支持与奉献的事业。慈善事业实质上也是一种社会再分配的实现形式。

慈善事业是以社会成员的慈善心为其道德基础，以社会成员自愿捐献的款物为其经济基础。慈善事业是从慈爱和善意的道德层面出发，通过实际的自愿捐赠等行为和举动，对社会的物质财富进行第三次分配。因此，慈善事业也可以说是物质文明、制度文明与精神文明的综合体现。它无疑是社会一定利益的调节器，是和谐社会的重要力量。它既起着安老助孤、扶贫济困的作用；同时又起着疏理社会人际关系、缓解社会矛盾、稳定社会秩序的作用，具有深远的传统性和广泛的群众性与社会性。

（二）慈善事业的基本特征

1. 慈善事业的道德基础是社会成员的善爱之心

慈善属于道德范畴，慈善行为的非强制性和自愿性，决定了慈善事业只能建立在社会成员慈爱之心的道德基本之上，这与政府纳入社会政策或法制的社会保障制度事业是有根本分别的。

2. 慈善事业的社会基础是贫富差别的存在

共同贫穷或共同富裕的社会都不会产生慈善事业，唯有存在贫富差别的社会才需要慈善事业，在这样的社会，需要救助者及具有捐献能力者共同构成了慈善事业的两极社会成员。完全依靠政府社会保障制度不能彻底消除社会差别，而通过民间慈善行为，则可以协调二者关系并适度平衡其利益。

3. 慈善事业的经济基础是社会捐献

慈善事业不排斥政府的财政援助，但是无社会捐赠则无慈善事业，有能力资助他人的社会组织与社会成员主动自愿捐献，为慈善事业的正常运作提供稳定的经济基础。面向全社会，立足民间捐献是慈善事业求得发展的唯一正确取向。

4. 慈善事业的组织基础是民间机构

民间团体或非政府组织承担慈善活动的具体实施。慈善事业虽然可以接受政府的财政帮助并服从其依法监督，但由于政府干预可能改变慈善事业的性质并背离捐赠者的意愿，在具体运作中又必然排斥着政府权力的干预，因此慈善事业只能由民间团体来承担具体的组织实施工作。

5. 慈善事业的实施基础是捐献者的意愿

没有捐献者就不会有慈善事业，这种特殊性要求捐献者意愿至上，以保证慈善事业的经济基础不受损害，其本源职责不受影响。当然，捐献者的意愿不能违背现行法律法规及社会公德。

6. 慈善事业的发展基础是社会成员的普遍参与

当慈善事业仅仅是少数人、富人的事情时，慈善事业发展应有的社会氛围尚无法形成，只有社会成员的普遍参与，才能形成一种有利、自觉地促进慈善事业发展的社会氛围，从而形成慈善事业广泛、厚实的各项基础，使慈善事业最终成为一项宏伟的社会事业。

（三）慈善事业的基本要素

一般而言，构成慈善事业的基本要素有以下几项。

1. 意愿或者情感

这是慈善事业的道德基础，主要是通过浓厚的社会氛围体现出来的，需要公民慈善意识和社会慈善价值观的支撑。

2. 慈善行为方式

意愿在现实中的实现，也就是捐助钱物或提供义务劳务等行为。发展慈善事业的行为方式可以按照慈善捐赠流向、慈善事业主体、慈善行为实施频率、捐赠内容等依据来进行划分，具有很强的多样性。

3. 主体

意愿的持有者和实现者，可以将其区别为捐助主体、运营主体、监督主体这三个概念。捐助主体主要包括个人或家庭，社区，宗教团体，企业，联合集资与筹款组织等。运营主体主要是指慈善组织，包括慈善基金会、慈善机构。监管主体主要是指政府、社会评估机构、公共媒体等。

4. 客体

慈善事业的客体即受助者，主要是指社会的弱势群体，还有一部分慈善事业是针对社会成员的全面发展。

5. 物

慈善事业中"物"的因素主要包括了自愿捐助的资金、实物或劳务等。

6. 途径

途径是将以上各个因素联系起来的机构或组织，比如中华慈善总会、各种慈善基金会。

7. 制度

发展慈善事业，不但要建立和加强慈善组织的行业自律观念、能力建设及专业化程度，还必须要制定相应的支持、保护和鼓励慈善事业发展的法律、政策等。其中重要的方面是运用优惠政策引导企业或个人向慈善公益事业捐赠。

二、外国的慈善事业

20 世纪 80 年代以后，伴随着世界范围内的民主化和全球化浪潮，慈善公益组织出现了蓬勃发展的局面，欧美等资本主义国家举行的国家干预的"凯恩斯主义"逐渐被抛弃，被称为"全球结社革命"的私有化运动进一步推动慈善公益事业的发展，几乎所有国家里都存在有慈善公益组织构成的庞大的网络。随着现在社会的发展与进步，越来越多的国家和民众认识到，慈善事业是均衡财富流向、避免收入差距扩大、具有经济收入再调节功能的一种公益事业，是社会文明进步的重要标准。因此，各国政府纷纷建立适宜于本国国情的慈善事业发展模式。

(一) 民间主导型的美国模式

美国把基金会作为私人资金纳入公共事业用途的桥梁，作为政府社会福利保障的补充，与其他非营利组织一起形成自身的民间主导型慈善公益事业的传统，美国有五万六千多家基金会，总资产近五千亿美元，其中独立的私人基金会约占85%，公司基金会约占5%，它们属于"非公募基金会"一类，在美国私人基金会占据着绝对的领导地位，最大的基金会几乎都是私人基金会。

美国是一个志愿者较多的国家，志愿者组织多达100万个，志愿者无处不在地活跃在公共图书馆、公园、医院、法院、老人服务中心、家庭与儿童保护服务机构等地。2005年的一项调查表明，约1/4的美国人当过志愿者，18岁以上成年人参加志愿者服务的大约占该年龄段总人口的一半，其中每人平均每周当志愿的时间为3.5个小时。

美国对慈善组织也进行了行之有效的监管。美国国家局 (IRS) 是联邦政府中唯一负责非营利性部门监管的主要机构，联邦政府中再也没有其他职能部门监管非营利性机构。社会监督，包括社会舆论、民间监督、社会评估等措施，采取行业组织管理的方式，例如总部设在华盛顿的基金会理事会是美国基金会中最大的、会员最广泛的全国性组织，每年出版具有权威性的《基金会指南》年鉴，专门对大的私人基金会进行调查研究工作，这也成为美国民间自主型慈善公益模式的重要特点。

(二) 官民合作型的英国模式

英国官方和大众媒体将主要从事慈善公益活动的机构称为"慈善组织"，它涉及领域广阔。其中包括扶贫济困、教育援助、宗教慈善、卫生健康、社会及社会福利、历史文化遗产保护、环境保护科普及等社会事业的方方面面。它们中有全国性、地区性和社区性慈善组织，也有国际性慈善组织。英国慈善组织的一个特点就是拥有广泛和大量的志愿者资源，慈善组织中有报酬的成员只占1/3，绝大多数志愿者不索取酬劳。英国慈善事业发展得如火如荼，却未出现失控乱象，既与慈善组织强调独立性有关，也和它们与政府紧密联系，形成官民合作型慈善公益事业的模式有着内在的联系。

政府高度重视与民间公益组织的合作并视之为重要的合作伙伴，各级政府与民间公益组织之间签署的具有指导意义的《政府与志愿及社区组织合作框架协议》，积极推动英国政府各部门及各级政府与民间组织之间的合作，该协议强调如下原则：第一，政府对民间公益组织资金支持的原则；第二，政府在支持民间公益组织的同时确保其独立性原则；第三，政府与民间公益组织在制定公共政策、提供公共服务上的协商原则；第四，民间公益组织在使用资源上的公开性、透明性原则；第五，政府保障各种不同类型的民间公益组织有公平机会获得政府资助的原则。无论从法律法规政策方面还是在财力支持方面，都为英国政府与民间公益组织确立合作型的慈善公益发展模式奠定了坚实的基础。

（三）企业公益型的日本模式

日本企业在慈善公益事业中扮演了重要的角色，企业通过多种方式进行慈善，例如企业现金资助、员工工资捐赠、非现金资助、企业为非营利性组织提供办公场所、雇员志愿者行动、企业基金会和公益营销等，日本企业捐赠额占总额的87.6％，日本企业捐赠的主要动机是86.1％的企业是为了履行社会责任，75.1％的企业是为了服务社区，36.9％的企业是为了体现企业管理理念。日本经济团体联合会2000年数据表明，95％的日本企业都有过社会贡献。2006年，日本企业平均捐赠2950万日元，占税前利润的1.83％，企业的社会贡献成为慈善公益事业发展的主体动力，形成了日本慈善事业以企业公益型为主的自身特色。

日本还享有很宽松的捐赠免税制度。企业捐赠不问用途，几乎都可以免税。免税额度的计算以总资产和销售利润加和为基准，使企业在亏损时仍能继续捐赠，而且还圈定了上万个全额免税的受赠主体。

三、我国现代的慈善事业

（一）我国慈善事业发展历程

我国的慈善事业源远流长，是世界上最早倡行与发展慈善事业的国家。我国的慈善思想源远流长，慈善活动与上层建筑的关系密切，近代慈善事业受西方影响而发展，当代的慈善事业起步较晚。

先秦诸子百家与随后的佛家、道家都对慈善有过精辟的阐述。譬如，儒家讲"仁爱"，佛教讲"慈悲"，道教讲"积德"，墨家讲"兼爱"，各流各派虽在表述上不尽相同，然义理相近，都蕴含着救人济世、福利为民以及人类共通的人道理念和道德准则。中国近代慈善事业的兴起，是以西方教会慈善活动的介入以及中西慈善文化的冲突和融汇为其标志的，中国传统的慈善事业在近代激烈跌宕的社会变迁进程中，自然而然发生了嬗变，由旧趋新，兼纳中西，最终形成了顺应时代要求，又具有崭新内涵的慈善事业。

1949年新中国成立后，由于饱受战争的摧残，许多慈善机构已处于瘫痪或解散状态。1950年，政府将救济福利事业提上日程，对旧的慈善机构进行了接受和改造，并新建了一些社会福利机构，颁布了《劳保条例》和《劳保条例实施细则修正案》等相关法规。然而，新中国成立后的慈善事业由政府完全包办，民间慈善事业的独立地位被否定，走的是一条慈善福利国家化的道路。

1978年中共十一届三中全会后，"解放思想，实事求是"思想路线的确立，随着对极"左"思潮的澄清和拨乱反正工作的开展，政治空气的和缓，改革开放的全面展开和经济的快速发展，使慈善事业的复兴具备了条件。以1981年中国儿童少年基金会成立为起点，内地的慈善事业逐步走向了复兴。

1994年中华慈善总会创立后，民间慈善机构（包括省级慈善机构和地方性慈善机构）纷纷建立，慈善活动也频繁开展起来。内地的慈善事业进入到了一个新的发展期，并将沿着非政府化、法制化、专业化、普及化的方向向前迈进。

2004 年，中共十六届四中全会就曾经提出，要建立社会保险、社会福利、社会救助和慈善事业相衔接的社会保障体系。2007 年，在中共十七大上进一步强调，慈善事业是加快完善社会保障体系的补充。2012 年，中共十八大报告又强调完善社会保障体系，支持发展慈善事业，这充分说明了执政党已经把慈善事业摆在党和国家工作的重要位置，是一项长期稳定的事业。长期以来，在政府和民间的共同努力下，慈善思想界发生了深刻的变化，慈善事业得到了人们的普遍认同，慈善意识得到普及，民间慈善事业得到极大的重视，中华民族的优秀传统美德逐渐得以回归。

（二）慈善事业发展困境

目前，我国正处于慈善事业发展的转型期。在观念形态上，转型期的慈善观则逐渐转变为慈善事业是一种社会必须提供的"公共产品"；在行动主体上，以基金会为典型代表的专业化慈善组织已逐渐替代传统意义上的单个个体或团体，成为转型期我国慈善事业发展的主要行动主体；在组织层面上，"公民"性质的志愿服务成为当前我国慈善事业发展的特色所在，施受双方关系也由传统的人身依附转换为平等关系；在活动领域方面，当前我国的慈善事业逐步转向对教育、科研、环保、法律等公共生活的关注。但总体而言，转型期我国的慈善事业发展依然面临着诸多困境，主要表现在以下几个方面。

1. 慈善意识、慈善文化缺失

中国传统的财富观，不利于形成现代的慈善理念，传统不露富、藏富的封建意识观念和慈善文化要求对财富的乐观态度和积极态度相背离，受"杀富济贫""不患寡而患不均"等封建意识的影响，人们形成了不露富、守财为中心的财富观。众所周知，慈善事业的资金主要来自捐赠，而我国传统家族财富遵循"血缘内继替、代际间分配"的继承原则，父死子继，被视为天经地义的不二法则，一直延续至今，这就不难理解国人甚少将遗产捐赠社会，而只留给子孙，为子孙奠定一份基业，这种家族财产继承方式也影响了财产的捐赠，这是造成我国慈善参与率低，募集善款少的一个原因。

2. 慈善组织发展不完善

首先，我国的慈善事业缺乏真正现代意义上的慈善基金会。原美国基金会中心主席安德鲁斯在 1956 年出版的《慈善基金会》一书中给慈善基金会下了定义："慈善基金会是一种非政府、非营利的组织，拥有自己的资本金，有自己的受委托人或理事会负责管理，其设定的目的是维护和资助那些服务于公共福利的社会、教育、慈善、宗教活动，或者他类似活动。"按照这一定义我国目前只有 100 多家。政府主导慈善机构持垄断格局，这是当前我国慈善事业的一个不争事实，就目前我国现有的 100 多家慈善基金会也不是完全意义上的慈善基金会，现代意义上的慈善这种一般是与政府完全分离的民间组织，而我国的组织与政府或明或暗都有着千丝万缕的联系。

其次，慈善机构组织的机制不健全，致使慈善组织运作不透明，失去民众的信任。"慈善组织作为慈善公益事业的运作组织，是没有组织利益的，更没有自我利益，公开与透明是一项铁的原则"。慈善基金会最重要的特征就是它的独立性、中介性和透明性，而目前我国慈善组织在独立性、中介性和公开透明上都存在着很大问题。基金会制度的缺失使得善款的管理和使用缺乏透明性，也造成了民众对基金会的不信任，影响了善款的募集。由于慈善机构的半官方化造成了慈善机构缺乏必要的行业自律、监督和审计，没有募集和执行的专业分工，善款使用上随意性大，甚至出现侵占、挪用、贪污的行为，使其公信力受质疑。最后慈善事业专门人才的缺失也严重影响了慈善事业的发展，现在许多慈善机构与民政部还是"一个部门，两个牌子"。慈善部门的负责人主要来自政府，以与政府类似的逻辑运作，存在人浮于事，工作效率不高等情况，甚至造成了有的部门把自愿救助转化为变相摊派。

3. 慈善事业发展缺乏有效的监督

政府实际上的重准入、缺监管影响了慈善事业的发展，注册管理实行双重管理体制和慈善组织注册资金的要求抬高了慈善事业进入的门槛，使许多非营利机构因为不能合法登记而失去了监督。同时，"全国性公募基金会不低于800万元人民币，地方性公募基金会的原始基金不低于400万元人民币，非公募基金会的原始基金不低于200万元人民币，而且必须为到账货币资金"。这样高的资金门槛也使得很多热心公益事业的团体对于登记注册无能为力。政府监督由于政出多门，加上没有具体实施细则而使监督落空。按照《社会团体登记管理条例》和《基金会管理条例》对慈善组织享有监督管理职能的主体包括民政部门、业务主管部门、财政部门和审计部门。两个条例虽然规定了慈善组织受多重主体监督，但是没有具体规定监督主体监督的实施细则，这就造成了多元监督主体之间相互扯皮、相互推诿和摩擦的尴尬状况。慈善组织内部监督的不完善，也造成了善款管理使用上的不规范，影响了慈善组织的公信力。

（三）慈善事业发展趋势

2014年12月18日，国务院发布《关于促进慈善事业健康发展的指导意见》，确定鼓励和规范慈善事业发展的一系列重大政策措施。这是新中国成立以来第一个以中央政府名义出台的指导、规范和促进慈善事业发展的文件。该指导意见明确了我国慈善事业的发展目标：到2020年，慈善监管体系健全有效，扶持政策基本完善，体制机制协调顺畅，慈善行为规范有序，慈善活动公开透明，社会捐赠积极踊跃，志愿服务广泛开展，全社会支持慈善、参与慈善的氛围更加浓厚，慈善事业对社会救助体系形成有力补充，成为全面建成小康社会的重要力量。为了发展慈善事业，弘扬慈善文化，规范慈善活动，保护慈善组织、捐赠人、志愿者、受益人等慈善活动参与者的合法权益，促进社会进步，共享发展成果，《中华人民共和国慈善法》已由中华人民共和国第十二届全国人民代表大会第四次会议于2016年3月16日通过，自2016年9月1日起施行。并且把每年的9月5日设为"中华慈善日"。

1. 构建多样化的慈善渠道

让公众奉献爱心更加多元，通过网络运作慈善更为有序。鼓励和支持社会公众通过捐款捐物、慈善消费和慈善义演、义拍、义卖、义展、义诊、义赛等方式为困难群众奉献爱心。探索捐赠知识产权收益、技术、股权、有价证券等新型捐赠方式，鼓励设立慈善信托，抓紧制定政策措施，积极推进有条件的地方开展试点。对于新兴的网络慈善方式，要积极探索培育网络慈善等新的慈善形态，引导和规范其健康发展。

2. 通过财税政策支持慈善事业发展

国家必须在税收及其财政政策上对慈善事业有所倾斜，利用税收杠杆，通过对慈善公益捐赠减免税收，以实现对公益事业参与者的税收照顾和优惠。鼓励人们积极参与此项事业。落实企业和个人公益性捐赠所得税税前扣除政策。在加大社会支持力度方面，鼓励企事业单位为慈善活动提供场所和便利条件、按规定给予优惠等措施，还要求积极探索金融资本支持慈善事业发展的政策渠道。另外，应当逐步建立慈善资金的集合信托管理制度，为中小慈善机构提供善款的保值增值服务。

3. 对慈善组织实施严格的监管措施

对慈善组织运作过程的监管是政府部门管理慈善组织的重中之重，管理最重要的着力点应该在于对其公开、透明程度的监管上。力争让管理监督更完善，慈善活动更透明。针对完善慈善组织的监督管理，还应该强化慈善组织信息公开责任，明确公开内容、公开时限和公开途径的"三公开"制度，建立健全责任追究制度，对慈善组织按照"谁登记、谁管理"的原则，由批准登记的民政部门会同有关部门对其违规开展募捐活动、违反约定使用捐赠款物、拒不履行信息公开责任、资助或从事危害国家安全和公共利益活动等违法违规行为依法进行查处。此前，相关职能部门对慈善组织的管理多集中在对其建立的审核上，而现在更多地转向对其运作过程的监督，这是一个良好的变化趋势。

4. 建立及时的慈善联结机制

为了确保信息衔接更紧密，扶贫济困更高效，政府要建立民政部门与其他社会救助管理部门之间的信息共享机制，同时建立和完善民政部门与慈善组织、社会服务机构之间的衔接机制，形成社会救助和慈善资源的信息有效对接。对于经过社会救助后仍需要帮扶的救助对象，民政部门要及时与慈善组织、社会公益组织协商，实现政府救助与慈善帮扶有机结合，做到因情施救、各有侧重、互相补充。

5. 大力弘扬慈善的社会氛围

让好人好事受到鼓励，彰显浓厚的慈善氛围。国家应该对为慈善事业发展作出突出贡献、社会影响较大的个人、法人或者组织予以表彰，完善公民志愿服务记录制度，按照国家有关规定建立完善的志愿者嘉许和回馈制度，鼓励更多的人参加志愿服务活动。

案例分析

案例1：职业年金来了，企业年金在哪？

2015年4月，国务院办公厅印发《机关事业单位职业年金办法》（以下简称《办法》）。《办法》规定，从2014年10月1日起实施机关事业单位工作人员职业年金制度。

这是机关事业单位养老保险制度改革的重要组成部分，对于建立多层次、可持续养老保险制度，保障机关事业单位工作人员退休后的生活、促进人力资源合理流动具有重要意义。《办法》明确，职业年金所需费用由单位和工作人员个人共同承担。单位缴纳职业年金费用的比例为本单位工资总额的8％，个人缴费比例为本人缴费工资的4％，由单位代扣。

据人力资源和社会保障部社会保障研究所所长金维刚介绍，养老"并轨"后，机关事业单位及其人员都要参加养老保险，缴费标准和待遇发放与城镇职工基本养老保险基本是一致的，这部分养老金的替代率（占在职工资的比重）不会超过60％。而职业年金的设立，预计能将替代率提高20个百分点以上。

以一名月薪6000元的基层公务员为例，其每月参加职业年金的缴费数为6000×4％＝240元；而单位虽然是以工资总额的8％缴交，但具体到个人，实际上也为这名基层公务员缴交了6000×8％＝480元的职业年金。再如一名60岁退休的公务员，其对应的计发月份数为139月，其职业年金滚存总额为30万，那么其可以按月领取300000÷139＝2158.27元。除退休金外，该参保人的职业年金收入再增加2000多元每月，连领139个月。

案例分析：这就意味着设立职业年金之后，企业与机关事业单位的工作人员退休后的收入将有很大的差距。要知道，企业员工只有养老金，而机关事业单位的员工在养老金之外，还有职业年金。职业年金给相关人员带来的，是每月份2000多元的收入。对于这笔收入，企业退休员工只能望而兴叹。

也许有人会说，机关事业单位有职业年金，企业也有企业年金啊。确实，早在2004年，企业年金就已在企业中试水了，但因为企业年金实行自愿建立的原则，企业年金在企业中的覆盖率低得可怜。比如说，南京全市约有10万家企业参加养老保险，但建立年金制的只有74家涉及2万多人，其中国企占六成左右。在很多国字头单位，这也是福利之一。再看江苏全省，目前只有3000多家用人单位为65万职工建立了企业年金。江苏如此，其他省份也好不到哪去。现实生活中，能够拿到企业年金的企业员工少之又少。

但职业年金却不然。因为职业年金强制建立，所有机关事业单位的工作人员都能享受到职业年金带来的"红利"。如此一来，退休工资的巨大差别，必然进一步加大社会的不公。更重要的是，在职业年金中，个人仅缴纳4％，而单位缴纳8％。但我们知道，机关也好，事业单位也罢，本身并不产生利润，他们所缴纳的8％，最终都要由财政埋单。也就是说，国家财政才是职业年金的最大"东家"。

（资料来源于：红网，作者为孙曙峦，新华网转载 http：//www.xj.xinhuanet.com/2015－04/08/c_1114901325.htm）

案例结论：①同样是国家的公民，同样是为社会服务，企业员工要自己为自己养老，而机关事业单位的员工却可以享受由财政支持的职业年金。这种状态，令人悲哀。②公平是每一个公民对社会的基本诉求，而公平的社会首先要有公平的制度作保证。在大笔为职业年金买单的同时，也希望国家财政能够顾及一下企业年金，为企业年金作点贡献。

关键概念

住房社会保障；住房公积金；企业年金；职业年金；个人储蓄型养老保险；慈善事业

思 考 题

(1) 住房社会保障的内涵及主要形式是什么？
(2) 简述我国住房社会保障制度的主要内容。
(3) 简述企业年金与基本养老保险和商业保险的区别。
(4) 简述职业年金的内涵及主要特征。
(5) 简述慈善事业的基本特征及构成要素。
(6) 我国慈善事业的发展困境有哪些？

参考文献

［1］张思峰，温海红．社会保障学［M］．西安：西安交通大学出版社，2007.

［2］刘钧．社会保障理论与实务［M］．北京：清华大学出版社，2005.

［3］孙光德．社会保障概论（第四版）［M］．北京：中国人民大学出版社，2012.

［4］胡怡建．社会保障学［M］．上海：上海财经大学出版社，2005.

［5］郑功成．社会保障概论［M］．上海：复旦大学出版社，2013.

［6］王洪春．社会保障学［M］．安徽：合肥工业大学出版社，2008.

［7］李珍．社会保障理论［M］．北京：中国劳动社会保障出版社，2001.

［8］邓大松等．中国社会保障若干重大问题研究［M］．深圳：海天出版社，2000.

［9］邓大松等．美国社会保障制度研究［M］．武汉：武汉大学出版社，1999.

［10］阮凤英．社会保障通论［M］．济南：山东大学出版社，2004.

［11］张彦，吕青．社会保障概论［M］．南京：南京大学出版社，2008.

［12］中国人民大学报刊复印资料《社会保障制度》2010年以来各期

［13］《中国社会保险》．2010年以来各期